저자는 신앙적 열정과 신학적 엄밀함을 조화시켜, 칼뱅의 공동선에 대해 흩어져 있던 생각들을 한데 모아 화려한 결정체로 빚어냈다. 이 책에서 저자는 공공신학으로 나아가는 기반과 신앙의 공공성이 확보된 공적 삶을 살아 낼 토대, 자연 세계와 구별되는 사회 세계의 창발적·관계적·초월적 실재의 핵심 기초 개념을 제시했으며, 사회과학자로서 나는 이러한 내용을 통해 '은혜와 선물'이라는 관점에서 사회과학의 존재론적·인식론적·가치론적 논의를 펼칠 수 있음을 발견하는 유익을 누렸다.

배종석 고려대학교 경영학과 교수, 기독교윤리실천운동 공동대표

한국 교회는 삼위 하나님의 공동선을 제대로 배우지 못했다. 한국인의 심성과 한국 사회에 공공성 개념이 약하다는 점이 그 한 가지 이유였는데, 이제 이 공백을 메꿀 멋진 책이 나왔다. 이 책에서 저자는 칼뱅이 삼위 하나님의 공동선을 하나님의 형상과 율법, 십계명을 통해 해설하는 한편, 이 공동선이 성도를 교회의 예배와 직분 수행으로 훈련하고 세상에 파송하여 정치와 경제 등의 영역에서 실천하도록 이끈다는 점을 깊이 있게 논증한다. 더 나아가 칼뱅의 제네바는 오늘날 존재하지 않지만, 칼뱅의 공동선 이해와 실천은 4차 산업 혁명이 주도할 다음 세대에서도 유효하리라는 것을 잘 보여 준다. 칼뱅 연구를 한 단계 발전시킨 이 책은 기존의 기독교 세계관 이해를 뛰어넘어 한국 교회가 칼뱅의 공동선 이해를 현대화하여 실천하며 모든 면에서 하나님 나라를 실현하도록 도울 좋은 지침서다.

유해무 고려신학대학원 교의학 교수

"하나님과 사람 사이에 펼쳐지는 은혜와 사람들 사이에서 나누어지는 선물을 통해 구현되는 창조의 본래 목적이자 질서, 그것이 바로 신학적 차원에서 보는 공동선이다." 저자는 자신이 제시한 이 문장의 의미를 종교개혁가 칼뱅의 공동선 신학을 끈기 있게 추적하고 재구성하는 방식으로 솜씨 있게 해명한다. 그의 목표는 아퀴나스의 공동선 신학에 비견할 만한 프로테스탄트 공공신학의 지적 토대를 구축하는 것이다. 실로 오랜만에 만나는 담대하고도 비범한 신학적 시도 앞에서 나는 이 땅의 프로테스탄티즘이 아직 죽지 않았음을 체감한다. 영적 공동선을 회복하고 사회적 공동선을 확대함으로써 하나님 나라의 공공성을 확보하려는 그리스도인들에게 일독을 권한다.

이국운 한동대학교 법학부 교수

오늘날 한국 그리스도인들의 신앙 양태는 사회적 공공성보다 개인적 종교성에 머무르는 한계를 보인다. 그래서 하나님 나라의 공동선인 은혜와 선물조차도 끊임없이 이기적으로 소비하는 죄를 범한다. '공동선'이라는 주제는 한국 교회의 극단적 이기주의와 신자유주의 체제하의 양극화 현상 속에서 오늘날 가장 중요한 이슈로 등장하고 있다. 저자는 공동선을 기독교 전통 속에서 면밀하게 살피되, 그중에서도 칼뱅의 성찰, 특히 '하나님 형상'에 초점을 맞추는 신학적 인간학을 중심으로 접근하며 인문학과 신학을 통합하는 총체적 신학 방법론을 탁월하게 구사한다. 종교개혁 500주년을 맞이한 한국 교회가 이 책을 통하여 다시 한 번 오늘의 위기를 인문학적 신학으로 깊이 있게 성찰할 수 있길 바란다.

이문식 광교산울교회 담임목사

칼뱅 신학의 영향력은 서구 사회와 전 세계 그리스도인들의 삶에 스며들어 아직도 살아 움직이고 있다. 그 신학이 사회 전반 각 분야의 문제들을 바라보는 중요한 관점으로서 여전히 고유한 가치를 지닌다는 의미다. 정치사상사의 핵심 주제 중 하나인 '공동선'으로 칼뱅 신학을 조망하여 공동선의 신학적 의미를 도출한 책이 출간된 것은 이를 뒷받침하는 좋은 사례다. 이 책은 개신교의 유산과 그 의미가 무엇인지 탐구하는 우리에게 칼뱅 신학의 현대성을 재확인시켜 주는 필독서로 추천할 만하다.

이수영 전 새문안교회 담임목사

한국 교회 지도자들과 그리스도인들은 칼뱅을 익숙하게 생각하지만, 막상 그의 신학과 목회가 현재 한국 교회와 세계 교회가 직면한 자괴감과 무기력증을 극복하고 새로워질 수 있는 원리와 실천을 제공한다는 사실을 잘 알지는 못한다. 저자는 치열하고도 치밀한 연구를 통해 칼뱅에게서 공동선에 대한 풍성한 이해를 찾아내며 그의 제네바 목회에서 신학이 적용된 구체적 사례들을 드러냈다. 아울러 칼뱅이 특별은총을 어떻게 이해했는지를 심층적으로 분석하여 우리의 신앙이 욕망과 이기심으로 사사화되지 않도록 경고하고 설득한다. 이를 통해 저자는 개인과 공동체가 함께 하나님의 선하고 온전한 뜻을 이룰 '신학적 치유책'을 현실적으로 제시한다. 모두에게 필독을 권한다.

이정숙 횃불트리니티신학대학원대학교 총장, 세계칼뱅학회 중앙위원

하나님의 사랑을 세상에 전할 사명이 있는 기독교는 오늘날 사회의 문제와 공적 담론에 진지하게 기여할 책임이 있다. 그러한 기여를 위한 기독교의 답으로, 이 책에서는 특히 종교뿐 아니라 사회 개혁을 함께 이룬 신학자 칼뱅의 '공동선'에 주목한다. 종교개혁 500주년이라는 말이 공허한 외침으로만 들리곤 하는 요즘, 모든 삶의 현장에서 하나님의 공동선을 향한 진정한 개혁이 일어나길 소망하는 이들에게 이 책을 추천한다.
임성빈 장로회신학대학교 총장

종종 소홀히 여겨지지만, 칼뱅의 신학은 각 사회에서 공동선을 생각할 때 중요한 자원을 제공한다. 칼뱅은 법, 경제, 정의에 크게 관심을 기울였으며, 이러한 면모는 오늘날 새로이 주목받을 필요가 있다. 송용원 박사는 자신의 연구를 통해 이를 잘 드러낸다. 이 가치 있는 연구가 책으로 출판되어 더 많은 독자가 읽을 수 있게 되어 매우 기쁘다.
데이비드 퍼거슨 에든버러 대학교 신학부 교수, 뉴칼리지 학장

송용원 박사의 책은 학문적이면서도 이해하기 쉬우며, 지금 우리에게 꼭 필요한 주제를 통합해 낸 작품이다. 칼뱅의 신학적 관점을 신중하게 분석해 낸 이러한 작업은 어느 때보다 절실하다. 이 책이 학계를 넘어 교회에서도 널리 읽히기를 진심으로 바란다.
헤르만 셀더하위스 아펠도른 신학교 교회사 교수, 세계칼뱅학회 회장

칼뱅과
공동선

IVP(InterVarsity Press)는
캠퍼스와 세상 속의 하나님 나라 운동을 지향하는
IVF(InterVarsity Christian Fellowship)의 출판부로
생각하는 그리스도인을 위한 문서 운동을 실천합니다.

칼뱅과 공동선

프로테스탄트 사회 윤리의
신학적 토대

송 용 원

Ivp

차례

약어   10
들어가는 말: 프로테스탄트 공동선을 찾아서   13

1부 신학적 근거

1장 하나님 형상과 공동선   37
『기독교 강요』에 나타난 하나님 형상과 공동선 사상 | 하나님 형상과 공동선에 관한 사상의 성숙 | 타락 이전 하나님 형상과 공동선 | 타락 이후 하나님 형상과 공동선 | 루터와 아우구스티누스 | 그리스도를 통한 하나님 형상 회복과 공동선 | 인간의 고귀함과 존엄성 | 하나님 형상이 함의하는 윤리 | 결론

2장 성화와 공동선   83
공동선을 위한 자기부정 | 공동선을 위한 예수 그리스도의 자기부정 | 자기부정의 전제: 봉헌과 헌신 | 이웃의 유익을 위한 자기부정: 겸손과 존중 | 그리스도인의 자기부정: 청지기직 | 십자가 지기: 공동선을 위해 고난을 감수하는 자기부정 훈련 | 하나님의 선물인 '이 세상의 삶' 올바로 쓰기 | 결론

3장 율법과 공동선   119
율법의 본성 | 율법의 세 가지 단계와 공동선: 타락 이전, 타락 이후, 그리스도의 구원 안에 자리한 율법 | 공동선을 위한 십계명: 공동체적 관점의 배경, 첫째 돌판, 둘째 돌판 | 결론

2부 신학적 적용

4장 교회와 공동선   163
그리스도의 몸인 교회와 공유의 원리 | 교회 공동선을 위한 성령의 선물 | 교회 공동선을 위한 기도와 성례: 공적 기도, 세례와 공동체, 성찬, 미사 | 교회 공동선을 위한 공적 직무와 재산

5장 인류와 공동선   203
인류의 공동선을 위한 일반은총 | 정치적 공동선: 『세네카 관용론 주해』, 『기독교 강요』, 주석, 설교 | 경제적 공동선: 창조 세계의 본래 질서, 노동, 임금, 상업, 이자, 경제 사상 논쟁과 공동선의 부상 | 박애적 공동선: 종합구빈원, 프랑스기금

나가는 말: 하나님으로 말미암아, 사람과 더불어   271

주   281
참고문헌   329
찾아보기   353

약어

§ 주요 자료

CO   *Johannis Calvini Opera Quae Supersunt Omnia*, eds. Wilhelm Baum, Edward Cunitz, and Edward Reutz, P. Lobstein, 59 vols. *Corpus Reformatorum* (*CR*) 29-98 (Brunswick and Berlin: C. A. Schweiske, 1863-1900)

Comm. mainly refers to the edition of the Calvin Translation Society (Calvin's Commentaries, various trans. 22 vols. Edinburgh: Calvin Trans Society (CTS), 1843-56; reprint, Grand Rapids: Baker Book House, 2005); *Calvin's New Testament Commentaries* (CNTC). 12 Vols. Ed. David W. Torrance and Thomas F. Torrance. Grand Rapids, MI: William B. Eerdmans Publishing Company, 1960

LW   *Luther's Works*, ed. Jaroslav Pelikan and Helmut T. Lehmann (St. Louis: Concordia, and Philadelphia: Fortress Press, 1955)

OS   *Ioannis Calvini Opera Selecta*, ed. Peter Barth and Wilhelm Niesel, 5 vols (Munich: Kaiser, 1928)

§ 저널

AHR   *The American Historical Review*
AR   *Archiv für Reformationsgeschichte*

BS	Bibliotheca Sacra
BSHPF	Bulletin de la Société de l'Histoire du Protestantisme français
CTJ	Calvin Theological Journal
CTQ	Concordia Theological Quarterly
EA	Ex Auditu
EvQ	Evangelical Quarterly
ER	The Ecumenical Review
FT	First Things
HTR	Harvard Theological Review
JRE	Journal of Religious Ethics
MT	Modern Theology
PRTJ	Protestant Reformed Theological Journal
RJ	Reformed Journal
RR	Reformed Review
SCJ	The Sixteenth Century Journal
SP	Social Progress
SRTH	Studies in Reformed Theology and History
TC	Theologies and Cultures
WPT	Western Political Thought
YJT	Yonsei Journal of Theology

일러두기

1. 이 책에서는 칼뱅의 『기독교 강요』(*Institution of the Christian Religion*) 1536년판, 1539년판, 1541년판, 1559년판을 각각 인용했다. 각 판본이 처음 등장하는 부분에는 미주로 서지 사항을 달았고, 이후에는 『기독교 강요』(1536) 등으로 표기했다.
2. 칼뱅의 설교 인용 출처 표기는 대개 원서를 따랐으나, 칼뱅의 글을 직접 인용한 부분 뒤에 출처를 표기할 경우에는 『신명기 설교』, 『에베소서 설교』 등 한글로 표기했다.

들어가는 말

프로테스탄트 공동선을 찾아서

인간은 신비한 존재다. 인간에겐 이기심과 이타심이 공존한다. 세상은 서로 공격하는 정글 같다가도, 서로 끌어안는 광장이 되기도 한다. 인간은 자아에 몰두하다가도 어느덧 서로의 형편을 돌아본다. 자신만을 살피지 않고 이웃을 보살피는 삶을 사는 이를 존경한다. 사익을 갈망하면서도 공익을 의식한다. 하지만 인간은 공익을 추구하면서도 사익을 놓지는 못한다. 고상한 이상은 있지만 이기적이고 천박해지기 쉽다. 개인과 사회는 서로를 필요로 하면서도 둘 사이에 긴장은 계속된다. 그래도 인간에겐, 할 수만 있다면 나의 삶과 더불어 모두의 삶도 더 나아질 수 있기를 바라는 여망이 있다. 그래서 동서양을 막론하고 시대를 이끈 사상가들은 개인과 사회를 탐구하며 언제나 사익과 공익의 조화, 즉 공동선을 염두에 두었다.

하지만 지난 인류 역사, 특히 서구 문명을 보면 그 주된 관심이 공동체의 연대성으로부터 개인의 개별성으로 이동하는 경향을 보인다. 혈연, 종교, 민족, 이념과 같은 공통의 토대가 점점 상대화되며 유대성의 근거가 허물어져 개인이 고립화되는 정도가 심화되었다. 물론 개인의 존엄성을 되찾는 것은 좋은 일이다. 그러나 개인의 발견이 공동체 내에서 개인이 갖는 의미를 잃게 한다면, 이는 개인을 풍성하게 하기보다는 빈곤한 고립에 이르게 할 것이다.

오늘 우리가 사는 세상에서는 인적 자원, 지식, 물건, 사건이 전 세계에서 실시간으로 공유되고 교환된다. 사람들은 겉으로 보기에 더 가까워지는 것 같지만, 사실 안을 들여다보면 점점 소원해지고 있는 것처럼 보인다. 왜 그럴까? 왜 예전보다 각자의 이익이 증가했는데도 서로 상대에게 포기하라고 요구할까?* 자신에게 유리한 것이 전체의 이익이라는 생각은 어디서 왔을까? 왜 더 많은 것을 갖고 누릴수록 사람들은 더 긴장하고 더 탐욕적이고 불안해할까?**

모두가 자기 이익을 중시하는 시대 풍조는 상대주의적 세계관과 개인주의에서 온다. 공통의 근원적·영속적 가치에 근거한 유대감을 소중하게 여기는 개인들이 누렸던 공감은 아련해진다. 톰 라이트(Tom Wright)가 지적했듯이, 개인적 쾌락을 강조하는 에피쿠로스주의에 기초한 근대 계몽주의가 신적 존재를 걷어 낸 후 정치와 종교를 분리하고 문화를 장악한 이래 세상의 공공 생활에서 영속적 가치는 희미하거나 모호해졌다.¹ 오늘날 민족주의가 급속히 설 자리를 잃고 지구화로 공통의 문화와 이익이 두터워지는 것 같지만, 여전히 상대주의, 이기주의, 개인주의, 소비주의로 세상은 끝없이 분열되고 있다.

프린스턴 신학교의 조직신학자 다니엘 밀리오리(Daniel Migliore)는 고삐 풀린 소비주의 사회에서 "지상 최대의 목적은 세계의 재화를 최대한 많이 소유

- * "지구화는 많은 사람들에게 전례 없는 이익을 가져다주었지만 선진국과 개발도상국 모두에게 비난을 받고 있다. 미국과 유럽은 아웃소싱의 위협에 직면해 있으며, 개발도상국은 선진국들이 세계경제체제를 자신들에게만 유리한 방향으로 유도하고 있다고 생각한다. 양측 모두 상대방이 이익을 포기해야 공동의 이익이 증가할 수 있다고 생각하고 있다." 조지프 스티글리츠, 『인간의 얼굴을 한 세계화』(21세기북스, 2008), p. 443.
- ** "그토록 행복하면서도 이 풍요로움에 들떠 있는 많은 사람들의 이 이상한 불안 가운데는 첫눈에 보아도 놀랄만한 어떤 것이 있다. 그러나 이러한 모습은 어제오늘의 일이 아니고 세상이 생기면서부터 있어 왔다. 여기서 신기한 것은 전체 국민이 그러한 현상에 휩싸여 있다는 것이다.…민주 시대에 향락은 귀족 시대보다 더 강렬하며, 향락을 즐기는 사람의 수도 훨씬 더 많다. 그러나 이와는 달리 인간의 희망과 욕구가 더 자주 좌절되고 정신은 더욱 불안해지며 근심 또한 더욱 심각해지리라는 것은 인정하지 않을 수 없다." Alexis de Tocqueville, *Democracy in America* (New York: HarperCollins, 1988), p. 296. 『미국의 민주주의』(한길사).

하고 사용하는 것"이 되고 인간과 관계마저 상품으로 전락하는 중이라고 한탄한다.[2] 이러한 세계는 자기를 위해 선택하고 자신을 위해 살아가라고 부추긴다. 모든 개인, 단체, 지역, 국가는 자신만이 기준이라고 한다. 상대를 배려하는 공간은 없어 보인다. 이전 시대와는 비교할 수 없을 정도로 "전쟁의 신 마르스, 돈의 신 맘몬, 성애적 사랑의 신 아프로디테"에 탐닉하는 욕망이 속성(速成)으로 생겨나고 부딪친다.[3] 마시지 못한 자들만 목이 마른 것이 아니라 많이 마신 자들도 바닷물을 마신 듯 목이 타들어 간다. 빈부 격차, 전쟁과 난민, 차별과 불공정, 화석 에너지 고갈, 생태계 파괴, 가정 붕괴, 종교와 문화 충돌, 기술과 인간 소외 같은 문제가 발생한다. 이제는 인류의 지속 가능한 발전은 고사하고 생존 가능성에 대한 심각한 질문을 던지게 된다. 그래서 금세기에 "점점 더 많은 사람들은 특정 국적을 지닌 사람이 아니라 인류의 구성원 모두가 정치권력의 합법적인 근원이며, 인권을 보호하고 인간 종 전체의 이익을 지키는 것이 정치의 원칙이 되어야 한다"고 말하기 시작했다.[4]

어떻게 하면 개인과 공동체가 조화를 이루며 인류가 평화롭게 공존하며 생존할 수 있느냐는 질문은 역사상 그 어느 시대보다 절실하게 다가오고 있다. 이러한 배경에서 '공동선'(共同善, the common good)이라는 주제는 새롭게 주목받고 있다.[5] 사실 공동선은 고대 그리스 로마 철학까지 거슬러 올라가는 오래된 주제지만, 근현대 계몽주의와 자본주의, 개인주의 사조 속에서 한동안 소홀히 다뤄지다가, 앞에서 제기한 이슈들로 인해 최근 다시 관심사로 떠오르며 사회 각 분야에서 화두가 되고 있다.

먼저, 정치 분야에서는 미국에서 소저너스 공동체를 이끄는 개신교 복음주의자 짐 월리스(Jim Wallis)의 메시지가 주목할 만하다. 그는 더불어 살아가는 공동선의 삶을 위해서는 보수와 진보가 모두 필요하다고 본다. 공동선은 보수와 진보 두 관념 안에 있는 최선의 요소로 이루어지는 것이기에, 개인적으로 책임이 중요하고 사회적으로 정의가 중요하다. 그는 미국 양당 정치의 극단적·탐욕적 편향성을 우려하며, 보수나 진보 모두 당파적 이익을 지양하는 것이 긴급하다고 경고했다. 그리고 교회와 사회를 구성하는 보수와 진보가 서로 최선의 요소를 공유하며 지향해야 하는 더 높은 차원의 공통 기반을 발견하는 것이 시급한 과제라고 진단했다.[6]

다음으로, 경제 분야에서는 프랑스의 경제학자 토마 피케티(Thomas Piketty)와 제러미 리프킨(Jeremy Rifkin)의 목소리가 인상적이다. 피케티는 『21세기 자본』에서 자본 수익률의 증가 속도가 경제 성장률보다 더 빠르기에 초래되는 경제적 불평등을 풀 수 있는 대안을 제안했다. 그것은 시장과 사적 재산의 기능에 대한 신뢰는 포기하지 않으면서도, 시장의 힘을 민주적 장치로 제어하는 방식이다. 피케티는 사익과 공익 중 어느 하나도 포기하지 않고 이 둘을 조화시켜야만 공동선에 가까이 갈 수 있다는 사실을 잘 알고 있다.[7] 리프킨은 『한계비용 제로사회』에서 사익을 보호하는 자본주의와 협력적 사회가 공존하는 방식을 제시했다. 재화, 서비스, 재산을 대여하는 공유 경제가 자본주의에서 심화된 소득 격차를 축소할 수 있는 가능성, 글로벌 경제의 민주화를 촉진하고 보다 지속 가능한 환경 친화적 사회를 창출할 것이라는 그의 전망 역시 공존, 공영, 공생하는 공동선 친화 모델이다.[8]

마지막으로 종교 분야를 보면, 지난 2014년 한국을 방문했던 프란치스코 교황(Pope Francis)은 지구화가 진행될수록 단지 경제 차원이 아니라 사람을 중심으로 공동선을 이해해야 한다고 강조한다. 공동선을 이루기 위해 물질뿐 아니라 영적 차원이 더 중요하다는 의미다. 그는 정치, 부, 권력, 언어, 종교가 공동체의 선을 이루는 방법이자 사랑의 행위라는 메시지를 대중에게 던졌다.

이렇게 오늘날 각 분야에서 공동선에 관심을 기울이는 것은 다행스러운 일이다. 그렇다면 '공동선'[bonum commune(라틴어), bien commun(프랑스어),

Gemeingut(독일어)]을 어떻게 정의하면 좋을까? 물론 사전적 정의는 간결하다. '모든 사람의 유익이나 이익'(the benefit or interest of all), 또는 '모두의 선함'(the good of all)이다.⁹ 얼핏 보기에는 단순하지만, 조금 더 자세히 들여다보면 이 용어의 광범위한 함의와 다양한 맥락은 만만치 않다.˙˙ 남산과 에베레스트산의 차이를 보면 '공동선'의 의미를 잘 파악할 수 있다. 남산은 혼자서도 오를 수 있지만, 에베레스트산은 함께 올라야 한다. 공동선을 이루는 일은 에베레스트산을 오르는 것과 같으며, 여기에는 사익과 공익을 아우르는 문제가 따른다. 공동선 개념은 굉장히 크고 오랜 역사를 가지고 있다. 이 개념은 모두에게 바람직해야 하고 누구도 배제해서는 안 된다. 하나님이 일반은총(common grace)으로 주시는 것, 모두에게 주시는 것을 의미한다. 가장 원초적인 것, 인간의 본성적 자기 보존과 관련된다. 모든 인류가 공동선에 대한 열망이 있다. 그런데 사람들은 흔히 공동선이 사익은 부정하고 공익만 추구하는 것으로 오해한다. 하지만 공동선은 공익과 다르다. 공익과 달리 공동선은 공(公)과 사(私)를 아우르는 개념, 즉 사적 선과 공적 선의 조화를 모색한다. 공동선에는 개개인에 대한 강조가 있고 공익은 전체를 더 강조한다.˙˙

- 미국 보스턴 칼리지에서 기독교 윤리학을 가르치는 데이비드 홀렌바흐(David Hollenbach)에 따르면, 공동선은 매우 오래된 윤리적 주제이며, 현대의 논의 가운데 다음 네 가지와 관련되어 나타난다. 첫째, '일반적 복지'(general welfare)다. 이는 국민 총생산과 같이 사회적이고 개별적인 구성원들의 경제적인 복지를 총계한 것으로서의 공동선을 말한다. 둘째, '공익'(public interest)이다. 이는 모든 사람들의 가장 근본적인 권리인 인간 존엄성에 대한 약속이다. 셋째, '공공재'(public goods)다. 이는 경제적 소비에서 나타나는 비-배제성과 비-경합성을 말한다. 넷째로, '공동선'(common good) 개념이다. 이 용어는 서양의 고전 전통에서 다루는 공동체와 관련이 깊은 것으로, 공동체적 사랑의 계약을 나타내는 존재론적이고 관계적인 개념이다. 따라서 공동선은 단순하게 이익이나 개별적 이익의 총계로 축소될 수 없다. *The Common Good and Christian Ethics* (Cambridge: Cambridge University Press, 2002), pp. 7-9.
- 공동선 용어의 뉘앙스를 정확히 포착하려면 '공익'(the public good)과 비교해야 한다. 영어 common은 '같이'한다는 의미로 공(共)에 가까운 데 반해, public은 사(私)를 등지고 평분한다는 의미로 공(公)에 가깝다. 공(共)은 구성원 각각의 개별성이 강조되는 상향식 어조가 강하고, 공(公)은 전체를 강조하면서 위에서 아래를 조절하는 하향식 어조가 강하다. 영어 common good에는 public과 common의 의미가 공존하기에 이를 공동선(共同善)으로도 공공선(公共善)으로도 번역할 수 있다. 이종은,『사회

공동선은 개인과 사회 사이에 있는 선이며 결코 개인을 배제하거나 전체만 우선시하지 않는다. 또한 공동선은 모든 인간이 본성적으로 추구하는 선으로, 모두에게 바람직하고 누구라도 접근해서 얻을 수 있는 쉽고 단순하고 자연적인 개념이기에 하나님이 누구에게나 베푸시는 햇빛과 비와 공기 같은 일반은총과 관련이 깊다. 즉, 공동선은 모두에 이익이 되는 일반적 조건을 가리킨다.[10]

그렇다면 공동선에 대한 고전적 인식과 감각은 어디에서 찾아볼 수 있을까?[11] 공동선 사상 논의는 서구의 정치철학, 사회경제 사상, 신학 토론에서 오랫동안 이어져 왔다.[12] 먼저 정치철학적 차원에서 공동선 사상을 살펴보자. 플라톤(Platon)은 도시 공동체의 선을 개인의 선보다 우선시했다. 그에게 정의(justice)란 각 계층 사람들이 지혜, 용기, 절제를 덕성으로 삼고 자신의 품성에 가장 적합한 일에 전념함으로써 도시국가에 가장 큰 이익이 돌아오게 하고 각자에게도 혜택이 돌아오게 해서 공동선을 달성하는 것이다. 그는 전 공동체가 덕성 있는 생활을 하면 그것이 공동선이라고 보았다.[13]

플라톤과 비교해서 아리스토텔레스(Aristoteles)는 개인을 더 배려한다. 아리스토텔레스도 개인이 더 큰 사회의 공동선을 위한 부분이라고 본다. 개인의 선한 생활은 타자와 나누는 선함을 지향해야 한다. 개인의 선한 삶과 공동체적인 삶의 질은 밀접하게 연결된다.[14] 하지만 아리스토텔레스는 개인의 목적을 달성하는 데 공동체가 도움이 된다는 점을 강조한다. 즉 삶이 개인 차원에서 공동체 차원으로 승화되어야 한다는 뉘앙스를 가지고 있다. 그가 볼 때 인간은 공동의 일을 성취하려는 정치적 동물이다. 아리스토텔레스에게 정치의 목적과 사회의 정의는, 시민이 결속된 자유인으로서 덕성을 계발하고 삶

『정의란 무엇인가』(책세상, 2015), pp. 742-754.

의 방식을 공유하면서, 선한 삶을 구현하며 도시국가의 공익을 달성하는 데 있다. 그는 모든 학문과 예술이 추구하는 목적은 하나의 선이며, 정치학이 다루는 선인 공익이야말로 최대의 선이라고 보았다. 더 나아가 아리스토텔레스는 좋은 법과 나쁜 법을, 공동선을 위한 것인가 아닌가의 기준으로 구별했다.[15] 그러나 그에게 공동선을 위한 인간의 삶은 단지 인문주의적 숭고함의 단계에서만 이해될 수 있는 것은 아니었다. 그에게 공동선은 인간이 보다 종교적이 되어 신적 수준까지 성장해야 이해되고 실현되는 가치였다.[16] 아리스토텔레스의 종교적 차원의 공동선 개념은 후에 토마스 아퀴나스(Thomas Aquinas)에게 결정적인 영향을 끼친다.

근대에 들어서면 선에 대한 인식 변화가 보인다. 마키아벨리(Machiavelli)는 공화정이 공동선을 증진하면서도 개인의 자유를 보장하는 체제라고 인식했다. 그는 시민들이 공동선을 우선하는 행동을 할 때 자유가 보장된다고 본다. 시민들이 사익을 포기할 때 공화국의 안전은 확보된다. 마키아벨리 이후 공익이나 공동선보다 개인의 자유와 권리를 우선하는 자유주의적 사고가 등장한다.[17] 하지만 홉스(Hobbs)는 공동선이 개인의 행복 추구를 위한 필요조건이라고 선을 그었다. 그는 개인의 사적 자유와 권리 보장이 공동선을 전제로 한다는 고전적 감각을 근대 자유주의에서 되살려 낸다.[18] 반면 벤담(Bentham)은 공동체의 이익은 공동체 구성원의 이익을 합친 것이라고 보았다. 현실적 공리주의자로서 그는 보편적 공동선에 도달하는 것이 어렵다면 최대 다수의 최대 행복을 통해서라도 거기에 접근하는 것을 바람직하게 여긴다.[19]

이처럼 사익, 공익에 대한 근대 정치철학의 사유는 여전히 고대 도시국가의 고전적 모델에서 크게 벗어나지 않았다. 근대 자유주의 계약론도 공익을 염두에 둔 것에 지니지 않는다. 공익에 반하며 사익을 추구하는 것은 자유주의의 범주를 벗어난 것이다. 고전에서 근세까지 정치철학은 사익과 공익의 조화를 통한 공동선의 달성이라는 큰 우산 속에 머무는데, 그 우산이 점점 수평적으로 내려오는 형태를 취한다. 뒤에서 살펴볼 공동선에 대한 신학적 이해의 복합성과 비교하면 공동선 정치철학은 덜 입체적이다. 신학적 공동선이 수직적·수평적으로 높은 우산과 같다면 철학적 공동선은 낮은 우산과 같다. 신학은 공동선의 신적·영성적 차원과 도덕적·물리적 차원을 동시에 다루지만 정치철학은 후자에 몰두하기 때문이다. 따라서 공동선의 위치와 높이에 대한 성찰에서도 유사한 차이가 발생한다.

정치철학적 차원과 비교해 볼 때, 사회경제적 차원의 공동선 이슈는 험난한 파고를 역사에 선사했다. 애덤 스미스(Adam Smith)에게 자본주의는 사적이익이 남용되지 않고 각 개인이 도덕적 바탕 위에서 자신의 이익을 추구하는 경제 질서다. 합리적 자본주의와 이익을 추구하는 시스템이다. 여기서는 사익과 공익이 조화를 이루면 공동선이 증진된다고 본다. 이것이 자본주의의 시작이다. 애덤 스미스가 합리적 자본주의를 선호한 이유는 인간이 이기심과 더불어 천성적으로 타인에 대한 관심, 즉 공감 능력을 가지고 태어난 존재임을 분석하는 가운데 교환의 성향을 이해했기 때문이다.[20] 애덤 스미스가 이해하는 인간은 본성적으로 더 나은 생산물을 만드는 경쟁과 분업 체제에서 공동체 전체의 이익이 가장 많아진다고 믿고 그에 따라 행동하는 존재다. 분업의 결과를 교환하는 시장은 보이지 않는 손에 의해 조화되는 사익과 공익을 동시에 감안하면서 개인의 이기심을 공익으로 전환시키고 각자와 모두의 부를 증대하는 장소였다.[21]

반면에 칼 마르크스(Karl Marx)는 자본주의 사회에서는 애초에 모든 사람을 위한 공동선이 불가능하다고 보았다. 그가 보기에 자본의 사유화와 시장 질서 때문에 공동선은 불가능하다. 시장의 이윤은 소수 자본가에게만 돌아가기 때문에 사회 전체의 이익에 반하며, 선과 정의도 지배 계급의 사익에 따라 규정된다. 국가는 지배 계급을 위한 분배 도구에 불과하기에 모든 사람을 위한 공동선은 애당초 가능하지 않으며, 경제적 민주주의가 불가능한 자본주의 사회에서는 자본의 사유화와 경제 불평등으로 인해 공동선이 달성될 수 없다. 다만 그는 사적 선을 배제하며 집단적 선(collective good)을 우선하는 공산주의에서만 공동 이익이 가능하다고 주장했다.[22]

그렇지만 마르크스의 오류는 공동선이 개인의 사익을 강제적·일방적으로 배제한 공익이 아니라 사익과 공익의 자발적·협력적 조화 추구라는 고전적 전통의 궤도에서 이탈한 데 있었다. 자유주의 경제학자 프리드리히 하이에크 (Friedrich Hayek)는 "사회 정의를 빌미로 특정 집단의 이익을 옹호하는 것은 일반 이익", 즉 공동선을 침해하는 것이라고 비판한다.[23] 이렇듯 자본주의와 공산주의, 혹은 자유주의와 사회주의는 공동선을 추구하는 방식과 내용이 서로 다르다. 자본경제 사회는 자유민주주의 헌법에, 계획경제 사회는 사회주의 헌법에 공동선의 자리가 있다고 보고, 자기 체제가 상대 체제보다 도덕적으로 더 정당하고 합리적이라고 믿는다.

하지만 "공동선은 자본주의의 개인적 선과 사회주의의 집단적 선에 우선하는" 가치다.[24] 애덤 스미스의 합리적 선택 이론과 상품 교환 시장 질서에 따른 자본주의적 방식의 공동선 추구는, 타락한 이기적 인간에게 하나님이 일반은총으로 남겨 두신 양심의 이타성을 인식하면서, 다른 한편 사적 소유를 당연한 질서로 여겼던 아우구스티누스(Augustinus), 아퀴나스, 칼뱅(Calvin) 등의 신학적 성찰에 공명하는 부분이 있다. 반면 마르크스가 소위 공동선을 얻기 위해 행한 강제적 방식은 사적 소유를 부정하고 획일적 평등을 지지했던 재세례파의 "원시 그리스도교 공산주의"라는 집단적 선의 공유 원리와 비슷해 보인다.[25] 결국 자본주의, 사회주의, 공산주의, 자유주의는 모두 공동선을 추구한다고 말한다. 자신들의 체계가 다른 체계보다 더 합리적이고 합법적인

들어가는 말 21

공동선을 추구한다고 주장한다. 그만큼 공동선은 모든 체제를 넘어서는 상위 개념이라 할 수 있다.

이렇듯 정치철학적 차원뿐 아니라 사회경제적 차원에서도 공동선의 위치에 대해 많은 담론과 논쟁이 이어져 왔다. 개인의 필요도 충족되고 공적 통합과 질서도 유지되는 조화로운 지점은 대체 어디에 있을까? 경제적 공동선은 탐욕적 자유방임 자본주의와 전체주의적 국가 통제와 같은 양극단에서는 찾을 수 없다. 한쪽에서는 사익의 탐욕이 공익을 무너뜨리고 다른 한쪽에서는 공익을 빙자하여 사익을 말살하고 있기 때문이다. 그러나 서양의 고전적 관점은 공익을 위해 사익이 존재하고 사익을 위해 공익이 존재하는 공동선의 조화로운 질서가 이기적 개인주의와 집단적 전체주의라는 양극단 사이 어딘가에 있다고 본다.[26] 그것은 계몽주의 이래 신적 존재와 영속적 가치가 제거되고 교회와 국가가 서로 분리되면서 문화와 일상생활 전반에서 하나님 나라의 공공성이 배제된 까닭이다.

그러나 기독교 전통에서는 공공 생활에 최우선의 관심을 기울이시는 하나님을 상정하기 때문에 공동선의 위치가 달라진다. 신학적 차원에서 공동선은 사람들 사이에 있는 것이 아니라 최고선이신 하나님에게서 유래한다. 그리스도는 모든 사람의 구원을 위한 영적 공동선으로 이해된다. 기독교 전통에서는 삼위일체 하나님의 상호적 관계 속에서 존재론적으로 공동선이 존재한다. 이것은 모든 피조물의 유익을 위해 하나님이 베푸시는 자산이기도 하다. 하나님과 사람 사이에 펼쳐지는 은혜와 사람들 사이에서 나누어지는 선물을 통해 구현되는 창조의 본래 목적이자 질서, 그것이 바로 신학적 차원에서 보는 공동선이다.

자본주의와 사회주의가 각각 자유와 평등을 최고의 가치로 내세우며 그것이 공동선으로 가는 최적의 길이라고 주장했다면, 기독교는 공동선으로

가는 최고의 길이 하나님의 은혜에 있다고 본다. 계몽주의 이후 세계 모든 국가에서는 자유와 평등을 근본 가치로 생각해 왔지만, 개인과 소비를 중시하는 수준에서 이 둘은 서로 모순되는 관계를 벗어나지 못한다. 평등을 보장하려면 자유를 제한해야 하고 자유를 보장하려면 평등을 희생시키는 수밖에 없다. 반면에 기독교 세계관에서는 하나님이 베푸신 은혜와 사랑을 깨닫고 순종할 때 자유와 공평 모두 가능하다고 본다. 구약성경은 약육강식 의식이 만연한 고대 근동에서 신법에 기초한 도덕법을 제공한다. 하나님이 공동체 구성원의 안전, 보존, 번영을 책임지시며 영성적·사회적·물질적 차원의 모든 영역에서 역사하시는 과정을 보여 준다. 신약성경은 예수 그리스도의 복음을 통해 공동선을 위한 선물이 세계 모든 문화와 역사로 확장되는 출발점이었다. 이런 점에서 성경이야말로 공동선을 위한 책이라고 말할 수 있을 것이다. 기독교 최고의 설교가요 황금의 입으로 불리던 초기 교부 크리소스토무스(Chrysostomus)는 "기독교의 가장 완벽한 규칙, 가장 정확한 정의, 최고점은 바로 공동선의 추구다. 왜냐하면 이웃을 돌보는 것만큼 한 사람을 그리스도를 닮은 사람으로 만들어 주는 것은 없기 때문이다"라고 말했다.[27]

기독교의 위대한 전통, 특히 중세 가톨릭에서 공동선 사상의 정점이 되는 작품은 아퀴나스의 『신학대전』과 『대이교도대전』이다. 그는 "도덕적 생활에서 공동선이 갖는 수위성(primacy)"에 대해 논의하면서, "선함(the good)이 한 도시뿐 아니라 한 개인을 위해서도 같은 것이지만, 도시를 위해 선함을 획득하고 보존하는 것이 더욱 위대하고 완전하다"고 보았다.[28] "왜냐하면 한 개인의 선함도 가치가 있지만, 한 민족이나 도시를 위한 선은 더욱 고귀하고 신성하기 때문"이다.[29] 아퀴나스에게 "모두가 바라는 것"으로서의 공동선은 각 개인의 선을 공동체의 타자들과 공유하는 선과 연결하는 방식에만 머물지 않는다. 오히려 "모든 이의 삶에 공통적인 가장 높은 선함"(the highest good common to the life of all)을 "하나님 스스로의 자아"(God's own self)와 동일시 하는 방식으로 이해했다.[30] 그리고 공동선을 그리스도인의 삶에서 중심적인 가치로 여겼다. 그래서 인간적 차원과 하나님의 차원 두 가지를 모두 이야기 한다. 그에게 공동선은 모든 사람의 선이라는 공적 차원과 모두를 위한 최고 선으로서의 하나님이라는 종교적 차원 양편에 관련될 때만 이해되는 개념이었다. 심지어 아퀴나스는 "모든 것의 선함은 하나님께 의지하고 있기에 최고의 하나님 자신이 바로 공동선이시다"라고 말했다.[31] 하나님의 사회적이고 공동체적인 성품에 대한 파격적이면서도 근원적인 선언이 아닐 수 없다.

아우구스티누스에게 공동선이 신의 도시와 인간의 도시에 걸쳐 있는 양탄자와 같다면, 아퀴나스에게 공동선은 마치 하나님이 두 도시 위에 높이 펼치신 큰 우산과 같았다. 아퀴나스는 교회의 공동선과 대조하는 방식으로 인류의 공동선을 이해했다. 후자의 자율성을 적극적으로 인정한 것이다. 그래서 사회적으로 구성되고 이성을 가진 개개인이 선을 지향할 때 공동선이 달성될 수 있다고 보았다. 국가의 법은 공동선을 위해 존재하고 공동선이 없는 국가는 생각할 수 없다는 고전적 감각으로 아퀴나스는 기독교 정치사상을 세워 나갔다.

아퀴나스는 철학적 진리의 영원한 법과 종교적 진리의 신적인 법이 인간 이성에 자리한 자연법 안에 부분적으로 용해되어 있다고 믿었다.[32] 인간 이성에 대한 높은 평가는 인간의 자연적 목적을 달성하기 위한 자원이 이성 속에 넉넉히 담겨 있다고 생각하게 만든다. 아리스토텔레스처럼 아퀴나스도 이성을 긍정적으로 바라보기에, 그 이성을 사용하는 국가를 통해 인간의 자연적 목적도 충분히 얻을 수 있다고 생각한다. 이런 이유로 국가의 "어떤 공통적 통치력"은 공동선이라는 목적을 위해 개인의 활동을 이끌 수 있다.[33] 아퀴나스에게 국가란 "인간 본성의 합리적 산물"로, 국가는 국가 특유의 영역을 가진다. 자연법은 이성의 명령에 따라 "공동선에 주로 관심을 갖는다." 국가는 다수의 공동선과 개인의 선 추구라는 두 가지 목적의 조화로운 협력과 시민의 공동선이라는 목적을 달성하고자 필요한 모든 수단과 처분을 활용할 수 있다.[34]

아퀴나스는 국가가 교회의 지도와 본보기 없이도 국가 자체의 지혜와 세속 자원으로 "많은 개인으로 이루어진 공동의 사회적 삶"이라는 창조 세계의 본래 질서를 회복하는 자신만의 길을 찾을 수 있다고 여겼다.[35] 다만 (아리스토텔레스와 달리) 아퀴나스의 특이성은 인간의 초자연적 유익이 교회를 통해 획득될 수 있다고 본 데 있다. 물론 아리스토텔레스도 공동선의 신적·종교적 차원을 어느 정도는 상정했지만, 아퀴나스는 구원을 위한 영적 공익은 기독교와 교회를 통해서만 실현될 수 있다고 보았다. 이렇듯 철학과 신학을 종합하는 아퀴나스의 스타일은 공동선 주제에서도 적용되고 있다.

아퀴나스가 로마 가톨릭에서 추구하는 공동선 사상의 기원이자 종합이라고 한다면, 로욜라의 이냐시오(Ignatius de Loyola)는 종교개혁 당시 중세 가톨릭에서 퇴보하던 공동선을 다시 복구한 인물로 평가받는다. 프로테스탄트 종교개혁에 맞서서 이냐시오가 설립한 예수회는 "공동선의 지상적 실재"(the terrestrial reality of the common good)를 위한 활동을 펼쳐 나갔다. 그는 먼저 '하나님의 영광'이라는 신앙적 비전과 가톨릭 신앙의 수호 및 포교와 같은 종교적 사역에 집중했다. 동시에 보편적 비전 안에서 학교 교육과 사회봉사에도 주력하였다.[36] 아리스토텔레스에서 아퀴나스와 이냐시오로 이어지는 계보는, 사소한 차이는 있지만 공동선 가치에 대한 신학적이고 실천적인 차원의 관심이라는 것을 알 수 있다. 이것이 공동선 본래의 독특한 존재 양식에 기인한다는 것을 이 책의 결론에서 확인할 수 있을 것이다.

정치철학적 전통, 사회경제적 전통, 기독교 신학의 가톨릭 전통에서 보는 공동선을 개관하면서 떠오르는 질문은, 프로테스탄트 전통에서는 공동선을 어떻게 이해하느냐는 것이다. 이는 오늘날 세계 개혁교회와 한국 교회 내외에서 교육, 정보, 여성, 민주주의, 경제, 환경, 시민사회 운동 등 다양한 영역에서 분출하는 공공신학적 과제를 수행하기 위한 중요한 신학적 논거가 될 수 있다.[37] 종교개혁을 통해 프로테스탄트 공동선을 향한 여정을 시작한 사람은 루터지만 후대를 위해 그 전모를 물려준 사람은 칼뱅이다. 그래서 필자는 이 책에서 프로테스탄트 공동선에 대한 이야기를 칼뱅의 생애와 작품을 중심으로 풀어 나가고자 한다. 그리고 필요할 때마다 다른 종교개혁가와 비교할 것이다. 공동선에 대한 고전적이고 근대적인 성찰들을 고려하면서 칼뱅이 지녔던 사상을 어떻게 이해할 수 있을까? 여기서 기억해야 할 것은 프로테스탄트 종교개혁의 정점에 있던 칼뱅에게 공동선은 신학적으로만 아니라 실천적으로도, 또한 초기뿐 아니라 후기에도 가장 주요한 주제였다는 사실이다.

칼뱅이 최초로 쓴 작품은 1532년에 쓴 세네카의 『관용론』(De Clementia) 주석이다. 이 책에서 그가 공동선에 대해 고전적·인문주의적 이해를 지녔음을 알 수 있다. 그 후 1540년, 칼뱅은 『로마서 주해』에서, '교회의 공익을 향상시키기 위해서' 이 책을 쓴다고 밝혔다.[38] 1564년 4월 28일 생애 마지막 순간에 그는 일평생 공익을 연구하고 권고해 왔음을 고백하며, 스위스 제네바 시민정부 지도자들에게 하나님에게서 받은 은사와 선물을 가지고 공동선을 위한 삶에 헌신하라는 유훈을 남겼다.[39] 종교개혁가 칼뱅의 삶에서는 공동선에 대한 지속적이고 열정적인 관심이 일관되게 나타난다. 그의 공동선 사상에 주목해야 할 충분한 이유가 바로 여기 있다.

칼뱅의 공동선을 그의 저작을 통해 구체적으로 논의하기에 앞서, 오늘날 칼뱅의 공동선이 신학 담론으로 나타나는 현상을 살펴보자. 세계개혁교회연맹(WARC)은 '정의, 평화, 창조의 보존을 위한 상호 협의의 중심적 이슈로 경제를' 조명해 왔으며, 2004년 가나의 수도 아크라에 모여 내놓은 아크라 고백에서는 오늘날 교회의 사명이 '신자유주의적이고 제국주의적인 자본주의'에 반대하는 것이라고 정의했다.* 오스트리아 빈 대학교의 울리히 코트너(Ulirch Körtner)는 아크라 고백이 가난하고 소외된 자들을 위한 '하나님의 경제' 또는 '은혜의 경제'를 천명했다고 평가한다.⁴⁰

독일 하이델베르크 대학교의 울리히 두크로(Ulrich Duchrow)는 이 고백이 오늘날 개혁교회와 에큐메니컬 운동에서 칼뱅 신학과 신학의 실천을 반영한 결과라고 평가한다.⁴¹ 아크라 고백에 대한 응답으로 2004년 스위스 제네바에서는 '개혁적 증언에 대한 칼뱅의 경제적·사회적 사상의 영향'이라는 주제로 국제 협의회가 열렸다. 여기서 프린스턴 신학교의 엘시 맥키(Elsie McKee)가 작성한 선언문은 오늘날 신학자, 목회자, 평신도가 칼뱅을 공동선 관점에서 다시 바라보기 시작했다는 것을 보여 주었다.

칼뱅이 가지고 있었던 절대적인 확신은 무엇인가? 그것은 물질적 재화는 개인적 소유가 아니라 공동선에 봉사하기 위한 수단이라는 생각이다. 개인의 지적 재능, 물리적 기술, 예술적 창조성은 전체 사회의 상호적 지원 가운데서 비로소 올바른 목적을 찾는다.⁴²

2004년 제네바 국제 협의회에서 강조했던 핵심 주제는 칼뱅의 진짜 초상이 '자본주의의 아버지'라는 오래되고 허구적인 이미지 안에서 발견되지 않는다

- "우리는 하나님이 모든 피조물 위의 주권자이심을 믿는다. 지구와 그 안에 충만한 것은 모두 주님의 것이다. 따라서 우리는 지구화된 신자유주의 자본주의가 부과하는 세계경제 질서를 거부한다. 우리는 생명에 대한 하나님의 주권을 전복시키고 하나님의 공정한 다스림에 반하는 경제적, 정치적, 군사적인 제국의 어떤 주장도 거부한다." Ulrich Duchrow's "Calvin's Understanding of Society and Economy", *TC* 6.2 (2009), pp. 58-97, esp. p. 95.

는 것이었다. 오히려 '자유, 정의, 공동선'을 향한 오늘날의 사회경제적 노력에서 칼뱅의 진면목이 발견된다는 시각이 부각되었다. 협의회에서는 2009년 칼뱅 탄생 500주년을 맞이하면서 칼뱅의 성경적 비전이 '하나님의 세계 안에 있는 영적·실천적 일치와 조화'에 있다고 강조하며, 이 비전이 현대 사회의 경제적·사회적 이슈를 다루는 데 하나의 신뢰할 만한 통찰력이 될 수 있을 것으로 보았다.

칼뱅이 개인적으로 깊이 확신했던 사실은 모든 인간관계 안에서 공동선과 정의와 사랑을 위한 모든 지상적 선물의 관리(stewardship)는 어떤 인간에게도 결코 선택 사항이 될 수 없다는 것이다.[43]

스위스개혁교회연맹은 아크라 고백과 칼뱅 탄생 500주년에 대한 응답으로 발표한 '글로벌런스'(Globalance) 성명에서 '인간의 얼굴을 한 지구화'를 천명함으로써, 칼뱅의 윤리를 오늘날 사회적·환경적으로 책임 있는 경제를 만드는 데 필요한 예언자의 목소리로 이끌어 냈다.[44] 이러한 경향은 북미와 유럽의 개신교가 전(全) 지구적 사회경제 이슈에서 칼뱅과 그의 공동선 사상에 주목하고 있음을 보여 준다.

비슷한 시기에 칼뱅 학계에서는 교회와 사회경제 영역의 관계에 관한 칼뱅의 신학적 비전에 관심을 보인다. 칼뱅의 조직신학을 공동선 관점에서 재조명해야 할 이유와 배경이 여기 있다. 칼뱅의 사회경제적 통찰에 대한 학문적 관심이 사회학적·자본주의적 관점에서 신학적·공동체적 관점으로 전환된 것이 아크라 고백에 주요한 역할을 했다. 또한 칼뱅의 사회경제 사상을 사이에 두고 개인주의적인 막스 베버(Max Weber) 그룹과 공동체주의적인 앙드레 비엘레(André Biéler) 그룹이 벌인 논쟁 또한 칼뱅의 공동선 사상이 떠오르는 계기를 제공했다.

　이렇듯 지금까지 북미와 유럽의 신학은 칼뱅의 공동선에 대해 어느 정도는 주목할 만한 통찰을 보여 주었다. 그렇지만 칼뱅 신학에서 공동선 가치가 실제로 무엇을 어떻게 수반하는지를 구체적으로 보여 주기에는 단편적이며 제한적이라는 아쉬움을 떨쳐 버리기는 어렵다. 필자가 영국 스코틀랜드에 가서 칼뱅을 공부하고, 그의 공동선에 대한 연구를 찾아보았을 때, 놀랍게도 영미권에는 이에 대한 연구가 없었다. 기껏 찾아봐도 칼뱅이 공동선을 중요하게 생각했다거나 공동선에 기여했다고 쓴 문장 한두 줄밖에 없었다. 이에 반해 아퀴나스의 공동선 연구는 정말 많았다.* 세계적 수준의 저서와 소고도 많았다. 왜 이러한 현상이 생겼을까? 여러 가지 이유가 있겠지만 그중 하나를 유추하자면, 아퀴나스의 『신학대전』 안에는 선을 다루는 장(章)이 많고 공동선을 다루는 장도 따로 있으나, 공동선에 대한 칼뱅의 생각들은 유리알이 바닥에 흩뿌려져 있듯이 그의 글 곳곳에 흩어져 있기 때문일 것이다. 하지만 필자는 칼뱅이 공동선을 다룬 내용의 양적·질적 측면을 보고 놀랐다. 아퀴나스보다 분량도 훨씬 더 많고 그 내용도 상당히 깊이 있었다. 무엇보다 아퀴나스와 칼뱅의 신학적 차이가 공동선에 대한 그들의 생각에도 그대로 반영되어 있었다. 아퀴나스는 비교적 간결하게 자연과 은총이라는 대조 구도 속에서 공동선을 설명하지만, 칼뱅은 자신이 다루는 신학적 내용의 핵심 속에 공동선에 대한 내용을 깊이 내재화시키고 있었다.

---

* 그에 따라 로마 가톨릭교회의 경우는 토마스 아퀴나스의 공동선 신학을 계승하여 끊임없이 현대적 상황에 적용해왔다. 1891년 교황 레오 13세가 공포했던 레룸 노바룸(Rerum Novarum, 새로운 사태) 회칙이 대표적이다. 사회 문제를 다룬 최초의 교황 회칙이며, 당시 확산되던 사회주의에 반박하고 사유재산제를 자연권으로 옹호하면서도 노동자의 법적 권리를 강조하는 입장을 공식화하면서 이후 가톨릭교회의 사회 참여에 큰 영향을 끼쳤다. 한국에서는 김수환 추기경과 같은 가톨릭 지도자들이 아퀴나스의 공동선에 기반을 두고 기독교 사회시상을 공부했기에 한국 가톨릭의 사회적·공적 영역 참여에 중대한 영향력을 끼쳤다. 김수환 추기경의 사목 문장(紋章)이 "너희와 모든 이를 위하여!"(Pro vobis et Pro Multis)라는 사실은 그가 얼마나 공동선을 위한 참여를 지향했는지 잘 보여 준다.

들어가는 말　29

필자가 칼뱅의 공동선 신학에 대해서 연구한 이유는 우리 한국 교회의 공교회성에 대한 관심 때문이었다. 한국 교회가 사익 추구에 깊이 빠져 있기에 근본적으로 이에 대한 신학적 처방이 필요하다고 판단했다. 하나님의 백성이 망하는 이유는 하나님을 아는 지식이 없어서다. 한국 교회에 공공성 인식이 부족한 데는 여러 가지 원인이 있겠지만, 필자는 그중에서도 종교개혁 사상 안에 담긴 공동선에 대한 신학적·실천적 유산을 잃어버렸기 때문이 아닌가 생각한다.

사실 아퀴나스가 공동선을 도덕신학의 중심 모티브로 삼은 데 반해,[45] 칼뱅이 자신의 공동선 사상을 조직적·집중적·포괄적·의도적으로 발전시킨 것은 아니었다. 칼뱅의 『기독교 강요』, 성경 주해, 설교, 신조, 편지 등과 같은 저작을 자세히 들여다보면 '공동선'이라는 용어가 '교회의 공동선'(the common good of the church), '인류의 공동선'(the common good of the humankind), '교회의 공동 재산'(the common treasure of the church) 등의 표현에 고루 나타난다. 칼뱅 저작을 통틀어 '공동선'에 관한 용어는 라틴어 원전에 55회, 프랑스어 원전에서는 87회 등장하며 이외에도 공동선과 연관된 용어가 적지 않게 발견된다.[46] 이 책에서는 칼뱅의 원전을 분석하고 재구성함으로써 프로테스탄트 공동선 개념을 복원하고 그 의미를 되살리는 데 주력할 것이다.

종교개혁의 목표는 일단 교회가, 모든 그리스도인이 하나님과 올바른 관계를 맺을 때 누리는 '영적 공동선'(the spiritual common good)을 먼저 회복하는 것이었다. 그다음에 이것을 모든 인간이 서로 올바른 관계를 맺을 때 누리게 되는 '사회적 공동선'(the social common good)으로 확대하는 것이었다. 이것이 프로테스탄트 공동선의 핵심이다. 개신교 신앙에서는 이것이 바로 하나님 나라의 공공성을 회복하는 일이라고 보았다.

교회는 이러한 공동선을 온전히 구현하는 역할을 맡기 위해 예수 그리스도를 통해 받은 하나님의 선물이다. 프로테스탄트 신앙은 교회를 통해 공적 세계를 최우선순위로 삼으시는 하나님을 선포하는 믿음을 실천한다. 따라서 오늘날 한국 교회는 칼뱅과 16세기 제네바 교회가 시도했던 공동선을 위한 신학을 복원하고 실천적이었던 그들의 개혁 활동을 재구성해야 한다. 그리고 이것을 오늘날 시대 상황에 맞게 교회와 사회에 적용해야 한다. 이는 세속적 계몽주의 이원론에 의해 공공 영역에서 제거되었던 하나님 나라의 공공성을 회복하는 일이기도 하다.

본론에서는 칼뱅이 공동선 용어를 얼마나 다양하고도 지속적으로 사용했는지, 어떻게 그가 공동선의 씨앗을 마음속에 새기면서 그의 신학 정원에 심고자 했는지 밝힐 것이다. 이를 위해 필자는 칼뱅의 공동선 사상의 세 측면을 주로 살피면서 조직적이고 체계적으로 분석할 것이다. 첫째는 구원 이야기의 역동적 단계에 따라 공동선과 마주 보는 칼뱅 신학의 재구성이다. 둘째는 하나님과 인간과 이웃의 관계 분석이다. 셋째는 신적·도덕적 차원 혹은 성경적·인문주의적 차원에 걸쳐 있는 교회와 인류의 공동선 관계다.

칼뱅은 '구별되나 분리될 수 없는'(distinctive but inseparable) 교회의 공동선과 인류의 공동선이라는 신학 패러다임을 창출했다. 성령의 특별은총과 일반은총의 구분을 잊지 않는 그의 신학 패러다임은 공동선 신학 구조를 지지한다. 공동선에 대한 칼뱅의 개혁적 가르침은 마치 씨앗의 낟알이 발아하여 큰 나무로 자라나듯, 그의 시대뿐 아니라 후대를 위해 필요한 사상이 되었다. 그는 프로테스탄트 공동선 사상을 고안하고 완성한 개척자이며, 교회 공동선과 인류 공동선 사이의 상호 관계를 규정한 신학자로 평가된다.

이 책에서 필자는 공동선에 대한 칼뱅의 본래적이고 중심적인 성찰이 무엇인지 드러내고자 한다. 이를 위해 칼뱅이 자신의 생각을 함축적으로 기술하는 논의들을 분석할 것이다. 이를 위해, 하나님 형상, 성화, 율법, 교회, 인류라는 다섯 가지 신학적 영역에 담겨 있는 영적·물리적 차원을 공동선의 관점에서 조명하는 방식을 선택할 것이다. 그로써 칼뱅의 신학적 의의가 어떻게 하나님 형상, 성화, 율법의 영역에서 통합적으로 이해되는지 살피고자 한다. 이와 더불어 칼뱅이 자신의 신학적 근거를 구축하는 주요 토대 중 하나인 공동선 사상을 어떻게 교회와 사회의 다양한 영역에 실천적·구체적으로 적용했는지 볼 것이다. 그리고 칼뱅의 고전적·인문주의적 이해와 성경적·복음적 비전이 어떻게 공동선의 영적 차원과 도덕적 차원으로 다층적·다면적 개념을 구성하는지 볼 것이다. 신적 수준, 도덕적 수준 각각에서 공동선의 가치를 성취하는 데 교회 공동선과 사회 공동선이 맺는 관계도 탐구하고자 한다. 요컨대, 두 부분으로 이루어진 공동선의 가치가 어떻게—성령에 의해 그리스도 안에서 연합된 신자들의 삼위일체적 참여에 의한 은혜와 선물의 자발적·상호적 나눔을 통해—교회와 사회에서 구체화되는지 보여 줄 것이다.*

정리하자면, 이 책의 목적은 칼뱅을 중심으로 살피면서 프로테스탄트의 공동선 아이디어에 조직신학적 토대와 적용을 제공하는 것이다. 이를 위해 필자는 칼뱅의 신학과 실천에 깊이 뿌리박힌 프로테스탄트 공동선 아이디어를 규명할 것이다. 이 연구는 또한 현재 진행 중인 사회경제적 논의의 신학적

• 필자는 칼뱅의 저작 안에 담긴 공동선에 대한 성찰을 파악하기 위해 특정 시기의 양상을 횡적으로 연구하는 공시적 분석 방법을 채택한다. 투르케티(Turchetti)는 16세기 칼뱅의 신학적·정치적 아이디어들은 공시적(synchronic) 분석 또는 통시적(diachronic) 분석 어느 쪽으로도 탐구할 수 있다고 보았다. 칼뱅의 말로 표현되는 공시적 방법은 후대를 사는 우리의 선호나 해설이라는 프리즘을 거치지 않는다. 반면에 통시적 방법은 의미의 진화 혹은 변화를 따르게 된다. 오늘 우리는 통시적 분석을 통하여 현재적 관점과 사고방식으로 과거의 칼뱅을 해석하고 평가한다. 하지만 공시적 분석이 칼뱅의 본래 사고에 더 비중을 둘 수 있기 때문에 필자는 공동선에 관한 칼뱅의 생각과 그의 신학적 기도(theological enterprise)를 탐구하고자 공시적 분석을 선택했다. 더불어 필자는 칼뱅의 이론적 개념의 발전과 제네바에서 그것을 실현하려던 실천적 활동 같은 특정 이슈들에 대해서는 더 폭넓은 관점을 얻기 위해 역사적 방법론도 활용하고자 한다. Mario Turchetti, "The Contribution of Calvin and Calvinism to the Birth of Modern Democracy", in *John Calvin's Impact on Church and Society, 1509-2009*, pp. 49, 194.

근거를 밝힘으로써, 프로테스탄트 진영에서 일어나는 여러 논의에 기여할 수 있을 것이다. 이 과정에서 우리는 고전과 근대 철학의 공동선 사상이나 로마 가톨릭 전통의 공동선 사상과 비교되는 프로테스탄트 공동선의 고유한 속성도 볼 수 있을 것이다. 그러면서 도시화되고 지구화된 현대 사회의 수많은 갈등과 과제를 풀어 갈 수 있는 신뢰할 만한 하나의 대안적이고 협력적인 세계관으로 프로테스탄트 공동선을 제안하고자 한다. 옥스퍼드 대학교의 개혁신학자 알리스터 맥그래스(Alister McGrath)는 칼뱅에게 '신학'은 '사적인 것이 된 믿음의 경건'을 위해서만 존재하지는 않았다고 지적했다. 오히려 칼뱅이 "공적 삶과 관계를 맺는 하나의 체계(framework)를 제공하고 있다"고 주장했다.[47] 칼뱅이 그리스도인들이 공적 사안에 참여하는 데 오랜 영향을 미쳤고, 그렇기에 그의 공동선 신학은 탁월하고 실천적일 뿐 아니라 오늘날에도 유효하고 적실한 대안으로 평가되고 있음을 마음에 담고 이제 본론으로 함께 들어가 보자.[48]

1부

신학적 근거

하나님의 형상
성화
율법
교회
인간

Image of God
Sanctification
Law
Church
Humankind

1부에서는 칼뱅의 공동선 개념에 대해 서로 다른 세 가지 접근 방식을 밝히고자 한다. 그것은 각각 신학적 인간학, 삼위일체적 참여, 통합적 법리로 읽는 방식이다. 이 접근법은 칼뱅의 전체 사상의 각 측면을 형성한다.

먼저 1장 "하나님 형상과 공동선"에서는 신학적 인간학으로 접근할 것이다. 하나님 형상을 관계적·실체적·공동체적 차원에서 다면적으로 분석하고, 이를 통해 칼뱅의 공동선 사상의 주된 바탕이 되는 신적 차원의 첫 번째 면과 거기에 연결되는 사회적 차원을 조명할 것이다.

다음으로 2장 "성화와 공동선"에서는 그리스도를 중심으로 하는 인간학에 기반을 두고 삼위일체적 참여와 연관된 접근법을 사용할 것이다. 여기서는 그리스도인의 자기부정(self-denial)의 여러 다양한 특징을 분석하면서, 칼뱅의 공동선 사상에 담긴 신적 차원의 두 번째 면과 거기에 연결되는 사회적 차원을 살펴볼 것이다.

마지막으로 3장 "율법과 공동선"에서는 통합된 법리적 접근 방식을 통해 율법의 세 가지 단계와 세 가지 사용을 공동선이라는 단일한 렌즈로 분석할 것이다. 여기서는 칼뱅의 공동선 사상에 담긴 신적 차원의 세 번째 면과 거기에 따르는 사회적 차원을 따라갈 것이다.

이러한 작업을 통해 우리는 칼뱅의 신학 활동(theological enterprise)에서 공동선을 그리스도인의 지향으로 삼은 생각이 얼마나 깊이 자리하는지 확인하게 된다. 이는 사회경제적 관점에서 다각도로 칼뱅을 연구하는 오늘날 학계에도 유용한 신학적 자양분이 될 것이다.

1장

하나님 형상과 공동선

칼뱅은 공동선 사상을 하나님 형상이라는 땅에 심었고, 그 바탕 위에 발전시켰다. 따라서 칼뱅의 공동선을 이해하기 위해서는 먼저 그가 하나님 형상을 어떻게 이해했는지 파악해야 한다. 칼뱅은 하나님 형상을 관계, 실체, 공동체라는 세 가지 측면으로 이해했고,* 하나님 형상이 타락 이전과 이후, 구원이라는 세 단계에 따라 역동성 있게 변화했으며 그에 따라 공동선 또한 영향을 받았다고 생각했다. 이 장에서는 칼뱅의 하나님 형상 이해의 독특한 점이 무엇이며 그것이 교회와 인류의 공동선 가치와 어떤 관계에 있는지를 살핌으로써, 창조 세계의 본래 질서인 공동선을 회복하는 신학을 그가 어떤 식으로 추구했는지 알아보려 한다.

우리가 알고 있는 신학자, 목회자, 종교개혁가 칼뱅의 모습이 처음 나타나기 시작한 곳은 스위스 제네바가 아니라 프랑스 스트라스부르였다. 칼뱅은 1536년부터 2년 동안 세네바 성 피에르 교회에서 교회 질서와 사회 윤리를 확립하려는 개혁 운동을 펼쳤다. 그러나 반대파의 방해로 개혁에 실패한

• 먼저, 관계를 갖추고 있는 형상으로 거룩함, 감사함, 선함 같은 하나님과 올바른 관계를 맺기 위해 부여받은 속성이 있고, 실체를 갖추고 있는 형상으로 이성이나 재능 같은 인간 영혼에 새겨진 신적 속성이 있고, 공동체성을 갖추고 있는 형상으로 사회의 존재로서 교제할 수 있는 속성이 있다.

칼뱅은 1538년 제네바를 떠나 스트라스부르로 자리를 옮겨 1538년부터 1541년까지 3년간 성 니콜라이 교회, 막달레나 교회, 도미니칸 교회를 중심으로 못 다한 개혁 운동을 계속하며 '모든 사람 안에 있는 하나님 형상'과 '교회 공동선'이라는 생각을 뚜렷하게 하기 시작했다. 1541년 제네바로 돌아왔을 때 칼뱅의 '하나님 형상' 사상은 (모든 그리스도인이 하나님과 올바른 관계를 맺을 때 누리게 되는) 영성을 바탕으로 삼는 공동선과 (모든 사람이 서로 올바른 관계를 맺을 때 누리게 되는) 사회성을 바탕으로 삼는 공동선이란 두 가지 맥락 안에 확고히 자리를 잡았다. 스트라스부르 목회에서 얻은 결실이라 할 수 있는 이 신학적 발전의 자세한 내용은, 칼뱅의 하나님 형상 이해가 어떻게 발전했는지를 살펴보며 알 수 있다.

『기독교 강요』에 나타난 하나님 형상과 공동선 사상

칼뱅의 공동선 개념은 도덕적·사회적·인문주의적 개념일 뿐 아니라 종교적·영성적·복음적 개념이다. 우리는 이를 하나님 형상과 공동선 관계에 관한 칼뱅 사상이 사역 초기에 어떻게 발전했는지를 라틴어로 쓴 『기독교 강요』 초판(1536년)과 2판(1539년), 그리고 불어판(1541년)에 나타난 하나님 형상 사상을 견줌으로써 확인할 수 있다.

칼뱅은 『기독교 강요』 초판에서 '인간을 아는 지식'을 논하면서 '하나님 형상'이 무엇인지 명료하게 진술한다. 칼뱅은 하나님 형상을 '하나님 은혜의 선물'(gratiae donis Deo)로 묘사하면서, 이것이 타고난 자질이나 재능이 아니라 하나님과의 관계에 있음을 강조한다.[1] 칼뱅은 하나님 형상과 공동선의 함축 관계를 거울 비유로 보여 주며 인간을 하나님의 선하심을 반사하는 거울로 이해한다. 물론 타락한 인간은 '하나님의 은혜로 받은 모든 혜택'(omnia divinae gratiae bona)을 잃어버렸다.² 칼뱅은 은혜와 선물이라는 개념으로 하나님 형상을 3단계(수여, 수령, 상실)로 구분하면서 그 형상을 상실한 이야기를 시작한다. 그러나 칼뱅은 인간이 하나님 형상을 상실했다 하더라도 종교 정체성이나 태도와 관계없이 자비와 친절로 모든 인간을 포용해야 함을 강조한다.³ 드러내 놓고 말하지는 않았지만, 칼뱅은 인간 안에 남아 있는 하나님 형상이 윤리 목적을 함축하고 있다고 암시한다. 나아가 칼뱅은 십계명과 믿음을 논하면서 하나님 형상과 인간 연대를 연결한다. 칼뱅은 이를 1536년판 『기독교 강요』에서는 간접적으로 다루다가, 1541년판과 1559년 최종판에서는 좀더 분명하게 강조한다.⁴

1539년 『기독교 강요』 2판과 1541년 불어판을 보면, 칼뱅은 인간 안에 남아 있는 하나님 형상을 '은혜와 탁월한 호의'로 이해한 초기 사상을 일관되게 지니고 있었다.⁵ 그러나 칼뱅은 여기에 하나님 형상의 실천 측면, 즉 그리스도인이 하나님 은혜로 받은 모든 혜택과 선한 것에 참여함을 덧붙여 강조한다. 이 모든 혜택과 선한 것은 바로 교회 공동선에 이바지하기 위한 것이다. 그래서 칼뱅은 『기독교 강요』 2판에서, 신적 은혜인 하나님 형상을 가지는 것이 공익을 위해 선물을 나누려는 자선과 사랑과 열망을 위한 존재론적 바탕이 될 수 있음을 반복한다.

칼뱅은 "하나님을 향한 두려움과 사랑", "모든 인간을 향한 공정하고 편견 없는 해석"이라는 구절에서 모든 사람 안에 있는 하나님 형상이 바로 모든 사람을 향한 사랑과 자선의 신학적 기반임을 기술한다.⁶ 1536년 『기독교 강요』 초판에서는 암시로 나타났던 이 사상은, 1539년 2판과 1541년 불어판에 등장하는 '모든 사람 안에 있는 하나님 형상'에 관한 새로운 사상과 함께 그의 사역 후기에서 강하게 강조하는 공동선 사상의 전조가 된다. 이 사실은 1559년 『기독교 강요』 최종판에서 좀더 정확히 기술된다.⁷

이처럼 하나님 형상과 교회 공동선을 유기적으로 연결하는 생각은 그가 1538년부터 1541년까지 3년 동안 스트라스부르에서 목회를 하던 시기에 생겨났다. 칼뱅이 1541년에 제네바로 돌아왔으니, 모든 사람 안에 있는 하나님 형상에 관한 사상이 공동선 맥락 안에 자리한 것은 제네바로 돌아오기 전이었다. 이러한 사실은 『기독교 강요』 초판과 2판 사이의 발전된 사상에서 확인할 수 있다. 요약하면, 칼뱅은 윤리를 따르는 자비로운 삶을 위한 존재론의 토대를 하나님 형상 사상에서 찾았고, 그 과정에서 공동선을 목적론의 가치로 이해했다. 그가 사람 안에 있는 하나님 형상을 명백하게 강조하면서, 보편 윤리 기준인 공동선 사상에는 영적 함의와 도덕적 함의가 모두 담기게 되었다.

하나님 형상과 공동선에 관한 사상의 성숙

우리는 하나님 형상과 공동선 사이의 관계뿐 아니라 이 둘의 복잡한 특성 사이의 관계를 조사함으로써, 칼뱅이 공동선을 영성과 도덕성, 교회와 사회 차원에서 발전시킨 까닭을 알 수 있다. 다만, 이 둘의 복잡다단한 관계와 그 함의를 조사하기에 앞서 칼뱅이 어떻게 하나님 형상을 공동선 사상의 근거로 통합하고 발전시켰는지를 좀더 살펴볼 필요가 있다.

먼저, 자기부정이라는 뜻에서 하나님 형상과 공동선의 상관관계를 살펴보는 것이 유익하다. 칼뱅은 자기부정의 삶이 교회와 이웃을 위해 하나님의 선물을 배분하는 것으로 나타나야 한다고 가르친다. 이웃에는 그리스도인과 비그리스도인 모두가 포함된다. 찰스 파티(Charles Partee)는 모든 사람 안에 있는 하나님 형상을 보라는 명령은 자기부정의 첫 결과로 보아야 하며, 자기

- 이 내용은 이번 장 후반부와 다음 장에서 다룰 것이다.

부정에는 공동 유익을 위해 그들에게 맡기신 하나님 은혜를 인정하는 것이 포함된다고 주장한다.[7] 하나님 형상, 자기부정, 공동선의 삼각관계가 1541년 『기독교 강요』 2판에 이미 등장하고 있음을 주목할 필요가 있다.

> 우리는 하나님이 우리에게 주신 모든 은혜가 우리 것이 아니라 그분이 너그럽게 대가 없이 주신 선물임을 기억해야 한다. 우리가 오히려 겸손해야 하는 까닭은 바로 이것이다. 모든 것은 하나님이 은혜로 주신 것이며, 이는 교회 공동선을 위한 것이다(고전 12:7). 성경은 우리에게 인간의 가치를 자신에게 두지 말고, 모든 사람 안에 있는 하나님 형상에 두라고 권고한다. 모든 영예와 사랑은 바로 이 형상에 원인이 있다. [『기독교 강요』(1541), pp. 688-689]

칼뱅은 먼저 교회의 공동선, 즉 이웃에게 선을 행하는 일을 하나님이 선물을 수여하시는(God's gift-giving) 조건의 한 측면으로 이해한다. 그런 다음 이에 근거해 하나님 형상인 모든 사람을 사랑하라는 이론을 세운다. 칼뱅은 이 두 조건을 자기부정을 행하기 어려운 인간의 상황을 이겨 내는 해결책으로 제시한다. 즉 이 두 조건은 기독교적 삶을 세우는 본질적 요소다. 이런 까닭으로 칼뱅은 자기부정, 공동선, 모든 사람 안에 있는 하나님 형상을 긴밀하게 이으며 발전시킨다.

이런 맥락에서 우리는 하나님 형상과 공동선의 관계에서 칼뱅의 통찰을 주목해야 한다. 칼뱅은 공동신 신학에 나타난 이중(교회, 사회) 측면을 하나님 형상에 관한 이중(관계, 실체) 복합성에 바탕을 두고 이해한다. 칼뱅 신학에 나타난 이 '이중 측면'은 하나님 형상의 관계적 속성과 실체적 속성에 관한 그의 진술이 서로 조화되지 않는 듯 보이는 문제를 해결해 줄 뿐 아니라, 공동선이 교회와 사회 윤리의 공통된 근거로 제시되는 까닭 또한 설명해 준다.

나아가 이중 측면은 하나님 형상 이해가 구속자 하나님을 보는 관계적 시선과 창조주 하나님을 보는 실체적 시선 모두를 포용하고 있음도 보여 준다. 바로 이것이 칼뱅의 공동선 사상의 신학적 전제이며, 이는 그리스도의 몸인 교회 구성원을 향한 사랑과 모든 인류를 향한 사랑 양편 모두에 적용된다. 따라서 하나님 형상을 세밀하게 연구하는 것이 칼뱅의 공동선 사상을 이해하는 데 중요하다. 칼뱅의 공동선 사상은 그리스도인의 자기부정에 관한 칼뱅의 독특한 신학을 형성하는 데까지 적용되기 때문이다.

그러면 하나님 형상 이해가 공동선 신학 맥락에서 갖는 의미와 역할을 좀 더 자세히 살펴보기로 하자. 둘 사이의 관계를 이해하기 위해서는 가장 먼저 하나님 형상에 관한 윤리적 관점을 파악해야 한다. 그러나 이를 온전히 이해하기 위해서는 먼저 하나님 형상의 뜻과 역할, 중요성을 창조-타락-구속(회복)이라는 구속사 맥락에서 살펴볼 필요가 있다. 앞서 지적했듯이 칼뱅의 저작에서 하나님 형상의 윤리적 차원은 신학적 전제와 분리되지 않고 긴밀하게 연결되어 있기 때문이다. 하나님 형상의 세 단계 이해는 하나님 형상과 공동선 사이의 역동성 있는 관계에 주목하게 하면서 공동선 신학을 선명하게 드러낸다.

타락 이전 하나님 형상과 공동선

타락 이전, 곧 인간 창조 시의 하나님 형상은 무엇이며, 그것은 인간 삶에서 어떤 역할을 했는가? 창세기 1장에 나오는 창조 내러티브를 보면, 하나님은 모든 인간에게 유익하도록 사람 안에 당신 형상을 새겨 넣으셨다. 놀라운 선함 또는 모든 선한 것이라는 표현은 타락 이전에 하나님 형상이 매우 탁월하게 설계되었음을 보여 준다. 칼뱅은 이를 "하나님은 그분 자신의 영광 일부를 인간 안으로 불어넣으셨다"라는 말로 바꿔 표현한다.⁸ 여기서 우리는 칼뱅이 『기독교 강요』 최종판 첫 부분에서 '모든 선한 것으로 가득한 풍부함'(bonorum omnium perfectam affluentiam)이라는 말로 하나님을 묘사하고 있음을 주목할 필요가 있다. 이어서 칼뱅은 하나님 형상을 '모든 선함의 원천이자 출처'(bonorum omnium fontem…originem)라고 말하면서 계속해서 선함이라는 개념을 쓴다.⁹ 선은 온전한 하나님 형상을 구성하는 최대 신적 특성 중 하나다. 선의 원천이신 하나님은 그분의 선하심을 인간에게 주는 '수여자'(giver)시고, 인간은 그 선을 받는 '수령자'(receiver)다. 동시에 인간은 하나님의 선을 이웃과 나눔으로써 그들 안에 있는 하나님 형상을 반영하고 확장한다. 이것이 창조 내러티브에서 아담이 하나님 형상으로 창조됐다는 사실이 매우 중요하게 드러나는 이유다. 즉 사람은 선한 행동을 해서 복된 존재가 되는 것이 아니라, 선한 행동으로 하나님의 뜻에 참여하기에 복된 존재가 된다.

이 점에서 시카고 대학교에서 종교개혁사를 가르치는 수잔 슈라이너(Susan Schreiner)의 제안대로 하나님 형상을 두 가지 범주(관계, 실체)로 구분하는 것이 유익하다. 그녀는 칼 바르트(Karl Barth)가 하나님 형상을 올바른 태도와 감사, 인간 안에 있는 신적 본성 반영(coram Deo)이라는 관계적 속성으로 이해했다고 말한다. 반면에, 에밀 브루너(Emil Brunner)는 하나님 형상을 창조 질서와 인간 영혼 안에 '새겨진' 신적 형상이라는 실체적 속성으로 해석했다.¹⁰ • 그러나 우리는 이 두 범주에 남자와 여자 안에 있는 공동체적 속성을 추가할 필요가 있다. 공동체적 속성은 인간이 본래 협력하고 연대하는 존재로서

• 하지만 슈라이너의 분류 때문에 바르트와 브루너가 하나님 형상에 관해 한 측면만 극단으로 제기했다고 오해해선 곤란하다. 오히려 양편 모두 자신의 관점을 강조하면서 상대의 관점도 숙고하는 것으로 보아야 맞다. 예를 들어 마드리드의 입장에 있던 영국 에든버러 대학교의 조직신학자 토머스 토랜스(Thomas. F. Torrance)는 말씀과 세계를 통해 얻는 관계적 형상과 실체적 형상을 모두 보여 주고자 칼뱅의 '거울' 은유를 사용한다.

풍성한 번영을 누리도록 디자인된 존재임을 알게 하는 단서다.

따라서 창조라는 신적 질서 관점에서 타락 이전 인간 안에 있던 하나님 형상의 관계, 실체, 공동체 측면을 살펴보는 것은 무척 중요하다. 이 세 가지 범주는 칼뱅 사상을 윤리 관점에서 다시 비춰 보게 한다. 또한 하나님 형상과 선한 삶의 관계를 어떻게 해석할지 설명한다. 그 대표 사례를 창세기 1장 설교에서 볼 수 있다.

그전에 타락 이전 인간 안에 있던 하나님 형상의 관계적 속성을 좀더 숙고해 보자. 관계를 나타내는 속성은 완벽한 탁월함 혹은 진실성과 관련되어 있다. 이는 하나님이 주신 반듯함 안에 잘 정돈되어 있는 영혼으로 대표되기도 하고, 하나님 영광의 자취가 그 안에서 빛나고 있는 한 인격체에 따라 증시되기도 한다. 즉 하나님과 사람 사이의 온전한 관계를 손상하지 않고 유지하는 것은 본래 필수적이다.[11]

칼뱅은 인간 안에 있는 하나님 형상을 어떻게 보았을까? '결함이 생기기 전 아담이 갖고 있던 인간 본성이 온전히 뛰어남'은 실체를 나타내는 특징이라기보다는 오히려 하나님과의 올바른 관계를 나타내는 속성이다.[12] 즉 하나님 형상은 단순히 판단하는 능력이라기보다는 '올바른 판단력'을 뜻했다. 이는 단순한 정서나 이성 작용이 아니라 '이성과 조화된 정서'와 깊이 관련되어 있다. 칼뱅에게 하나님 형상은 그저 감각을 쓰는 것이 아니라, 모든 감각이 '흠 없이 잘 정돈되어 있는' 본성과 밀접하게 관련되어 있다.[13] 따라서 타락 이전 형상의 실체를 보여 주는 특성은 철저히 관계적 맥락 안에 있다. 무슨 뜻인가? 사람들이 하나님과 올바른 관계에 있을 때는 인간 안에 있는 하나님 형상이 겸손, 감사, 순종 같은 관계를 나타내는 기준에 따라 두드러진다는 뜻이다. 여기에서 사람 안에 자리하는 진실성은 하나님의 영광과 능력을 그들 안에 지니도록 해 준다. 이것이 어떻게 이루어지는가? 먼저는 이 세상에 하나님이 복을 베푸시는 방식으로, 궁극적으로는 지상의 삶에서 영원한 삶으로 이끄심으로 이루어진다. 창세기 1:26-28에서 분명하게 나타나듯이 칼뱅은 인간 안에 있는 하나님 형상의 이러한 영성과 관계성을 지닌 품성이 하나님의 본래 창조 계획과 연관되어 있다고 믿었다. 그 점에서 의지는 '모든 선한 것과 의로운 것에 직결'되어 있으며 우리 신체는 영혼을 기쁘게 섬길 도구가 된다.[14]

하지만 타락은 인간이 하나님 앞에서 진실성을 상실하게 만들었다. 그 이후 인간은 그때까지 갖고 있던 신적 능력을 모두 잃어버렸다. 그 결과, 아담과 하와는 영혼의 무질서라는 깊은 고통을 겪으며 이전에 누렸던 하나님과의 올바른 관계에서 적대적 관계로 떨어져 나갔다. 그들은 무지와 부당함, 무기력과 죽음, 심판으로 향한 내리막길을 걸었다. 이렇듯 타락 이후 하나님 형상은 아담과 그 후손들 안에서 완전히 취소되고 지워지고 말았다.

이러한 상실은 당연히 하나님 형상의 공동체 측면에도 심각한 영향을 미쳤다. 하나님 형상을 관계와 영성이라는 속성으로 해석하는 칼뱅의 이해는, 이 형상을 인류 공동체의 화합을 위한 질서와 힘으로 이해하는 그의 사상과 깊이 관련되어 있다. 타락 이전 아담과 하와가 관계와 영성의 성품을 소유하고 있을 때 그들은 '모든 선한 것에서 진실로 탁월'했다.[15] 따라서 타락 이후 관계적·영성적 성품을 상실했다는 것이 하나님과 이웃과 함께 누렸던 본래 교제를 잃어버린 것임을 자연스럽게 추론할 수 있다. 타락으로 모든 인류는 공동체에 참여할 수 없게 되고 모든 선한 일에 무력하게 되있다.

본래 완전했던 관계적 영성은 예수 그리스도 안에서 회복된 하나님 형상의 본성을 이해하는 데 매우 중요하다. 칼뱅은 창세기 1:26에 관한 주석에서 모든 사람 안에 있던 하나님 형상이 본래 형태인 관계의 영성 측면에 특별한 관심을 보인다. 그러면 본래적 관계란 무엇인가? 칼뱅은 이를 예수 그리스도의 복음을 통해 회복되는 하나님 형상과 결부시킨다. 즉 본래적 관계란 '의로움과 거룩함'으로 특징지어지는 영성적 차원을 뜻한다. 타락 이전 인간 안에 있던 하나님 형상에 대해 칼뱅은 다음과 같이 말한다. "영과 관련해서 사람은 하나님의 지혜와 정의와 선함을 누리는 자로 만들어졌다."[16] 따라서 칼뱅에게 복음의 궁극적 목적은 올바르고 건전하며 잘 정돈된 마음과 정신으로 나타나는 관계적이고 영적인 품성을 회복하는 것이다.

> 타락으로 하나님 형상이 우리 안에 파괴되었기에, 우리는 그 형상의 회복으로 하나님 형상이 본래 어떠했는지를 판단할 수 있다. 바울은 복음으로 말미암아 우리가 하나님 형상으로 변화되었다고 말한다. 영적 재생은 전적으로 하나님과 같은 형상으로 회복되는 것이다. (『창세기 주해』 1:26)

창조 시에 인간이 받은 하나님 형상의 관계 측면은 예수 그리스도의 복음으로 신자 안에 회복된 고유한 하나님 형상이다. 따라서 본래 형상과 회복된 형상 사이의 관계로 볼 때, 교회와 인류 공동선을 주의 깊게 살핌으로써 본래 창조 안에 있던 공동선의 뜻과 기능을 제대로 평가할 수 있다. 이 때문에 성령으로 그리스도 안에 자리한 교회와 인류 공동선은 바로 타락 이전 원래 창조의 자리로 회복된 공동선이다. 하인리히 퀴스토르프(Heinrich Quistorp)의 주장대로 피조물의 '미래 영광'은 그것이 본래 갖고 있던 순전함과 불멸성이 회복되는 데 있다. 물론 공동선 견지에서 보면, 이는 단순히 타락 이전의 창조물 안에 있던 본래 질서로 돌아가는 게 아니라 그리스도의 완전한 형상으로 본래 질서가 새 하늘과 새 땅에서 완성되는 회복으로 이해해야 한다.[17]

타락 이전 하나님 형상이 갖는 실체가 어떤 속성을 나타내는지 살펴보자. 이 실체가 나타내는 속성은 공동체를 지향하는 인간 삶에 중요한 모티프로 자리한다. 칼뱅은 인간이 받은 타고난 자질을 관계적 속성과 실체적 속성으로 구분해 설명하지 않는다. 하지만 그는 타고난 '자질'(endowments)과 '값없이 받은 선물'(gratuitous gifts)이 관계적 속성뿐 아니라 실체적 속성과도 긴밀히 연결된다는 것을 잘 알고 있었다.[18] 즉, 칼뱅은 인간의 정신이나 마음속의 영혼에 내재한 어떤 부분을 신적 형상의 주요 자리로 이해했다. 인간의 신체 또한 이 내적 질서와 관련이 있다. 칼뱅은 실체적 속성을 관계 측면이 제대로 작동되기 위한 도구로 이해했으며, 따라서 하나님 형상을 실체와 관계라는 두 속성으로 구분한다.

칼뱅은 타락 이전 실체의 속성을 '하나님 지혜'와 '하나님 영광'과 같은 용어를 써서 묘사한다. 인간이 '가장 탁월한 본보기'이자 '하나님의 일을 깨끗하게 비추는 거울' 같은 존재, 곧 하나님께 받은 신적 균형과 아름다움이라는 특별한 선물로 인해 흠모받는 존재임을 강조한다.[19]

타락 이후 이 실체적 속성과 관계적 속성은 어떻게 되었을까? 신적 지혜와 영광으로 묘사되며 "살아 있는 모든 피조물보다 인간을 뛰어나게 만든" 하나님 형상은 타락 이후에도 지워지거나 사멸되지는 않았다. 하지만 거의 사라졌다고 말할 수 있을 정도로 심각하게 훼손당했다. '혼돈되고, 훼손되고, 질병에 시달리는 것 말고는 아무것도 남아 있지 않게' 되었다.[20]

그러면 하나님 형상 가운데 어떤 속성이 훼손당했을까? 하나님 형상의 탁월함을 타락 이후 형상의 관계적, 실체적, 공동체적 속성 중 어디에서 찾을 수 있을까? 칼뱅은 이 점에서 세 가지 측면을 확실히 구분하시 않았다. 예를 들어, 칼뱅은 관계적 속성만 다루지 않고, "인간 안에는 인류가 하나님의 가계와 같음을 보여 주는 상징과 각인 같은 능력과 은사가 있다"고 말하며 실체적 속성도 지적한다.[21]

이런 이유로 칼뱅이 하나님 형상의 세 특징 중 어떤 부분에 초점을 맞추는지 상이한 해석이 가능해졌다. 에밀 브루너는 실체를 갖추고 있는 속성에 주목해 '형식, 구성' 감각 안에 남아 있는 하나님 형상을 강조했다. "이해의 빛 가운데 하나로 연결된" 탁월함에 초점을 둔 것이다.[22] 칼 바르트는 인간의 탁월함에 초점을 두면서도 관계를 갖추고 있는 속성을 강조했다. 하나님 형상은 성령으로 거듭난, 선택받은 자들을 통해 드러남을 강조한다. 그는 브루너가 주목한 하나님 형상, 즉 인간에게 있는 형식과 구성을 갖춘 감각이라는 신 형상 개념을 비판했다. 타락 이후 하나님과 인간 사이에 남아 있는 접촉점의 위상을 브루너가 너무 높게 잡았다는 것이다.[23]

타락한 후에도 하나님 형상이 인간에게 남아 있기 때문에 공동체적 사랑이 가능하다는 브루너의 주장은 복음으로 회복된 하나님 형상의 실존과 교회의 영적 공동선의 관계에 충분히 주의를 기울이지 않았다는 비판을 받는다. 반면 바르트는 관계적 속성이 복음으로 회복되었기에 공동체적 사랑이 가능하다고 주장한다. 하지만 그는 타락 이후 남아 있는 '하나님 형상'에 대해서 어떤 설명도 하지 못한다. 하나님 형상과 공동선의 관계를 논의할 때 바르트 신학은 분명한 약점을 보인다.

브루너 그룹과 바르트 그룹은 각각 하나님 형상을 개념화하는 자신들의 방식을 가지고 있지만, 양편 모두 중요한 것을 하나 빠뜨렸다. 바로 공동체적 사랑을 향한 인간의 책임이다. 브루너와 바르트 모두 하나님 형상의 공동체적 속성에서 나오는 윤리적 암시에 충분히 주목하지 않았다. 하지만 칼뱅은 하나님 형상의 공동체성을 바탕 삼아 성화를 사회 차원으로 넓혀 적용함으로써 신학과 윤리를 연결하는 독특한 고리를 만들었다.[24]

칼뱅은 하나님 형상의 공동체적 속성을 깊이 이해할 때 모든 사람을 향한 공동체 윤리 명령이 훨씬 설득력을 갖는다고 보았다. 그는 1555년에 집필한 누가복음 주석에서 인류를 신적 유대를 가진 이웃으로 묘사한다. 그리고 같은

해 고린도전서 1:11-16을 가지고 "하나님은 서로 연합되는 방식으로 인류를 창조하셨다. 따라서 어느 누구도 돕는 것을 망설이지 않는다. 우리가 가진 모든 것이 공동선을 위해 제자리에 놓이도록 그것들을 분배해야 한다. 그러한 우애는 우리를 감동시킨다"라고 설교한다.[25]

칼뱅은 '연대'의 또 다른 근거로 하나님이 창조 세계의 공동생활을 풍성하게 만드셨음을 제시한다. "하나님은 사람을 창조하시기 전에 세상에 필요한 모든 것을 제공하셨으며 심지어 엄청난 부를 채워 주셨다."[26] 하나님은 인간과 관계를 맺으실 때 그저 실체적 속성만 부여하시지 않고, 생활하는 데 필요한 자원을 아낌없이 풍성하게 창조하시고 공급하셨다. 하나님이 베푸신 '실체적' 은혜는 인간 안에 있는 그분 형상을 통해서만 드러나지는 않는다. 하나님 은혜는 모든 인류를 위해 베푸신 풍성한 물리적 자원과 피조물을 통해서도 드러난다.

또한 칼뱅은, 인간은 '연대'해야 한다는 기독교 인간학의 근거를 신적 형상의 공동체성에서 발견했다. "인간 본성의 완전한 탁월성"을 갖는 인류가 공동체 형상으로 존재하며 연대성을 갖는 것은, 본질을 공유하시고 인격의 관계와 사랑의 교환을 이루시는 삼위일체 하나님을 반영했기 때문이다. 창조주이신 삼위일체 하나님은 자기를 폐쇄하고 서로 분리되는 주체가 아니라 '세 인격의 공동 행동'이자 '우리와 함께하시는' 중보자다.[27] 삼위일체 하나님을 설명하는 칼뱅의 말에는 삼위가 서로에게 공간을 마련하고 서로를 환대한다는 뜻이 잘 담겨 있다. 하나님은 '한 원친'이시며, 성육신 또한 그리스도를 중심으로 한 원천을 인간 연대를 위해 제공한 것이다. 모든 인류의 공통된 정체성은 인류가 공유하고 있는 하나님 형상을 통해, 그리고 하나님에게서만 유래하는 방식으로 드러난다. 인류가 공유하는 기원에는 연대성에 대한 감각이 들어 있다. 칼뱅은 이를 다음과 같이 설명한다.

하나님의 축복은 인류가 흘러나오는 원천이다. 하나님은 수많은 인류로 지구를 뒤덮으실 수 있다. 그러나 하나님의 뜻은 우리를 한 원천에서 나오게 하는 것이었다. 이는 서로 화합하려는 열망이 더 커지도록 하기 위해서다. 다른 사람을 자신처럼 더 자유롭게 껴안도록 하기 위해서다. (『창세기 주해』 1:28)

이처럼 칼뱅은 하나님 형상의 공동체적 속성에서, 하나님께 유래하는 공동의 유익과 더불어 기꺼이 상호 지원을 추구하는 삶의 양식을 보여 준다. 공동체 속성을 언급할 때마다 칼뱅은 그 원천을 언제나 하나님께 두었다.

칼뱅이 '주목할 만한 신적 선함의 사례'로 가장 드러나는 관계는 '부부' 유대로 나타나는 공동체 형상과 삶의 양식이다. 칼뱅은 아담과 하와 이야기를 연대성 감각을 포함하는 방식으로 넓히고 하나님 형상의 언어는 '동료'인 남녀로 구성된 사회 공동체 속에서 발전시킨다. 하나님 형상을 따른 인간 창조는 인간이 사회의 존재로 창조되었다는 단일 원리를 갖는다.[28] 여기서 칼뱅은 인간을 타고난 본능에 따라 사회적 존재로 본다는 점에서 플라톤과 세네카 같은 세속 관점을 수용하는 듯하다. 칼뱅은 하나님이 인간을 남자와 여자로 창조한 것은 서로 간의 사회성 감각과 '상호 의무'에 기반을 둔 동등한 파트너십을 형성하기 위함이라고 이해한다.

남자와 여자를 하나님 형상의 공동체적 속성에서 본 해석은 창세기 1-2장 주석에서 시작해 고린도전서 1장 주석에서 심화된다. 여자가 남자의 동반자로 창조되었다는 것은, 남자는 여자와 함께하는 삶으로 순수, 양심, 거룩함 같은 존엄성과 영원한 삶을 향유하도록 만들어졌다는 뜻이다. 칼뱅은 여자를 남자를 돕는 조력자 혹은 파트너 정도로 인식하는 한계를 보이지만, 그럼에도 칼뱅의 관점은 "인간의 소명이라는 공동의 법"과 모든 착한 일에 탁월함을 추구하는 거룩한 연합을 지향하는 사회를 재생산하는 시각을 갖게 한다는 점에서 중요하다.²⁹ 그러나 타락 이후 남자와 여자 사이에 있던 연대성은 파괴되었다. 게다가 올바르게 살도록 하는 윤리적 방향성 또한 상실하고 말았다. 칼뱅에게 남자와 여자라는 공동체적 형상은 공동선을 위한 삶을 살게 하는 윤리의 근거이자, 서로가 유익을 위해 사랑을 나누는 주체와 객체로 인식하게 해 주는 존재론의 토대였다. 칼뱅에게 타락은 공동선이란 나무를 경작하기 위해 받은 신적 토양이 오염된 일대 사건이었다.

타락 이후 하나님 형상과 공동선

타락 이후 하나님 형상의 상태와 이것이 공동선에 갖는 함의에 대해 칼뱅은 어떻게 생각했을까? 타락 이후의 형상 논쟁에서 바르트는 하나님 형상이 관계적 속성을 상실했다고 주장했다. 이는 구원의 특별은총으로만 회복된다. 그에 반해 브루너는 하나님 형상의 실체적 속성이 훼손되긴 했지만, 여전히 그 형상은 인간을 긍휼히 여기시는 하나님이 베푸신 일반은총의 결과로 남게 되면서 인류 행복과 이웃 사랑을 위한 소중한 바탕이 된다고 보았다. 이들보다 앞선 시기에 활동한 네덜란드의 개혁신학자 헤르만 바빙크(Herman Bavinck)가 쓴 "일반은총"(Common Grace)에는 후대 브루너 사상이 잘 나와 있다. 바빙크는 "지속되는 하나님 형상의 흔적"을 소중하고 탁월한 신적 선물로 인식하는 칼뱅의 공식을 드러낸다. 일반은혜는 단순히 이성, 철학, 음악, 예술, 과학, 국가만 포함하지 않는다. "이해를 통한 느낌과 감각, 신성 관념, 종교의 씨앗"도 일반은혜라는 바구니에 담긴다.³⁰ 하나님은 인류 복지 향상을 위한 선물을 자연적 재능이라는 형태로 마련하신다. 실체와 기능이라는 속성으로 하나님 형상을 통찰해야 모든 사람을 사랑하라는 신적 명령을 이해하는 칼뱅의 진의가 잘 드러난다.

칼뱅이 논한 하나님 형상을 분석할 때 만나는 어려움 중 하나는, 칼뱅이 초기 저작에서는 타락한 인간의 신적 형상이 남김없이 지워진 것처럼 주장하는 듯 보였다가 나중 저작에서는 그 형상이 완전히 지워진 게 아니라 다만 거의 그렇게 되었다고 제안하는 듯 보인다는 사실이다. 누가 봐도 알 수 있는 이 차이가 그의 저작에 나타난다는 점은 분명 눈여겨보아야 한다. 1538년에 쓴 『교리문답서』에서 그는 하나님 형상이 타락 후에 "완전히 파괴되어 없어졌다"고 반복해서 강조한다.[31] 인간은 하나님이 주신 선물을 교만하게 남용했다는 이유로 자신이 받은 혜택을 모조리 박탈당하고 영광마저 빼앗긴다. 인간이 상실한 형상은 우선 하나님 성품에 닿게 하는 끈 같은 '관계'의 성품이다. 이런 속성은 인간 안에 탁월함과 감사하는 경배가 있었다는 점을 생각해 볼 때 분명히 드러난다. 관계를 담아내는 형상을 상실하면 인간은 모든 선한 일에 무기력해지며 실패하고, 악한 방향으로 강화된다. 인간은 소외되었고, 인간 안에 있는 신적 형상은 정말 '지워져' 버린 것 같다.[32] 하나님 형상이 공동선을 위해 헌신할 여지는 거의 없어 보인다.

하지만 칼뱅이 타락이라는 말로 파국적 전망을 극단으로 보여 주려 했던 것은 아니다. 그는 하나님 형상 자체가 죄로 완전히 상실되었고 그 결과 인간은 선한 구석 하나 없이 그저 죄인일 뿐 그 밖에 아무것도 아니라는 식으로 인간을 취급하지 않는다.[33] * 칼뱅은 1554년 창세기 9장 주석에서 하나님 형상은 인간이 얼마나 존귀한지 인류 공동선을 위한 신적 명령을 지지하는 역할을 맡는다고 보며 이렇게 말한다. "사람의 피를 흘리는 자는 누구든지 사람으로 자기 피를 흘릴 것이다. 왜냐하면 하나님 형상으로 사람이 지어졌기 때

---

* 비유하자면 우유가 상했다 해서 구정물이 된 것도 아니고, 물에 잉크 한 방울이 떨어졌다 해서 잉크가 된 것도 아니고, 미세먼지가 뒤덮였다 해서 그 공기가 독가스가 된 것도 아니다. 여전히 우유이고, 어쨌든 물이고 공기다. 따라서 인간 부패가 총체적이라는 말은 '정도'가 아니라 '범위'를 가리킨다.

문이다."³⁴ 이 지점에서 칼뱅은 하나님 형상에서 무엇이 남은 부분인지에 대해 어떤 힌트도 주지 않으면서 신적 형상이 타락 이후에도 여전히 남아 있다는 사실 하나만큼은 또렷하게 밝히고 있다. 그 사실 하나만으로도 인류를 향한 하나님의 섬세한 관여와 은혜에 반응하며 그분의 일에 참여해야 하는 인간 책임에 정당한 이유가 된다. 칼뱅의 하나님 형상 교의는 다른 사람을 위한 배려라는 문제를 진지하게 숙고하게 한다.

이는 다음과 같은 질문을 낳는다. 타락 이후 남아 있는 하나님 형상의 본질은 무엇인가? 칼뱅은 1538년 교리문답서와 1554년 창세기 9:6 주석에서 인간에게 남은 것은 '실체' 측면으로 본다. 물론 그는 하나님 형상의 특징을 구분하기 위해 '관계'(relation) 혹은 '실체'(substance)라는 말을 쓰진 않았다. 단지 그가 확정 지으려 한 것은, 인간은 타락했지만 하나님 형상이 인간 안에 여전히 남아 있다는 사실이었다. 이것은 인간이 서로 존중해야 하는 까닭이기도 했다. 칼뱅이 볼 때, 인간이 타락했더라도 하나님이 창조 세계에 부여하신 목적은 취소되지 않고 계속되고 있다. 하나님은 그분 형상이 인간 안에서 어두워지고 흐릿해진다 할지라도 그 형상 전부가 지워지지는 않게 하셨다.* 이런 연유로 우리에겐 여전히 인간 본성이 '존재'한다. 그러니 깜박거리는 빛과 같은 형상을 지닌 인간이 서로를 죽이는 일은 용납될 수 없다.³⁵

타락 이후 남은 형상에 대해 상반되게 설명하는 것처럼 보이는 칼뱅의 여러 텍스트에 관해 학문적 논쟁이 계속되었고 그 내용들을 조화시키려는 노력도 이어졌다.** '상실된 하나님 형상'과 '형태는 살아남은 하나님 형상' 각각

- 그는 남은 하나님 형상을 밤하늘에 깜박이는 별빛 같다고 했다. 이 별빛은 빛이지만 어둠에 휩싸인 희미한 빛이다. 그럼에도 그 밤이 칠흑같이 캄캄하지는 않다. 적어도 빛이 있다는 걸 보여 주는, 빛이 있다는 사실을 망각하지는 않도록 하는 성도의 빛은 밤하늘에 떠 있다. 그 정도의 '하나님 형상'은 모든 인간에게서 볼 수 있다. 별빛 비유는 인간이 공동선을 위한 삶을 살아야 하는 당위성을 아름답게 설명한다.

에 대한 칼뱅의 설명에는 모순이 있는 것 같은데, 이를 조화시킬 더 좋은 방식은 없을까? 공동선에 대해 칼뱅이 지니던 두 가지 관점을 새롭게 인식한다면 더 조화로운 길을 찾을 수도 있지 않을까 싶다. 그가 볼 때 인류 공동선은 일반은혜에 바탕을 두고 교회 공동선은 특별은혜를 바탕으로 한다. 칼뱅은 이 둘을 구별한다. 그렇다면 이중 구조로 된 공동선이라는 새로운 렌즈로 위 논쟁들을 살펴보면 더 밀접하게 연결 지어 통합시킬 수 있지 않을까? 상반되어 보이는 진술에 공동선이라는 공통분모로 다가가면 해결의 실마리를 찾을 수 있다. 인간은 타락했지만 하나님 형상은 인류 공동선을 위해 어느 정도 남아 있다. 하지만 이 형상 안에 남은 윤곽들이 하나님과 연합되는 영성에 바탕을 둔 공동선에 참여하도록 만드는 힘을 제공해 주지는 못한다. 그리스도 안에서 회복된 온전한 형상만이 영적인 교회 공동선 형성에 이바지한다. 공동선 렌즈야말로 하나님 형상의 여러 측면을 온전히 조화시켜 이해하는 더 나은 방식이 될 수 있음을 새롭게 드러낼 필요가 있다.

타락 이후에도 남은 선물이 있다. 하나님과의 올바른 관계라는 영적 태도는 상실했지만 인간 안에 새겨진 어떤 증거가 있다. 비록 어두워지고 손상을 입었지만 남은 형상은 인간 창조 시 본래 목적 중 하나인 존엄성의 근거가 된다. 남은 형상은 모든 사람을 향한 하나님 사랑에 참여하라는 신학적 인간학으로 자리한다. 칼뱅은 창세기 9:7 주석에서 이렇게 말한다. "노아와 그 자손

•• 최근의 두 가지 의견을 소개하자면, 먼저 시카고 대학교에서 칼뱅을 연구하면서 작가로도 활동하는 메리 포터 엥겔(Mary Potter Engel)은 칼뱅이 하나님에 대해 구원자와 심판자라는 이중 관점을 가졌다고 본다. 이는 타락 이후 남은 형상에 관한 칼뱅의 여러 주장이 서로 상반되어 보인다는 점을 좀 더 명쾌하게 설명하려는 노력의 일환이다. 반면에 노터데임 대학교의 종교개혁사 연구가 랜달 자크만(Randall Zachman)은 칼뱅의 여러 관점이 서로 상반되어 보이는 문제를 해결하는 길로 '지상의 복'과 '영원한 삶의 복'을 구별하는 방식을 제안한다. Mary Potter Engel, *John Calvin's Perspectival Anthropology* (Atlanta, GA: Scholars Press, 1988), pp. 42-57 (xi, p. 1-2); Randall C. Zachman, *Image and Word in the Theology of John Calvin* (Notre Dame, Ind.: University of Notre Dame Press, 2007), pp. 453-454.

들은 하나님이 인류를 소중히 여기고 보존하는 일에 열중하시는 것을 보고 있다. 따라서 그들 또한 같은 일에 정성을 기울이는 것이다." 이처럼 사회 윤리는 타락한 인간 안에서 보존되는 신적 형상 위에 부분적으로 세워진다. 이 형상은 상실되지 않고 여전히 남아서 사회관계를 규율한다. 칼뱅에게 실체적 속성은 서로 사랑하며 공공복지를 구현하라는 신적 명령을 향하는 인간에게 끊임없이 동기를 부여한다. 원수를 포용할 수 없을 정도까지 하나님 형상이 말살될 수는 없다. 가치 없어 보이는 죄인들을 향한 사랑과 동료 그리스도인들을 향한 사랑을 견준다면, 죄인들 안에 있는 하나님 형상은 타락 이후에 남은 형상일 것이다. 칼뱅이 볼 때 모든 사람에게 남아 있는 형상은 믿는 사람 안에 회복된 형상과는 별도로 상호 간에 존중받는 근거가 된다. 물론 칼뱅이 명확하고 체계 있게 신자와 비신자 사이에 있는 하나님 형상의 특정한 속성들을 구별하거나 정의하지는 않았지만, 그럼에도 그는 타락 이후 남은 하나님 형상이 '공동선'을 위한 근거가 된다고 강조했다.

주님은 우리가 모든 이에게 예외 없이 선을 행해야 한다고 명령하신다. 우리가 만일 사람들을 그들이 가진 가치에 따라 측정하고 평가한다면, 대부분 사람들은 (선을) 받을 만한 가치가 없다. 그러나 성경은 우리를 앞서 나간다. 그들 안에 들어 있는 어떤 것으로 사람의 가치를 매기거나 생각하지 않도록 권고한다. 오히려 그들 안에 있는 신적 형상으로 그들의 가치를 생각하라고 말한다. [『기독교 강요』(1541), pp. 689-690]

더군다나 칼뱅은 1553년 요한복음 주석에서 두 부분으로 구성된 명령을 제시했다. 먼저 인간 안에 있는 하나님 형상은 어두워졌다. 그럼에도 '하나님의 선하심'은 인간을 포함한 세계로 '넓혀'진다. 그 명령은 창조 세계에 존재하는 하나님 형상의 '윤곽들'(lineaments)에 근거를 두어 모두에게 사랑을 베풀라는 명령이다. 또 다른 명령은 "더욱 큰 따스함과 애정을 가지고" 가장 높은 수준에서 신자들을 사랑하라는 명령이다.³⁶ 하나님 형상이 회복된 이들은 보다 풍성한 사랑을 서로 교환해야 한다.

칼뱅은 보편적인 하나님 사랑의 명령을 언급할 때마다 그리스도인이 "서로 사랑을 실천하기"를 강조한다는 점에서 바울을 닮았다.³⁷ 믿는 사람과 믿지 않는 사람 각자가 공동선을 실행하는 주체가 될 수 있으며 공동선의 대상 또한 모든 그리스도인과 모든 사람이 된다. 칼뱅의 공동선 신학의 바탕은 복합적으로 세워진다. 특히 믿지 않는 사람을 향한 사랑은 인류 공동선을 위해 재생된 토대와 같다. 그는 여러 가지 저작에서 이 주제로 되돌아오는 경향을 보인다.

칼뱅은 1554년 사도행전 17장 주석에서 인간에게만 주어진 '이성과 이해'(ratione et intelligentia)가 타락 이후에도 남아 있는 하나님 형상의 윤곽임을 설명했다. 그래서 모든 인류는 하나님의 자녀로 불릴 수 있다. 이런 '인간의 탁월함'은 다른 어떤 피조물도 소유하지 못한다. 이는 하나님 형상의 실체 측면 가운데 하나로 이해해야 한다. 실체적 형상의 작은 부분이 "타락으로 비참하게 전복된 폐허 가운데서도" 남아 있다. 칼뱅은 이를 "이성의 빛, 의로움, 거룩함"이라는 관계 측면과 견준다. 이 관계적 형상은 타락 이후에 사실상 완전히 상실된다. 이는 오직 성령의 특별한 은혜로 "그리스도 안에서 믿음으로 하나님 자녀가 된 사람들" 안에 회복되는 형상이다. 폐허가 된 건축물에 '잔존한' 형상은 하나님이 하늘 아버지의 돌봄으로 베푸신 것이다. 인간 안에 있는 실체를 갖춘 걸출함이 이에 해당하며 이것은 완전히 삭제되지 않는다.³⁸

계속해서 칼뱅은 사도행전 17장 주석에서 하나님은 모든 인류가 잘 짜인 공동생활을 하도록 명령하신다고 가르친다. "진중에는 군대와 분대에 따라 각자 지정된 장소가 있다. 그와 같은 방식으로 사람들도 이 땅 위에 거하게 된다는 것을 우리는 알게 된다. 모든 민족은 그들의 경계에 만족한다. 개인은 자기가 속해 있는 국가와 국민들 가운데서 자기 거처에 산다."³⁹ 여기서 우리는 실체적 속성에 대해 그가 말하고자 했던 윤리에 관련된 함의를 생각해 볼 수 있다. 하나님은 인류가 최소한이나마 그분 이미지를 보존하는 일을 허락하셨다. 이것은 섭리로 다스려지는 잘 정돈된 삶을 유지하는 인류에 관한 기독교 인간학의 전제이기도 하다.

이렇게 남아 있는 하나님 형상에 관한 칼뱅의 진술은 주목할 만한 가치가 있다. 하나님 형상 중에서 이미 잃어버린 것과 아직 남아 있는 것 사이에 긴장이 발생하기 때문이다. 영혼의 내면 질서, 즉 "영혼의 내적 선함"(imo interius animae bonum)은 '하나님 앞에서'(coram Deo)라는 위와 아래로 이루어진 '관계적' 형상을 말한다. 이 형상은 타락과 함께 부패했다. 부서져서 형체가 남지 않았다. 반면 '실체적' 형상이 모두 지워지진 않았다. 그것은 무너진 건축물의 남은 윤곽이다. 이 집에서 중요했던 초자연적 은사는 모두 사라졌고 동시에 반듯하고 건실한 정신 같은 자연적 은사 대부분도 벗겨지고 말았다."⁴⁰ * 하지만 칼뱅은 이성이나 지성에 관한 능력과 같은 선물이 부분적으로 약화되고 부패하긴 했어도 완전히 지워지거나 말살되지는 않았다는 뉘앙스를 풍긴다. 오히려 다소 불안정하더라도 이 선물은 여전히 신적 은사의 힘을 보여 주며, 성령의 일반은혜를 통해 인류 공동 유익에 이바지하고 있다.⁴¹

둘째로 칼뱅은 파괴된 건축물 비유를 들어 하나님 형상의 본성은 왜곡되었지만 그 형상이 여전히 잔존한다는 정황을 보여 준다. "여기서부터 철학자

• "사람들이 선한 일을 하는 것보다 쉽사리 그들 지성을 악한 데 적용하므로, 우리 주님은 그분의 선물을 모독했다는 이유로 그들을 벌하셔야만 한다. 만일 우리가 이 지성과 날카로운 정신을 부섭하고 악한 목적으로 쓴다면, 우리는 하나님이 우리의 구원뿐 아니라 사람들의 공동선을 위해서도 쓰도록 정해 주신 것들을 모조리 일그러뜨리고 뒤틀리게 만든다"(『욥기 설교』 28:1-9, CO 34:506).

들은 큰 흑암 가운데로 빠져들게 되었다. 철학자들이 폐허 속에서 건물을, 흩어진 파편들 속에서 잘 어울리는 구조물을 찾았기 때문이다."[42] 여기서 알 수 있듯이 그는 '타락한 이성'이란 개념을 늘 생각한다. 그는 인간 이성을 '신적인 빛으로 온통 퍼져 있는 등불'이나 '여왕'에 비유하며 찬양하던 철학자들을 비판했다.[43] 그는 무너진 건축물 유비로 타락 사건이 건축물과 같은 인간 존재를 손상시켰음을 상기시킨다. 그리고 이 부서진 집을 자세히 들여다보게 한다. 집 중심부는 폭격으로 부서지고 말았다. 처음 지을 때 의도했던 모습은 사라졌다. 그 집의 원형을 가늠하기는 쉽지 않다. 하지만 집 주변을 둘러싸며 여전히 남아 있는 것이 있다. 이를 설명하는 데 '나머지'(remnant), 본성에 있는 재능, 그로 유지되는 인간 사회와 같은 개념이 채용된다.

칼뱅은 모든 인간의 마음에는 본성으로 새겨진 '종교의 씨앗'(the seed of religion), 즉 '신성에 대한 감각'(a sense of divinity)이 있다고 보았다. 타락과 관계없이 "사람에게는 마음속 본성으로 하나님을 어느 정도 알 수 있는 지각이 있다."[44] 여기서 칼뱅이 타락 이후 인간에게도 하나님과 올바르게 소통할 수 있는 관계적 속성이 남아 있다는 식으로 어떤 긍정적 메시지를 말하고자 했던 것은 아니었을까 유추할 수 있다. 만약 그렇다면, 이는 타락 이후 관계적 형상이 완전히 지워졌다는 초기 칼뱅의 진술과 어긋난다. 하지만 칼뱅은 '종교의 씨앗' 비유를 들면서 모두가 구원받을 수 있는 근거가 있다는 식으로 설명하지는 않았다. 또한 그는 타락 이후에 '관계적' 속성이 보유된다는 사실을 긍정하지도 않았다. 오히려 이렇게 주장했다.

위선자들은 그러한 거대한 오류에 그들 자신을 얽어맴으로써, 한때 하나님 영광을 보여 주기 위해 번쩍이던 그 섬광(scintillas)을 우매한 죄악으로 질식시키고 마침내 꺼지게 한다. 그렇다고 하더라도 씨앗은 그대로 남아 있으며 결코 근절될 수 없다. 다시 말하자면 신성에 관한 어떤 관념은 그대로 남아 있다. 남아 있는 씨앗은 매우 부패하였기에 가장 나쁜 열매를 맺을 뿐이다. [『기독교 강요』(1559) 1.4.4]

칼뱅에게 '종교의 씨앗' 비유는 하나님과의 관계를 담아내는 형상이 지워졌음에도 그 그림자가 '부정적(으로 나타나는) 방식'으로 보유된다는 뜻이다. 씨앗이 없는 건 아니지만 좋은 열매를 맺을 정도로 상태가 좋지는 않다는 말이다. 열매를 맺을 수는 있지만 그 열매가 좋은 열매일 수는 없다. 극상품 열매는 꿈꿀 수 없는 씨앗, 오히려 나쁜 열매를 맺을 위험성이 농후한 씨앗, 그게 바로 '종교의 씨앗'이다. 이 씨앗 비유는 신적 웅장함에 대해 인간이 특정한 이해만을 가짐을 뜻할 뿐, 하나님과 인간의 본래 관계가 바람직한 방식으로 남아 있음을 뜻하지는 않는다. 오히려 이 씨앗은 "아무도 무지를 구실로 핑계하지 못하게 하려는" 방식, 즉 바람직하지 못한 방식으로 남아 있을 뿐이다.[45] 진정한 종교와 영적 유익에 이바지하지 않고 거짓 신앙과 영적 퇴행에 일조할 뿐이다. 종교의 씨앗은 인간에게 '공동 개념'의 한 형식으로, 모두의 마음과 정신을 깊이 점유하고 그 속에 집요하게 내재한다. 따라서 타락했음에도 하나님과 '관계'를 담아내는 형상이 영적 공동선을 위해 남을 수도 있다는 희망 어린 가정을 지지하는 증거로 종교의 씨앗 개념을 쓸 수는 없다. 이 유비는 하나님과 영적 소통을 하게 하는 관계적 형상이 하나도 남김없이 파괴되고 말았다는 현실을 보여 준다. 이 씨앗만으로는 진정한 영적 유용성을 베풀 수 없다. 다만 시민 생활에서는 '율법의 씨앗'과 '정치 질서의 씨앗'이 나소 바람직한 역할을 유지한다.[46]

루터와 아우구스티누스

여기서 하나님 형상과 공동선의 관계에 관한 칼뱅의 통찰을 루터와 아우구스티누스의 관점과 각각 견주어 보자. 둘과 비교해 후대에 등장한 칼뱅은, 그의 윤리적 관점에 비추었을 때 관계적·실체적 속성과 관련하여 앞선 둘보다 좀 더 조직화되고 발전된 생각을 갖고 있다.

칼뱅과 견주었을 때 루터가 하나님 형상을 바라보는 시각은 협소하다. 루터가 보기에, 하나님 형상은 타락 이전에 아담의 영원한 삶 속에 영성 그 자체를 나타내 보인다.[47] 그러나 이 형상은 죄의 결과로 타락 안에서 파괴되었다. 루터는 하나님 형상의 핵심을 하나님과 이웃을 위한 그리스도인의 삶에 둔다. 그리스도인의 삶은 철저히 관계적 속성에 토대를 두고 있다. 루터는 창조 렌즈보다는 구원 렌즈를 통하여 세상을 바라본다. 물질의 원리에 기초한 삶(physical life)은 하부구조이고, 정신과 영감을 통한 삶(spiritual life)은 상부구조다. 루터는 하부구조 위에 놓여 있는 상부구조에 초점을 두었다.[48] 하지만 루터에 비해 칼뱅은 인간 안에 남아 있는 하나님 형상에 대해 좀더 주의 깊게 정성들여 말하며 그 속성을 창조 렌즈로 바라보았다. 칼뱅이 보기에, 죄의 결과가 인간에게 나타났지만 하나님 형상의 불꽃은 여전히 인간 안에 남아 있다. 루터와 달리, 칼뱅은 하나님 형상을 하나님-인간 관계에서만 보지 않았다. 그는 하나님 형상을 확장시켜 실체적·공동체적 속성까지 망라한다.[49] 그러므로 칼뱅이 세 갈래로 직조하며 구성한 하나님 형상 이해는 모든 사람의 유익, 즉 공동 행복을 위한 삶을 향해 지속되는 동기 부여를 포함한다.[50]

셋 중 가장 오래된 아우구스티누스의 관점으로 시선을 돌려 보자. 그리스도 안에서 회복된 하나님 형상을 갖게 된 신자들이 함께 거주하며 복된 삶을 영위할 장소는 어디인가? 하나님의 도성이다.[51] 흥미롭게도 아우구스티누스에게 하나님의 도성은 이 세상 역사에 관한 실재이기도 하다. 그는 하나님의 도성은 지상의 도성과 분리되어 있기보다는 중첩되어 있다고 보았다. 공동선에 관한 그의 사상도 현세에서 중첩되어 있는 대조적인 두 도시를 모두 포함한다. 따라서 그리스도의 사역으로 하나님 형상을 회복한 이들은 서로 포개어진 이 두 도시에 거주하는 방식으로 그리스도인의 삶을 시작한다. 천상과 지상에 걸쳐 있는 하나님의 도성에 거주하는 믿는 사람들과 땅 위의 일시적 도성에만 거주하는 믿지 않는 사람들은 역사의 마지막 날까지 전 역사를 통해 서로 비공유적 관계로 마주 대한다. 믿는 사람은 지상의 도성에서 때로는 박해를 받기도 하면서 순례자와 이방인으로 산다. "이 세상에서 이 두 도시는 서로 구별할 수 없을 만큼 짜여 있고 섞여 있다"(『하나님의 도성』 1.31). 아우구스티누스의 기독교 인간학, 특히 그의 하나님 형상 개념은 천상과 지상의 두 도시에 관한 생각과 긴밀하게 관련되어 있다. 하나님의 도성과 신적 형상에는 일종의 유비 관계가 있다. 하나님의 도성과 지상의 도성이 중첩되어 있듯이, 하나님을 믿는 사람에게도 자기사랑이 남아 있고 믿지 않는 사람에게도 인간됨이 남아 있다. 따라서 그는 하나님 형상 상실을 하나님이 형상을 완전히 거두신 것으로 보지 않고, 인간이 '어떤 것'(something)을 잃어버렸다는 식으로 표현한다. 이 형상은 인간 영혼에 강하게 새겨진 것이고 하나님 공의의 은혜로 받은 것이다.[52] 그렇기에 사람은 예수 그리스도로 회복된 후에 하나님 도시의 영원하고 영적인 속성을 세상 도시의 현세적·물리적 속성보다 더욱 사랑하게 된다.[53]

여기서 우리는 두 개의 렌즈로 인간을 이해하는 아우구스티누스를 만난다. 얼핏 보면 그는 관계 측면을 보는 렌즈와 실체 측면을 보는 렌즈를 쓰고 있다. 하지만 조금만 주목해 보면 그가 주로 관계 렌즈로 인간을 들여다보고 있음을 알 수 있다. 그는 하나님-인간 관계를 보는 렌즈를 더 주요하게 썼기에 죄와 타락은 하나님으로부터 소외됨으로 나타났고, 회복은 하나님께로 되돌아옴으로 비춰졌다.[54] 구원 안에 있는 하나님 형상이란 성령으로 그리스도 안에서 회복된 지성의 능력, 그리고 의지의 자유와 신적 은혜. 회복된 형상으로 인류가 하나님 일에 참여할 수 있는 길이 다시 열리게 된다.[55] 이 회복이 지상에서는 아직 완전하지 않기 때문에 신자는 하나님 자녀이자 동시에 세상 자녀로 불린다.[56] 창조 세계의 궁극적 목적과 인간 안에 있는 하나님 형상은 지상의 삶에서 어느 정도는 실현되나 영원한 삶에서는 충만하게 구현된다. 박애적 인류애도 지상의 삶에서는 부분적으로 구현된다. 오직 영원한 삶에서 충만히 구현될 것이다.

아우구스티누스에게 '회복된 하나님 형상'이란 영적 순례를 하게 하는 추진력이면서 동시에 그 순례를 인도하는 이정표다. 인간의 자기사랑은 회복된 하나님 형상에서 멀어지게 하며 하나님을 경멸하게 한다. 세상은 자기사랑으로 창조된 곳이다. 도시를 만들고 번성하게 하는 자기사랑은 자연적으로 발생되고, 순간적·일시적이며, 교만하여 육체를 쫓는 불순종의 삶을 향한다. 반대로 하나님의 도성을 회복하고 완성하는 하나님을 향한 사랑은 초자연적으로 발생되고, 영원하며, 계속되고, 겸손하게 성령을 쫓는 순종하는 삶을 향한다. 두 종류 사랑이 두 도시의 기원과 역사가 된다. 신자는 하나님 형상이 회복되면 자기를 사랑하는 존재에서 하나님을 사랑하는 존재로 변화되고, 세상 도성에서 하나님의 도성으로 나아간다.[57] 그렇게 발견하는 하나님의 도시는 공동 유익을 위해 자기를 부정하는 방식에 기반을 둔 영원한 삶을 위한 장소다. 반대로 세상 도시는 개인의 유익을 우선하는 자기사랑에 토대를 둔 짧은 한때의 삶을 위한 공간에 불과하다. 그러한 세상 도시가 지금 하나님의 도시를 박해하고 있다. 하지만 아우구스티누스는 신자가 세상 도시에 참여하는 삶을 사는 가치를 부정하지 않는다. 왜냐하면 믿는 사람들은 회복된 하나님 형상으로 그리스도를 섬기는 정돈된 영혼이며, 그들의 형상은 세상 도시에서 공동 복지를 구현해 가는 근거이기 때문이다.

인류 공동의 행복을 온전히 구체화하기 위해 아우구스티누스는 회복된 형상을 영적·관계적 측면에서 바르고 적절하게 쓰는 일을 무엇보다 중요하게 여겼다. 이 관계적 속성은 하나님과 인간, 그리고 사람들 사이의 '사랑과 공의'로 대표된다. 영적으로 회복된 신자들이 경험하는 사랑과 공의는 "공동 행복을 위한 국가"(commonwealth)의 토대가 된다.[58] 또한 그 국가는 "인간 권리에 관해 공통된 감각을 공유하는 이익 공동체"로 세워지게 될 것이다. 결론적으로 아우구스티누스의 『하나님의 도성』은 사회 전체의 유익, 즉 공동선 속에서 개인 복지가 구현될 수 있음을 긍정하는 입장에 서 있다. 아우구스티누스가 하나님 형상과 공동 복지를 위한 공동체 설립을 연결하는 진술 방식은 앞서 살펴본 칼뱅의 진술 방식과도 비슷하다. 둘 모두 회복된 형상의 관계적 속성을 '공동의 행복'에 연결하고 있다. 하지만 칼뱅이 하나님 형상의 실체적 속성 인식을 보편적 사랑에 대한 신적 명령과 밀접히 관련지어 인류 공동선의 토대를 형성해 나간 반면에, 아우구스티누스에게서는 이러한 음조가 두드러지게 울려 퍼지지는 않았다.

어쩌면 칼뱅이 보기에 관계적 형상을 잃어버린 사람들이야말로 공동선을 받을 수 있는 잠재적 수신자인지 모른다. 이교도를 포함해 모든 믿지 않는 사람은 영적·사회적 공동선을 위한 사랑 명령의 잠재적 대상이 된다. 그리스도인은 "인간을 위한 모든 임무 수행"(all offices of humanity)이 이교도를 포함한 모두에게 해당한다는 사실을 인정해야 한다. 타락 이후에도 이성과 이해력 같은 '하나님 형상'이 모두에게 남아 있다. 이 실체적 속성은 공동의 행복을 위한 활동을 낳는다. 칼뱅은 1536년 『기독교 강요』 초판에서 이를 상세하게 풀어 썼다.

교회의 권징은 우리가 출교된 사람들과 친근하게 살며 친밀한 교제를 나누기를 허락하지 않는다. 그럼에도 우리는 우리가 할 수 있는 어떤 방법을 거치든-위로와 가르침으로 또는 자비와 부드러움으로, 아니면 하나님께 우리 자신이 기도를 드림으로-그들이 좀더 덕스러운 삶으로 교회 안에 교제와 일치로 되돌아오도록 노력해야 한다. 튀르크인과 사라센인, 그 밖에 기독교에 반대하는 적들도 같은 태도로 대해야 한다. 우리는 그들이 우리와 같은 믿음을 갖도록 하기 위해 지금까지도 많은 사람이 썼던 방법을 결코 용인할 수 없다. 즉, 그들이 불과 물과 다른 일상적 요소들을 사용하지 못하게 하거나, 인간성에 속하는 모든 사역을 부정하거나, 칼과 무기로 그들을 박해하거나, 그 어떤 방식이든지 그들을 강제로 윽박지르는 방법은 용인할 수 없다. [『기독교 강요』(1536) 2.28-29]

여기서 칼뱅은 누가 회복된 형상을 받을 사람이며 누가 실체적인 남은 속성만을 받게 될지 온전히 판단하거나 구별할 수 없다고 암시했다.[59] 우리는 아직 하나님의 심판을 확실히 알지 못하는 상태에 있기에 누가 교회에 속하는 사람이며 누가 그렇지 않은지 구별하도록 허락받지 않았다. 다만 그리스도인은 사회에 책임감을 가지고 기도하고 사랑하는 일, 모두를 위한 자선에 뛰어들어야 한다. 회복된 형상을 향해 사람들을 이끌어 가는 동시에 사람들이 하나님 형상의 외형을 소유하는 존재로 공동체의 삶을 누릴 수 있도록 도울 책임이 있다.

칼뱅은 타락 이후 신적 형상과 이웃 사랑 사이의 상호 관계를 이렇게 요약한다. 하나님을 믿는 사람은 믿지 않는 사람들을 사랑해야 한다. 그들이 공유하는 실체적 속성 때문만은 아니다. 비신자들이 장래에 하나님과 관계를 누리는 형상을 다시 얻을 희망이 있기에 지금부터 사랑해야 한다. 그리고 인간의 공통 본성 자체만으로도 사람들이 서로 살펴야 할 이유는 충분하다. 공동선을 위한 기독교 인간학의 증거로 유효한 몇 가지 속성은, 첫째, 잃어버렸지만 다시 찾은 관계적 속성, 둘째, 남아 있는 형상의 실체적 속성, 셋째, 그리스도로 인해 교회 안에 회복된 공동체적 속성, 넷째, 인류 안에 창조되고 보존된 공동체적 속성이다.

결국 하나님 형상은 믿는 사람에게든 믿지 않는 사람에게든 공동선의 삶을 위한 중요한 바탕이 된다. 첫째, 하나님 형상 중심부에는 그리스도 안에 있는 신자들이 자리한다. 그 까닭은 그들 안에서 타락 이후 상실됐던 관계적 속성이 회복되고, 심각히 훼손됐던 실체적 속성이 두드러질 정도로 개선되었기 때문이다.[60] 이렇게 성령이 베푸시는 특별은혜와 일반은혜가 교차되는 방식으로 회복된 관계적 속성과 나아진 실체적 속성이 적용되면서, 신자는 영성에 바탕을 둔 교회 공동선과 사회성에 바탕을 둔 인류 공동선에 함께 기여하게 된다. 둘째, 하나님 형상 주변부에는 그리스도 밖에 있는 비신자들이 자리한다. 그들이 가진 관계적 속성이 아직 회복되지 않았다 하더라도, 그들의 실체적 속성은 손상된 상태로나마 여전히 남아 있다. 따라서 그들 안에 있는 하나님 형상은 일반은혜로 인류 공동선을 위해 쓰인다. 그 결과 믿는 자와 믿지 않는 자 모두 하나님 형상을 반영하며 공동선의 삶에 함께 참여하는 창조와 구원 역사로 인간 고유의 공동체성을 나타내며 살아간다.[61]

그리스도를 통한 하나님 형상 회복과 공동선

칼뱅은 지워진 하나님 형상은 그리스도를 통해 회복될 수 있다는 점을 명확히 했다. 그는 이렇게 말한다. "구원으로 인하여 우리가 회복되는 그 시작은 우리가 그리스도로 얻는 회복 안에 있다. 그리스도는 우리를 진실하고 건고하며 온전한 존재로 이끌어 주시기에 두 번째 아담으로 불린다."[62] 그리스도는 가장 완벽한 하나님 형상이다.[63] "하나님은 완전하신 그리스도 안에서 그분의 장엄함을 드러내셨다. 따라서 인간은 하나님의 모든 선하심을 가질 수 있게 되었다."[64] 인간은 그리스도를 따를 때 진정 변모하며, 그때 비로소 그가 가진 하나님 형상이 회복된다. 이 구원은 하나님의 영원한 복에 다시 참여할 수 있도록 신자들을 이끈다. 칼뱅은 창세기 1:28과 시편 8:5 주해에서 '원천'이라는 이미지로 영원한 복을 묘사했다.

하나님 아버지는 헤아릴 수 없을 정도로 완전한 모든 축복을 당신 아들에게 허용하셔서 우리로 하여금 은혜의 샘에서 물을 긷게 하셨으니, 하나님이 그분(그리스도)을 통해 우리에게 베푸시는 것은 가장 탁월한 권리이자 영광이라는 결론에 닿는다. 아니 그는 바로 하나님의 생생한 모습(the living image of God)을 닮은 분이요, 거기에 따라 우리는 새로워야 하며, 우리의 참여는 여기서 이야기되는 바로 그분의 고귀한 축복에 달려 있다. (『시편 주석』 8:5)

'의로움과 거룩함'으로 표현되는 하나님 형상은 무엇인가? 그리스도는 우리의 본성 전체를 온전하게 회복하신다. 이 형상을 받은 인간은 첫째 아담이 지녔던 모든 특권과 자질을 누릴 뿐만 아니라, 그에게는 둘째 아담이신 그리스도의 지위를 나누는 것도 허용된다.[65] 그리스도 안에 있는 신자는 선한 것들의 원천이 되시는 성령의 역사로 두 가지를 회복한다. 먼저는 "믿음, 하나님 사랑, 이웃을 향한 자선"과 같은 은혜의 선물, 그리고 "온전한 이해력과 청렴한 마음"과 같은 자연의 선물이다.[66] 그리스도는 이 두 가지 선물을 동시에 베푸시고 지속하도록 운용하신다. "그리스도가 확보하신 은혜의 분량은 인간을 포함한 첫째 아담 안에 있는 정죄의 분량을 압도할 만큼 풍부하다."[67]

그리스도의 인격을 통해 회복된 하나님 형상은 그리스도와 함께하는 공동생활에 바탕을 둔 공동체를 시작하게 만든다.⁶⁸ 회복된 형상으로 새로워진 삶은 본질적으로 공동체적이다. 믿는 자들에게 하나님은 공동의 아버지이며 그리스도는 공동의 머리이기 때문이다.⁶⁹ 하나님 형상은 거듭난 제자들 간에 "서로 실행하는 사랑"으로 나타난다.⁷⁰ 복음으로 태동한 공동체는 누군가를 배제하는 공동체가 아니라 모두를 포용하는 공동체다. 모든 신자는 "하나님이 그들에게 베풀어 주신 복을 서로 소통한다는 조건으로 그리스도와 교제 안에서 하나가 된다."⁷¹ 그리스도는 하나님 형상에 따른 상호 선한 삶을 진정으로 회복하시며 신자들의 공동 유익을 위한 삶의 토대가 되신다.

신자의 자기부정은 그리스도 안에서 베풀어 주시는 하나님의 은혜로만 가능하다. 믿는 사람은 그리스도를 통하여 그리스도 안에서, 그리스도께서 먼저 살아 내신 자기부정의 삶을, 그리스도께서 먼저 하신 일들을 되풀이할 수 있는 능력을 받는다.⁷² 칼뱅은 그리스도 안에서 회복된 '관계'의 형상과 공동체의 상호 소통이 긴밀한 비례 관계를 맺음을 보여 준다. 그리스도를 통해 연대하는 능력이 신자들에게 베풀어져 그들은 더욱 협력할 수 있게 된다. 하나님 형상은 그리스도 안에 있는 신자들의 공동생활에서 더욱 밝게 빛난다. 종말이 완성(consummation)될 때 하나님은 그리스도 안에서 보이실 것이다. 사람들은 하나님 형상으로 온전히 변화된다. "완전한 의로움과 행복이 담긴 좋은 미래"는 지금 그리스도의 영원한 형상에 참여하는 신자들 안에 이미 주어졌다. 그리스도의 영광스러운 몸은 교회 지체인 신자들을 통해 빚어진다. 이와 같이 그리스도의 형상은 단지 하나의 토대나 목석이 아니다. 하나님 형상은 온전히 완성되어 더할 나위 없는 회복으로 가는 안내서와 같다. 그리스도의 왕국에서 내적이자 종말론적인 구원의 고유한 특성들은 성령의 감추어진 역사 안에서 드러난다.⁷³

결국, 영원한 삶이라는 관점에서 보면 첫째 아담 안에 있던 하나님 형상의 상실은 인간 연대가 깨진 이야기다. 그러나 중단되지 않고 이어지는 연대의 이야기가 있다. 하나님 형상에 기반을 둔 일시적 연대의 이야기다. 이 이야기는 지금까지 계속되고 있다. 그렇다면 우리는 결국 어떤 이야기를 만나게 되는가? 둘째 아담이신 그리스도 안에서 하나님 형상이 회복되는 이야기를 만난다. 그 이야기는 하나님과 인간 사이에 영원한 연대가 온전히 회복되는 이야기일 것이며, 동시에 사람들 사이에서 얼마간 되풀이하며 일어나던 연대성 또한 눈에 띄게 향상되는 이야기가 될 것이다.[74]

인간의 고귀함과 존엄성

그렇다면 인간의 존엄성은 하나님 형상의 관계 측면과 실체 측면 중 어떤 것에서 기원하는가? 칼뱅과 루터의 관점에서 인간 존엄성을 표현하는 말 가운데 인간이 모든 피조물을 다스리기 위해 하나님 형상으로 창조되었다는 사실보다 더 나은 표현은 없을 것이다.[75]

먼저 브루너 그룹에 속하는 리처드 스타우퍼(Richard Staufer)는, 인간이 태어날 때부터 가지는 고결함과 존엄성이 어떻게 형성되는지를 생각한 칼뱅의 관점에 주목했다. 인간은 그들 자신 안에 하나님 형상을 받는다. 인간의 고귀함과 존엄성에는 창조주와 유사하게 형성되었다는 뜻이 담겨 있다.[76] 하나님은 그분의 특징을 가장 잘 나타내는 형상(hallmark)을 인간에게 새겨 주셨다.

이에 반해 빌헬름 니젤(Wilhelm Niesel)과 토랜스는 하나님과의 관계 측면을 생각하며 바르트의 관점을 확장했다. 첫째로 니젤은 칼뱅이 말하는 하나님 형상이 올바른 영적 태도, 확고한 순종, 자유, 하나님과의 옳은 관계, 다른 모든 피조물을 대하는 올바른 태도를 뜻한다고 본다.[77] 둘째로 토랜스는 칼뱅이 인식하는 하나님 형상이 영혼의 자연적 속성(bonum adventitium)이라기보다 하나님에 대한 인간의 반응 또는 영적 반영(bonum internum)에 가깝다고 본다.[78] 이러한 두 가지 방식의 읽기는 무엇을 말해 주는가? 칼뱅의 하나님 형상 이해는 인간 안에 있는 물질과 실체의 원리에 기초한 본질이라기보다는 하나님 앞에서 갖는 올바른 태도나 그분을 반영하는 순종(reflective obedience)에 가깝다는 것이다.* 이렇게 칼뱅 신학을 '그리스도 중심으로' 펼쳐 갔던 바르트 그룹에서는 하나님 형상을 인간과 하나님과의 역동성 있는 관계로 인식했다. 하지만 이런 입장은 브루너 그룹의 입장과 절충해야 한다.[79] 칼뱅에게는 그리스도를 중심으로 바라보는 전망(Christ-centered viewpoint)과 성령을 중심으로 바라보는 전망(Spirit-centered viewpoint)이 공존하기 때문이다.

결국, 칼뱅의 공동선 신학을 제대로 직조하기 위해서는 그리스도를 중심으로 보는 바르트 그룹 입장을 성령을 중심으로 보는 브루너 그룹의 관점과 절충해야 한다. 물론 바르트 그룹의 그리스도 중심적 시각은 그리스도를 통해 신자 안에 회복된 하나님 형상으로 세워 가는 교회의 영적인 공동 유익을 설명하는 데 좋다. 하지만 이러한 시각은 자칫 칼뱅에게 실재하던 다른 종류의 신학적 전제, 즉 교회의 경계를 넘어서 사회의 공동 복지를 지향하는 것을 제한할 가능성도 있다.

그런데 칼뱅에게는 하나님 형상 안에 있는 관계, 실체, 공동체라는 여러 가지 관점을 아우르는 흥미로운 은유가 하나 있다. 바로 '거울'(mirror) 은유다. 칼뱅은 거울 은유를 삼중으로 썼다. 첫째, 거울 은유를 구원자 하나님의 살아 계신 형상이신 그리스도를 표현하고자 썼다.[80] 둘째, 인간 안에 담긴 자연적 선물과 재능에 반영된 창조주 형상을 표현하고자 썼다. 칼뱅은 인간의 신체 구조를 신적 지혜를 드러내는 악기에 비유했다.[81] 거울 은유는 인간 안에

• 하나님 형상이란 내 안에 있는 '그것'보다는 그것을 가진 '나'에 가깝고, 재능보다는 인격에 가깝고, 사물보다는 사람에 가깝다는 뜻일 것이다.

물리적 실재(physical reality)가 신적 형상의 불꽃을 보여 준다는 사실을 간과하지 않는다. 셋째, 칼뱅은 '신성의 거울'(the mirror of divinity) 은유를 모든 피조물과 "우주를 능숙하게 정리하고 배치하신 것"까지 확장했다.[82] 여기서 자연적 질서는, 역사에서 일어났던 무질서로 하나님이 가려지는 것과 관계없이, 신의 섭리와 지혜와 선함을 볼 수 있게 하는 사색의 장소가 될 수 있다.[83] 그것은 실체를 갖춘 형상을 넘어 우주에 펼쳐진 "신적 영광의 극장"(the theatre of the divine glory)으로 나타난다.[84]

여기서 우리는 칼뱅의 욥기 설교에 주목해야 한다. 스타우퍼는 객관적으로 존재하는 실재(reality)의 속성을 강조하며 그의 설교에 주목했다. 욥기 설교에 등장하는 하나님 형상은 하나의 실재다.* 모든 창조된 인간에게는 그분의 형상이 새겨진다.[85] 이는 모든 사람의 고귀함과 존엄성의 기반이 되시는 그리스도의 사역과 관계없이 이루어진 일이다. 칼뱅이 보기에 하나님 형상은 단일하고, 일반적이고, 객관적인 실재로서, 태어날 때 부여받는 '창조 세계의 계속'(creatio continuata) 개념과 관련된다.[86] 그래서 인간 안에 있는 하나님 형상은 인간의 공통된 본성 개념으로 이어진다. 이 형상은 모든 이를 향한 상호 사랑과 자선의 이유가 된다. 공통 본성은 영혼 안에 있는 (하나님과) 활발하게

---

* "우리에게는 땅의 짐승이나 나무나 열매가 가진 것보다 더 고상하고 더 우아한 생명이 있다. 어째서 그러한가? 우리는 지성과 이성을 가지고 있기 때문이다. 그렇기에 하나님의 빛이 사람들에게 비친다. 우리가 그처럼 하나님께 매여 있고 마땅한 빛을 받고 있으니 그 빛을 사라지게 한다면 얼마나 큰 죄를 범하는 것이겠는가? 그것은 매우 명백하다. 바울이 사도행전 17:27에서 말한 바와 같기 때문이다. 우리는 맹인처럼 하나님을 더듬어 찾아 느끼게 될 때라도 그분의 영광을 체험한다. 어떻게 그러한가? 그분이 우리 안에 거하시고 우리는 그분을 멀리서 찾을 필요가 없기 때문이다. 우리는 그분을 힘입어 살고 기도한다. 하나님은 우리로 하여금 자기 빛에 참여하게 하셨고, 우리로 하여금 자신에게 매여 있게 하셨기에, 만약 우리가 그분의 영광을 멸절하려고 애쓴다든지, 아니면 그분께 마땅한 것을 드리고자 하지 않는다면 배은망덕 이상의 더 큰 범죄를 행하는 격이다. 어째서 그러한가? 사람은 기동할 때마다 반드시 자기 속에 하나님의 거하심을 체험할 수밖에 없기 때문이다. 생명도 하나님에게서 얻은 것이며, 우리를 짐승보다 더 이성적인 존재가 되게 하신 하나님께 마땅히 감사를 올려야 한다. 만일 하나님이 우리를 더 귀하게 보시지 않았다면, 우리가 소나 나귀보다 더 나을 것이 무엇인가?"(『욥기설교』 25:1-6)

만나는 관계만을 뜻하지 않고, 그들 속에 있는 단일한 육체적 실재 또한 포함한다. 그래서 인류 공동선의 대상과 목적에는 영적 고귀함과 관계없이 베풀어야 하는 물질적 자선과 신체 돌봄이 포함된다.[87] 그래서 칼뱅은 욥기 설교에서, 도움을 받고도 악담하는 자에게조차 실망하지 말고 선을 계속 베풀라고 가르친다.• 결과적으로 우리는 무엇을 제안할 수 있는가? 칼뱅은 모든 이에게 실체를 갖춘 재능과 실재로서 베풀어진 하나님 형상에 대해 주목하고 있는데, 이는 교회와 사회의 공동선에 대한 그의 생각을 이해하는 데 필수인 기독교 인간학으로 귀결된다.[88]

앞에서 보았듯, 하나님 형상 안에 있는 관계적이고 실체적인 속성에 관한 칼뱅의 성찰은 그의 공동선 신학 관점에서 매우 중요하다. 구원자 하나님을 아는 지식은 영적 공동선을 위해 믿음의 공동체를 올바르게 세우는 방향으로 관심을 이끌어 간다. 아울러 창조주 하나님을 아는 지식은 사회의 공동선을 위해 모든 이에게 선을 베푸는 일에 참여하는, 사랑의 공동체를 세우는

• "도움을 받은 사람들이 감사하지 않고, 선을 행해 주었지만 그 사람들이 우리를 대적하여 불평하며, 선을 악으로 되돌려 갚는 일이 있을지라도, 우리가 그들을 위해서 선을 행함으로 손해 보는 것이 전혀 없다. 어째서 그러한가? 그들이 이를 간다 할지라도 우리는 그들을 먹였으니 그들의 배가 하나님 앞에서 우리를 축복할 것이기 때문이다.…오늘날 우리가 보듯이 가장 가난한 사람들이 가장 거만한 경우도 있고, 우리가 선을 베풀어 주려고 하는데도 그 사람들이 중상모략을 하는 경우도 있다. 그러나 그것을 보고 분을 내지는 말자. 그처럼 감사하지 않는 모습을 보고 참아 낼 수 없다면 여기에 기록된 말씀에 주목하자. 곧 우리가 행한 일이 하나님 앞에서 우리를 축복할 것이라는 사실이다. 도움을 받고도 안달하거나 불만을 토로할 정도로 괴팍한 사람이 있을까? 그 사람에게는 여전히 갈빗대가 있다. 그러니 우리가 그 사람을 입혀 주면 틀림없이 그의 몸이 하나님 앞에서 우리를 축복할 것이다. 그 사람 자신은 조금도 감동받지 않을 수 있다. 그러나 그렇다 해도 하나님은 우리가 옷을 입혀 준 그 몸을 생각하실 것이다. 그래서 이 축복이 하나님 앞에서 계산될 것이다. 우리로부터 배물림을 받은 사람의 배가 말할 것이다. 그가 자신이 입은 은혜를 생각하지 아니하고 불충하게 말하며, 선을 악으로 갚으며, 그 입에서 독만 나온다 해도, 우리 주님은 행해진 그 자선의 축복을 인정하실 것이다.… 우리에게 은혜를 입은 사람들이 감사하기는커녕 그 정반대의 자세를 취한다고 상상해 보자. 그럼에도 우리가 한 노력은 헛된 것이 아니다. 왜냐하면 하나님은 그것을 바친 제물로 인정하시기 때문이다. 이것이 "만일 나의 양털로 그의 몸을 따뜻하게 입혀서 그의 허리가 나를 위하여 복을 빌게 하지 아니하였다면"이라는 말씀의 뜻이다. 빈면에 가난한 사람들이 우리를 대적하여 복수심을 드러내며 으르렁거리거나 불평하지 않을 때에도 그 점을 주목하도록 하자. 그들의 갈빗대가 곤고하여 궁핍함을 입을 때 그것이 우리를 저주할 것이다"(『욥기 설교』 31:16-23).

데 관심을 가지게 한다.[89]

칼뱅이 볼 때, 신자들은 교회를 섬길뿐 아니라 교회를 통해 세상을 섬기는 삶을 사는 존재다. 신자가 그리스도 안에서, 교회 안에서, 나아가 교회를 넘어 살아가기 위해서는 먼저 하나님 형상이 그들 속에서 회복되어야 한다. 이 실체 측면을 인식하는 것 또한 중요하다. 이렇게 함으로써, 그들은 다른 피조물과 구별되는 존엄성을 보여 준다. 이것이 하나님의 영광과 인간 사회 행복의 근거다.

요약하면, 칼뱅의 기독교 인간학에서 내재하는 존엄성과 고결함은 하나님과의 역동적인 관계에만 머물지 않는다. 존엄성과 고결함은 하나님 형상의 실체 속에도 자리한다. 우선, 인간은 하나님과 영적 관계를 맺는 존재이기에 존엄하다. 이것은 신자들이 교회의 영성을 바탕 삼는 공동선을 형성하며 공동 행복을 위해 사는 기독교 인간학의 기초가 된다. 또한 인간은 신적 실재를 갖고 있는 존재이기에 존엄하다. 이것은 모든 사람이 인류의 사회적 공동선을 형성하며 그들의 공동 행복을 위해 사는 또 하나의 기독교 인간학적 초석이 된다.

하지만 앞서 언급한 것처럼, 그리스도 없이는 창조 세계의 '거울' 속에 있는 하나님 형상을 회복할 수 없다. 둘째 아담인 그리스도만이 인간을 회복하시는 "진실하고 실체를 갖춘 온전함"을 위한 하나님 형상을 베풀어 줄 수 있다. 그리스도는 생명의 수여자(giver)가 되시는 동시에 영원한 생명을 위한 혁신자(renovator)가 되신다. 그러므로 그리스도만이 하나님 형상의 '가장 완벽한' 거울이시다.[90] 그리스도는 이렇듯 사람들을 새로운 피조물로 만드시는 특별 은총을 통해 구원하신다. 또한 일반은총으로 인간이 생명을 지속하게 하신다. 하지만 인류 공동 행복과 창조 세계의 완전한 회복은 교회의 영적 공동선 수립을 전제해야 하며 그 위에서 지속해야 한다.[91] 이 사실을 잘 알고 있던 칼뱅은 다음과 같이 말했다. "성도들은 그리스도의 사회 안에 모인다. 하나님이 자신들에게 부여하신 모든 선물을 서로 나누어야 한다는 신념에서 그렇게 한다." 그 가운데 그리스도의 왕국은 교회 안팎에서 겨자나무처럼 자라며 커 간다.[92]

하나님 형상이 함의하는 윤리

칼뱅에게 하나님 형상 교의는 신학과 윤리 모든 면에서 공동선을 위한 '공통 바탕'(co-foundation)이 된다. 그는 "모든 이 안에 있는 하나님 형상"에서 이웃을 위한 사랑의 초석을 마련했다. 그 결과 "선한 일을 하는 것"(doing good)에는 어떠한 제한이나 예외가 없다.[93] 사랑의 일은 인간 안에 '선'(goodness)이 있는지와 상관없이 모두에게 분배되어야 한다. 예일 대학교의 니콜라스 월터스토프(Nicholas Wolterstorff)는 칼뱅이 가난에 대해 사색할 때 그 근본에는 모든 인간은 하나님 형상으로 만들어졌다는 확신이 있었다고 말한다.[94] 인간에게 남아 있는 하나님 형상은 인류가 서로 사랑해야 하는 충분한 이유를 제공한다. 스코틀랜드의 신학자 로널드 월레스(Ronald Wallace)는 이렇게 설명한다. "비록 타락으로 하나님 형상이 끔찍하게 비뚤어져 알아볼 수 없다 해도, 그리스도인은 모든 사람이 하나님 형상을 소유하도록 창조되었다고 생각해야 한다. 이런 생각은 일반적으로 그리스도인이 자신의 동료 인간들의 속성을 결정히는 데 기본이 된다."[95] 그리스도인은 인간에 대한 책임이 있다. 이는 창조와 일반계시에 대한 칼뱅의 성찰에서 나타난다. 이는 또한 '교회의 공동 유익'[『기독교 강요』(1559) 3.7.5]을 위한 자기부정의 삶을 사는 바탕이며, '인류의 공동 유익'[『기독교 강요』(1559) 2.2.16]을 위해 성령의 신물들을 베푸는 삶을 위한 바탕이다. 이에 토대를 둔 윤리학의 함의는 다음과 같다.

첫째로, 그리스도인이 하나님 형상을 가진 이들에게 베푸는 자선은 거룩한 희생과 같다. 자선은 하나님 앞에 드린 선물과 같다. 칼뱅이 볼 때 신자에게 요구되는 사랑의 실천이란 단지 사람들 사이에서 행하는 문제가 아니었다. 오히려 하나님께 드려야 할 거룩한 영적 예배가 된다.[96] 신명기 16장 설교가 이를 잘 보여 준다. "우리는 하나님이 우리에게 주신 모든 것을 그분에게 다시 돌려드려야만 한다. 예를 들어 자선의 경우 각 개인은 교회 공동선(an profit commun de l'Eglise)을 위해 그들이 받았던 선물들을 되돌려 드려야 한다. 이것은 향기로운 봉헌이 되는 희생 제물이다."[97] 이는 빌립보서 주해에서도 드러난다. "하나님이 우리에게 요구하시는 사랑의 실천은 단지 인간에게만 주는 것이 아니라, 하나님께 행하는 거룩한 영적 봉사다."[98] 엘시 맥키가 잘 설명했듯이, 칼뱅 신학에서 "자선이란, 일상의 봉사 혹은 예배에서 하나님께 드리는 것에 관한 적절한 표현이다. 또한 자선은 가난한 자들의 제단 위에 달콤한 향으로 드려지는 그리스도인의 희생물"이다.[99] 비슷한 맥락에서, 휘튼 칼리지에서 신학과 윤리를 가르치는 보니 패티슨(Bonnie Pattison)은 가난한 이들에게 물질로 베푸는 자선이 신자들이 드리는 예배의 영적 진정성을 증명하는 적절한 그릇으로 본다.[100] 반대로, 잔인하고 사악한 행위로 타인이 피해를 입는다면 하나님의 마음이 상처를 입게 된다. 이는 그리스도께 드리는 예배를 홀대하거나 무시하는 것과 같다. 사람들이 하나님 형상을 지닌다는 것은 하나님이 피해를 입은 사람들 속에서 그분 자신을 바라보신다는 뜻이다.[101]

둘째로, 인류의 상호 소통과 교제는 모두를 향한 사랑과 책임감을 이끌어낼 수 있는데, 이 소통은 인간의 '공통 본성'에 기반을 둔다. 공통된 본성 때문에 인간은 사랑과 형제애로 상호 유대하며 거룩한 교제를 만든다.[102] 칼뱅은 신명기를 설교하며 이렇게 말한다. "사람들 사이에는 일반적으로 공통된 동종(a certain common kindred)이 있다. 모든 사람은 그들이 하나님 이미지에 따라 어떻게 형성되었는지 숙고해야 한다. 그들 안에는 단일한 공통 본성이 있다."[103] 모두가 하나님 형상으로 창조되어 단일한 공통 본성을 공유한다는 사실은, 공동의 행복을 사회의 조건으로 여기는 기독교 인간학의 근거가 된다. 이는 믿는 사람뿐 아니라 믿지 않는 사람에게도 적용될 수 있는 '본성의 질서'다. 그런데 흥미로운 사실은 칼뱅의 갈라디아서 설교에서는 보편 사랑을 실천하는 동기가 인간이 '본성 스스로의 패턴'에 따라 자신 속에 기반을 잡는 대신 신적 창조 사건에 뿌리를 내린다는 점이다. 창조 사건에서 하나님은 단 하나의 공통된 본성을 형성하고자 인간을 그분의 형상과 일치시키셨다.[104] 따라서 인간으로 태어난 어느 누구도 두루 널리 미치는 공동 유익을 받는 자리에서 제외될 수 없다. 각자는 다른 사람들로부터 사랑을 받을 수 있는, 대단히 높은 자격을 갖춘 권리를 지닌다. 인간은 하나님 형상을 반영하는 거울로 인식된다. 이 관점에서 공동선을 위한 윤리적 책임은 다음과 같이 시작된다.

> 우리는 사람이 어떤 사람인지, 어떤 대우를 받아야 하는지에 대해 생각하지 말아야 한다. 우리는 이것을 뛰어넘어 하나님이 우리를 연합하시고 결합하실 목적으로 이 세상에 두셨다는 것을 깨달아야 한다. 하나님이 우리 위에 당신 형상을 도장처럼 찍으셔서 우리가 똑같은 속성을 나누어 가졌으니, 마땅히 우리로 하여금 서로 돕도록 고부할 것이나. 사시 이웃을 보살피는 일을 거절하는 사람은 자신의 가치를 훼손하며 더 이상 인간이 되고 싶지 않다고 선포하는 사람이다. 우리는 불쌍하고 천대받는 사람들의 얼굴에서 반사되는 우리 자신의 얼굴을 볼 수 있어야 한다. 심지어 우리와 가장 다른 사람에게서도 그렇게 해야 한다. (『갈라디아서 설교』 6:9-11)

셋째로, 칼뱅은 이러한 제안을 할 때, 구원 신학은 배제한 채 창조 신학과 본성의 계시의 범위 내에서만 머물지 않았다. 『기독교 강요』 3권 7장에서는 자기부정이라는 맥락에서 인류의 보편적 사랑을 다음과 같이 기술한다.

우리는 그들 자신으로 인해 사람을 가치 있는 것으로 여겨서는 안 된다. 그들 안에 있는 하나님 형상을 바라보아야 한다. 우리는 그 형상에게서 모든 명예를 얻고 사랑을 받는다. 이와 같은 형상은 믿는 가정 사이에서 더욱 정성스럽고 세심하게 간직해야 한다. [『기독교 강요』(1559) 3.7.6]

그가 보기에 인류 공동선과 교회 공동선은 구별되지만 분리될 수 없다. 인류 공동선이 주로 교회 공동선 안에서 이해되기 때문이다. 영원한 삶과 현재 삶을 위해 설계된 인간 안에 자리하는 '창조된 하나님 형상'은 타락 이전 '인류 공동선'과 관련된다. 그리고 이 땅에서의 삶을 위해 작용되는 '하나님의 남은 형상'은 타락 이후 '인류 공동선'과 관련된다. 그렇기에 영원한 삶을 위해 그리스도 안에서 다시 설계(re-design)된 '하나님의 회복된 형상'은 교회 공동선과 더불어 모든 인류를 위한 여러 일(outworking)과 깊이 관련된다. 이는 하나님의 선물을 받은 그리스도인들이 기쁨을 나누기 위해 사귐을 갖는 것이 바람직하다는 뜻이다. 또한 좋은 선물이 신자들이 사귀는 가운데서만 돌게 해서는 안 된다는 뜻이다. 그리스도를 통한 선물은 신자들 사이에 선물 교환을 넘어서 교회 밖 세상으로 반드시 흘러나가야 한다. '회복된 하나님 형상'을 받은 신자에게는 하나님에게서 교회로, 다시 세상으로 흘러나가는 선물의 흐름에 참여할 수 있는 능력과 책임이 있다.

흥미롭게도 칼뱅은 신자들이 교회의 공동 유익을 위한 교제에 헌신하는 것을 전제로 "그들 안에 있는 하나님 형상"을 빈번하게 강조한다.[105] 칼뱅은 하나님이 주신 선물이 교회 안에서 먼저 나누어지고 교회 밖으로 다시 흘러 나가는 흐름 없이 그저 세상에서 교환되는 선물의 흐름만을 생각하는 일을 바람직하게 여기지 않았다.

이런 입장에서 칼뱅이 갈라디아서 6:10 주석에서 제시한 내용은 인간 본성과 거룩한 관계 유대가 서로 열려 있다는 것이었다. 이 둘은 서로 닫혀 있을 수 없다. 사실 창조주 하나님이 곧 구속주 하나님이기 때문이다.[106] 그래서 칼뱅은 신약에 등장하는 서기관이 '이웃'이란 말을 자비롭고 호의적인 사람들이란 뜻으로 제한하여 사용하는 것을 비판했다. 서기관의 폐쇄성과 그리스도의 개방성은 서로 대비된다. 그리스도에게 이웃 개념은 인류를 향해 열려 있고, 모두를 하나의 원천에서 만드신 하나님과 연결된다.[107] 신자들 간에 교제는 자기를 폐쇄하는 공동체로 축소될 수 없다. 하나님을 믿는 자들은 보편적 사랑과 자선에 스스로를 열어야 한다. 칼뱅은 "교회 신도석에 앉은 우리 이웃과 도시 거리에 서 있는 우리 이웃을" 한결같은 마음으로 대해야 한다고 주장했다.[108] 그러한 가운데 사회 구성원 사이에 충만한 사랑과 자선을 베풀 것을 촉구했다. 그들은 모두 하나님 형상을 지녔기 때문이다. 그러므로 개인의 선악 행위 여부와 관계없이 그들은 모든 이에게 존중받을 가치가 있다."[109]

넷째로, 칼뱅에게 이웃 사랑 윤리는 신적 사랑을 소통하는 것이다. 남은 형상에 관한 성찰은 공동체 윤리를 위한 궁극적이고 부단한 토대가 된다. 하나님 형상의 근원은 용서와 화해이기 때문이다. 칼뱅은 이 사실을 깊이 인식하며 이렇게 고백한다. "사람들 안에 있는 하나님 형상은 그들의 죄를 지운다. 그 형상의 아름다움과 존엄성은 그들을 사랑하고 포용하도록 우리 마음을 이끈다."[110] 그가 볼 때 하나님과의 관계를 누리는 영적인 형상은 부패했지만, 그분이 베푸신 실체를 갖춘 "나머지" 형상만으로도 보편적 윤리 명령의 근거는 넉넉했다. 마태복음 5:45 주석에서 칼뱅은 인간사(human affairs)에 참여하는 일을 모두에게 베푸는 신적 친절로 인식했다. 하나님은 정의로운 사람과 불의한 사람 모두에게 그분의 태양을 떠오르게 하시고 비를 내려 주신다. 공동 복지에 담긴 신적 참여는 신자가 참여하는 양식(pattern)이자 원동력이다. 그는 이렇게 정리했다.

> 하나님은 우리를 향한 신적 선하심에 대해 태양과 비라는 두 가지 사례를 드신다. 그것이 우리에게 잘 알려진 것이라는 뜻만은 아니다. 우리 모두가 그것을 공유하고 있다는 의미도 있다. 이러한 신적 참여는 우리가 더욱 강력하게 서로를 향해 하나의 비슷한 태도를 가지고 행동하도록 우리 마음을 드높이기 때문이다. (『마태복음 주해』 5:45)

다섯째로, 모두가 하나님 형상으로 창조되었다는 칼뱅의 기독교 인간학적 전제와, 하나님은 모든 사람에게 친절하시다는 보편적 윤리 전제는 이기심을 이겨 내고 "정의와 공평"에 호소하는 신적 기반이자 원동력이다. 『기독교 강요』 3권 7장의 구성이 이를 보여 준다. 미가서 7장 설교에서도 이웃을 향한 신자의 사랑은 하나의 '증언' 역할을 한다. 이 '증언'은 모든 이에게 있는 하나님 형상, 인류를 향한 하나님의 친절함과 선하심, 인간의 행복과 필요를 향한 하나님의 관심을 나타낸다. 신자는 '하나님 자녀로서' 그분의 형상을 증언한다. 보편적 사랑의 수취인일 때뿐 아니라 그러한 사랑을 펼치는 활동 주체가 될 때도 그러하다.[1] 이것은 하나님 형상에 관한 '이중 증언'과 같다.

칼뱅은 종교개혁으로 교리 문제가 민감했고 이단과 출교가 횡행했던 시대에 글을 썼던 신학자다.* 그런 험난한 환경을 헤쳐 가면서 그는 하나님 형상

---

* 1539년 기록에서 다음과 같은 대목이 흥미롭다. "네 명의 설교자가 한 권의 이단 서적을 가지고 왔다. 그것은 제네바에서 신분을 속이고 인쇄된 것이다. 이는 이 도시와 시민들 모두의 공익과 명예(contre

신학을 '그리스도 중심 인간학' 위에 견고히 세워야 했다. 그는 16세기 제네바 개혁가로서 당시 역사 맥락에서 책임 있는 활동을 하는 데 집중했다. 우리가 기억해야 하는 것은 칼뱅이 오늘날보다 불평등이 만연했고 사회복지, 교육, 의료 서비스가 턱없이 부족했던 시대 속에서 글을 쓰고 설교했다는 사실이다. 칼뱅은 '하나님 형상'이 갖는 공동체 사상 위에, 아울러 '창조 중심 인간학' 위에 보편 사회 윤리를 세우면서 동시에 결핍된 사회 요소들을 과감히 개선하는 일이 얼마나 중요하고 시급한지 강조했다.

결국 칼뱅은 하나님 형상의 '남은' 자취가 보편 사랑을 위한 근거가 됨을 잘 알고 있다. 하지만 이 사랑이 신적 명령으로 모두에게 주어진다는 사실이 모두가 그런 사랑을 실행하는 능력을 회복한다거나 그 능력이 모두에게 효과 있게 주어진다는 걸 뜻하지는 않았다. 이러한 능력은 성령으로 그리스도 안에 자리한 신자들에게서 우선 회복되고 개선된다. 그리스도인은 신적 능력을 부여받아 믿는 사람과 믿지 않는 사람 모두를 섬기게 된다. 그 결과 다음과 같은 윤리 지침이 부여된다. 첫째, 능동적 윤리 지침이다. 그리스도인은 모든 사람을 믿음의 유무와 수준에 상관없이 사랑해야 한다. 둘째, 수동적 윤리 지침이다. 모든 사람은 하나님이 친절과 선하심을 베푸시는 대상이기에 어떤 사람에게도 해를 끼치거나 그를 경멸하지 말아야 한다.'[12]

칼뱅 윤리학의 특징은 교회와 인류 공동선을 향한 이중 구조를 가진다는 점이다. 그것은 구속주 하나님 지식으로 형성된 그리스도 중심의 신적 형상과 창조주 하나님 지식으로 형성된 성령 중심의 신적 형상 양쪽을 모두 인식하는 데서 나오는 '이중 복합성'(dual complexity)이 낳은 결과일 것이다.

---

l'honneur et bien public de la ville et de tous cieulx), 하나님에 대한 신앙을 가진 모든 사람에게 위배되고 저촉되는 것이다. 우리는 이 책을 인쇄한 것으로 알려진, 인쇄업자 제라르(Gerard)를 찾고자 결심했다. 지금 회자되는 이단 서적을 처음으로 권장했던 사람이 누구였는지 찾기 위해서다." *Annales Calviniani of 1539*, CO 21:246.

결론

이번 장을 시작할 때, 인간 안에 있는 '하나님 형상'에 대해 칼뱅이 지녔던 생각을 신적 선하심을 반영하는 보편 은혜로 이해하면서, 그의 공동선 개념 또한 도덕적 수준만이 아니라 영성적 수준에서도 인식된다고 보았다. 그는 때로는 암시로, 때로는 드러나도록 신학의 장소(locus)를 구성했다. 이 과정을 통해 그는 하나님 형상을 윤리이고 공동체인 인간 삶을 위한 가장 중요한 근거로 가져왔다. 이번 장에서는 이를 염두에 두며 그의 공동선 개념에 담긴 기독교 인간학의 토대와 특징을 살펴보았다. 그리고 '하나님 형상'에 담긴 관계·실체·공동체 속성에 대해 칼뱅이 이해한 바를 검토하며, 이 세 부분이 각각 공동선에 관하여 교회와 사회에 어떻게 연결되는지 살펴보았다.

타락 이전 '하나님 형상'의 세 갈래 특성은 창조 이야기에서 하나님의 설계를 반영했다. 세 가지 측면은 모두의 선함을 위한 일과 모두를 유익하게 하는 상호 소통 형식을 목적으로 한다. 타락 이후에 '하나님 형상'의 실체 측면과 공동체 측면은 하나님의 은혜로 남아 있다. 이 측면들은 지상의 현세 삶에서 공동 행복을 위해 평화롭게 하나가 되어 더불어 살며 모두를 사랑하고 돌보라는 하나님 명령을 위한 동기를 부여한다. 그러나 모든 인간을 사랑하라는 명령이 주어졌다 해도, 이것이 그런 능력이 그들에게 충분히 있다는 걸 뜻하지는 않았다. 그 능력은 그리스도와 하나 됨을 통해 온다. 칼뱅은 하나님이 인류 공동선을 위해 믿지 않는 자들 안에도 신적 감각과 자연적 재능과 선물을 남겨 놓으셨다고 여겼다. 그렇다 해도 그는 예수 그리스도를 통한 구원의 은혜와 그분이 베푸시는 풍부하고 다양한 선물 없이 인간이 자력으로 인류 공동선을 지상의 삶에서 부분으로라도 성취할 수 있을지 모른다고 암시하는 표현을 하지는 않았다. 칼뱅이 보기에 공동선의 윤리적 함의는 교회 안팎에서 그리스도 안에서 회복된 '하나님 형상'을 통해서만 온전히 드러난다.

그리스도 중심 존재론을 바탕으로 행하는 참여는 신자들이 교회와 인류 공동선을 실현하는 신적 능력에 관계한다. 그리스도 안에 있는 신자에게는 하나님과도 이웃과도 올바른 관계로 회복된 온전함이 있다. 그들 속에 현격하게 향상된 실체적 형상이 있다. 이 두 차원으로 그리스도인은 공동선을 이루는 구원과 창조의 일에 적극 참여할 수 있다. 칼뱅의 공동선 성찰에 담긴, 교회와 사회와 복합적으로 연관된 '하나님 형상'의 다면적 특성에 관한 그의 이해를 생각한다면, 그다음에는 성화(sanctification)를 다루어야 한다. 성화는 특히 그리스도인의 자기부정과 자유와 관련하여 칼뱅의 주된 관심사다. 나아가 우리는 이러한 관심사가 교회 차원뿐 아니라 사회 차원에서도 어떻게 공동선 실현을 위한 단일한 토대가 되는지 살펴보아야 한다.

2장

성화와 공동선

하나님 형상의 관계·실체·공동체 속성은 기독교 사랑의 존재론적 토대다. 이는 칼뱅의 위대한 신학적 발견이다. 이 존재론의 토대 위에 칼뱅은 그리스도인의 '자기부정'과 '자유'란 주제를 사회적 성화와 연결 지어 확장시킨다. 여기서 자기부정이란 자신을 사랑하는 마음을 걷어 내는 것이다. 칼뱅이 성화를 공동선과 연결하는 데 주목할 필요가 있다. 그리스도인의 성화를 사회 차원으로 넓혀 이해한 적은 있지만, 이를 공동선과 관련지어 이해하는 경우는 없었기 때문이다. 지금까지 공동선 논의 또한 사회 윤리에 초점을 두어 왔다. 이번 장에서는 칼뱅의 '자기부정' 이해와 공동선의 관계를 생각해 볼 것이다. 그가 자기부정의 신학을 공동체 윤리 맥락에서 어떻게 발전시켰으며, 자기부정의 신학이 그의 공동선 신학 형성에서 어떠한 역할을 했는지 살펴보자.

공동선을 위한 자기부정

자기부정은 칼뱅에게 중요한 주제였다. 칼뱅은 고린도전서 주석 서문에서 이렇게 고백한다. "내 가장 큰 소망은 바울의 모든 덕행 중에서도 자기부정을 본받는 것이다."[1] 또한 그는 이사야 66:2 주석에서 "하나님이 가장 기뻐하시는 제사는 그리스도인이 진정으로 자신을 부정하고, 교만하지 않으며, 자신을 아무것도 아닌 양 낮추는 것"임을 강조한다. 우리는 자신이 아니라 하나님께 속한다는 생각은 칼뱅의 마음을 사로잡았다.[2] 그에게 그리스도인의 삶에서 자기부정보다 중요한 개념은 없었다. 또한 자기부정은 개인 윤리를 뛰어넘는 공동체 윤리였다.

자기부정의 반대는 자기사랑이다. 자기사랑은 죄인의 주된 특성으로 그리스도와 하나 될 때 제거된다. 이웃을 위한 삶에 자기부정은 필수다. 이런 삶은 그리스도 안에서 새로워질 때 가능해진다.[3] 칼뱅은 그리스도와 하나 된 신자만이 이중 은총, 즉 의롭게 하는 은혜와 거룩하게 하는 은혜를 받으며, 거룩하게 하는 은혜로 말미암아 자기부정을 선물로 받는다고 말한다.[4] 하나님이 신자에게 주시는 칭의와 성화라는 이중 은총은 같은 뿌리에서 나온 두 가지와 같다. 그리스도께서 구원하시는 역사인 칭의와 성화는 그분의 죽음과 부활과도 같다. 이중 은총은 두 사람이 함께 타는 자전거에 비유할 수 있다. 칭의는 법률 영역에서 죄로 인한 인간의 곤경을 해결한다. 성화는 개인 윤리 영역에서 부패로 인한 인간의 곤경을 해결한다.[5] 이중 은총은 그리스도와 분리되지 않도록 주신 주된 은혜다. 칼뱅은 이를 다음과 같이 말한다.

> 우리 모두는 그리스도 안에서 의롭게 된다. 이는 하나님을 경외하며 믿음의 길을 걷도록 돕고, 동료들과 소통할 수 있도록 돕는 탁월한 길잡이가 된다. 그리스도 안에서 의롭게 되었다는 사실은 우리가 서로를 돕도록 한다. 주님은 이를 위해 우리를 하나 되게 하셨고, 누구라도 자기를 중심으로 하려는 이기심을 좇지 않고 함께 공동의 유익을 지향하며 동료들과 소통하기를 원하신다. (『에베소서 설교』 6:11-17)[6]

자기부정은 예수 그리스도와 신자가 거룩하게 연합한다는 시작을 알리는 처음 표지다. 그것은 결정적 단일 사건에 머무르지 않으며, '육 죽이기'와 '영 살리기'를 계속 반복하는 과정이다.[7]

칼뱅은 1559년에 완성한 『기독교 강요』에서 그리스도인이 자기를 부정하는 확실한 동기로 '교회 공동선'이라는 개념을 가리킨다.[8]

> 우리에 대한 요구가 자기 유익을 구하지 말라는 것 하나뿐이라 해도, 우리는 자기 본성을 상당히 가혹하게 다루어야 한다. 원래 우리는 자신만을 위하는 방향으로 기울어져 있다. 이런 이유로 다른 사람의 유익을 구하고자 자신이 당연히 가질 권리를 기꺼이 내어놓고 다른 사람에게 양보하기란 쉽지 않다. 성경에서는 우리를 이런 경지로 인도하고자, 주님이 우리에게 주신 은혜가 무엇이든지 이를 교회 공동선을 위해 쓴다는 조건으로 맡기신 것이라 경고한다. [『기독교 강요』(1559) 3.7.5]

칼뱅은 공동선 신학의 중심 주제로 자기부정을 직접 언급하지는 않았다. 그 대신 하나님이 베푸신 혜택들을 공동선을 위해 적법하게 쓰는 방식이 자기부정을 가장 확실하고 효과 있게 실현하는 방법임을 강조했다. 이런 관점에서 그는 공동선 신학을 성화와 연결했다. 이 '형성하는'(formative) 자기부정은 스위스 취리히의 종교개혁가 울리히 츠빙글리(Ulrich Zwingli)에게서도 찾을 수 있다. 츠빙글리는 젊은 그리스도인들이 의로움, 충실함, 변하지 않는 일관성 안에서 스스로 수련하고 미덕을 형성하여 기독교 공동체, 공동선, 국가와 개인을 섬기는 존재가 될 수 있다고 보았다. 그는 자신에게 해롭더라도 많은 이에게 유익이 되고자 배우고 익히는 사람은 하나님과 가장 닮았다고 강조했다.[9] 비슷한 이유로 칼뱅은 자기부정이 성화에서 중심 주제가 되고 공동선 신학과도 긴밀하게 연결된다고 가르친다.[10]

우리는 시민으로서 사회 일원일 뿐 아니라, 그리스도 몸에 접붙임받아 참으로 연결된 지체들이다. 그렇기에 모두는 자기가 받은 은사가 무엇인지 알고 그 은사가 다른 모든 이의 공동 유익이 되도록 주신 것임을 깨달아야 한다. 이를 알고 공익에 헌신하도록 은사를 써야 한다. 은사를 자기 속에 감추고 사장해서는 안 된다. 받은 은사를 사유물처럼 써서도 안 된다. (『고린도전서』 12:27)

칼뱅은 1539년에 집필한 『기독교 강요』 제2판에서 성화의 목적을 신자가 하나님 자녀로서 자기 안에 있는 하나님 형상을 새롭게 하는 것이라고 정의했다. "나는 회개를 재생으로 해석한다. 회개와 재생의 단 하나의 목표는 우리 안에 하나님 형상을 회복하는 것이다. 하나님 형상은 아담의 죄로 훼손당했고 거의 지워져 있다."[11] 그리스도 안에서 회복한 '하나님 형상'과 그리스도의 몸인 '교회의 공동선'은 어떤 관계인가? 칼뱅은 회복된 형상을 받은 신자가 그 형상을 다른 지체에게 보여 주며 교회 공동선을 위한 삶을 산다고 생각했다.

자기부정과 교회 공동선에 대한 칼뱅의 생각은 『기독교 강요』에서 성령 교리를 다루면서 언급하는 그리스도인의 삶에서 잘 드러난다. 그는 공동선 신학의 초점을 하나님이 본래 의도와 목적에 맞게 베푸신 은혜의 선물들을 쓰라는 윤리 명령에 둔다. 하나님이 교회의 유익을 위해 선물을 주셨다는 점을 상기시킨다. 내가 갖게 된 좋은 선물을 나를 위한 것으로만 여기지 말고 이웃의 유익을 위해 나누어야 한다. 개혁신학의 중심 사상인 청지기 개념은 교회 공동선에 관한 칼뱅의 독특한 견해에서 유추할 수 있다. 초기 칼뱅주의에서는 사회 공동선을 위해 "질서 잡힌 형제애를 갖추는"데 하나님의 뜻이 있다고 보았다.[12] 하나님의 의도와 목적은 은혜의 선물들을 위탁하는 조건이다. 위탁 조건은 하나님의 선물을 "신자들의 영원한 이익" 속에 자리하는 "교회의 공동 유익 또는 이웃의 혜택"을 위해 올바로 쓰는 것이다.[13] 피조물을 섬기는 것이 하나님을 섬기는 것이다. 신자의 각종 자원은 가난한 이웃, 교회를 섬기는 이들의 유익을 위한 희생(sacrifice)으로 쓰여야 한다. 이런 이유로 칼뱅은 하나님이 풍성하게 주신 자원을 멋들어진 음식, 화려한 의상, 웅장한 저택 같은 사치에 분별없이 낭비하며 자기 자신의 이익만을 꾀하는 행태를 비판한다.[14] 물론 그는 하나님이 다양한 부르심에 맞게 선물을 적절히 주셨다는 사실을 잘 안다. 이제 그 선물의 목적이 그리스도를 향한 충성과 섬김으로 드러나면 그리스도의 통치도 분명 회복될 것이다. 칼뱅은 교회의 공동 유익을 위해 선물을 바르게 쓰는 것을 신자의 규칙으로, 가장 효력 있는 권고로 제시한다. 자기부정 개념 안에 목적 규범과 윤리 규범이 함께 있다.

공동선을 위한 예수 그리스도의 자기부정

칼뱅은 성화, 특히 자기부정을 성부, 성자, 성령 삼위 하나님이 하나의 목적을 위해 통합적으로 일하시는 '삼위일체적 참여'라는 관점에서 본다.[15]• 성부 하나님은 스스로를 우리들의 아버지로 계시하신다. 신자들은 그분의 자녀로서 하늘 아버지를 향한 감사를 입증해야 한다. 이런 이유로 성화는 감사의 언어로 나타난다. 성자 하나님은 자기 형상과 모양을 신자에게 수여하시는 분이다. 칼뱅은 접목(接木)이라는 말로 이를 묘사한다. 접목 이미지는 그리스도의 본을 따르는 의무의 목적이 인간적 가치를 실현하는 것이 아님을 보여 준다. 이 이미지는 그리스도와 하나가 되는 참여로 받는 권한에 초점을 둔다. 성화는 그리스도의 귀감에 일치하는 삶으로 표현된다. "그리스도를 통해 신적 은혜

• 칼뱅의 자기부정 개념에는 인간 중심적 윤리 관점이 적용되지 않는다. 그의 통찰은 인간 중심적인 로마 가톨릭교회 신학에서 삼위일체 하나님 중심적인 개혁교회 신학으로 이행하는, 신학의 코페르니쿠스적 전환으로 이해된다.

를 다시 받은 우리에게 하나님은 그리스도를 모범으로 세우셨고, 우리는 그분의 모범을 삶에서 실현해야 한다."[16] 그리스도와 함께 죽고 그리스도와 함께 일어나는 모든 과정이 회개이자 성화다. 한마디로 성화는 그리스도 안에 온전히 참여하는 것이다. 칼뱅은 자기부정의 원리와 기준을 인간과 철학 규범에서 찾지 않는다. 성령의 역사로 하나님의 완전한 형상을 신자에게 주시는 그리스도 안에서 삶의 원리와 기준을 찾는다.[17]

기독교 윤리에서는 그리스도께서 행하셨던 방식으로 자기를 부정한다. 자기부정은 그리스도와 함께 죽는다는, 현실적이면서도 강력한 사건에 동반자로 나서는 과정이다. 그리스도의 죽음은 자기부정을 돕는 '살아 있는 힘'이 된다.[18] 나의 육을 죽이고 영을 살리는 과정이 회개이자 성화다. 그리스도께서 자기를 부인하신 삶은 신자가 어떻게 살아야 하는지 알려 주는 지침서와 같다. 그리스도를 따르는 제자가 갖추어야 하는 자세가 있다. 자기부정은 자신의 내면에서 고된 수행을 하는 것이고, 십자가 지기는 주어진 외부 상황에서 고된 수행을 하는 것이다. 자기부정은 옛 사람을 십자가에 못 박아 죽게 하는 과정이고, 십자가를 인내하는 것은 겉 사람을 죽이는 과정이다.[19]

그리스도께서 본보기로 행하신 자기부정과 인내는 모든 사람을 위한 것이다. 그리스도의 몸 된 지체는 그분의 모범을 따라야 한다. 칼뱅은 그리스도의 승천이 "세속 욕망을 버리고 진심으로 하늘을 동경하는" 자기부정을 보여 준다고 본다.[20] 승천이야말로 그리스도께서 자기를 부정하신 결과다. 승천은 자기를 부인하는 동기를 제공하고 그 모양을 형성하는 틀이 된다. 성령의 역사로 회복된 하나님 형상은 '이중적 죽음'(double mortification)을 포함하며 '새로운 인간'의 토대가 된다. 회복된 형상은 그리스도의 모범을 따르려는 신자에게 능력을 준다. 믿는 사람은 그리스도의 자기부정에 참여하게 된다. 그리스도인은 자기 안에 옛 자아가 죽는 '내적 죽음'과 겉 사람이 죽는 '외적 죽음'

을 통해 그리스도의 죽음에 이중으로 참여하며 그리스도와 교제한다.[21] 칼뱅이 보았을 때, 신자의 이중 고행은 서로 구별되어 나타난다. '내적 죽음'은 그리스도를 따르고자 분투하는 자기부정이고, '외적 죽음'은 십자가를 인내하는 것이다.[22] 자기부정의 삶에서 안으로는 이해력과 의지를 죽이고 밖으로는 십자가를 져서 세상에서 누릴 수 있는 복을 상실한다.

내적 고행과 외적 고행 이외에도, 공동선을 위한 삶에는 두 가지 방식이 있다. 바로 호혜적 정의인 '형평성'과 가난한 이들을 위해 "자비로운 봉사와 예물로 드린 수여"다.[23] 신자는 이를 통해 그리스도의 일에 참여한다. 그리스도는 모든 신적 은혜의 원천으로 모든 사람에게 공통된 단 하나의 선이시다.[24] 그분의 생애는 믿는 사람들을 위한 모범이 되며, 공동선을 위한 삶의 자리를 마련한다. 둘 사이에는 유사성이 있다. 이런 까닭으로 칼뱅은 그리스도를 공동선을 위한 모델로 다음과 같이 소개한다.

> 그리스도는 어디를 가시든지 자기 자신에게는 관심을 쏟지 않으셨다. 편안함이나 위안을 도모하지 않으셨다. 그분의 유일한 관심은 다른 사람들에게 선한 일을 하시는 것이었다. 그분은 하늘 아버지께서 자신에게 맡기신 직무를 이행하셨다.
>
> (『누가복음 주해』 10:38)

칼뱅은 이러한 통찰을 그리스도 탄생과 수난 이야기를 다루며 발전시킨다. 아늑한 물리적 거처를 사양하신 자기 낮춤은, 모든 사람을 위한 안락한 영적 거처를 마련하기 위한 것이었다.[25] 그리스도에게 물질과 관련된 가난은 자기를 낮추신다는 뜻이다. 그리스도의 탄생과 수난 이야기의 가난은 교회와 인류 공동선이라는 관점에서 중요한 주제다.[26] 성탄 이야기에서 아기 예수는 인류의 공통된 어려움과 죄의 속박을 짊어지신다. 죄가 가져온 공통의 저주를 이겨 내시고 구원과 더불어 전체 공동체의 유익을 제공하신다. 그리스도와 인류의 '인간학적 공통 근거'는 무엇일까? 그것은 그분이 취하신 육신을 그분과 인류 사이에 세운다는 데 있다. 그리스도는 인류와 '공유'하는 하나의 육신을 입으셨다.[27] 그는 인간과 공통된 본성을 가지신다. 우리와 같은 육신을 입으시고 당신 스스로를 우리와 형제로 만드신다. 사람들의 유익을 위해 구원자가 되셔야 했던 그리스도는 참 하나님이자 참 '인간'이시다. 성자와 우리가 연합할 수 있는 것은 '공통 본성' 때문이다.[28]

그리스도는 둘째 아담의 시작이며, 회복된 공동체의 연대성을 위한 토대가 되신다. 그는 옛 아담이 가져다 준 소외를 부정하시고 이를 이겨 내게 하신다.[29] 그리스도는 인간과 공통점을 가지심으로써 자신의 모든 것을 나누신다. 칼뱅은 이렇게 정리한다.

> 그리스도의 임무는 하나님 은혜로 우리를 사람의 자녀에서 하나님의 자녀로 회복하시는 것이며, 지옥 상속자들이 천국 상속자가 되게 하시는 것이다. 하나님의 아들이 사람의 아들이 되지 않으셨다면, 또 하나님의 아들이 우리 것을 취하시는 대신 자기 것을 우리에게 나눠 주지 않으셨다면, 본질상 자신의 것을 은혜로써 우리 것으로 만들어 주지 않으셨다면, 누가 중보자의 임무를 다할 수 있겠는가?
>
> [『기독교 강요』(1559) 2,12,2]

그리스도와 인간은 공통된 본성을 나눔으로써 연합한다. 이는 우리가 그리스도의 모범에 참여하도록 고안된 결정적 디딤돌이다.[30]

칼뱅은 그리스도께서 공동선을 위해 자기를 부인하신 것이 얼마나 중요한 일인지 밝히기 위해 수난 이야기를 인용했다. 그는 예루살렘 입성을 이렇게 설명한다. "그리스도의 왕국은 모든 사람의 공동 이익을 추구한다. 그분이 행복한 나라를 소개해 주실 것이기 때문이다."³¹ 칼뱅은 스가랴서 9장에 등장하는 그리스도의 공동선 실천을 서술하며 사회의 행복이 구원의 목적을 이루는 중요한 부분임을 보여 준다.³² 그는 고난받는 종 이미지에서 보이는 그리스도의 자기부정을 '단순한 상실'이 아니라 '위대한 획득과 승리'로 본다. 그분의 치욕은 최고 통치권이 시작됨을 알리는 승리, 우리를 위해 획득하신 승리이기 때문이다.³³ 구약 이사야서에 '종'으로 나타나신 그리스도는 모든 것을 회복하는 모델이자 '공익적 직무'를 수행하는 주체다. 이런 이유로 그리스도께서 "그분과 관련해 말씀하신 것은 모두 우리에게 속하는 것으로 이해해야 한다."³⁴

이런 까닭에 신자들은 단순히 그리스도의 왕국을 이루는 구성원이 아니다. 신자들은 그리스도와 연합되어 있기에, 그분의 성육신과 왕 되심은 그분이 다스리는 모든 사람에게 퍼진다. 칼뱅이 공동체의 연대성을 위한 자기부정에 초점을 맞추어 그리스도의 사역과 신자의 삶을 긴밀히 연결하려 한다는 점에 주목해야 한다. 종 되신 그리스도는 교회 안에서, 형제자매를 위해, 교회를 넘어 사회를 섬기기(outworking) 위한 원형이 된다.

칼뱅은 그리스도와 신자 간 '공통 본성'에 관한 통찰을 활성화된 연대성 개념으로 풀어 간다. 앙드레 비엘레는 칼뱅의 신명기 설교에 나타난 이 공통 본성과 그리스도의 구원에 토대를 둔 연대성을 연구했다. 비엘레는 영적 갱신의 영향을 받는 교회 또한 사회의 한 부분이므로, 교회 갱신은 사회경제 차원으로 연결된다고 보았다. 그리스도께서 주시는 새로운 삶은 '사회적 삶'이다.³⁵ 칼뱅은 그리스도 안의 새로운 생명은 본질상 공동체적인 것으로 생각했다. "인간을 위해 시작된 새로운 삶은 공동체적 삶 밖에서는 가능하지 않다."³⁶ 그리스도인의 진정한 완성은 개인 차원에서 이루어지지 않으며, 그리스도와 연합한 '우리'라는 존재 안에서 실현된다.³⁷

예수 그리스도께서 성령의 기름부음을 받으신 목적은 제사장, 왕, 선지자로 임명받기 위해서다. 이 '삼중 직무'(threefold office)는 예수께서 하나님 백성 공동체의 영적 행복을 위해 일하고자 담당하신 것이다.[38] 세 가지 직무에서 나오는 열매와 능력은 성령의 역사로 신자들에게 제공된다. '놀라운 교환'(wondrous exchange)으로 신자에게 전가하는 그리스도의 의로움은 그리스도인들이 제사장으로서, 또한 제사장이신 그리스도의 동료로서 세상에 참여할 수 있는 법적·실체적 근거다.[39] 선지자이신 그리스도의 기름부음은, 그리스도인들을 '위해' 이루어질 뿐 아니라 그들 '안에서도' 이루어진다. 부활 이후 그리스도의 사역은 복음 사역에 들어가는 신자들의 참여를 통해 지속적으로 실현된다.[40] 이런 이유로 칼뱅은 목사의 설교가 진리에 바탕을 둔 사랑의 예언자적 메시지로서 교회의 건덕과 공동선을 위해 중요한 작용을 한다고 본다. 이렇듯 그리스도께서 성령으로 자신이 왕이심을 증언하는 것은 그분 자신을 위한 일이 아니라 주리고 목마른 자들을 위한 일이다. 앞서가는 그리스도와 뒤따르는 교회 사이에는 여러 가지 관계가 형성된다. 그리스도의 직무를 정의하는 제사장, 왕, 선지자 모티프에 관한 칼뱅의 통찰을 면밀히 탐색하면, 그 모티프는 공동선을 위한 단일한 패러다임을 이룬다는 것을 알게 된다. 칼뱅은 "그리스도는 우리 앞에 자신을 본보기로 두시며 그분의 발자국을 따를 수 있게 하셨다"라는 결론을 부르심의 근간으로 본다.[41]

신자들은 교회에 접목된 존재이기에 그리스도께서는 자신이 하신 일과 마련해 두신 공동생활에 신자들이 참여하길 원하신다. 칼뱅은 이것을 참 교회의 정체성으로 보았다. 공동선을 위한 삶의 원형인 그리스도의 본은 어떻게 신자들에게 실제로 전달되며 공동생활에서 구현될까? 칼뱅은 성령의 역할을 말한다. "성령이 우리를 성전으로 하나님께 바치셨기에, 우리는 하나님의 영광이 우리를 통해 빛날 수 있도록 노력해야 한다."[42] 그는 하나님께 봉헌된 거룩한 성전인 신자는 육신의 의지를 가라앉히고 다스려야 하며 자기부정의 삶으로 자기를 깨끗하게 하는 능력과 의무를 받는다고 본다. 신자는 새롭게 하시는 성령의 사역과 믿음으로 받는 그리스도와의 연합을 통해서만 자기사랑에서 이웃 사랑으로 이동한다. 성령에 감화되어 새로워진 인간은 자율적 자아에 머물지 않을 뿐 아니라, 하나님 안에서 자아가 약해지지도 않는다. 하나님 안에서 자아를 찾게 되면서 그의 자아는 "관계성 안에 있는 자아"로 변화한다.[43] 그는 성령의 영감을 받으므로 더 이상 자기 마음대로 살지 않는다. 성령의 사랑과 인격적 설득으로 하나님 앞에 선다. 칼뱅은 이 점을 강조하며 "우리 안에 있는 선한 것은 그것이 무엇이든 모두 성령의 은혜이며 열매"라고 말한다.[44] 삼위 하나님이 하나의 목적을 위해 함께 일하시는 일에 신자들 또한 참여한다는 그의 통찰은 그리스도인의 삶을 세워 가는 제일 좋은 근거다.[45]

구원을 위해 일하시는 하나님과 그리스도와 성령은 삼위일체적 사역에 참여하는 신자들에게 자기부정을 위한 근본을 이루는 역동성을 제공하신다. 그리스도의 본보기는 자기부정의 삶을 살아갈 때 형성된다. 십자가를 짊어지고, 다른 사람에게 공정하며, 자비로운 섬김을 베풀 때 우리는 믿는 사람다워진다. 그리스도께서 온전히 회복하신 하나님 형상을 갖고 살아가는 삶이기 때문이다. 자기부정은 개인 윤리보다는 연대를 향한 공동체 윤리에 깊이 뿌리내리고 있다.

자기부정의 전제: 봉헌과 헌신

하나님의 경륜에 참여하는 일은 '봉헌' 혹은 '헌신'으로 시작한다. 봉헌과 헌신에 규칙을 세우면 하나님 영광을 위해 신적 섭리(divine economy)에 참여할 더 명백한 계획이 작동한다. 율법은 인간 삶을 질서 있게 하는, 가장 잘 배치된 방식이기 때문이다. 봉헌과 헌신은 자기부정의 삶이 되게 하는 새로운 존재론에 관한 전제다. 기독교 윤리는 봉헌, 자기부정, 공동선을 위한 삶이라는 세 단계로 이루어진다. 자기부정은 봉헌 없이 이루어지지 않으며, 봉헌 없이 이루어진다 하더라도 그것이 바람직하지도 않다. 자기부정은 최대 비용을 치르는 '거룩한 희생'이기 때문이다. 칼뱅은 제네바 종교개혁가 기욤 파렐(Guillaume Farel)에게 이런 편지를 썼다.

내가 나 자신의 것이 아님을 기억할 때, 나는 내 심장을 드립니다. 주님께 희생 예물을 바칩니다. 그리고 고백합니다. 나는 다른 어떤 열망도 갖고 있지 않다고. 나 자신에 대한 모든 생각은 옆으로 제쳐 두었다고. 오직 하나님의 영광과 교회의 유익을 위해 최고의 것만을 바라본다고. 그러므로 나는 내 의지와 감정을 차분히 가라앉히며, 굳게 지키며, 하나님께 순종하는 일에 굴복시킵니다.[46]

그리스도 안에서 '하나님 형상'을 회복한 신자들은 하나님의 영광과 교회의 공익이라는 거룩한 목적을 위한 은혜와 선물을 받는다. 이를 실현하려면 자기부정이라는 터널을 통과해야 한다. 봉헌한 사람만이 하나님이 주신 복을 바르게 쓰는 영적 경제(spiritual economy)의 중재자가 된다. 거룩함을 위한 영적 예금(spiritual deposit), 즉 하나님의 복을 잘 쓰면 창조 질서를 회복하는 하나님 경제에 유익하다. 이 복을 세속 소비와 물질에 대한 욕망에만 쓰면 하나님 경제에 막대한 손실을 가하게 된다.

칼뱅은 삶의 질서를 위한 "더욱 분명한 계획"이 있다고 믿었다. 그는 이 계획을 위한 기독교 인간학적 전제를 드러내고자 이렇게 선언한다. "우리의 주인은 우리 자신이 아니다. 우리는 하나님께 속해 있다!" 동시에 그는 하나님은 완전하시고 인간은 불완전하다는 점도 인식한다.[47] 타락 이후 인간은 자기

기만과 자기애에 빠져 있다. 따라서 존재 회복을 위한 도덕적 전제는 오직 자기반성이다. 스스로 주인이라 믿는 사람은 하나님 형상을 상실한 인간이다. 반면 그가 하나님을 자기 주인으로 모신다면 하나님 형상을 회복하고 즐거워하게 된다. 이는 자기부정을 위한 전제다. 하나님 형상을 회복한 인간에게서 나오는 윤리에 관한 함의는 다음과 같다. "우리는 우리 자신의 것이 아니다. 우리의 육을 구하는 것이 목표가 되어서는 안 된다. 할 수 있는 한 우리는 자신과 자신의 모든 소유를 잊어야 한다."[48] 인간은 부요한 소유물을 자신의 것으로 삼으려 하지 않지만, 하나님을 위해 그것을 붙듦으로써 역설적으로 그 모든 것을 확보한다.[49]

칼뱅은 우리 안의 좋지 않은 것들을 그리스도의 좋은 것들과 바꾸어야 한다고 본다. 인간은 자기 확신을 제거하고 하나님의 선하심에 대한 확신으로 그 자리를 채워야 한다. 칼뱅은 아우구스티누스의 고백을 회상한다. "하나님의 은혜를 받는 것은 우리 자신의 공로(nostra merita)를 잊어버리면서 그리스도의 선물(Christi dona)을 받아 안는 행위다. 그리스도께서 우리에게 공로를 요구하셨다면 우리는 그분의 선물을 얻지 못했을 것이다." 칼뱅은 하나님과 인간 사이에 '놀라운 교환'을 아름답게 묘사하는 베르나르의 은유도 인용한다. "사람들은 자기를 스쳐 지나가는 은혜를 자기 것인 양 생각하며 사소한 일도 자기의 공로라 한다. 마치 벽이 창으로 들어오는 빛을 받으면서도 스스로 그 빛을 낸다고 말하는 것과 같다."[50]

칼뱅이 볼 때, 자기부정의 또 다른 이유는 단지 욕망을 억제하는 생각 때문도 아니고 이 세상 생활이 갖는 가치를 부인하기 때문도 아니다. 그렇다고 인간 자신의 가치와 공로를 인정하기 때문도 아니다. 그는 자기부정을 인간됨의 존재 이유로 인식한다. 자기중심으로 생활하고 자기 이익만 추구하는 것은 삶이 갖는 본래의 존재 이유를 부정한다는 뜻이다. 자기만을 추구하면 파국적 결말을 맞게 마련이다. 반면에 하나님을 중심으로 하는 삶이 자기를 중심으로 하는 이기심을 대신하면 '이웃의 유익'이나 '공동의 선'을 추구하는 삶으로 나아간다. '공동선의 삶'은 자신의 존재 이유를 따르는 삶이다.[51] 그러한 삶 속에서 신자는 자기를 실현하며, 그 완성을 향해 나아가는 길을 걸어간다. 자기부정은 단지 비우는 삶이 아니라 우리 안에 그리스도께서 성령으로 살아계시며 통치하시는 삶이다.

칼뱅은 신자들이 공동체에 앞서 하나님께 속한다고 본다. 그는 자기부정을 이루는 근거로 공동체를 먼저 드러내지 않는다. 그 근거를 인간 존재의 신적 기원에서 찾는다. "우리는 우리 자신의 주인이 아니라 하나님께 속해 있다."[52] 칼뱅은 이웃 사랑을 위한 자기부정을 기독교 인간학이라는 명제 위에 세운다. 인간의 자기부정은 다른 종류의 사회인류학적 근거—예를 들어 인간은 본성상 정치적·사회적 동물이라는 명제—보다 우선권을 갖는다.[53] 칼뱅에게는 자기봉헌이 공동체를 위한 개인 윤리의 출발이다. 그는 자기부정이 만드는 삶의 모양을 이렇게 요약한다. "우리는 우리 것을 구하지 않고, 하나님의 뜻에 속하며 그분의 영광을 높이는 데 도움이 될 것을 구한다."[54] 자기부정이란 그리스도께서 명하신 '제자도'(discipleship)인 셈이다.[55]

자기부정은 우월감, 오만, 과시, 탐욕, 욕구, 음란, 나약함, 자기사랑과 같은 모든 인간 욕망을 제어하는 단 하나의 힘이다. 나열된 욕망 목록은 하나님 형상을 상실하여 나타난 결과물이다. "인간은 하나님이 그들에게 행하라고 명령하신 것과 반대되는 것만을 하기로 결정했다. 그 결과 우리가 하나님으로 맺어져 왔으며 개인은 서로를 섬길 수 있다는 믿음에서 멀어졌고, 개인이 공동선을 위해 노력할 수 있다고 모든 이웃이 느끼는 상황에서 아주 멀어진다."[56] 이것은 이웃 사랑의 걸림돌이다. 부르심에 순종해서 이기심을 이겨 내는 자기부정 영성은 공동선을 세우려는 삶에 결정적이다. 칼뱅은 이런 맥락에서 자기부정을 방해하는 두 가지 장애물을 디도서 2장 주석에서 소개한다. 먼저 '경건하지 않음'은 하나님을 진정으로 두려워하지 않고 대적하여 다투는 모든 것을 가리킨다. 이는 우리가 하나님의 소유라는 전제를 부정하게 만든다. '세속적 욕구' 또한 내가 주인이 아니라는 신앙 전제를 반대한다.[57] '경건하지 않음'과 '세속적 욕구'는 교회의 공익을 위한 자기부정의 삶을 펼치는 일을 방해한다.

위와 대조인 신앙 목록이 있다. 칼뱅은 그리스도인의 행동을 "근신함과 의로움과 경건함"으로 크게 분류한다. 이는 바울과 같은 입장이다. "근신함과 의로움과 경건함"이라는 신앙의 세 가지 표징은 그리스도 안에서 회복된 신자에게 베푸시는 하나님 형상이다. 칼뱅은 이렇게 묘사한다.

> 근신은 정절과 절제뿐 아니라 세상 재물을 순결하고 소박하게 쓰며 가난을 참는 것까지 포함한다. 의로움은 사람에게 자신이 받아야 할 것을 전해 주는 공정한 모든 의무를 포함한다. 경건은 세상의 불법에서 분리된 우리를 하나님과 결합시켜 진정으로 거룩하게 만들어 준다. [『기독교 강요』(1559) 3.7.3]

한편 '형평'(equity)은 모든 사람의 유익을 위해 선하게 살도록 북돋아 준다. 칼뱅은 자기부정을 이루기 위해서는 형평이 필수라고 생각했다.[58] ● 더불어 자기

● 하스(Hass)의 분석에 따르면, 자기사랑은 다른 사람의 유익을 방치하는 무관심을 야기하지만, 동시에 자기부정은 다른 사람의 권리에 대한 깊은 관심을 낳기도 한다. 다른 이의 권리에 대한 따뜻한 관심이 바로 형평이 요구하는 것과 부합되는 태도다. 자기부정은 형평과 관용을 함께 형성하는 개념인 것이다. 형평은 단순히 정의와 공정만이 아니라, 자선과 희생을 통한 배려까지도 포함하는 개념이다. 칼뱅은 고린도후서 8:14 주석에서 이렇게 가르친다. "바울은 주인들이 그들의 하인들에게 같은 것을 주기를 권고한다. 이 권고는 분명 주인과 하인의 조건과 지위가 평등해야 한다는 것을 뜻하지는 않는다. 오히려 주인들은 친절과 다정한 인내와 용서를 하인들에게 맞시고 있다. 그리므로 재정이 허락하는 한, 주인들은 어려움 가운데 있는 하인들을 도와 그들 가운데 어떤 이는 풍부하고 다른 이는 부족하게 되지 않도록 도울 수 있을 것이다."

부정에서 우러나오는 '자유롭고 친절한 나눔'도 중요하다고 생각했다. 하나님의 선물은 공동 유익을 위해 쓰여야 하기 때문이다.⁵⁹ 따라서 형평과 관용의 원리는 공동선을 위해 최상의 결과를 산출하기 위한 견제와 균형으로 작동한다. 하나님께 헌신한 결과인 형평과 관용은 공동 유익을 위한 덕목이다. 형평과 관용은 '근신함', '의로움', '경건함' 같은 좋은 영적 품성에서 생겨나기 때문이다.⁶⁰

요약하면, 그리스도는 헌신한 신자들만 다스리신다. 신자들은 인간 본성과 이성과 의지를 부인할 수 있고, 근신함과 의로움과 경건함의 삶을 살아간다. 공동 유익을 추구하라고 주신 선물을 올바르고 친절하게 쓰면서 공정한 형평과 관용의 나눔을 삶 속에서 실천한다.

이웃의 유익을 위한 자기부정: 겸손과 존중

그리스도인의 역할과 가치를 보기 전에 '이웃' 개념을 명확히 아는 것이 중요하다. 겸손하게 존중해야 하는 대상이 이웃이기 때문이다. 칼뱅에게 '이웃'은 교회 안 동료 신자들만을 가리키는가? 아니면 교회 밖 세상에서 살아가는 이웃까지 포함하는가? 칼뱅은 이웃 사랑에는 몇몇 분야가 있다고 본다. 이웃을 사랑하라는 하나님 명령은 반대하는 사람을 포함해 모두를 사랑하라는 명령이다. 이웃이 '야만인인지 문명인인지, 가치가 있는 사람인지 가치가 없는 사람인지, 친구인지 적인지' 상관없다.⁶¹ 그는 이러한 이웃 사랑의 근거가 인간 자체만으로 갖는 존엄성이 아니라 그 안에 있는 하나님 형상을 세심하게 생각하는 데 있다고 본다. "모든 사람을 하나님 안에서 바라보아야지 사람들 안에서 보면 안 된다." 칼뱅은 사마리아인 비유에서 '이웃'이란 심지어 가장 멀리 있는 사람까지 포함하는 개념임을 밝힌다. "사랑의 교훈을 가까운 사람들에게 국한해서는 안 된다. 사랑으로 인류 전체를 예외 없이 포용해야 한다." 이웃 사랑은 '그야말로 전혀 모르는 사람'까지 포용하는 보편적 사랑을 뜻한다.[62]

칼뱅은 보편적 사랑을 인정하면서도 믿는 사람을 향한 사랑이 믿지 않는 사람을 향한 사랑보다 더 중요하다고 본다. "아담의 모든 자손을 결속하는 공통의 끈이 있지만, 하나님 자녀들에게는 여전히 거룩한 연합이 있다." 칼뱅은 '단 하나의 감정'과 관련한 일반적 사랑을 교회 지체들과 나누는 특별한 배려와 구분한다. 존경, 선호, 소중, 헤아릴 수 없는 공경 같은 다양한 용어를 쓰면서, 신자들은 세속 지위와 관계없이 특별한 배려와 사랑을 보여야 한다고 역설한다. 이런 필요는 신자들이 회복된 형상을 그들 속에 받아들였기에 생겨난다.[63] 즉, 사랑의 명령은 교회와 사회 차원에서 다양한 수준으로 전개된다.

그러면 두 가지 논점이 나온다. 칼뱅은 먼저 인류의 공동 유익을 위한 사랑, 즉 믿지 않는 이웃을 위한 사랑의 가치를 깎아내리지 않는다. 그러면서도 신자인 이웃을 위한 사랑에 좀더 무거운 의미를 둔다. 이런 관점은 바울의 가르침을 따른 것이다. 칼뱅은 이 같은 방식으로 그리스도의 몸인 교회의 공동선을 강조한다.[64] 칼뱅의 보편 사랑 개념은 여러 방면에 걸친 관점으로 살펴볼 필요가 있다. 그는 여전히 '인류의 공통 관습'을 인정한다. 이 공통 관습은 "혈족 관계, 친분 관계, 이웃 관계"에 기반을 두고 서로를 향해 각자의 책임을 구분하게 만든다.[65]

칼뱅은 먼저 이웃의 신원을 확인하면서 이웃을 사랑해야 하는 까닭을 설명하고 사랑의 본성이 무엇인지 분명하게 정의했다. 그가 생각하기에, 보상이나 답례로 혹은 자기 유익을 위해 이웃을 돌보는 사랑은 진정한 사랑이 아니다. 자기 유익을 위해 이웃을 보살피는 사랑은 박애의 삶에 참여하는 것이 아니다. 이웃이 사랑받을 가치가 없어도 사랑을 베풀어야 그것이 진정 공동선을 위한 사랑이다. 그는 이렇게 가르친다.

하나님이 '이웃'이라는 단어를 쓰실 때, 우리가 단지 자신을 위해 어떤 이득을 얻는 기대를 가질 수 있거나 어떤 보답을 베풀 만한 가치가 있는 우리의 친척과 친구만을 이웃이란 단어의 뜻에 포함시킨 것은 아니었다. 사람은 모두 하나님 형상으로 만들어졌고 그분의 흔적을 지니고 있다. 하나의 공통 본성을 공유한다. 이를 통해 일치에 대한 감각과 형제애를 유지해야 한다. 물론 많은 사람이 자기를 이런 영예를 받을 만한 자격이 없는 존재로 만들고 있다. 자격 없는 존재가 되면 '이웃'이라는 지위와 이웃 간 교제에서 스스로를 배제시킨다. 이런 상황이지만 우리는 여전히 하나님 명령을 지켜야 한다. 즉 이웃으로 볼 자격이 아주 조금밖에 없는 사람에게도 사랑을 베풀어 줌으로써, 그런 사람을 향한 모든 악의를 이겨 내는 일까지도 하나님이 우리를 도와주셔서 하는 일임을 보게 된다. 하나님의 원칙을 따른다면 우리를 비난하기만 하는 원수조차도 여전히 이웃임을 알 수 있다. (『갈라디아서 설교』 5:14-18)

그리스도인의 겸손과 존중의 덕목에서 신자의 자기부정을 하나님에 관한 것과 이웃에 관한 것, 두 측면으로 나누어 살필 수 있다. 사람들은 서둘러 자기사랑으로 나아가기를 좋아한다. 또한 다른 사람을 경멸하며 스스로를 자랑스럽게 여기기를 즐긴다. 그래서 "예전에 지녔던 본성과 감정을 비우지 않으면" 착한 일을 바라시는 하나님의 명령에 순종하지 못한다.[66] 교만은 이웃의 유익을 위해 살아가려는 마음을 방해하고 지연시킨다. 호혜, 협력, 연대에 반하는 장벽은 자기사랑 원리에 토대한 교만과 그에 따른 혐오다. 교만과 혐오는 상대를 경멸하고 무시하는 자리로 신자들을 끌어간다.

교만은 공동의 행복을 어떻게 방해하고 파괴하는가? 이 과정을 자세히 살펴보면 교만은 타락 이후 하나님 형상을 잃어버린 결과임을 알 수 있다. 특히 교만은 공동선을 위해 다양하게 분배된 수많은 은사를 매도한다.

다른 사람이 우리보다 훨씬 더 탁월한 은사를 보일 때가 있다. 그 은사를 보고 감탄하지 않을 수 없다. 하지만 그에게 내 자리를 양보하는 일은 피하고 싶어진다. 그래서 그에게 주신 하나님의 선물을 악의로 비하하고 배척한다. 거기서 오만함이 생겨난다. 공동의 몫에서 면제된 것처럼 다른 사람보다 내가 더 높아지고 싶다. 거만하고 무례하게 상대를 모욕하고 열등하다고 멸시한다. 나를 기쁘게 하는 것은 내 것이라 주장하며, 다른 사람의 인격과 행동을 비난하기 일쑤다. 자기를 사랑하고 이웃과 다투는 것은 가장 치명적인 해악이다. 마치 전염병과도 같다. [『기독교 강요』(1559) 3.7.4]

우리는 자신이 하나님의 소유라는 것과 이웃을 위해 부름받은 사실을 애써 무시하고 싶어 한다. 칼뱅은 '전염병' 은유로 무엇을 말하려 했는가? 교만이라는 영적 질환 때문에, 공동 행복을 위한 각양각색의 선물이 우리를 협동과 존중이라는 좋은 방향으로 이끌어 가지 않는다는 사실이다. 교만은 우리를 부정적인 방향과 내리막길로 접어들게 한다. 우리는 그 길에서 서로 다투며 혐오한다. 교만은 치명적인 바이러스와 같아서, 연대에 침투하여 그 연대를 감염시키고 끝내 파멸시킨다.

인간의 교만이라는 역병을 어떻게 근절할 수 있을까? 믿는 사람들은 두 가지 사실을 인정해야 한다. 먼저 모든 은사가 하나님에게서 온 것이며, 그들 자신에게서 나온 것이 아니다. 둘째, 성령으로 그리스도 안에 있는 선물에 참여할 때 그 은사들을 맛보며 누릴 수 있다.

성경에서는 하나님이 우리에게 베푸신 은사가 우리 자신의 소유가 아니라 값없이 받은 하나님의 선물임을 기억하라고 가르친다. 은사를 자랑하며 우쭐거리는 자는 배은망덕한 사람이다. [『기독교 강요』(1559) 3.7.4]

교만은 타락 이후 하나님 형상을 잃어버린 사람의 두드러진 특징이다. 반면 자기부정으로 생기는 겸손은 그리스도 안에서 회복한 하나님 형상의 중요한 특징이다. 겸손은 공동 행복에 공헌한다. 만일 인간이 계속 교만하고 다른 사람의 은사를 경멸하면 공동 유익을 달성할 수 없다. 칼뱅이 보기에 공동선을 성취하는 순간은 바로 겸손하고 존중할 때다. 관대한 마음과 넘치는 인정으로 영적 자산과 물질적 자산을 나눌 때 비로소 공동선이 성취된다.

하나님이 베푸신 선물에 충분히 감사하지 않고 다른 사람이 하나님께 받은 선물을 충분히 존중하지 않으면 공동선 가치는 빛이 바랜다. 자비와 호의의 정신으로 선물을 교환하거나 실천하지 않는다면 공동선에 어떤 기여도 할 수 없다. 겸손은 하나님의 경제(God's economy)에서 일종의 '재화'다. 교만은 '악화'가 되어 영성을 바탕 삼는 경륜에 손해를 끼친다. 겸손은 서로의 자질과 선물을 활성화해서 공동선을 극대화하지만, 교만은 서로의 가치를 부정하게 하며 은사를 상쇄시킨다. 교만은 은사를 무력하게 하고 공동선으로 향하는 모든 길을 차단한다. 다른 사람의 은사를 겸손하게, 깊이 존경할 때 공동선의 길로 올바르게 갈 수 있다.

칼뱅은 신자가 자화자찬하는 것을 경계한다. 신자는 선함 그 자체에 다다를 때까지 선한 일을 꾸준히 지속해야 한다. 칼뱅은 자만심으로 '꾸며낸 선함'(fake-goodness)이라는 속임수를 가장 경계한다. 그리스도인의 삶은 '인간의 선함'(human-goodness)에 의지하면 안 된다. 선하신 하나님께 전적으로 의지하며 궁극적 선함을 소망해야 한다.[67] 하나님의 선하심에 대응하려는 인간(human-counterpart) 수준을 훌쩍 넘어서야 한다. 자만이라는 자기 선을 포기하고 하나님의 선하심을 추구할 때 공동선을 수립하는 데 공헌할 수 있다. 자기부정은 금욕과 신비, 소극적 감각에 있지 않다. 월터스토프는 칼뱅의 자기부정은 '형성하는 영성'(formative spirituality)을 지닌다고 본다. 이 영성은 세상을 외면하는 태도를 버리고, 하나님께 순종하면서 사회를 개혁하려는 기독교적 감수성의 근본 변화를 뜻한다.[68] 자기부정은 그 자체 안에 가치 있는 미덕을 뜻하지 않고, 삶에서 누리는 기쁨을 위한 어떤 감각의 결핍을 뜻하지도 않는다. 그것은 자기 본위 추구를 반대하는, 일종의 적극적인 대항이다. 또한 연대하는 사회를 세운다는 희망을 품고 부유한 사람들이 가난한 사람들과 상호 수여와 수령으로 재화를 나누는 것이다.[69] 이 형성하는 영성은 선행(bona opera)으로 공동선의 실현을 앞당긴다. 선행은 그리스도인에게 있는 '하나님의 선'을 가지고 궁극의 선을 목표로 걷는 것이다. 그래서 파티는 자기부정이 '심각한 상실'이 아니라 '위대한 획득'이라고 말한다.[70] 개인적·독자적 자기부정은 상호적·유기적 연대성을 갖는 교회 윤리와 사회 윤리를 포함한다. 즉 자기부정은 부정 개념 이상이다. '죽게 하는 것'(mortification)만 아니라 '살게 하는 것'(vivification)도 내포한다. 살리는 것은 공동체 윤리에 포함된다. 그런 이유로 자기부정은 교회 공동선을 세우는 동력이다. "한편으로는 자기중심적인 죽음이 있고, 다른 한편으로는 하나님께 완전히 위탁하고 이웃을 긍정으로 사랑하는 자리"가 있기 때문이다.[71]

이웃을 사랑하고 교회 공동 유익을 위해 살아가는 신자의 모습은 자기부정을 실행하는 명백한 증거다. 이웃을 사랑하면 이기심으로 살 수 없기 때문이다. 이기심으로 살지 않는다는 것은 또한 모두의 공동선을 위하는 새로운 삶에 참여한다는 것을 뜻한다.

그리스도인의 자기부정: 청지기직

하나님의 은혜와 선물은 양날의 검과 같다. 하나님의 선물을 목적에 맞게 쓰지 않고 개인의 이익을 위해 쓴다면 이 선물은 공동체를 파괴하는 원인이 된다.

은혜와 선물은 좋지만 동시에 위험하다. 선물을 오용한 결과 하나님의 경제에 심각한 손상이 일어난다. 반대로 선물이 본래 목적에 맞게 공익을 위해 쓰인다면, 공동체 전체 발전에 이바지함으로써 하나님의 경제에 도움이 된다. 이런 이유로 칼뱅은 자기부정을 공동선의 결정적 요소라고 보았다.

나아가 칼뱅은 공동체를 개인 존재론의 토대로 보았다. 그는 고린도전서 12장에서 바울이 그리스도 안에서 신자가 하나 되었음을 뜻하는 '지체'의 유비를 써서 이를 명확히 했다.[72] 각각의 지체가 자신들의 사익을 추구하는 순간 지체 모두에게 파국이 몰려온다. 이 부분에서 칼뱅은 그리스도 중심의 인간론을 신자의 존재로 취한다. 이 형식 안에서 각각의 신자는 몸 전체의 공익 혹은 교회의 공통 교화를 추구할 때 자신의 유익을 누린다. 하나님 형상으로 회복한 모두가 공동체 연대성 안에서 하나로 살기 때문이다.*

위 논의를 따라가 보면 칼뱅의 영성이 청지기 정신으로 이어짐을 알게 된다. 관용과 선행을 위한 일종의 규칙인 청지기 정신은 하나님의 경제를 위한 영적 노동이다. 우리는 일을 하며 이웃에게 도움을 주고 그런 가운데 하나님이 주신 것을 경영하고 관리한다. 그렇다면 청지기 정신에 부합하는 기준은 무엇인가? 칼뱅이 말했듯이 올바른 청지기 정신의 유일한 기준은 사랑이다. 칼뱅에게 사랑은 결정적 윤리이기 때문이다. 청지기 의식은 칼뱅의 공동선 신학에서 중심 자리를 차지한다. 월터스토프는, 역사적으로 칼뱅주의자들은 직업을 하나님 앞에서 순종을 실천하는 통로로 보았으며, 자신의 직업이 공동선

---

* "우리는 기억해야 한다. 하나님이 우리를 한 몸으로 같이 두실 때, 우리 모두는 공동선을 위해 함께 일하는 것이다. 그런데 사람들은 이런 파트너십을 맞이하면서 그렇게 해야만 하는 것과 정반대로 그걸 꼬아버리고자 한다. 그래서 그 누구도 공동선을 생각하지 않는다. 이것은 인간의 몸과 비슷한 교회뿐만 아니라 하나님의 아들이 우리의 몸이라는 사실 역시 매우 중요하다. 우리는 하나님의 것이라는 사실과, 하나님이 우리에게 주는 것을 좋다고 보시는 정도로 우리가 하나님의 은혜와 재능으로 복을 받게 하셨다는 사실이 매우 중요하다. 누군가 다른 사람들의 도움과 지지를 필요로 한다는 걸 인식했을 때, 그 사람은 자기 친구들에게서 떠나가야 하는가? 이런 경우 그는 어떤 일도 할 수 없게 되며, 공동선을 위한 일해야만 한다는 사실에 마음 졸이게 된다"(『신명기 설교』, 3:12-22).

에 기여해야 했고 그렇지 않을 경우에는 직업을 포기해야 했다고 말한다.[73]

하지만 칼뱅은 청지기 정신을 개인의 자기포기(self-renunciation)로 제한하지 않았다. 칼뱅은 청지기 정신이 금욕주의와는 달리 호혜성(mutual reciprocity)을 지향하는 공동체 영성이라고 말한다. 더불어 성장하는 가운데 다른 사람의 유익을 위해 행하는 각 신자들의 노력은 때가 되면 보상을 받는다. 그러므로 다른 사람의 유익을 위한 열심과 자신의 유익을 위한 돌봄은 서로 섞이지 않고, 자신의 이익은 다른 사람의 유익보다 부차적인 것이 된다. 이렇듯 칼뱅은 개인의 유익을 배제하지는 않지만 결국 공동체에 초점을 둔다. '봉헌'에 대한 논의에서 이미 살폈듯이 이러한 칼뱅의 자기부정 이해는 수동적·회피적 윤리가 아니라, 모든 신자의 상호 유익을 통한 적극적·형성적 윤리에 바탕을 두고 있다. 즉 칼뱅은 진지한 사랑이 공동선을 위한 청지기 정신을 형성하는 가장 중요한 요소라고 소개한다. 공익에 기여하는 사랑의 역사는 외적 성취가 아닌 내적 성취가 되어야 한다.

> 그리스도인에게 요구되는 것은 무엇인가? 그저 쾌활한 표정이나 호의적인 말로 즐겁게 의무를 다하는 것만이 아니다. 그 이상의 것이 있어야 한다. 먼저 도움이 필요한 사람의 처지에 자기 자신을 둘 줄 알아야 한다. 그 사람의 불행을 자신이 직접 견디며 헤쳐 나가는 것처럼 공감해야 한다. 그렇게 해야 우리는 자비와 인간미 담긴 감정에 이끌려 마치 자기 자신을 돕는 것같이 다른 사람들을 도울 수 있다.
> [『기독교 강요』(1559) 3.7.7]

여기서 우리는 눈에 보이는 물질로 된 선물들이 겸손과 사랑같이 눈에 보이지 않는 영성에 바탕을 둔 선물들을 희생하는 방식으로 이웃에게 분배된다면 이 가시적 은사는 지체 전체의 공익에 기여할 수 없음을 알 수 있다. 그래서 칼뱅은 신자를 하나님과 이웃에게 빚진 존재, 즉 이중으로 빚진 사람이라고 말한다. 자기부정으로 인해 하나님의 좋은 선물이 선순환한다. 그래서 칼뱅은 '우리 자신과 우리의 모든 소유를 온전히 주님 뜻에 맡기고, 우리 마음의 소원도 그분께 드려 길들고 복종하게 하라'는 성경의 메시지로 우리의 주의를 환기한다.[74]

칼뱅의 공동선 이해가 현세의 삶에 궁극의 가치를 두지 않는다는 점도 주목해야 한다.[75] 본래 이생의 삶은 물리적 풍요로움을 추구한다. 물론 칼뱅은 현재 삶이 지니는 물질 가치를 배제하지는 않는다. 하지만 그것이 본질적 가치가 아님을 깊이 인식한다. 즉, 칼뱅에 따르면 현세의 삶의 공익은 반드시 영원이라는 관점에서 조망해야 한다. 공동선은 영원한 삶에 있는 영적 가치 위에 세워진다. 이 가치는 은총의 선물을 이웃과 나누는 행복 가운데 빛난다. 칼뱅은 그리스도의 품에 있는 신자들이 하늘에서 누리는 영원한 행복은 같을지라도, 행복을 누리는 영광의 정도는 이 세상에서 받은 성령의 선물과 다를 것이라고 보았다. 하늘에서 받는 보상의 기준은 이 땅에서 교회와 인류의 공동선을 위해 받은 선물을 얼마나 올바르게 썼는지에 달려 있다.[76]

따라서 신자는 현재 세속의 삶 속에 있는 거짓된 행복을 거스르면서 영원한 삶 속에 있는 진정한 행복을 자기부정 영성으로 찾을 수 있다. 신자의 자기부정은 평온한 자기 확신과 영원한 승리의 약속을 가져다준다. 신자는 이 약속을 따라 하나님이 허락하시는 선과 악 모두를 기꺼이 받아들이는 삶을 살 힘을 얻는다.

> 우리는 더 이상 사악함, 계략, 술책, 탐욕으로 재물을 움켜쥐거나 명예와 지위를 강탈하거나 이웃을 해치려고 돌진하지 않게 된다. 오히려 순결함을 벗어나지 않는 사업만을 추구한다. [『기독교 강요』(1559) 3.7.9]

칼뱅은 공격하는 행동이 공동체 전체의 유익에 대립한다고 본다. 따라서 신자들은 어떠한 형편에서든지 오직 하나님의 섭리에 자신을 맡겨야 한다. 이는 단지 현세 생활만이 아니라 다가올 영원한 삶을 위해서도 그러하다. 악한 이들의 경제는 하나님 나라의 공동선에 아무런 기여도 하지 않으며 인간에게 어떤 이익도 제공하지 않는다. 오직 착한 이들의 경제만이 하나님 나라의 공동선에 이바지하며 궁극적으로 인간에게 유익이 된다. 이 선한 경제는 "모든 장애물을 헤쳐 나가며, 그 모든 것을 호의적인 행복한 결말"로 이끈다.[77] 명성과 재물을 쌓은 경건치 않은 사람이 세속에서 성공하고 풍요로운 것은 공동선 형성과 아무런 관계가 없으며, 믿는 자의 삶의 종착지도 될 수 없다. 따라서 어떤 그리스도인도 이를 시샘하거나 부러워해서는 안 된다.

십자가 지기: 공동선을 위해 고난을 감수하는 자기부정 훈련

자기부정은 (칭의처럼) 거저 주어지는 선물이 아니다. 그리스도의 모범을 적극적으로 따르려고 십자가를 지는 신자가 얻는 것이다. 하지만 자기부정이 칭의와 분리되는 개념은 아니다. 루터에게 칭의는 하나님과 인간 사이에 일방적 관계, 즉 (하나님 쪽에서만 의무를 지는) 편무적 관계에서 시작하지만, 이 칭의에는 하나님과 인간의 상호적 관계성을 향한 기능도 있다. 칭의의 본질은 순수한 선물(pure gift)로서, 그것은 하나님-인간 관계와 사회의 관계에서 혁신하게 만드는 역동성을 내재한다. 칭의는 결코 갚을 수 없는 선물에 관한 고민도 아니며, 부담에 짓눌려 닫힌 창고도 아니다. 그것은 무상의 선물이라는 엄격한 정의를 넘어서서 은혜의 경제를 작동하는 출발점이다.[78]

루터의 관점을 공유하는 칼뱅은, 주님의 형상을 따르는 의로운 신자가 하나님을 향한 헌신 때문에 받는 박해와 모든 사람이 보통 겪는 공통 고난을 구별한다. 그러므로 '십자가를 지는 일'은 저주도 불행도 아니며, 오히려 하나의 본질적 훈련이다. 하나님의 자녀들은 교회의 영적 공동선을 위해 성화된 삶을 살아가도록 십자가를 통해 그리스도의 형상을 받는다. 십자가를 지는 훈련은 소수의 개인이 겪는 고통이 아니라, 교회가 '공동으로 겪는 박해'(the common persecution)다.[79]

신자가 십자가를 져야 하는 또 하나의 불가피한 이유는, 적절한 수준 이상으로 덕성을 높이는 것은 바람직하지 않을 뿐 아니라 전체 공동체의 유익에도 방해가 된다는 점이다. 덕성이 높아지다 보면 육신에 과도한 확신을 갖는 어리석음에 빠질 수 있다. 칼뱅이 볼 때 인간적 선은 공로로 변하기 쉽다. 인간의 공로 행위는 (죄로 인한 나쁜 결과를 보상함으로써) 신자의 구원과 교회의 보속(補贖)을 위하는 보고(treasure) 역할을 하고 만다. 이는 로마 가톨릭교회의 영성을 바탕 삼는 공동 재산(혹은 영적 공동선)을 형성하는 데 기여한다.[80]

칼뱅은 이에 신학적 대립각을 세운다. 로마 가톨릭교회가 공로 신학에 근거를 두고 영적 공동선을 형성하려는 계획이 실제로는 전체 교회 수립(establishment)에 손상을 준다고 본다. 자기부정은 자기 공로가 아니다. 영적 공동선은 인간 선으로 세우는 공로가 아니다. 인간의 자기 선은 교회의 선을 구성하는 어떠한 요소도 될 수 없다. 교회의 선은 오직 하나님의 선하심에서 나온다. 신자가 성령의 역사로 그리스도의 사역에 참여하는 활동만이 교회의 선이 되고 그리스도의 몸을 바로 세운다. 그러므로 삼위일체 하나님이 행하시는 일에 참여하는 신자의 활동 목적, 즉 텔로스는 교회의 선을 공동으로 형성하는 것이다.[81]

반면에 로마 가톨릭교회에서는 십자가를 지는 일과 순교를 금욕과 공로 관점에서 이해한다. 칼뱅은 이런 관점이 신자는 오직 하나님의 삼위일체적 역사에 참여한다는 성경의 가르침과 맞지 않는다고 보았다. 로마 가톨릭교회에서는 순교자의 피가 인간 공로로서 교회의 영적 공동 재산을 형성하며 교회의 보고에 쌓인다고 가르친다. 또한 교회가 이런 공동 재산을 영혼 구원을 위해 신자에게 분배할 수 있다고 주장한다. 하지만 칼뱅은 순교자의 피가 그리스도의 피와 함께 구원을 제공하는 방식으로 교회의 영적 공동선이 될 수는 없다고 반박했다. 교회 공동선은 그리스도 중심의 인간학에 기초한 삼위일체적 참여에 바탕을 두고 수립해야 한다. 중세 가톨릭의 영적 공동선과 개혁가 칼뱅의 영적 공동선은 서로 조화될 수 없을 정도로 다르다. 개혁교회의 공동선은 신자가 성령의 능력으로 그리스도의 모본(模本) 속에 거하며 자기부정의 삶을 추구하는 가운데 나오는 '소산'으로 인식된다. 그가 즐겨 찾던 베르나르의 가르침은 이를 잘 보여 준다.

> 어떤 이유로 교회는 공로에 관심을 두는가? 자랑할 만한 더 확실한 이유는 하나님의 목적에 있지 않은가? 공로가 있어도 있는 체하지 않고 공로가 없어도 담대한 교회는 행복하다. 교회는 공로를 가진 것처럼 담대할 이유가 있지만, 사실 교회에는 공로가 없다. 교회에 공로가 있어도 그것이 가치 있는 것이 되려면 공로가 있는 것처럼 처신해서는 안 된다. 있는 체하지 않는 것이 참다운 공로가 아니겠는가? 교회는 공로가 있는 체하지 않음으로써, 더욱 담대하게 공로가 있는 것처럼 내세울 수 있다. 주님의 풍성한 자비가 자랑할 만한 근거를 넉넉히 제공해 주기 때문이다. [『기독교 강요』(1559) 3.12.3]

하나님이 주신 선물을 쓰는 데에는 기독교적 인내와 겸손한 순종이 중요하다. 이런 덕목을 얻기 위해 십자가를 지는 훈련은 필수다.

주님이 자기 백성을 괴롭게 하시는 또 다른 목적은 인내를 시험하시면서 순종을 가르치는 것이다. 하나님은 성도들이 받은 은혜가 무용지물로 숨겨지기를 원하지 않으시고, 그 은혜가 드러나기를 바라신다. 그래서 종들의 인내를 테스트하시며 그들의 지조를 드러내신다. [『기독교 강요』(1559) 3.8.4]

인내는 가장 훌륭한 선물이다. 인내는 공동선을 위해 선물을 정확히 쓰도록 도와준다. 선물을 위한 선물인 셈이다. 역경이 없다면 인내와 순종을 갖지 못하고, 그러면 선물은 제대로 쓰이지 못하고 사장된다. 하나님이 고난과 불행을 주시는 까닭은 선물이 쓸모없이 버려지지 않게 하기 위해서다. 인내라는 선물로 인해 잠재하던 선물이 현실의 선물이 된다. 그러므로 삶에서 인내를 만드는 십자가는 하나님이 영적 건강을 위해 베푸시는 '약'에 비유된다. 십자가라는 치료제는 육신을 복종하고 절제하는 선순환으로 이끈다. "하나님은 신자에게 십자가 훈련을 시키신다. 현재 상을 받을 만한 가치가 있는 것을 먼저 생각하지 않으신다. 그 대신 잠시 고되더라도 장차 유익할 것을 생각하신다."[82] 십자가 훈련은 하나님이 법관이 아니라 의사 같은 분임을 나타낸다. 칼뱅은 영적 재생의 동기라는 면에서 심리학적 고통에 높은 가치를 부여했다.[83] 십자가라는 약을 복용하고 건강해진 영혼은 하나님의 선물을 더 온전히 선용한다. 신적 선물을 오용하거나 남용하던 영적 질병에서 회복되기 때문이다.

악한 사람의 부당한 행위에 맞서 선량한 사람을 보호하려다가 겪는 박해를 어떻게 이해하면 좋을까? 선량한 신자의 생명, 재산, 명예를 위태롭게 하는 세상의 멸시와 미움에는 어떤 뜻이 있을까? 가난한 이웃을 위한 공동선의 삶을 선택한 이들이 견뎌 내야 하는 공격과 증오에는 어떤 의미가 있을까? 현세와 물질이라는 관점에서 박해는 부당한 손해를 가져온다. 하지만 칼뱅은 앞날의 삶에 찾아올 부요를 확신하면 현재의 어려운 삶을 평화로이 맞이할 수 있다고 보았다. 현재 속에서 하나님의 선하심의 징후를 포착하라는 뜻이다. 공동선은 영원한 삶을 위한 영적 행복과 복지에 궁극적으로 도달할 수 있다. 비록 이 땅에서 두드러진 가난과 고뇌 속에 있어도, 지상의 역경은 하늘의 경제와 관계가 있다. 도리어 하나님 나라의 영적 자산인 교회 공동선은 의로움을 선택한 사람들의 고난으로 증대되는 법이다. 이것은 교회의 유익을 위해 십자가에서 고통을 당하신 그리스도와 같은 길을 걷는 일이다. 칼뱅이 말했듯이, "경건하지 않은 사람의 악한 행동으로 우리가 재산과 소유를 빼앗긴다면, 이 땅에서는 매우 가난하게 될지라도 하늘 아버지 앞에서는 우리의 진정한 재산이 더 불어나게 될 것이다"[『기독교 강요』(1559) 3.8.7].

역경과 그로 인한 고뇌의 십자가를 지던 삶은 장차 다가올 날에 구원을 받고 좋은 행복으로 변한다. 이것이 고통 속에서도 감사할 수 있는 이유다. 이는 단지 역경 속에서도 꿋꿋이 지켜낸 의로움과 공정함 때문만은 아니다. 고난이 역설적으로 '우리의 구원과 선함'에 기여하기 때문이다. 그러므로 칼뱅은 어쩔 수 없이 고난을 참는 것이 아니라 유익이 될 것을 알기에 기꺼이 견딜 수 있다고 가르친다.

> 우리의 구원과 선이 된다고 인정되는 것만이 우리를 기쁘게 한다. 그렇기에, 자비하신 아버지는 십자가로 우리에게 고통을 겪게 하신 그 일을 통해 구원을 마련해 주신다고 말씀하시며 위로하신다. 고난이 유익을 위한 것이 분명하다면, 감사와 평온한 마음으로 고난당하지 않을 까닭이 있겠는가? 고난은 어쩔 수 없이 견디는 것이 아니라 유익을 위한 것이기에 기꺼이 동의하며 견디는 것이다. [『기독교 강요』(1559) 3.8.11]

칼뱅 신학에서 "감사"는 삶의 고리에 활력을 준다. 역설적으로 고난은 개인의 행복과 구원뿐 아니라 공동체의 유익을 성취하는 하나님의 역사로 해석될 수 있다. 그래서 역경의 절정이라는 순교는 가장 달콤한 향기가 넘치는 감사의 희생이자 공동체적 유익으로 남는다. 그 향기가 널리 퍼질 때, 사람들은 구원에 이른다. 순교는 고통이나 상실이 아니라 기쁨과 감사다. 자기부정과 순교의 역경을 통해 교회의 영적 공동선은 세워지고 마침내 완성된다.

세상에서 십자가 훈련이라는 고난이 없다면 우리는 어떻게 될까? 아마 우리 영혼은 육신의 각종 유혹에 빠져 지상의 행복만 추구할 것이다. 이럴 때 누리는 행복이 영성을 바탕으로 삼는 공동선과 같을 수는 없다. 오히려 우리는 이생의 행복이 덧없음을 깨달을 때 자신이 곧 지나가 버릴 재물, 영예, 능력을 갈망했다는 걸 안다. 세상의 좋은 것이 결국 사라질 무상한 것이라는 사실을 깨닫는다. 따라서 십자가 훈련은 믿음이 성장하는 필수 훈련이다. 우리의 믿음은 현세의 고생과 수고의 영적 의미를 깨우치며 자란다. "신자는 주님을 따르고자 십자가를 져야 한다. 그분의 모범에 일치되고자, 신실한 친구로 그분의 발자국을 따르고자."[84] 그리스도와 하나가 되고 그 모본에 일치하며 이웃의 유익을 위해 선물을 나누는 삶은 성례의 가치를 담고 있다. 십자가의 길에 동반자가 될 때, 지상의 일시적·이기적 행복이 아닌 하늘의 영원한 행복으로 믿음의 눈을 돌릴 수 있다. 궁극적 선함은 지상에서 성취하는 개인의 번영에 있지 않고, 영원한 삶을 위한 공동 복지에 참여하는 데 있다.

하나님의 선물인 '이 세상의 삶' 올바로 쓰기

이 세상 삶의 가치와 목적은 아마도 사람이 하나님의 자비를 증언하는 것일지 모른다. 칼뱅은 현세 생활이 하나님의 선하심을 이해하게 해 준다고 말한다.

신자는 이 세상 삶을 무시해야 하지만 그렇다고 해서 세상 삶을 미워하거나 삶에 감사할 줄 몰라서도 안 된다. 현세 삶이 불행한 일로 가득해도 여기엔 여전히 무시할 수 없는 하나님의 복이 담겨 있다. 특히 믿는 사람은 긍휼하심의 증거가 된다.

[『기독교 강요』(1559) 3.9.3]

하나님의 선물이라는 관점에서 세상 삶을 이해하는 칼뱅은 선함에는 영적 차원과 사회적 차원이 있다는 데 주목한다. 선함은 교회 유익을 위해 성령의 교제 가운데 선물을 나눌 때뿐 아니라, 사회 유익을 위해 시민이 소유, 재화, 타고난 능력을 나눌 때에도 구체화된다. 물질을 나누며 얻는 물리적 유익도 중요하지만, 영원한 삶을 위해 구원을 추구하며 얻는 영적 유익은 더 소중하다. 이런 유익은 세상 삶에서 물질을 나누는 것과 긴밀히 연결된다. 칼뱅은 성경에서 주는 교훈을 통해 세속적 이익을 올바르게 쓰는 방식을 배울 수 있고, "순례와도 같은 이 세상 삶"이 성경의 중요한 전제라고 가르친다. 이 전제는 지상에 있는 것들을 옳게 쓰는 근본 규범으로 작용한다. 칼뱅은 지상의 세속적 선물에 대해 균형 잡힌 두 가지 관점을 제시했다. 하나는 이 세상에서 순례자로 살아갈 때 잠시 필요한 도움을 받는 것, 다른 하나는 잠시 기쁨과 원기를 받는 것이다. 칼뱅이 고백했듯이, "만일 이 세상이 단지 지나가는 것일 뿐이라면, 세상의 유익하고 좋은 선물을 갈 길을 방해할 때보다는 도움을 줄 때 써야 한다는 데에는 의심할 여지가 없다."[85] 그러므로 하나님이 날마다 베푸시는 좋은 혜택들(bona)의 진가를 인정하며 이를 이웃의 유익을 위해 쓰면 '영원한 영광의 유산'을 우선으로 받게 될 것이다. 그리고 하늘 아버지와 자녀들 사이에 감사의 관계가 펼쳐질 것이다. "우리는 여러 가지 혜택으로 삶에서 하나님의 관대하심이라는 달콤함을 맛본다. 지상의 생활은 하나님의 인자가 베푸시는 선물이다. 우리는 이를 늘 기억하고 감사해야 한다."[86]

하나님이 우리 삶에 자원을 베푸시는 목적은 '필요'와 '기쁨' 때문이다. 이것은 인간적 이익의 상이한 두 가지 속성을 보여 준다. 칼뱅은 오래도록 기억에 남을 가르침을 주었다.

> 우리가 하나님이 음식을 만드신 목적이 무엇인지 곰곰이 생각해 보면, 음식이 단지 필요해서 주시는 것이 아니라 즐거움도 같이 주시기 위한 것임을 깨닫게 된다. 의복은 본래의 필요 외에도 외모를 꾸미고 단정하게 갖추게 하는 목적이 있다. 풀과 나무와 열매는 여러 가지 이용 가치가 있을 뿐 아니라 아름다운 모양과 향긋한 냄새도 지닌다. 주님은 많은 물건을 필요한 용도 못지않게 '매력적으로' 다가오게 만드시지 않았는가! [『기독교 강요』(1559) 3.10.2]

공동 유익에 대한 칼뱅의 생각은 경제 정의에만 제한되지 않고, 미학과 문화의 가치도 담아낸다. 그는 단순한 실용성을 넘어서는 아름다움의 가치를 인식한다. 공동선의 가치는 물질적 필요로 삶의 능력을 채우는 경제적 관점과 더불어 미학적 가치로도 평가해야 한다. 칼뱅은 공동선의 경제 차원과 문화 차원을 함께 주목했다. 그는 경제 공동선은 문화 공동선 없이 진보할 수 없고 문화 공동선은 경제 공동선이 뒷받침되지 않으면 지속될 수 없다고 보았다. 하나님의 경륜은 경제와 문화, 실용과 미학의 조화를 이루는 방식으로 공동선을 형성한다. 칼뱅은 하나님의 목적에 맞는 문화적 필요를 다음과 같이 설명한다.

> 만물이 본래 지닌 특징을 보면, 그것을 어디에, 어느 정도까지 이용할 것인지 충분히 알 수 있다. 주님은 눈을 즐겁게 하는 놀라운 아름다움으로 꽃에 옷을 입히시고, 코를 즐겁게 하는 향기를 함께 주셨다. 그렇다면 눈이 꽃의 아름다움을 느끼고 코가 꽃의 향기를 맡는 것이 마땅하지 않겠는가. 주님은 색깔을 구별하셔서 어떤 것은 다른 것보다 더 사랑스럽게 만드시지 않았는가. 금과 은과 상아와 대리

석을 다른 금속이나 돌보다 더 귀중하게 만드는 아름다움을 주시지 않았는가!

[『기독교 강요』(1559) 3.10.2]

    칼뱅은 신자의 자기부정이 이 세상에서 공동선을 위해 하나님의 선물에 쓰이고 있다면 그것은 하나의 소명이 될 수 있다고 여겼다. 이 소명은 공동체를 보살피기 위한 유연성과 신중함을 포함한다. 그 가운데 노동의 나눔은 우리가 속한 사회를 보존하고 살아가는 데 유용하고 긍정적인 역할을 한다. 이런 시각 위에서 신적 부르심의 기반이 설 수 있다. 각자 직업을 하나님의 부르심 속에서 생각해야 하는 신자의 의무는 개별로 고립된 채 전문성을 달성하는 데 있지 않다. 오히려 각자가 은사를 가지고 서로 돌보고 나누는 사회 공동생활에 초점을 맞추어야 한다. 이처럼 노동은 공동체에 관련된 의미를 갖는다. 아담의 타락으로 생긴 고된 수고의 짐이 하나님의 선하심에 참여하도록 바뀌는 것이다. 칼뱅은 이렇게 고백한다. "경건한 사람은 하나님의 선하심을 더욱 깊이 느끼며, 하늘 아버지의 관대하심에서 나오는 감미로움을 한껏 즐기게 된다."[87]

    칼뱅은 소명을 공동선과 연결하면서 부르심을 향한 신자의 바른 태도의 바탕으로 삼는다. 각자 받은 부르심은 각자의 삶을 공동체에서 완수하도록 돕는다. 그는 네 가지 관점을 제시한다. 첫째로, 선물을 베푸신 분(the gift-giver)을 우러르면 선물을 남용하지 않게 된다. 둘째로, 영원한 삶을 향한 동경은 가난을 평화롭고 끈기 있게 견디게, 풍요로움은 절제하며 인내할 수 있게 한다. 셋째로, 가난은 지상의 소유를 거룩하고 바르게 이해하게 하며 경험을 통해 '중용의 규칙'(rule of moderation)을 배우게 한다. 이 규칙은 부유한 사람에게도 동일하게 해당된다.[88] 물질을 베푸시는 하나님은 전체 공동체를 풍족하게 하려는 의도를 갖고 계신다. 이것은 하나님의 선물을 평가하는 기준이기도 하다. 칼뱅이 역설했듯이, "이 세상 것을 쓰는 규칙에 따르면, 하나님은 인자하심으로 모든 만물을 우리의 유익을 위해 베푸시고 할당하셨다. 그렇기에 언젠가는 결산해야 한다."[89]

마지막으로 부르심은 삶의 양식(樣式, mode)의 바탕이다. 소명은 매사에 선행의 시작이자 바탕이 된다. 칼뱅은 소명으로 받은 다양한 생활을 군대 초소(statio)로 설명한다. "지상의 삶은 주님이 맡기신 하나의 초소와 같다. 소환될 때까지 자리를 지켜야 한다."[90] 따라서 청지기 삶의 텔로스는 하나님의 이름을 영화롭게 하는 데 공헌한다. 칼뱅은 선을 행하는 신자의 노력을 격려하고자 청지기와 부르심이라는 개념을 썼다. 이는 공익을 위한 여러 가지 삶을 가리키며 그러한 독특한 개념은 그의 공동선 신학 형성에 중요한 역할을 한다.

결론

신자의 자기부정은 그리스도와 연합하고 그 안에서 갱신된 하나님 형상을 바탕 삼는다. 그것은 그리스도인을 위한 중요한 삶의 방식이다. 자기부정은 하나님과 이웃과의 올바른 관계를 위한 바탕이 된다. 자기부정은 개인 윤리와 더불어 공동체 윤리를 포함한다. '그리스도를 중심으로 삼는 새로운 인간학'(Christ-centered new anthropology)에 바탕을 둔 자기부정은 '선'에 관한 칼뱅의 성찰에서 중심을 이룬다.

그리스도인의 성화는 삼위일체적 참여와 접목의 관점으로 이해될 수 있다. 여기서 '접목'의 관점은 속으로는 자기를 부정하고 겉으로는 십자가를 지는 것으로, 그리스도가 겪으신 이중적 죽음의 모범을 따른다. 이 전제에서 하나님의 경륜에 참여하기 위해 신자가 따라야 하는 세 가지 단계 즉 봉헌, 자기부정, 공동선을 위한 삶이 차례로 제시된다.

이것을 방해하는 두 가지 장애물이 있다. 신앙 없는 불경건과 세속에 대한 욕망이다. 이 장에서는 칼뱅의 공동선 개념을 하나님의 선물로 예시하여 보여 주었다. 하나님의 선물은 사랑의 규칙으로 묘사되는 청지기 의식으로 공동체 가운데 공유해야 하는 것이지, 개인만을 위한 것이 아니다. 더불어, '십자가 지기'는 하나님의 자녀들이 그리스도의 형상을 본받는 훈련이다. 각자 고난을 훈련과 감사를 위한 하나의 조건으로 인식하면서 공동선을 위해 성화된 삶을 살게 된다. 이 점에서 신자가 겪어 내는 이 세상의 삶은 하나의 순례이며 유익하다. 순례 여정 속에서 그들은 이 세상 것들이 지니는 유용성과 아름다움을 인정하면서, 모두의 영적 유익을 위해 그것들을 올바로 써야 한다. 이런 과정을 통해 신자들은 자기부정의 영성 안에서 인간의 거짓된 선함을 먼저 제거하고, 신적 선함을 초석으로 삼아야 한다. 그렇게 할 때 신자가 자기를 부정하는 성화의 삶은 교회의 공동 유익에 이바지하게 된다.

그리스도인의 자기부정은 예수 그리스도의 모본을 따르며, 이 자기부정은 신적 차원과 도덕적 차원으로 구성된다. 성화 교리에 기반을 두는 칼뱅의 공동선 개념 역시 영적 차원과 사회적 차원으로 구성된다. 신자의 성화에서 확실히 보이는 것은, 칼뱅에게서 공동선의 가치란 도덕적이고 신적인 양식(mode)을 포괄한다는 점이다. 이는 그리스도인의 자기부정과 자유에서 분명하게 나타난다.

그리스도인의 성화와 공동선 사이의 관계를 살피고 그 결론을 생각했을 때, 이제 우리는 칼뱅의 신학 얼개 중 신적·도덕적 차원이 함께 녹아 있는 율법을 이해하는 길로 걸음을 옮겨야 한다. 특히 타락 이전, 나락 이후, 구원이라는 세 단계에서 펼쳐지는 율법의 세 가지 용법과 십계명에 관한 칼뱅의 생각에 깊이 담겨 있는 '복합성'에 더 상세한 관심을 기울이는 일이 중요해 보인다. 이 일은 신적·사회적 차원에 걸쳐 있는 칼뱅의 공동선 개념을 한층 밝게 비춰 주는 세 번째 신학적 거울이 될 것이다.

3장

율법과 공동선

성령의 역사 안에서 자기부정의 삶을 살 수 있게 하는 성화의 능력을 받은 신자는 교회의 공동선과 이웃의 공익을 위한 삶에 참여할 수 있다. 이 장에서는, 칼뱅의 공동선 이해가 그의 율법 이해와 어떻게 연관되는지 살펴봄으로써 율법을 세 단계로 개념화하는 칼뱅의 생각이 공동선에 어떻게 이바지하는지 주목하려 한다. 무엇보다 이러한 맥락 안에서, 칼뱅의 십계명 이해가 그의 공동선 사상 관점에서 재해석될 수 있음을 살피고자 한다.

율법의 본성

칼뱅은 율법이 공동선을 위해 인간에게 주신 사회 질서라고 말한다. 이는 모세의 혼인법 이해에서 잘 드러난다.[1]

모세는 자기 아내와 결합하고 하나 된 남자에게서 나오는 모든 좋은 것을 우리가 이해할 수 있다고 말한다. 여기서 하나님은 참으로 열렬히 공동선을 지향하시는 분이다. 이 법이 이스라엘 안에서 질서와 안정을 제정하기 위해 고안된 것은 사실이다. 우리는 언제나 하나님이 이 율법을 창조하시면서 가지셨던 목표를 살펴야 한다. 그리고 우리와 관련된 부분을 취해야 한다. 이는 우리가 유대인들과 공통으로 갖는 측면이다. (『신명기 설교』 24:1-6)

그렇다면 칼뱅의 공동선 신학에서 율법은 공동체를 위한 하나님의 선물인가? 아니면 각 개인에게 부과된 의무인가?

선물 신학을 주장하는 현대 신학자들은 칼뱅 사상에는 하나님과 인간 사이에 어떤 관계적 공간도 없다고 주장한다. 하나님은 선물 수여자이시고 인간은 선물 수령자일 뿐이라는 것이다.[2] 그들은 칼뱅이 율법에는 하나님과 인간 사이에 선물을 즐겁게 나누게 하는 어떤 추진력이 있다는 데 주목한다는 점을 놓친 듯하다. 그래서 칼뱅이 "의무에 근거한 율법주의"에 기대고 있다고 주장한다. 그러나 그러한 주장을 받아들인다면 칼뱅이 생각하던 율법은 사회 전체의 공익 추구를 위해 반드시 행해야 하는 어떤 무거운 의무로 이루어지는 가혹한 체계에 지나지 않을 것이다.* 하지만 많은 개혁주의 신학자는 이러한 칼뱅 해석에 이의를 제기한다.** 존 밀뱅크(John Milbank) 같은 선물 신학자들은 칼뱅의 은혜 개념이 '부정의 인간학' 안에 갇혀 있다고 비판하

- 시카고 대학교의 조직신학자 캐더린 태너(Kathryn Tanner)는 칼뱅이 "관대한 은혜라는 주도적 모티브" 안에서 '차용'의 언어를 설정하는 것이 성공적으로 보이지 않는다는 평가를 내린다. 선물을 주시는 하나님의 목적에 따라 요구되는 임무가 있기 때문이다. 즉 그는 은혜 뒤에 불가피하게 따라오는 법적 요구 사항이 결국 선물, 대출, 빚의 언어들을 근본적으로 붕괴하고 전복하는 결과를 가져오게 된다는 입장을 내세운다. *Economy of Grace*, pp. 48-49. 이러한 생각은 토론토 대학교의 나탈리 제몬 데이비스(Natalie Zemon Davis)가 칼뱅에 대해 그린 역사 삽화 안에서 발견된다. 그녀는 칼뱅이 신자의 삶 속에 있는 우선적이고 본질적인 선물 수여와 부차적인 선물 수령에 관해 가르쳤다고 믿는다. Davis, *The Gift in Sixteenth-Century France*, p. 119.
- 현대 선물 신학자들의 칼뱅 읽기에서는 칼뱅이 신-인 참여 속에 있는 율법에 대해 품고 있던 역동적·상호적 이해를 제대로 인식하는 데 실패하고 있을지도 모른다. 사실 칼뱅의 역동적·사회적 율법 이해는 그의 공동체 윤리 이해의 본질이기 때문이다. 여기서 잠시 밀뱅크의 호혜적 선물 패러다임(reciprocal gift-paradigm)과 칼뱅의 활성화된 선물 패러다임(activated gift-paradigm)을 견주어 보자. 이 두 가지 패러다임에서는 은혜를 받는 것과 그리스도인이 자기를 내주고 헌신하는 사랑의 능동적인 삶 사이에 공통점이 있는 것처럼 보인다. 하지만 이 비슷해 보이는 패러다임 사이에는 차이가 있다.

였다. 하지만 토드 빌링스(Todd Billings) 같은 개혁주의 신학자는 칼뱅의 소위 이중 은혜 개념은 '기독론에 기반을 둔 인간학'(a christologically-conditioned anthropology) 안에서 얼마든지 긍정적인 논의를 펼칠 수 있다고 반박한다.[3]

> 율법의 본래 궁극적인 목적인 그리스도와의 연합은 여전히 그리스도인들에게 율법의 궁극적인 목적이다. 율법은 하나님에게서 오는 하나의 선물이다. 이것은 감사를 넘어 능동적인 반응을 불러일으킨다. 하나님의 뜻이 율법 안에 계시된 것은 고귀한 선물이다. 율법은 하나님이 우리와 관계를 위해 찾아오셨다는 것을 알려 주고, 우리가 갖고 있는 모든 것이 하나님이 우리에게 베풀어 주신 것이라는 사실을 보여 준다. 그러므로 우리는 우리가 하나님께 얼마나 빚지고 있는지를 조사해야 한다. 하지만 율법이 요구하는 순종이 마지못해 하는 복종은 아니다. 오히려 신자들은 그리스도를 통해 그들 안에 성취되는 하나님과의 하나 됨을 맛보면서 기쁨을 경험한다.[4]

빌링스는 칼뱅이 하나님과 인간 사이에 있는 상호성과 자발성 맥락에서 율법을 이해한다고 본다. 이러한 '하나님과 인간 사이에 자유롭고 즉각적인 상호작용'을 존 헤세링크(John Hesselink)는 '감미로움'(sweet/sweetness)이란 용어로 제시한다.[5] 하나님은 우리를 감미롭게 사로잡아 우리로 하여금 그분의 제안과 초대에 기쁨으로 응답하게 하신다. 신적 사랑의 감미로움에 끌리는 인간의 마음에서 하나님을 향한 사랑이 시작된다. 칼뱅은 감미로움을 사랑의 열쇠라고 보았다. 하지만 스테판 웹(Stephan Webb)을 위시한 현대 선물 신학자들은 이 부분을 간과한 것 같다. 그들은 칼뱅이 '은혜와 감사'를 성공적으로 그려 내고 있다는 것을 인식하면서도, 그가 상환, 교환, 빚, 노동과 같은 경제 용어를 들어 끊임없이 신자의 감사를 논의하는 방식은 이해하지 못한다.

오직 하나님에게서 올 수 있는 선물을 갚을 수 없다는 죄책감이 마음속에 오래 지속되는 구조적 결함이 있다고 보았다.[6] 하지만 이 분석은 신적 '감미로움' 혹은 '달콤함'이라는 칼뱅의 언어에 충분히 주목하지 않은 것이다. 즉 칼뱅이 목표로 삼는 교회와 사회의 공동선은 율법주의나 희생이 아니라 사랑의 상호 나눔과 우애를 바탕 삼는다. 이는 성령으로 그리스도 안에 참여하는 신자들의 삶의 본질이다. 성령은 사랑의 율법으로 하나님 형상을 지닌 신자들을 변화시킨다. 율법은 더 이상 겉으로 역사하는 책망이 아니라 신자들의 존재 내면에 있는 친구 같은 역할을 한다.[7]

개혁주의 전통에서는 칼뱅이 그리스도 안에 있는 율법으로 서로 사랑을 세우는 윤리적 소산으로서 공동선을 다음과 같이 개념화한 데 주목한다.

> 율법 규칙은 하나님의 은혜와 선하심에 대한 하나의 증언이다. 율법에 가치를 두어야 한다. 모든 사람은 할 수 있는 한 율법 규칙을 유지하고자 수고해야 한다. 만일 우리가 율법 규칙을 사랑하지 않는다면, 이는 우리 자신이 평화와 공동선의 공공연한 적임을 나타내기 때문이다. (『신명기 설교』 16:18-19)[8]

이처럼 형상과 그림자인 율법은 이스라엘뿐 아니라 모든 사람에게 주어진 것이다. 이는 그리스도를 통해 하나님과 화해하는 인간 본성을 구체화하면서 이루어진다. 즉 율법은 신자들 사이, 나아가 모든 인간 사이에 자발적이고 상호적인 우애와 자선을 북돋운다.[9]

율법의 세 가지 단계와 공동선

타락 이전

1536년 『기독교 강요』 초판에서 칼뱅은 "율법은 우리에게 하나님의 뜻을 가르친다"고 정의한다.[10] 율법 안에서 하나님의 본래 계획과 의도와 목적을 볼 수 있다는 뜻이다. 그래서 그는 로마서 7:21 주석에서 율법을 "우리 삶이 올바르게 형성되게 하는 의의 규칙"으로 정의한다.[11] 하나님 지식은 무한한 지혜, 의로움, 선하심, 진리, 능력, 생명으로서 타락 이전의 근원적 지식이다. 그것은 인간에게 걸맞고 하나님 영광에 적합한 동시에 유익이 되는 지식도 얻게 한다. 이 하나님 지식은 본래 영성적, 윤리적, 목적론적, 실천적으로 이해된다. 이 지식은 주로 '모든 선의 원천'(fontem omnium bonorum)이며 그분의 선으로 세계를 보존하는 하나님의 교의(教義) 위에 세운다.[12] 인간이 하나님을 아버지로 사랑하고 경외하기에, 신적 선하심은 신뢰와 공경으로 구성된 경건을 불러일으킨다. 칼뱅은 인간 지식을 정의하면서 하나님은 공동체 복지를 위해 모든 선을 베푸는 아버지이시고 그분의 형상으로 창조된 아담은 '지혜와 의로움과 거룩함' 같은 은혜의 선물들을 받는다고 전제한다.[13] 창조 세계는 선하신 아버지가 자녀들을 위해 온전하고 풍성하게 '준비'하려는 그분의 내적 속성이 겉에 반영되는 순서로 지어진다.

> 우리는 하나님이 우주에 온갖 좋은 것들을 채워 놓으신 후에야 비로소 아담을 창조하신 그 순서를 면밀히 살펴보며, 인류를 향한 부성애로 가득한 하나님의 사랑을 진지하게 묵상하게 된다. 하나님은 가족의 앞날을 미리 내다보며 배려하시고 열심히 일하시는 한 가족의 아버지로 책임을 다하는 선하신 모습을 보여 주셨다.
>
> [『기독교 강요』(1559) 1.14.2]

타락 이전에 하나님과 인간 사이에는 아버지-자녀의 관계성이 있었다. 아버지의 온화한 보호하심과 감사로 가득한 자녀들의 경건에 바탕을 둔 자발적인 상호 사랑이 있었다. 하나님은 호혜적 사랑으로 인간을 초대하고자 창조 세계에 율법을 선물로 주셨다. 인간은 하나님의 부성애를 체험하면서 그분의 율법에 순종하고 싶어진다. 하나님과 인간을 소통하게 만드는 '적응 양식' (a mode of accommodation)인 율법으로 둘 사이에 '단일한 공통 계약'이 맺어진다. 율법이라는 선물로 인간은 하나님과 연합된다. 율법은 '하나님과의 연합'과 그에 따른 행복에 목적을 둔다.[14]

율법은 하늘 아버지와 그분의 자녀들 사이에 세워진 최초의 '관계', 즉 친밀한 상호성을 바탕으로 삼는 '사랑의 선물'과 같다. 그 친밀한 관계를 조성하고 가꾸며 깊게 하려면 가르침이 필요하다. 그래서 하나님은 율법을 주셨다. 에덴은 율법이 '선물'로 쓰일 수 있는 최적지였다. 칼뱅은 이렇게 설명한다.

> 모세는 하나님이 죄를 심판하려고 무장하신 분이라 생각하지 않았다. 그분은 창조자시고 건축가시며 아낌없이 베푸시는 한 가정의 아버지시다. 하나님은 단순하고 세련되지 않은 스타일로, 평범한 사람에게 자기를 적응하시며 자기를 가르치신다. 그리고 나서 온갖 종류의 기쁨, 풍성한 열매, 가장 탁월한 선물들로 특별히 가꾸신 한 장소에 낙원을 창설하셨다. (『창세기 주해』 2:2-8)

율법은 하나님 자녀의 공동체 속에서 서로의 사랑을 촉진시키는 선물이 된다. 타락 이전 율법은 하나님 자녀를 위한 안내와 같았다. 유죄를 선고하는 '부정적 쓰임새'(negative use)가 작동되지 않았다. 율법의 주목적은 하나님과 인간을 연합하는 데 있다. 그렇게 함으로써 사람들이 행복을 경험하게 하려는 것이었다. "하나님의 주인 되심을 인정하면 그분의 학교에서 완전한 지혜를 배울 것이다. 율법이 있는 이유는 우리를 신중하게 만들려는 데 있다. 나아가 율법에는 조항이 있다. 그것은 올바른 삶을 위한 규칙을 보여 준다"(『신명기 설교』 4:44-5:3).

창조 세계에서 하나님 형상으로 창조된 인간은 '의로움과 선함'을 향한 자발적인 행동으로 하나님과 연합되었다. 그 가운데 '거룩하고 고결한 삶'을 수행할 수 있다. 칼뱅은 다음과 같이 주장한다.

> 자신에 대한 지식은, 창조 세계에서 받은 것들과 하나님이 관대하게 베풀어 주신 호의를 계속 생각하는 데 있다. 태초에 하나님은 우리를 그분 형상을 따라 지으시고 우리의 마음을 일깨우셔서 선함에 대한 열의와 영원한 삶에 대한 명상을 하도록 만드신다. [『기독교 강요』(1559) 2.1.1]

> 각자가 하나님을 섬기는 동기 부여를 더욱 많이 얻을 수 있도록, 우리는 얼마나 하나님께 은혜를 받으며 힘입고 있는지를 살펴야 한다. (『신명기 설교』 4:44-5:3)

그러므로 칼뱅의 창조 신학에서 타락 이전의 율법은 하나님의 은혜를 기억할 수 있게 하며 감사를 보여 드리게 하는 '신적 선물'이었다. 이는 하나님이 모든 좋은 것의 원천이시고 그분에게서 온 율법은 서로가 기꺼이 사랑하게 북돋운다는 가정에 기반을 둔다. 베푸신 것을 받는 '관계'는 하나님이 아버지로서 돌보시는 중심 내용이다. 선과 악을 알게 하는 나무를 먹지 말라는 명령은 "기꺼이 하나님 명령 아래 있는 것"을 알고자 하는 열망에 뿌리를 둔다.[15] "율법은 순종의 표시로 아담에게 부과된 것이다. 선과 악을 알게 하는 나무 하나를 금지하는 것은 순종을 시험하는 것이다. 풍요로워진 인간이 방종으로 치닫지 않으려면, 절제해야 할 필요가 있다."[16] 하나님이 신-인 관계의 상호 양식(樣式)을 표현하려던 것이 율법이라는 뜻이다. 하나님은 기꺼운 순종을 원하셨고 아담은 그분이 원하시는 일에 맞춰 응답할 수 있었다.* 칼뱅이 볼 때 타락 이전에 제공된 율법은 자비로운 아버지로부터 자녀에게 흐르는 사랑의 선물과 같다. 율법은 '관계 양식'으로서, 하나님과 하나 되는 근본적 방식이다.[17]

요컨대 창조주와 사람 사이에 소통하고 교제하게 하는 선물인 율법은 또한 사람들이 하나님 형상을 공유하게 돕는 수단이다.[18]** 율법이라는 선물로 하나님과, 동료와 교제한다. 율법의 상호성은 근본적 '관계 양식'으로 이해된다. 이것은 율법에 담긴 공동체 윤리를 포착하는 데 유익하다. 율법을 관계 양식으로 보는 통찰은 개인의 이기심과 고립을 이겨 내는 데 도움을 주며, 공동선을 추구하는 연대성에 이바지한다.[19]***

하지만 이런 율법의 긍정적 기능은 오래가지 못했다. 타락 이후 율법의 역할은 변한다. 이 변화는 신-인 소통에 문제가 생기고 공동체가 균열한 데 대한 반응으로 나타난다.

타락 이후 1. 율법의 제1용법

타락 이후 인간과 하나님 사이의 소통 양식이던 율법의 본래 기능은 손상을 입는다. 율법은 더 이상 선물로 여겨지지 않았다. '신성에 대한 감각'과 '양심'

---

* 은혜 신학에서는 오늘날 선물 신학자 대다수가 율법에 관한 칼뱅의 생각을 오해한다고 우려한다. 이는 선물 신학자들이 칼뱅이 율법의 본래 용법으로 보았던 제3용법에 담긴 '근본적 관계 양식'(the primal mode of relation)에 자리한 '서로의 사랑'을 적절히 인식하지 못했기 때문이다.
** 율법을 신-인 관계의 선물로 보는 핵심적 근거인 칼뱅의 은혜 계약에 대한 후크마(Hoekema)의 관점은 흥미롭다. 그는 칼뱅이 후기의 계약 신학에서 사용했던 '편무(일방)적' 기원 또는 '쌍방적' 성취와 같은 용어들을 명백히 쓰지는 않았다고 본다. 그럼에도 칼뱅은 '하나님의 자발적 겸손'과 '감사하는 인간의 엄숙한 순종'을 강조하면서, '하나님의 과분한 은혜'와 그 후에 확립되는 '하나님과 인간의 상호적 의무' 사이에서 정교하게 균형을 잡고자 시도했다고 본다.
*** 멀러(Muller)는 하나님과 아담, 하나님과 모세, 아담과 그리스도 사이에 다각적이면서도 통합적인 법적 관계들이 works 혹은 nature의 언약이라는 이후의 언어와 긍정적 관계에 있다고 보았다.

은 남아 있지만 율법의 본래 기능은 실행되지 않게 되었다.[20] 타락 이전에 맛보고 누리던 하나님의 자녀로서의 정체성은 상실되었다. 하나님을 더 이상 사랑이 깊으신 아버지로 바라볼 수 없게 되고, 권위를 내세우는 심판관으로만 보게 되었다. 죄를 지은 인간이 "양심의 가책을 느끼면서, 하나님이 우리를 그분의 자녀로 인정하지 않으시고 인연을 끊으시려 하는 것은, 우리의 죄로 그렇게 되는 것이 마땅하다는 양심의 소리를 듣게 되기" 때문이다.[21] 그 결과, 율법은 상호 소통을 위한 선물이 아니라 피할 수 없는 간극을 인식하는 매개가 된다. 율법은 '거울'(mirror)처럼 기능한다.[22] 이 거울은 죄인이 하나님과의 연합에서 벗어나 그분과 얼마나 동떨어져 있는지 보여 준다. 칼뱅은 이것을 율법의 제1용법이라고 부른다. 타락할 때에 율법은 본래 기능이 아니라 비본질의 부수 기능을 떠맡게 되었다. 이런 뜻에서 율법은 유죄를 선고하는 사역이다. 그러나 이는 일시적이고 퇴색해 가는 기능이다. 이 기능은 복음의 기능과 대조된다. 칼뱅은 이렇게 말한다.

> 율법은 선한 삶의 규칙을 단순하게 규정하고 명령하기에, 인간의 마음을 다시 새롭게 만들지 못한다. 율법의 직무는 그저 우리에게 질병을 보여 주는 것이다. 질병을 우리에게 보여 주는 방식은 동시에 그 질병의 치료에 대한 어떤 희망도 사라지도록 한다. 그러나 복음의 직무는 희망이 지나가 버린 사람에게 치료법을 가져온다. 그를 그리스도께 인도하며, 그에게 치료법도 가져온다. (『고린도후서 주해』 3:7)

칼뱅의 공동선 신학에서 율법의 제1용법은 어떻게 작용하는가? 그는 1536년 『기독교 강요』 초판에서 제1용법을 이렇게 정의한다. "먼저 율법은 하나님의 의로우심과 그분의 요구를 보여 주면서, 불의한 인간의 실상을 훈계하고 죄를 깨닫게 한다."[23] 이런 "율법의 쓰라림은 모든 자기기만을 제거한다." 율법은

"헛된 확신으로 부푼 교만한 마음을 낮추는 목적"으로 주어졌다.²⁴ 이런 제1용법은 신자의 자기기만을 분쇄하는 수단으로서, 교만과 허영의 삶을 경계하며 겸손하고 소박한 삶을 살도록 촉구한다.

결과적으로 제1용법은 율법의 모든 기능 가운데 소극적·부정적 기능만을 구성한다. 그럼에도 이 용법은 신자가 공익을 위한 삶을 살게 하는 바탕을 마련하는 데 (간접적이긴 해도) 가장 먼저 공헌한다.* 이렇듯 공동선 가치와 관련된 제1용법은 '율법의 제3용법'을 위한 예비 공간을 제공한다. 칼뱅은 제1용법이 공익을 위한 공간을 미리 갖추는 방식을 이렇게 소개한다.

> 자기사랑에 눈이 어둡고 정신이 거기에 취해 있는 인간은 다른 병도 고칠 필요가 있다. 그는 교만의 질환으로 병들어 있다. 하지만 율법의 저울로 자기 생활을 측정하면, 자신이 거룩함에서 얼마나 멀리 떨어졌는지 발견할 것이다. 거울(mirror)과 같은 율법으로는 죄를 인식할 뿐이다. 바울은 율법의 제1용법, 즉 회심하지 않은 죄인의 경험에 관해 언급하고 있다. [『기독교 강요』(1559) 2.7.6-7]

다른 한편으로, 율법의 제1용법은 "하나님이 은혜를 베푸시고 새로운 선물을 풍성히 주시는 데 지치지 않으심"을 보여 준다.²⁵ 제1용법은 서로 사랑이라는 맥락에서 인식된다. 타락으로 더럽혀지고 손상되었어도 인간과 하나님 사이에 사랑은 남아 있다. 제1용법은 거룩, 정의, 사랑, 선함이라는 율법의 특징에서 배제되지 않는다. 율법의 제1용법은 완고하고 악한 비신자에게 두려

---

* 패티슨(Pattison)은 칼뱅의 기독론과 그리스도인의 삶 교리에, 율법의 역할과 그리스도인들이 겪는 최악의 고통, 가난, 역경의 역할 사이에 매우 두드러진 유사성이 보인다고 제안한다. 율법의 제1용법과 가난의 기능은 우리 자신에 대한 지식을 나타내는 것이다. 즉 우리는 누구인지, 무엇이 교만한 인간을 겸손하게 하는지, 무엇이 공동의 선을 위한 신자의 삶을 형성하는 유일한 기반이 되는지 드러내 보이는 것이다. Pattison, *Poverty in the Theology of John Calvin*, pp. 218-221.

움을 일으키나, 하나님의 자녀에게 율법에 대한 지식은 '또 다른 목적'을 갖게 한다.[26] • "율법 계명 속에서, 하나님은 우리에게 전혀 없는 완전함과 의로움을 상급으로 주시며, 반대로 악한 행동에는 엄중한 심판자가 되신다. 하지만 그리스도 안에서는 가련하고 무가치한 죄인에게까지 그분의 온유한 은혜가 빛난다."[27] 즉, 신자는 "의로움과 공로를 위해 하나님의 자비만을 붙잡고자" "벌거벗은 빈손으로" 그리스도의 자비에만 의지하는 것이다.[28] 칼뱅은 아우구스티누스를 회상하며 율법을 통한 은혜에 주목한다. "이러한 목적을 위해 주어진 율법은 무기력하고 무가치하고 궁핍해진 당신을 은혜로 피난하게 한다."[29]

율법의 제1용법은 믿는 사람과 믿지 않는 사람에게 정반대 결과를 낳는다. 신자에게 율법은 징벌 직무를 수행하는 고발이다. 죄인이라는 정체성과 그가 주장하던 의로움의 본성을 폭로함으로써, 육신이 얼마나 약한 것인지 깨우쳐 준다. 그리스도께서 베푸시는 '칭의'(justification)의 자리를 겸손히 찾게 이끈다.•• 율법의 고발이 하나님의 자녀에게 본질적이거나 궁극적인 것은 아니다. 칼뱅에게 제1용법의 초점은 율법의 부정, 도구, 징벌 효과가 아니다. 오히려 그는 율법의 긍정, 반영, 실존 기능에 초점을 맞춘다. 이것은 율법의 징벌적 쓰임을 주로 강조하던 루터의 태도와 비교된다.[30] 죄는 처벌하나 은혜는 반

• 칼뱅의 율법의 세 가지 용법에 대한 현대 연구의 공통된 결론은 제1용법은 칭의를 위해 작용하기에 신학적인 것으로, 제2용법은 외적 활동에 연관되기에 정치적인 것으로, 제3용법은 성화에 연관되기에 규범적인 것으로 본다.

•• 칼뱅은 율법에 교훈의 직무를 위해 역사하시는 "율법의 본보기이신 그리스도"(Christius exemplar legis)와 권고의 직무를 위해 역사하시는 "율법의 중재이신 그리스도"(Christus Mediator legis)가 공존한다고 본다. 그래서 그리스도의 영은 율법이 '삶의 규칙'(regula vivendi)으로만 쓰이게 하지 않으시고, 생명을 주는 규칙(regula vivificandi)으로도 쓰이게 하신다. Byung-Ho Moon, *Christ the Mediator of the Law: Cavin's Christological Understanding of the Law as the Rule of Living and Life-Giving* (Milton Keynes: Paternoster Press, 2006), p. 242. 이러한 생각은 칼뱅의 고린도전서 주해에 나타난다. "그리스도는 우리를 재생시키시면서 율법에 생명을 주신다. 그리고 그분 자신을 생명의 원천으로 보여 주신다. 그리스도는 영이시다. 왜냐하면 그분은 우리를 그분의 영에게 있는 생명을 주시는 힘으로 우리를 생기 있게 하시기 때문이다"(*Comm. 2 Corinthians*, 3:17).

사하는 제1용법은, 신자를 자기부정의 삶으로 이끌면서 공익을 위한 성화에 기여한다. 이렇듯 제1용법은 신자가 공익을 위한 삶에 참여하는 데 필수적인 예비 조건이지만, 이런 긍정적 측면이 비신자에게는 적용되지 않는다. 이어서 살펴보겠지만 믿지 않는 사람은 주로 율법의 제2용법으로 공익에 공헌한다.

타락 이후 2. 율법의 제2용법

1536년 『기독교 강요』 초판에서 칼뱅은 율법의 제2용법을 내적 '억제'가 아닌, 외적 활동을 통제하기 위한 하나의 '굴레'로 정의했다.[31] 이것이 1559년 『기독교 강요』 최종판에서는 다음과 같이 발전한다.

> 율법의 두 번째 기능은 이것이다. 적어도 형벌의 두려움으로, 바르고 공정한 일에 관심도 없고 영향도 받지 않는 사람의 행동을 제한한다. 율법에 담긴 무서운 위협을 들을 때 그렇게 하지 않을 수 없게 한다. 사람이 억제되는 것은 내면에 감동이나 영향을 받기 때문이 아니다. 자신에게 씌워진 굴레로 행동을 자제하고, 씌워지지 않았다면 제멋대로 즐겼을 부패한 속성을 안에 붙들어 두기 때문이다. [『기독교 강요』(1559) 2.7.10]

흥미롭게도 칼뱅은 강제 효과를 지니는 율법의 제2용법을 인간의 마음에 감동과 영향을 주는 율법의 제3용법과 대조하며 풀어 간다. 제2용법에는 두 가지 효력이 있다. 하나는 "시민사회를 위해 하나님이 명령하신 질서" 속에 참여하는 시민으로 율법을 실천하라는 촉구이고, 다른 하나는 악인과 비신자를 억제해서 공동체의 공익을 보호하는 것이다.[32] 칼뱅은 이것이 십계명 둘째 돌판에 담긴 도덕법 혹은 자연법과 연관된다고 본다.[33]* 자연법은 성경에 의지하지 않고도 둘째 돌판에 일치하는 법률 제정을 가져올 수 있다.[34] 이는 수동적 방식이나 사회 공익을 보존하는 데 도움을 준다. 이외에도 칼뱅의 '굴레' 이미지가 제2용법을 묘사하고 있다. 이것은 '두려움으로' 있는 율법이 사회 공익 형성에 방해되는 인간 욕망을 억제하는 기능을 함을 보여 준다.[35] "비신자들도 율법은 수치로 여기며, 공동선을 소중히 여기지 않는 사람은 질색이라고 생각한다."[36] 율법의 제2용법은 공익 보존에 직접적 역할을 한다. 이런 용법이 없으면 비신자들은 사회 질서를 파괴할지 모른다. 제2용법은 악한 사람에게서 믿음 공동체를 보호하는 기능을 한다. 이를 통해 사회 공동선이 유지될 때만 교회 공동선도 보호될 수 있음을 짐작할 수 있다. 칼뱅의 관점에서 율법의 제2용법이 인류 공동선에 (궁극적이진 않아도) 직접 기여하는 까닭이 여기 있다. 칼뱅은 위와 같은 방식이 교회 공동선에도 간접으로 도움이 된다는 사실을 다음과 같이 설명한다.[37]

아직 거듭나지 못한 사람은 율법을 기꺼이 준수하는 방향으로 인도되지 않는다. 자기 의지와는 반대로 엄청난 두려움으로 어쩔 수 없이 율법에 복종함을 어떤 이는 희미하게, 또 어떤 이는 분명하게 느낀다. 억압되고 강제된 의라 해도 공익을 위해서 필요하다. 주님은 만사가 소란스럽지 않도록, 혼돈에 빠지지 않고 사회가 평온하게 하기 위해서 이런 방법을 주셨다. [『기독교 강요』(1559) 3.7.10]

- 클렘파(Klempa)는 역사적·심리학적 관점에서 칼뱅의 자연법이 도덕법에 선행하고 있다고 본다. 그리고 도덕법은, 진실한 하나의 법 안에 존재하는 "타락 이전의 창조 세계와 부패되지 않고 질서 정연한 인간 본성"으로 정의되는 자연법과 궁극적으로 동일하다. 비슷한 맥락에서 칼뱅의 자연법은 (현재의 이질적인 관계에 상관없이) 궁극적으로 신적인 법과 동일하다. 이와 함께 바쿠스(Backus)는 자연적인 도덕법이 자리하는 이교도의 양심이 만들어 내는 시민법 사이에 직접적 결합을 확립하는 데 칼뱅의 주된 관심이 있었다고 강조한다. 물론 시민법은 율법의 제2용법에 기반을 둔다. 결국 칼뱅이 볼 때, 모든 사람에게 뿌려진 정치적 질서의 씨앗과, 모든 사람의 마음에 존재하는 시민적 질서와 정직이 깃든 보편적 이상은 율법의 제2용법의 근거가 된다. 칼뱅은 이를 인식하면서 양심이 갖는 공통 본성을 명백하게 드러낸다. 공동선을 위한 도덕법에 대한 그의 통찰은 다음과 같이 기술된다. "만일 일반적으로 받아들이는 관습이 선하고 공정한 관습이라면, 모든 사람이 그 관습을 채택해야 함을 우리는 배워야 한다. 그 관습을 바꾸려고 시도하는 사람은 공동선에 역행하는 것이다"(『고린도전서 설교』 11:11-16).

칼뱅의 관점에서 믿지 않는 사람은 율법에 기꺼이 순종하여 인류 공동선 혹은 교회 공동선에 이바지할 수 있는 내면적 태도를 가지지 못한다. 칼뱅은 도리어 그들이 시민사회의 공적 유익을 생각하지 않고 사적 이익을 위한 욕망을 추구한다고 보았다. 그렇기에 믿지 않는 사람들을 위한 율법의 제2용법과 믿는 사람들을 위한 율법의 제3용법 사이에는 결정적인 차이가 나타난다. 순종과 관련한 '강제성'과 '자발성'의 차이다. 율법의 제2용법으로 강제된 순종은 교회와 사회 공동선을 보존하는 데 최소한의 기여를 한다. 반면 율법의 제3용법을 통한 기꺼운 순종은 교회와 사회와 인류 공동선을 수립하고 발전하는 데 공헌한다. 비록 율법의 제2용법이 본질적이지 않고 비본질적이며, 계획적이지 않고 우연적이며, 긍정이 아니라 부정인 것이라 할지라도, 율법의 제2용법은 인간이 타락한 이후에 사회의 공동선을 유지하고 보존하기 위해 필요하다.[38]

칼뱅이 볼 때 제2용법은 신자가 "의로움의 멍에를 지고 가게" 만든다. 회심 전이라도 신자의 현세 삶이 공익을 지향하도록 기능한다. 그런 점에서 제2용법은 (제3용법과 더불어) 사회 공익을 형성하는 '감독'(tutelage) 역할을 한다.[39] * 제2용법은 비신자에게 강제로 순종하게 만들고, 제3용법은 신자가 즐겁게 순종하며 사회의 공익을 세우게 한다.

비슷한 방식으로, 칼뱅은 믿지 않는 사람을 위한 '굴레'와 관련하여 제2용법의 부수 기능 둘을 언급한다. 이는 율법의 주된 용법인 제3용법을 받기 전에 아직 신자가 아닌 사람들을 인도한다. 이 기능은 제1용법에 있는 고발과 선고의 기능을 넘어, 주로 시민사회 보존에 초점을 두며 공동선에 이바지한다. '가정교사'(tutor)로서 기능한다는 점에서 제2용법은 제1용법과 다르지 않다.

• 이것은 그리스도인의 자유의 교육적 관점과 관련이 있다.

고발을 넘어 그리스도께로 사람들을 인도하고 칭의에 다다르게 하기 때문이다. 제2용법은 제1용법과 같이 거룩하고 올바른 삶으로 들어가게 인도한다. 칼뱅은 이런 기능을 다음과 같이 설명한다.

> 율법이란 교사가 이끄는 사람에는 두 종류가 있다. 먼저는 자신의 덕과 의로움에 대한 확신으로 가득 차 있는 사람이다. 먼저 자신을 비워 내지 않고서는 그리스도의 은혜를 받기에 합당하지 않다. 율법은 스스로 비참함을 깨닫게 하고 교만을 꺾고 겸손하게 한다. 그리하여 이전에 자기에게 없는지 미처 몰랐던 것을 이제 구하는 마음을 갖게 하신다. [『기독교 강요』(1559) 2.7.11]

율법의 첫 부수 기능은 자기 의로움에 차 있는 인간에게 겸손을 가르치는 것이다. 또 다른 기능은 의로움에서 벗나가는 이를 위한 '굴레' 혹은 '고삐' 역할이다. "성령으로 거듭나 전심으로 하나님을 사랑하기 시작할 때까지는, 율법의 굴레가 하나님을 향한 두려움과 공경 속에 있는 사람을 억제한다."[40] 결과적으로 제2용법은 교회보다는 사회 공익을 확립하는 데 우선으로 기능하는 것 같다. 율법의 내적 질서를 좀더 탐색하려면 제3용법과 그 안에 담긴 그리스도인의 자유를 살펴보아야 한다. 그리스도인의 자유에는 자기부정과 성화를 '지시'하는 역할이 있기 때문이다.[*]

- [*] 칼뱅의 신학에서 그리스도인의 자유가 돌봄과 사랑이라는 차원에서 전개되는 이유는, 그가 염두에 두는 두 왕국의 구조에 있다. 그는 『기독교 강요』 최종판(3.19.15)에서 그리스도인의 자유라는 관점에서 교회와 국가라는 두 왕국에 대한 견해를 피력한다. 이웃을 위해 하나님의 선물을 올바르게 사용하는 자유는 영원한 삶을 위한 영적 왕국뿐 아니라 지상의 사회적 질서를 위한 정치적 왕국의 차원에서도 적용된다. 그리스도인의 자유에 대한 사회적 관점은 인류와 공동선에 대한 장에서 더 살펴보겠다. 이런 기준을 기억하는 앙드레 비엘레는 그리스도인의 자유가 개인적이고 주관적인 고려라는 관점에서만 측정될 수는 없다고 지적한다. 그는 "다른 사람들의 필요"가 "기독교 윤리 전체를 위한 시금석"이 되어야 한다고 주장한다. 개인의 규범과 기준이란, 개인적 가치 판단, 자신의 필요나 느낌만이 아니라 이웃의 가치 판단, 형제자매의 필요, 자기 몸의 다른 구성원들의 느낌이다. Biéler, *Calvin's Economic and Social Thought*, p. 190.

3장 율법과 공동선

그리스도의 구원 안에 자리한 율법: 율법의 제3용법

칼뱅이 볼 때, "율법이 주로 쓰이는 세 번째 기능은 율법의 고유한 목적, 즉 가장 바람직하고 적합한 목적에 긴밀하게 속한다. 제3용법은 성령이 그 마음을 다스리시는 신자에게서 발견된다."[41] 제3용법은 칼뱅의 공동선 신학에서 결정적 위치에 놓인다. 제3용법은 신자의 삶을 올바르게 이끈다. 제3용법이 교회와 사회 공익에 주로 공헌한다고 주장하는 칼뱅은 그리스도께서 인간의 '위선적 선'을 하나님의 '진실한 선하심'과 교환하신다고 보았다. 신자는 그리스도에게서 이 '놀라운 교환'을 통한 율법의 수행 능력을 받아 하나님의 사랑에 참여할 수 있게 된다.[42] 율법은 이제 빚이 아니라 하나님에게서 오는 선물이라는 새로운 의미를 받는다. 루터가 율법을 위협으로 이해하던 것과 달리, 칼뱅은 율법이 임무이자 하나님의 약속을 신뢰하는 사람에게 오는 선물의 형태를 취한다고 보았다.[43]

여기서 율법에 관한 루터의 생각을 짚어 보자. 인간이 자기를 과신하며 율법을 지키려 하는 행위는 칭의에 역행하며 결국 그는 죽음에 이르는 '율법의 구조'에 빠진다.[44] 반대로 '복음의 구조'로 보면 인간이 무언가를 먼저 하나님께 드릴 수는 없다. 여기서는 오히려 적절한 '반증여'(反贈與, counter-gift-giving)가 강조된다. 루터는 베르나르의 설교를 인용하면서 '복음의 구조'를 제시했다. 복음의 구조에서 '반증여'는 역설의 방식으로 이루어진다. 부정의 형식으로 긍정의 내용을 만든다. 즉, "공로만으로 충분하지 않다는 것을 아는 것이 곧 충분한 공로"가 되는 역설 구조가 바로 복음의 구조다.[45] 반대로 율법의 구조에서는 인간의 공로와 선물이 신의 공로와 선물에 의지하지 않는다. 율법의 구조에서 인간의 선물은 부패한 선물, 죽음의 선물이 된다. 반면에 복음의 구조에서는 신의 공로와 선물이 인간의 공로와 선물의 유일무이한 근거다. 이 조건에서만 인간의 공로와 선물은 하나님께 칭찬을 듣는 공로와 선물이 된다. 인간 자신의 공로와 선물을 부정하고 신의 공로와 선물만을 높이는 복음의 구조가 인간의 '선물'과 더불어 선물을 드리는 '행위'까지 살려 낸다. 베르나르의 기도와 같이 그리스도의 의로움만 기억할 때 그리스도의 의로움이 우리 의가 된 것처럼, 그리스도의 선물만을 기억할 때 그의 선물은 우리의 선물이 되고 그 선물은 하나님 앞에서 의롭게 되는 선순환이 이루어진다. 복음은 선물을 선순환으로 끌어올리고, 율법은 선물을 악순환으로 끌어내린다.

루터가 받아들인 '복음의 구조'에서, 하나님은 인간이 나누는 선물을 '순수한 선물'(pure gift)로 인정하신다. 신의 선물이 풍성할 때 인간의 선물도 풍성해지는 구조이기 때문이다. 율법의 구조에서는 '증여'를 할 수 없지만 복음의 구조에서는 할 수 있다. 중세 율법의 구조에서 은혜의 경륜이 '부정적 상호성'을 향해 하강하는 가난의 구조였다면, 종교개혁 이후 복음의 구조에서 은혜의 경륜은 '균형 잡힌 긍정적 상호성'을 향해 상승하는 비옥한 구조다. 이 '호혜성'은 인간이 자기를 과신할 때에는 있을 수 없고, 신의 베푸심을 믿음으로 받을 때만 보존된다. 하나님의 선물은 이웃의 선물로 이어지고 이웃의 선물은 하나님의 선물을 '반영'한다. 선물에 관한 루터의 통찰은 결핍의 신학에서 잉여의 신학으로 옮겨 가는 데서 시작되어 그의 윤리학 기반을 닦았다.[46]

다시 칼뱅으로 돌아오면, 복음 안에서 율법은 팍팍한 짐도 아니고 어려운 임무도 아니다. 이제 하나님의 '선하신 뜻'에 따라 그리스도와 연합된 신자는 율법에 지고 있던 부채가 청산됨을 경험한다. 율법을 실행하게 하시는 성령의 도움으로 '새로운 마음과 능력'을 받은 신자에게 율법의 의미는 달라진다. 율법은 새로워짐을 경험하고 기뻐하는 일에 쓰인다.[47]

그래서 하나님 자녀로 입양된 신자가 어떻게 자발적으로 율법을 따르는지에 초점을 두어야 한다. 신자는 생명의 새로움 속에서 모든 선한 일을 위하여 성화된다. 그리스도께서 풍성히 베푸신 하늘의 복과 거룩한 성령의 선물

3장 율법과 공동선   135

을 받은 신자의 부패한 욕망은 죽음을 맞이한다. 성화는 그리스도를 바탕으로 삼는 '갱신된 인간학'을 내재한다.[48] 신자는 하늘 아버지를 향한 사랑으로 순종하며 율법을 실행할 수 있게 된다. 이렇듯 성화는 '삼위일체적 선물 수여 양식'(the Trinitarian gift-giving mode)으로 구체화된다. 칼뱅은 다음과 같이 설명한다.[49]

> 그리스도 안에서 받은 혜택은 대가 없는 죄 용서, 하나님과의 화해, 성령의 선물과 은혜를 포함한다. 이 모두는 신적 선하심에 전적으로 기댄다. 우리는 우리의 모든 선함이 그리스도 안에 있어야만 함을 인정할 것이다. 믿음은 우리에게 신적 선하심을 맛보게 한다. 하나님은 그리스도 안에서 신자와 관계가 있다. 우리는 확실한 믿음으로 그리스도 안에서 내보이시는 하나님의 온화함과 감미로움을 알게 된다.
> [『기독교 강요』(1536) 1.5-6]

칼뱅이 볼 때, 성령께서는 신자가 하나님과 달콤하고 감미로운 교제를 누리게 하기 위해 율법의 제3용법을 허락하신다. 은혜의 선물을 받으며 하나님의 선하심에 참여하는 일은 오직 성령으로 가능하다. 율법은 더 이상 강제가 아니라 '즐거운 영적 교감'(cheerful communion)으로 기능한다. 이러한 교제는 그리스도와의 연합에서 생겨나며 그 결과 신자의 삶에서 자발적 순종이 실현된다. 칼뱅은 제3용법을 하나님의 선하심에서 비롯된 선물로 바라본다. 이 선물은 선한 일을 하도록 하나님과의 교제를 통하여 제공된다.[50] 공익을 위한 선한 삶은 율법의 목적과 상응한다. 그러므로 제3용법은 성령 안에서 회복된 하나님과의 관계 속에서, 그리스도와 연합된 신자가 기꺼이 즐겁게 선물을 나누는 순종의 핵심을 이룬다. 그 결과 공동선을 세우는 신적 토대가 형성된다.

칼뱅은 『기독교 강요』 초판과 최종판 모두에서 율법의 제3용법을 성령께서 그리스도를 통해 신자들 속에 거하시는 특유한 방식으로 이해한다. 먼저 그는 율법의 의지 측면을 논했다. 삶 속에서 율법은 "하나님의 손가락으로 신자의 마음 위에 새겨진다." 그렇기에 신자가 주님의 뜻에 순종하려는 생각이 간절해지는 것이다. 하나님은 율법의 교육적인 방식으로 신자를 가르치시며, 신자가 "주님이 보시기에 올바르고 기쁘게 하는 것"으로서 율법이 주는 유익을 향유하게 의도하셨다.[51] * 칼뱅이 『기독교 강요』 최종판에서 율법의 제3용법과 그 긍정적 기능에 대해 논의를 확장한 것은 주목할 만하다. 그는 징벌 목적을 인간의 약함에서 연유하는 불가피한 반응으로 본다. 내적 인격은 하나님을 향해 기꺼이 순종하는 데 반해, 외적 인격은 하나님의 율법과 일치하는 것을 방해하기 때문이다. 성령으로 감화된 동일한 개인 속에 인격의 다른 측면이 공존하는 셈이다.

이제 제3용법을 긍정적이면서도 징벌로 보는 칼뱅의 두 가지 이해를 살펴보자. 그는 '섬김', '종', '성실', '배움'과 같은 용어로 제3용법의 기능을 이렇게 설명한다.

성령의 인도로 감동을 받고 일깨워진 신자는 하나님께 순종하는 일을 사모하게 되지만, 여전히 율법에서 두 가지 측면의 유익을 얻는다. 율법은 그가 사모하는

• 프린스턴 신학교의 엘렌 셰리(Ellen Charry)는 칼뱅에게 교육 목적을 추구하고 교화 효과를 추구하는 '덕성적 관심'이 있음을 떠올려 준다. 스콜라 철학에서는 사변, 지성에 초점을 둔 나머지 교화 효과를 놓치고 말았다는 것이다. 오늘날 신학에서도 이런 결핍이 반복된다. 도덕적 능력과 상관없이 합리적 일관성에 더 치중하고 있기 때문이다. 그러나 칼뱅은 '덕성적 읽기'를 통한 한 개인의 도덕적 변화에 초점을 두었다. 즉 신자가 먼저 '하나님의 선하심'에 대해 '내면화된 이해'를 할 때 그의 도덕과 양심도 활성화된다는 뜻이다. 아퀴나스는 무엇보다 '동의하는 믿음'이 중요하다고 보았지만, 칼뱅은 삶에서 가장 소중한 것은 하나님이 값없이 베푸는 무한한 선과 인간에게 결핍된 선에 관한 이중 지식, 그리고 거기서 나오는 사랑과 헌신을 갖춘 믿음이라고 본다. 이런 믿음만이 인간을 교화하고 유익하게 돕는다. 이처럼 율법에 대한 덕성적 읽기는, 자발적이고 효과적인 심리와 목회라는 두 면을 감지하는 방식으로서, 공동선을 형성하는 삶에 기여한다. Ellen Charry, *By the Renewing of Your Minds: The Pastoral Function of Christian Doctrine* (Oxford University Press, 1997), pp. 199-221.

주님의 뜻을 날마다 철저하게 배우고 확실히 이해하는 가장 훌륭한 도구다. 이는 하인이 주인에게 일관되게 순응하고자 주인의 방식을 더욱 세밀하게 관찰하면서 칭찬을 들으려고 마음을 다해 준비하는 것과 같다. [『기독교 강요』(1559) 2.7.12]

그리스도 안에 있는 신자는 성령과의 자발적 상호성으로 율법을 통해 신-인 사이의 지성적 관계를 형성한다. 지성적 관계는 제3용법 속 '가르침' 직무에서 다룬다. 이것은 신자를 위한 교육 기능을 수행한다. 성령은 의지의 상호 소통을 돕고, 율법은 지성이 상호 소통하게 만든다.[52]* 칼뱅은 이렇게 말한다. "하나님은 성령으로 믿는 사람을 회심하게 하신다. 그 결과 새로운 언약은 단지 문자적 교리를 넘어서는 효력을 갖는다. 우리 귀와 더불어 마음속으로 파고들어 하나님을 섬기게 한다."[53]

그럼에도 칼뱅은 제3용법 속에 어떤 '부정적 기능'이 포함되는 일은 피할 수 없다고 보았다.

> 율법은 게을러 머뭇거리는 나귀를 앞으로 가게 하려고 때리는 채찍과도 같아서, 우리 육체를 일깨우고 일하게 만든다. 영적인 사람도 아직은 육신의 짐에서 자유롭지 않기에, 율법은 계속해서 그를 찌르고 그에게 부단한 자극을 준다. 그가 나태의 자리에 가만히 머물러 있지 못하게 한다. [『기독교 강요』(1559) 2.7.12]

여기서 말하는 '회초리'로서의 율법은, 칼뱅이 제1용법에 속한다고 생각했던 징벌 기능 혹은 교정 기능과는 차이가 있다. 그래서 칼뱅은 '채찍'인 율법에

---

* 켄달(Kendall)은 칼뱅의 믿음 교리가 지식의 한 형태로서의 주지주의에 더 가깝다고 보았지만, 칼뱅주의자들은 주의주의를 선호했다. 헬름(Helm)은 켄달을 비판하면서 칼뱅이 청교도들처럼 주의주의에 가깝다고 주장한다. 칼뱅이 믿음 안에 있는 능동성과 수동성을 모두 강조했다고 본 것이다.

관한 논의를 '권고' 기능을 강조하는 두 담화 사이에 조심스레 끼워 넣었다.

> 우리는 '가르침'뿐 아니라 '권고' 역시 받을 필요가 있기에, 하나님의 종이 율법에서 받는 혜택은 여기에도 있다고 본다. 즉 율법을 자주 묵상함으로써 순종의 열정이 일깨워지고 그 안에서 강건해져서, 미끄러워지기 쉬운 범죄의 길로 들어서지 않게 한다. [『기독교 강요』(1559) 2.7.12]

권고 직무는 가르침 직무와 더불어 제3용법 이해를 돕는다. 권고의 통찰은 율법의 지성적 가르침의 범주를 넘어서, 오히려 신자를 자발적 일치로 이끈다. 이는 '감동', '활기를 띠게 하는 일깨움', '일상의 가르침', '권고'라는 말에 잘 나타난다. 한편 겉으로는 율법이 부정적 기능을 갖기도 한다. 부정적 기능은 '회초리'와 '계속 찌르는 것'이라는 이미지로 발현된다. 이 기능은 신자 속에 있는 육신의 약함처럼 자기부정의 성화를 방해하는 것은 무엇이든 규제한다. 이 기능은 신자를 일깨우고 활기차게 한다는 차원에서 긍정적으로 보아야 한다.[54]

이제 제3용법의 긍정적·징벌적 차원의 분류 작업을 칼뱅 공동선의 관점에 적용해 보자. 한편으로, 칼뱅은 제3용법이 불순종하는 신자의 마음을 부분적으로, 그러나 지속적으로 채찍질하며 훈련시킨다고 믿었다. 이는 신자들의 게으름을 흔들기 위해서다. 즉, 신자들이 탐욕이나 교만 같은 사익을 구할 때 그들을 아프게 해서 그들이 얼마나 불완전한 존재인지 일깨우려는 것이다. 그는 이렇게 말한다. "율법의 설계는 사람을 자기부정에 이르게 하며 탐욕을 확실히 책망한다. 그리스도께서 젊은이의 잘못된 확신을 교정하시는 것 말고 다른 목적을 갖고 계시지 않음을 본다."[55] 이를 강조하기 위해 칼뱅은 바울을 인용했다.

탁월한 선물을 받은 사람이 명심할 것은, 그의 덕에 결점이 섞여 있거나 증오심으로 박해를 받거나 저주의 공격을 받을 경우에, 이 모든 것이 단지 하나님의 회초리만은 아니라는 사실이다. 그것은 그를 부끄럽게 해서서 모든 오만을 억누르고자 허락하신 시달림이다. 하나님은 바울에게 그분의 은혜에 만족하면서 훈련을 거부하지 않기를 당부하신다. (『고린도후서 주해』 12:7-9)

다른 한편, 제3용법은 '회초리' 기능에만 머무르지 않는다. 제3용법이 갖는 압도적 역할에 주의를 기울이는 칼뱅은 이 용법이 훨씬 잘 수행하는 기능, 적극적이고 능숙한 기능에 초점을 맞추었다. 그는 이렇게 말한다.

바울의 진술은, 율법을 어떻게 써야 거듭난 이에게 도움을 주는지가 아니라 율법 그 자체가 인간에게 무엇을 줄 수 있는지를 보여 준다. 여기서 율법의 위대한 유용성이 선포된다. 하나님은 사람에게 기꺼이 순종하려는 마음을 먼저 불어넣으시고, 그가 율법을 읽을 때마다 가르쳐 주신다. 선지자는 계명뿐 아니라 그에 동반되는 은혜의 약속을 붙잡는다. 오직 이 약속만이 쓴 것을 감미롭게 해 준다. [『기독교 강요』(1559) 2.7.12]

제3용법은 종의 마음을 영속적·포괄적으로 감화시키면서도 즐겁고 자발적인 것으로 만드는 긍정적 기능을 한다. 여기서 칼뱅은 '감미로움'(sweetness)이라는 용어를 빈번하게 쓴다. 헤세링크는 하나님의 자녀를 위해 감미로움을 제공하시는 하나님의 삼위일체적 사역에 대한 칼뱅의 가르침을 다음과 같이 소개한다.[56] 다윗은 그리스도가 오시기 전 그림자 같던 옛 언약으로 살던 신자로 "하나님의 선하신 달콤함에 매혹되었다. 그는 하나님 아닌 다른 어느 곳에서도 기쁨과 안식을 얻을 수 없었다."[57] 마찬가지로 칼뱅은 시편 주해에서 알 수 있듯, 하나님의 선하심이야말로 즐거운 감사를 일으키는 달콤함의 원천이라고 여겼다.

> 하나님이 그분의 선하심을 말씀으로 드러내셨기에, 바로 그 말씀이 하나님은 선하시다는 확신을 이끌어 내야 할 원천이다. 그 말씀 속에서, 하나님은 매혹적으로 사람의 마음을 그분께로 이끄시면서, 그분의 은혜는 모든 사람을 위해 준비되고 열려 있을 것이라고 약속하신다. (『시편 주해』 119:149)

이러한 하나님의 선하심은 '그리스도의 감미로운 향기' 속에서 신자에게 온전히 전달된다. 그는 맛있고 달콤한 복음과 생명을 고무하는 복음의 능력과 효험에 감동되어 그리스도를 열망하게 된다.[58] 칼뱅은 "우리는 그리스도의 향기(aroma)"라는 바울의 선언을 "그리스도의 풍미(savour/smell)"로 번역했다. 좋은 향기가 나는 복음을 전하려는 신자의 삶에 주목하기 위해서다. 신자는 그리스도의 감미로움 속에서 하나님의 선하심에 매혹되기에 형제간의 사랑에 이끌린다.

> 그리스도는 우리를 타오르게 하신다. 그분의 본보기로 하여 형제를 사랑하게 만드신다. 그리스도는 이 둘을 결합하신다. 그분의 선하심이란 헤아릴 수 없는 기쁨이라는 것을 맛보아야 한다. 그리스도는 매혹적인 방식으로 형제간의 사랑을 경작하신다. (『요한복음 주석』 15:13)

칼뱅은 시편 19장을 주석하면서 제3용법과 관련해 '율법의 감미로움'이란 표현을 쓴다. 그는 "시편 기자는 하나님의 율법을 그 가치와 감미로움 때문에 높인다"고 말한다.[59] 그리스도와 연합된 신자는 사랑의 교제 안에서 전과는 다른 방식으로 율법을 인식한다. 율법은 예전처럼 피하고 싶은 무거운 짐이 아니라 되찾고 싶은 선물이 된다. 즉 율법은 그리스도에게 조준되면서 친밀한 선물로 작동한다.[60] 공익을 위한 일에 기쁨과 책임감을 제공한다. 칼뱅이 말했듯이, "용서의 희망에서 율법을 분리하면, 그리스도의 성령에서 율법을 분리하면, 그만큼 꿀처럼 달콤하게 맛볼 율법에서 멀어져 영혼을 죽이는 쓰라림만 맛볼 것이다."[61]

율법은 신자가 내켜 하지 않는 쓰디쓴 것을 받아들이라 명하지 않는다. 그건 메마른 율법주의다. 제3용법은 신-인의 사랑에 있는 달콤함을 자원해서 받도록 격려한다. 쓴 것을 단것과 교환하는 기회는 성령에 의한 거듭남으로만 실현된다. 오직 은혜의 약속으로 율법을 마음에 받아들일 때, 그것은 강제적 명령이나 짐스러운 의무가 아니라 감화되는 인내로 기쁘게 다가오는 선물이 된다.[62]

그러니 이렇게 결론 내릴 수 있겠다. 율법은 그리스도 안에 뿌리를 내리고 있으며, 신자는 율법을 통한 교정 훈련을 통해 자기부정에 공헌할 수 있다. 율법은 그렇게 공익을 위한 삶에 기여한다. 나아가 율법은 긍정적이고 일깨우는 방식으로, 기꺼이 나누는 정신을 가지고 살도록 이끈다. 그리하여 공동선 건설에 이바지한다.

마지막으로 율법의 제3용법은 자기 과신을 억제하는 힘과 관계가 있다. 칼뱅은 "선한 일에 자기 확신을 두지 않으려면, 선한 일을 뽐내지 않으려면, 우리의 선한 행위에 구원의 공을 돌리지 않으려면" 제3용법이 필요하다고 본다.[63] 그는 『기독교 강요』 최종판(3.5.3)에서, 인간의 선을 구원을 위한 교회의 공유 재산으로 쓰려는 로마 가톨릭교회를 비판했다. 이것은 칼뱅이 율법의 제3용법을 목회적 도움을 위한 선물인 동시에 겸손과 순종을 위한 도구로 이해했다는 뜻이다. 즉, 칼뱅은 제3용법을 교회와 이웃의 유익을 위해 하나님 선물

을 나누는 모판으로 보면서 공동체의 적절한 관계 양식으로 썼다.⁶⁴ •

공동선을 위한 십계명

공동체적 관점의 배경

공동선을 위해 율법을 쓴다는 칼뱅의 통찰에는 신적 차원과 도덕적 차원이 있다. 사회적 차원에서 영성적 차원으로 나아가는 역동적 관점으로 공동선을 바라보기를 제안하는 칼뱅이 볼 때, 십계명은 도덕법이 구체화된 결과물로 이해된다. 이 도덕법은 하나님의 백성을 위해 재구성된 것이다. "십계명은 선택된 사람들을 위해 본성의 율법을 특별하게 조절하여 다시 기록한 것으로 보인다."⁶⁵ 그는 이런 자연법을 '율법의 씨앗', '형평', '정치 질서', '이성의 빛'이라는 단어로 예시했다. 자연법은 창조 이래 모든 인간 안에 심겨져 왔으며 타락 이후에도 남아 있다. 보편적 자연법은 모든 나라와 개인이 동의하는 것이다. 자연법은 십계명을 위한 것만이 아니라, 일반 윤리를 위한 공동 근거로도 기능한다. 도덕법은 보편 정의와 자연 사랑의 기준으로 드러난다. 그것은 인간의 마음에 새겨진 '내면적인 법'으로 '양심' 속에 뿌리내린다.⁶⁶ 칼뱅은 십계명의 설교 서문에서 십계명을 이렇게 정의한다.

• 그리스도인의 자유와 공동선은 율법의 제3용법에 관한 주요 사례 연구로 분석 가치가 높다[『기독교강요』(1559) 3.19]. 자유의 첫째 부분은 공동체의 유익을 위한 긍정적 안내 역할을 하는 교육 기능과 관련이 있다. 자유의 둘째 부분은 은혜로 얻은 자유를 기억하며 하나님께 기꺼이 응답하는 선한 삶과 관련이 있다. 자유의 셋째 부분은 '아디아포라'(adiaphora)를 하나님의 좋은 선물(Dei bona)로 인식하면서 연약한 다른 사람을 위해 이를 적절히 쓰는 목회 차원과 관련이 있다. 그리스도인의 자유의 여러 가지 차원은 하나님의 주권적 은혜 개념과 얽혀 있다. 칼뱅은 자유를 무분별하게 쓰는 일이 교회 공동선을 해친다고 본다. 그리스도인에게 자유는 공동선의 바탕이다. 이 자유는 공동체를 창조하는 자유이며, 그때 비로소 진정한 자유가 성취된다. William Stevenson, *Sovereign Grace: The Place and Significance of Christian Freedom in John Calvin's Political Thought* (Oxford University Press, 1999), pp. 4, 74-75. 자세한 내용은 필자의 논문 Yong Won Song, "The Common Good in the Theology of John Calvin", Ph.D. Diss. (The University of Edinburgh, 2012) 4장을 보라.

도덕법은 (십계명의) 두 항목에 포함된다. 하나는 우리에게 순수한 믿음과 경건으로 하나님을 예배하라고 명령한다. 다른 하나는 우리에게 사람들을 진실한 사랑으로 포용하라고 한다. 십계명은 모든 나라와 시대를 위해 규정된 의로움에 관한 규범이다. 하나님은 우리 모두에게 경배받으셔야 하며 우리는 서로 사랑해야 한다는, 영원하고 불변한 하나님의 의지다. [『기독교 강요』(1559) 4.20.15]

칼뱅은 공동선 관점에서 십계명 속에 포함된 도덕법을 자연법의 중요한 증거로 보았다. 하지만 칼뱅에게는 십계명에 포함된 도덕법보다 제3용법이 더 중요했다. 사실상 십계명은 율법의 제2용법과 제3용법이 중첩되며 창조되는 도덕적인 공간이었다. 그런데도 칼뱅은 제3용법이 고유한 것이라고 믿는다. 그는 십계명을 하나님의 적응 혹은 조정(accommodation)의 소산으로 보았다. 이런 조정을 거쳐 하나님은 '유모'와 같이 자녀들의 공동 유익을 위해 자신을 낮추시고 그들의 '능력'에 맞추어 내려오셨다. 칼뱅은 십계명을 자연법의 '신적 형성'으로 보았다.[67] 하지만 손상되었어도 살아남은 자연법이 있다 해도, 이성은 더 이상 타락 전처럼 십계명을 이해할 수 없다. 이런 현상은 첫째 돌판에서 현저히 드러나고, 둘째 돌판에서 부분적으로 불완전하게 나타난다. 따라서 그의 주된 관심사는 자연법 이론을 공식화하는 데 있지 않다. 타락 이후에도 사회가 존속되는 것을 설명하는 방식으로 자연법 개념을 쓰는 데 초점이 있다.

칼뱅은 복음과 더불어 율법이 구원자 하나님을 아는 지식으로 드러났다고 선언했다. 이 선언은 1559년 『기독교 강요』 2권 소제목에 나온다. 2권 7장에 나오는 율법의 세 용법은 신자에게 희망을 준다. 2권 8장에 나오는 십계명 진술은 구원자이신 그리스도 사역의 더 넓은 틀에서 이해해야 한다. 물론 2권 8장 1절에서 십계명은 자연법과 양심을 선명하게 드러낸 하나의 현시라고 볼 수도 있다. 즉, "모든 사람의 마음에 쓰이고 새겨지는 내면적인 법이다." 하지만 2권 8장 6-10절에서 칼뱅은 도덕법이 자연법보다는 입법자이신 하나님의 목적으로 평가해야 한다고 강조한다. 이와 함께 2권 8장 7절에서는 은혜의 약속 관점에서 율법을 이해하기를 회복하시는 그리스도에 초점을 두고 이야기한다. 위와 같은 전제에서 두 돌판에 대한 칼뱅의 주 관심이 자연법 관점에서 논의되지 않고 그리스도의 은혜라는 관점에서 논의됨을 알 수 있다.[68] 이것은 공동선을 위한 삶의 토대로서 하나님과 이웃과의 올바른 관계를 다시 세운다.

칼뱅은 하나님의 규범과 질서를 그의 율법 개념 안에서 표현하고자 했다. 도덕법의 내용은 인간의 마음에 선천적으로 새겨진 것과 동일한 것이다. 그러나 헤세링크가 말했듯이, 칼뱅의 "십계명에서 도덕법은 근본적으로 재정향되었다. 완전히 새로운 관점에 놓이게 된 것이다. 언약의 율법이 요청하는 반응은 진실한 예배, 감사하는 봉사, 구속의 사랑에 즉각 응답하는 사랑"이다.[69] 십계명은 율법의 마침이신 그리스도와 문자에 생명을 주시는 성령을 통해 창조 질서를 완전히 회복하는 수단으로 재해석된다. 둘째 돌판을 진술하는 칼뱅이 자연법으로 가능한 '공평 감각'을 언급하는 동안에도 이것은 주변적이다.[70] 그가 볼 때 공평의 원천은 율법의 제3용법에 있다. 따라서 신자는 그리스도와의 연합을 바탕으로 하는 공평 개념으로 공동선을 추구하는 데 참여할 수 있게 된다. 반면, 비신자는 자연법에 기반을 둔 공평이 손상되었지만 남아 있는 상태에 대한 희미한 개념을 갖고 공동선을 추구하는 데 단지 부분으로 참여할 수 있다. 즉, 이방인에게도 둘째 돌판이 사회의 물리적 복지를 조성하

• 칼뱅의 자연법은 '신적 방향'과 '그리스도 안에서 하나님이 선택하시는 목적의 질서'에서 독립되지 않고, 오히려 하나님의 의지와 명령에 의존한다. Peter Wyatt, *Jesus Christ and Creation in the Theology of John Calvin* (Pickwick Publications, 1996), pp. 125-127, 149.

는 데 다소간 적용된다.

그러나 영적 복지를 통해 사회복지를 추구하는 자리에서는 율법의 제3용법이 중심인 반면에, 자연법을 바탕으로 하는 제2용법은 주변이 된다. 방델(Wendel)이 말했듯이, '신적 의지에서 나오는' 국가와 교회는 각자의 방식으로 율법의 두 돌판을 존중하게 한다.[71] 신자가 하나님 안에 참여할 때 첫째 돌판에 나타난 본래의 신-인 관계가 회복된다. 이것이 십계명의 도덕적 중심이다. 그리하여 신자는 그리스도 안에서 연대성을 지향한다. 칼뱅은 제3용법의 삼위일체 유형으로 두 돌판을 생각하면서도 십계명 맥락에서 자연법과 제2용법을 배제하지는 않는다.

이를 좀더 살펴보면 하나님의 '다정한 부성'은 신자가 마음에서 우러나오는 즐거움과 열망으로 반응하는 이유가 된다.[72] 신자는 율법의 엄격한 요구에서 자유로워졌기 때문이다. 신자는 하나님이 어떤 분이신지 알게 되면서 자기를 하나님께 '적응'시킨다.[73] 그리하여 하나님 아버지와 자녀들의 사랑이 담긴 관계가 형성된다. 신자는 하나님 앞에서 겸손히 행동하며 스스로 교만해지지 않으려 한다. 율법과 십계명은 적응을 위해 베푸신 선물이다.

또한 칼뱅은 중보자 그리스도가 율법의 계시자이자 실체임을 강조한다. 그리스도는 제일 중요한 율법의 모범이다. 복음 제공자인 그리스도는 그림자들에 자신의 실체를 수여하셔서 율법을 완성하신다. 율법의 마침인 그리스도 안에서 율법은 칭의를 위한 '생명 규범'으로 작용할 뿐 아니라 성화를 위한 '생명 주는 규범'으로도 작용한다.[74] 신자의 의무와 자발적 헌신은 공동선을 위한 유형 안에서 서로 상반되거나 상쇄되지 않도록 함께 움직인다. 칼뱅은 이중 체계를 통해 그리스도의 선물인 제3용법을 인식하고 강조한다. 하나님의 적응의 한 실제이신 그리스도는 율법과 복음의 평행 언어로 나타나며, 공동체로 사는 삶의 기준과 능력이 되신다.

칼뱅의 십계명 설교에서 율법의 제3용법은 주목해야 할 주제다. 팔리(Farley)가 분석했듯이, 제3용법 이해가 16편에 걸친 십계명 설교의 중요한 바탕이다. 칼뱅은 십계명이 신자를 위한 신적 계획을 형성한다는 믿음을 갖고 있다.[75] 하지만 그의 십계명 설교가 제3용법에 초점을 두더라도 제2용법을 배제하지는 않는다. 성령의 법과 자연법의 상호 관계가 둘째 돌판에 녹아 있기 때문이다. 십계명에 나타난 공동체법의 이해 속에 제2용법과 제3용법 상호 관계가 자리한다. 이는 국가와 교회가 사회적·영적 공익을 위해 서로 지지하는 관계임을 보여 준다. 십계명은 공익을 위해 제2용법과 제3용법이 관계하는 도덕적 공간인 셈이다.[76] *

칼뱅은 첫째 돌판에 투영된 인간의 실패와 둘째 돌판에 나타난 확장된 실패를 견준다. 인간의 이성은 첫째 돌판의 하나님 명령을 순종하기에는 무기력하다. 반면 칼뱅은 둘째 돌판의 교훈을 인간이 조금 더 이해하고 있다고 인정하는데, 그것은 그 교훈들이 시민사회의 유지와 연관되기 때문이다. 둘째 돌판에 참여할 때 나타나는 공익적 가치는 제3용법으로만 실현되는 것이 아니다. 이 가치는 믿는 사람과 믿지 않는 사람에게 똑같이 주신 자연법과 양심에 관한 지식으로 알 수 있다. 둘째 돌판은 율법의 제3용법과 제2용법으로 신자를 위해 작동하는데, 비신자는 제2용법을 쓰는 둘째 돌판에 부분으로 참여하여 공익에 기여한다.

두 돌판이 서로 분리되어 실재함을 생각했을 때, 성령께서 두 돌판의 연합을 회복하신다는 언급은 중요하다. 성령으로 그리스도와 하나 된 신자에게

* 칼뱅은 양심과 도덕법에서 스토아적 개념을 받아들인다. 모든 이교도가 모세의 법을 성문법으로 수용하지는 않지만, 시민사회의 일반법에는 무엇이 옳고 정당한지 알게 하는 공통 지식이 본성으로 심겨 있다. 이런 맥락에서 모세의 율법을 모든 나라에 강제로 적용되는 재판법으로 오해하지 않으면서도 내재된 자연법의 특징에 초점을 둘 수 있다면, 십계명에 담긴 사회 공익적 보편성이 이해될 것이다. 멜란히톤과 불링거는 자연법에 순종하면 구원에 도움이 된다고 가정하지만, 그러한 생각에 회의적인 칼뱅은 자연법의 긍정적 역할을 높게 인정하지 않는다.

두 돌판은 구별되나 분리될 수 없다. 성령 안에 있는 신자에게 그리스도께서 친히 하나님과 또한 이웃과 교제하는 토대가 되어 주셨기 때문이다.

요약하자면, 신적 차원과 도덕적 차원에 걸쳐 있는 공동선 개념으로 칼뱅의 십계명을 이해하면 세 가지 사실이 드러난다. 먼저, 첫째 돌판은 주로 종교의 바탕 위에서 공동선을 베푸신 하나님을 향한 신자의 사랑을 강조한다. 다음으로, 둘째 돌판은 영적·도덕적 차원을 포괄하면서 교회 안팎과 이웃을 향한 사랑을 강조한다. 마지막으로, 둘째 돌판은 하나님 형상을 갖는 모든 인류를 향한 보편 사랑을 언급한다. 둘째 돌판은 신적 기원과 함께 사회적·도덕적 차원을 갖고 있다.

그렇다면 칼뱅은 신적·도덕적 차원을 포함한 율법에 담긴 공동체 가치를 어떻게 십계명 각 조항에 담긴 공익의 여러 측면을 측정하는 기준으로 쓰는가? 이어지는 내용에서는 칼뱅이 어떻게 공익을 위한 삶을 십계명 각 조항에서 이끄는 주제로 설정했는지 살펴보고자 한다.

첫째 돌판

칼뱅은 『기독교 강요』 초판에서 신자의 하나님 사랑이 삶 가운데서 하나님의 선하심과 미덕을 인정하는 데 바탕을 두어야 한다고 말한다. 그는 하나님의 열 가지 계명을 감미롭고 은혜로운 선물로 표현한다. 이 선물은 하나님과 '상호 조화와 일치'를 즐기려는 신자에게 주어진 것이다. 앞에서 언급된 율법의 제3용법의 '감미로움'과 같다.[77] 하나님과 이웃을 사랑하라는 계명에 담긴 공동체 윤리의 특징을 아는 데 '맹세와 안식일 준수'에 관한 칼뱅의 설교가 도움이 된다.

우선 "네 하나님 여호와의 이름을 망령되이 부르지 말라"는 제3계명에 나오는 맹세는 하나님을 두려워함과 연관되며 그분의 거룩한 이름 안에서 행해진다. 이 계명은 '사적 탐욕'으로 기울어져서는 안 된다. 제3계명은 오직 '하나님의 영광', '형제의 필요', '복음의 존귀함', '공익'과 같은 공동체 가치를 고취하거나 공적 요구에 응답하는 일에만 쓸 수 있다.[78] 칼뱅은 '공적 맹세'가 하나님 사랑에 반하지 않는다고 보았다. 오히려 그는 이 맹세를 하나님의 거룩하신 이름을 공경하는 활동으로 인식한다. 또한 그는 비록 사적 맹세라도 형제들의 덕성을 조성하는 '사랑의 의무'와 거룩하게 부합하면 교화하는 힘으로서 가치가 있다고 인정했다.[79]

칼뱅은 맹세가 허용되는 세 범주를 제시하는데, 첫째로는 정치적·시민적 공익을 위한 공적 맹세, 둘째로는 교회 공동 유익을 위한 복음적 고백의 맹세, 셋째로는 이웃 사랑과 같은 공적 가치를 섬기는 사적 맹세다. 나아가 칼뱅은 『기독교 강요』 최종판에서, 이교도들이 '무분별하게' 행하는 보통 맹세는 거부하면서도 '엄숙한 공적 선서'는 존경했다는 사실을 진술한다. 그는 자연법에 의한 일반은총을 통한 고전적인 공적 맹세는 인류 공동선을 위해 수용할 만한 활동으로 인정한 것으로 보인다.[80]

안식일을 기억하여 거룩하게 지키라는 제4계명에 관한 칼뱅의 해석으로 시선을 돌려 보자. 흥미롭게도, 그는 안식일 계명에 담긴 공적 가치에 초점을 둔다.[81] 칼뱅은 안식일 약속과 준수를 둘러싼 미신적 논의에는 관심을 두지 않고 안식일이 공동체 회합을 위해 '지정된 날'이란 사실에 초점을 맞추었다.[82]

한 날을 다른 날에서 분리하는 것은 어떤 종교가 아니라 공공 일반 정책을 위해서다. 어떤 제정된 날을 지정한 것은, 그날 사람의 일을 그만두고 예배하여 하나님

- "법정에서의 증거 제시는 신성한 행위를 수행하는 일이다. 그러므로 신중하고 두려워해야 한다. 위증죄는 신성한 행위를 더럽힌다. 하나님은 거짓 증언을 아끼지 않으시고, 증인이 저지르는 불순한 잘못과 부당함을 진실로 염려하신다. 또한 인류의 공동선을 위해 제정하신 법을 진정으로 존중하기를 원하신다"(『신명기 설교』 19:16-21).

을 기쁘게 하기 위해서가 아니라 실제로 어떤 날 교회에 함께 모이는 일이 필요했기 때문이다. [『기독교 강요』(1536) 1.14]

칼뱅이 보았을 때 안식일에 모이는 목적은 말씀을 경청하고, 떡을 떼고, 공동체의 평화를 위한 기도를 드리는 것이다. 이는 교회 안에서 단정함, 질서, 평화를 유지하기 위해 요구되는 일이다. 안식일은 신자가 믿음을 공적으로 고백하고 하나님 이름을 공적으로 부르며 공동 성찬을 통해 하나님 자녀로서 일치됨을 인식하게 해 주는, 상호 교제를 위한 하나의 시공간이기 때문이다.[83]

동일한 설교에서 그리스도와 연합할 때 주어지는 칭의는 안식일을 누리는 인간의 '권리'와 연관된다. 칼뱅은 이렇게 가르친다. "그것은 우리 자신의 노력으로 이루어진 게 아니다. 우리는 그리스도로 말미암아 이 권리를 획득한다. 주님께서 죽으신 까닭은 우리 죄를 완전히 지우기 위해서다. 더 이상 죄는 우리에게 불리하게 전가되지 않는다."[84]

그는 계속해서 안식일을 통해 주어지는 두 번째 선물인 성화를 진술한다. "성령의 수단으로서, 우리 안에 하나님이 살아 계시도록 하기 위해, 우리의 모든 생각과 애착을 억제하기 위해, 은혜가 주어졌다는 증언인 안식일을 갖는다."[85]

칼뱅에게 안식일은 인간과 하나님 사이에 최초의 본래 관계를 회복하는 성화의 한 표지(sign)다. 안식일은 신자들의 공동 유익을 위한 것이며, 성찬을 통해 공통으로 제공된다. "나는 너를 거룩하게 만드는 하나의 표지로 안식일을 주었다. 나는 네 안에서 다스리는 너의 하나님이다. 이는 죽음을 피해 갈 수 없는 모든 사람에게 흔하지 않은(uncommon) 것이다."[86]

믿는 사람의 삶을 위해 자기부정을 촉구하는 것이 안식일 계명의 중요한 기능이다. 칼뱅이 강조했듯이, 우리는 "힘을 다해 우리 자신을 억제하라는 명령을 받았다. 그 결과 생각, 애착, 열망이 완화될 수 있다. 하나님은 그분의 성령으로 우리 속에서 다스리실 것이다."[87]

안식일 계명은 그리스도의 죽음과 부활로 이룬 칭의의 삶에 참여하면서 그와 동시에 육신은 죽이고 영혼은 살리는 성화의 삶에도 참여하라고 지시한다. 안식일 계명은 자기부정을 통한 겸손을 실현시킨다. 순종의 삶을 위한 영적 선물을 받으면 "하나님을 섬기면서 자신의 이익에만 몰두할 수 없게 된다."[88] 반면에 안식일을 지키지 않는 불순종에 빠지면, 이익의 노예가 되어 자신만을 위한 생활에 파묻히고 만다.

안식일 계명은 신자를 바르게 이끄는 가운데, 율법의 제3용법의 모범 사례가 된다. 안식일은 자기를 부정하고 이웃의 유익을 위하는 일을 돕는 날이다. 안식일의 '영적 준수'는 "모든 노동에서 벗어나 휴식을 취하며 영원한 안식을 묵상할 수 있게" 한다. '하나님의 일' 또는 '성령의 일'을 경건하게 숙고하게 한다. 안식일 준수는 신자를 제3용법의 영적·도덕적 공간에 둔다.[89] 칼뱅은 안식일 계명이 새로운 삶의 양식을 준다고 보았다. 이러한 삶은 '본성이 갈망하는 것'을 포기하고, 그 대신 '하나님께 충실하고 그분에게 결합되라'고 요청한다. 하나님은 진정한 연합과 성화로 최고선이 되어 주신다.[90] 그래서 '영적 쉼'은 인간과 하나님을 연합하는 끈이자 성령이 사역하는 공간이다.

안식일 계명은 인간을 다음과 같은 방식으로 이끈다. "우리는 지상의 모든 염려, 모든 생업에서 물러날 수 있다. 모든 것을 하나님께 맡기기 위해서다. 우리는 다른 어떤 것에도 방해를 받거나 점령되지 않는다. 우리는 모든 감각을 확장시켜 하나님이 넓혀 주신 혜택과 호의를 인식할 수 있게 될 것이다."[91] 하나님은 안식일 계명을 지킨 자에게 선물을 베푸시는 분(the gift-giver)이고 인간은 선물을 받는 존재(the gift-receiver)라는 사실을 인정하게 된다. 교회 공동선을 위해 맡기신 선물에는 안식일의 시공간이 포함된다. 하나님은 인간이 십계명 속에 있는 이러한 조건을 인정할 수 있도록 안식일을 법적 맥락 (context)에 두셨다. 안식일은 인간적 선은 뒤에 두고 하나님의 선을 향해 나아가게 하는 특별하고도 신성한 시간이다.

칼뱅이 볼 때 안식일에는 공동체적·실천적 목적이 있다. 교회 안팎에서 자선을 행하는 공동생활에 도움을 주었기 때문이다. 이는 안식일을 보존하려는 바울의 목적과 같은 선상에 있다. "바울은 그날을 고린도 교인들에게 예루살렘 형제들을 돕기 위한 연보를 모으기 위한 날로 제시한다."[92] 1559년판『기독교 강요』에서 그는 안식일을 교회 공익을 유지하는 중요 요소로 이해한다.

안식일 준수에는 사회적 효력도 있다. 안식일을 준수하면서 이기적 열망을 제어하고 공익을 향해 사람을 모은다는 점에서, 이 효력은 율법의 제2용법과 비슷하다. "안식일은 예배 안에서 신실한 신자들을 훈련하기 위한 시민 질서 유형의 하나다. 인간의 약함과 게으름 때문에 하루를 선택하는 일이 필요하다."[93] 이처럼 안식일 계명은 사회의 공동 유익을 위해서도 적용된다.

끝으로 사회경제적 평등 차원에서 보는 안식일의 의미가 있다. 안식일을 준수할 때 '사랑의 가르침에 따라 종과 동물의 노동을 면하게 하는 일'은 중요하다.[94] 칼뱅은 인류 공익을 위한 사회경제적 적용을 기능 용어로 설명한다. 그는 시민 질서의 한 형태로서, 자선을 위한 안식일이란 측면에 초점을 두면서, 이웃의 유익을 위해 '공동 자선'이란 생각을 제언했다. 공동 자선을 위한 날인 안식일은 영적 질서를 위한 시간이라기보다는 시민 질서를 위한 시간으로 이해된다.

결국, 안식일 계명은 이중 표지로 기능한다. 첫째, 인간의 자기부정과 하나님의 성령의 다스림을 나타낸다. 둘째, 사람들의 공동 자선을 보여 준다. 칼뱅은 이렇게 정리한다. "하나님의 율법 안에는 두 가지 중요한 조항이 있다. 하나는 인간이 하나님께 속해 있다는 것이고, 다른 하나는 인간이 함께 살아가

는 이웃에 속해 있다는 것이다."⁹⁵

둘째 돌판*

십계명 둘째 돌판을 다루는 칼뱅의 분석 원리는 무엇인가? 이웃 사랑 계명을 공동선 관점에서 해석하는 데 이 원리는 어떻게 적용될 수 있는가? 이에 관해 밀러(Miller)는 칼뱅의 각 계명 이해가 주제, 목적, 반대(the subject, the end, its opposite)로 구성된 세 가지 접근 방식(a three-part approach)을 가진다고 말한다. 이는 각 계명 속에는 악을 행하지 말라는 경고, 금지와 함께 선을 행하라는 권고가 담겨 있다는 뜻이다.⁹⁶ 개혁파 전통에서는 계명 각 조항에서 제기되는 반(反)-해석을 염두에 둔다. 이는 십계명 속에 있는 '더 넓은 선함의 영역'을 열기 위해서다. 밀러가 단언했듯이, "모든 금지 조항은 하나의 긍정적 책임을 포함한다. 마찬가지로, 모든 긍정의 명령에는 부정의 경고가 포함된다."⁹⁷ 이 전제 위에서 십계명의 공동체적 뉘앙스가 포착된다. 칼뱅의 십계명 해석에 세 가지 접근법이 포함되어 있다고 본다. 주제, 목적, 반대라는 접근 방식은 둘째 돌판에서 공익 개념을 끌어내는 원리를 제공할 수 있을지 모른다.

그러나 밀러가 한 해석의 초점은 구조 측면에 주안점을 둔다는 한계에 부딪혔다. 그렇기에 기독교 인간학적 측면을 보고자 한다. 기독교 인간학적 측면에서 '모든 것을 향한 공평무사한 해석자들'이란 하나님 형상에 기반을 둔 인간의 보편적·능동적인 공유의 삶을 가리킨다. 이런 신학적 가정 위에서

---

* 칼뱅은 둘째 돌판이 '인간의 행복 향상'을 추구하며 긍정적 사회 질서를 형성하기 위한 표지라는 공동체적 개념을 갖는다고 본다. 이러한 이해는 둘째 돌판을 오늘 세속 사회에 문자 그대로 적용하는 일을 피하면서도 신자가 공공선에 기여하는 방식으로 시민사회 영역에서 확신을 가지고 활동하게 만든다. William Stacy Johnson, *John Calvin, Reformer for the 21st Century* (Westminster John Knox Press, 2009), pp. 83-84.

둘째 돌판을 공익의 관점으로 해석하려면 칼뱅의 기독교 인간학적 해석학을 관찰해야 할 것이다. 그렇다면 둘째 돌판의 계명을 해석하는 칼뱅의 신학적 논리는 무엇일까? 그는 단일한 삼각 패러다임을 일관되게 제시한다. 삼각 패러다임이란 하나님 형상, 공동체 형성, 율법의 쓰임새를 뜻한다. 그것은 둘째 돌판의 금지 조항에 포함된 공동체 가치의 신학적-인류학적 바탕이 된다. 둘째 돌판에 담긴 신적·도덕적 공동 이익 개념과 삼각 패러다임의 여러 '층위'를 탐구해 보자.

첫 번째 층위에서는 둘째 돌판이 악한 행동을 막는 데만 목적을 두지 않음을 발견한다. 여기서는 인간 안에 내재하고 숨겨진 모든 종류의 악한 사고방식을 금지한다. 둘째 돌판은 공동체 정신으로 다른 사람에게 선을 행하는 일에 참여하도록 격려한다. 예를 들어 살인 금지 계명을 계명 주체와 계명이 가진 목적에 비추어 보면, 이 명령은 살인 반대라는 단순 금지 조항이 아니다. 이웃에게 어떤 형태로든 손해를 입히는 데 반대하는 경고 조항이다. 꽉 찬 의미에서 그러한 대조가 내재되어 있다. 밀러는 칼뱅의 견해를 요약하며 이렇게 말한다. "우리는 이웃의 유익을 위해 할 수 있는 모든 것을 하라는 명령을 받았다." 그리고 칼뱅의 원리를 인용한다. "우리는 있는 힘껏 이웃을 돕는다."[98] 이것은 둘째 돌판 각 계명의 명령 조항에 나타난다. "도둑질하지 말라"라는 제8계명의 목적은 윤리적 가치를 선언하는 데 있다. 즉 이 계명은 '다른 사람의 복지와 이익을 보호하고 향상하는 일'과 '모든 사람이 자신의 소유물을 지킬 수 있도록 신실하게 돕기 위해 노력하는 일'을 포함한다.[99]* 제8계명을 부정적·소극적으로 보아 사회 안전을 위하는 단순한 협의의 금지

- 칼뱅이 리옹의 목회자들에게 보내는 서신에는 다음과 같은 구절이 있다. "만일 좀도둑질이 율법으로 처벌받을 만한 일이라면, 공동의 소유(le bien public)로 인정되는 것을 훔치는 행위는 곱절의 처벌을 받아야 하는 범죄다"(CO 19:411).

조항으로 제한할 필요는 없다. 오히려 은혜 공동체를 위한 능동적·긍정적 규범으로 폭넓게 보는 것이 옳다. 이는 공동체 안에서 각 사람에게 주어진 하나님 선물을 주목하게 한다. 칼뱅은 필요하다면 그 선물이 신적 경륜에 맞춰 계획된 수령자에게 되돌아가야 한다고 믿는다.

패러다임의 둘째 층위에서는 단순한 금지가 아니라 긍정적 격려가 강조된다. 이는 첫째 층위처럼 내적 순종을 요구하는 율법의 제3용법이 외적 활동을 제어하는 제2용법보다 더욱 중요하게 적용되기 때문이다. 예를 들어, "도둑질하지 말라"는 제8계명은 다른 사람의 복지를 위한 사회 책임과 청지기 정신과 연관된다는 점에서 공익적 가치에 초점을 둔다. 이런 생각은 '다른 사람의 복지와 이익을 보호하고 향상'하고자 제3용법을 신자의 '마음' 속에 간직한다는 이해 속에서 구현된다.[100] 또한 칼뱅은 하나님의 법에 따라 공적 평화를 형성하는 일에 사회 구성원이 참여하도록 제8계명의 역할을 넓힌다. 마찬가지 방법으로 율법의 제3용법과 제2용법 모두 각각 중심과 주변으로 둘째 돌판에서 함께 활용될 수 있으며, 이를 통해 이어지는 다음 층위로 나아간다. 거기서 연대성이 활성화되면서 정의와 공평을 구현한다.

세 번째 층위에서, '정의와 공평'의 가치는 율법의 제3용법에 따라 공익의 주요 공식으로 구체화된다. 왜냐하면 자연법이 이런 가치를 촉진하는 데 유용하지만 가치 자체라는 면에서는 부족하더라도, 자발적 순종이란 긍정적 방향에서 해석되기 때문이다. 십계명 안에 제2용법이 그러하듯 자연법은 정의와 공평을 인식하는 데 가치가 있다. 사인법과는 달리 제3용법은 하나님 자녀들의 연대성을 충만하게 활성화하면서 '공평과 정의'를 구현해 간다. 칼뱅은 이것을 "살인하지 말라"라는 제6계명의 '골자'로 여긴다.[101] 또한 칼뱅은 "도둑질하지 말라"는 제8계명으로 하나님 의지에 충실한 자신의 삶에서만 정의와 공평이 있을 수 있다고 강조한다. 이것은 주로 신자에게는 율법의 제3용법으로, 비신자에게는 제2용법으로 부분적으로 구현된다. 따라서 어떤 활동이 정의와 공평의 기준에 합치되지 않으면 이러한 활동을 언젠가는 이웃에게 상환해야 하는 빚으로 여겨야 한다. '자기 주인의 소유물'을 낭비함으로써, 또는 '그에게 정당하게 속해 있는 것을 모든 사람에게 돌려주지 않음으로써' 이런 빚을 진 사람은 누구든지 도둑으로 간주될 것이다.[102] 제8계명과 제9계명의 정의와 공평의 가치는 율법의 제3용법과 제2용법, 즉 자연법 준수로도 실현된다.

마지막으로, 네 번째와 다섯 번째 층위를 확인하려면 공익을 추구하는 둘째 돌판에 관한 칼뱅의 제안 뒤편에 무엇이 있는지 질문할 필요가 있다. 제3용법을 바탕으로 하는 폭넓은 긍정적 명령은 제2용법에 바탕을 둔 폭 좁은 부정적 명령보다 중요하며 본질적이다. 중심인 제3용법과 주변인 자연법 각각에 주어진 긍정의 명령 뒤에는 정의와 공평의 근거가 있다. 정의와 공평 뒤에는 연대성과 사회 책임의 근거가 있다. 이러한 것들 뒤에는 하나님 형상이라는 가장 깊은 근거가 자리한다. 칼뱅은 먼저 그리스도 안에서 회복된 하나님 형상 개념을 바탕으로 거룩한 연대성을 제시하며 이를 교회 안팎에 연결한다. 그런 후에 모든 사람에게 있는 하나님 형상을 사회 연대성과 연결한다. 마침내 칼뱅은 공동체 인간학을 둘째 돌판에 담긴 율법의 두 용법과 연결한다. 이 과정을 조금 더 상세히 살펴보자.

우선 칼뱅은 인간 안에 있는, 하나님 형상이라고 인정되는 '같은 본성'을 지닌 공동체 속에 '어떤 공통적인 사회적 특성'이 있다고 제언한다.[103] 그리고 십계명에 나타나듯, 하나님 사랑과 이웃 사랑의 관련성 인식은 하나님 형상을 존중하는 일과 인간 혈연을 생각하는 일이 분리될 수 없다는 생각 속에서 구체화된다. 이는 살인 금지 명령의 이중 바탕으로 나타난다. 칼뱅은 이렇게 말한다.

성경은 이 계명이 이중 근거에 바탕을 둔다고 말한다. 즉 사람은 하나님 형상이며 동시에 우리의 혈육이다. 하나님 형상을 침해하기를 바라지 않는다면 이웃을 신성하게 대해야 한다. 인류를 포기할 생각이 아니라면 이웃의 몸을 자기 몸처럼 소중히 여겨야 한다. 단지 피 흘리게 하는 일을 하지 않았다고 하더라도 살인죄를 피할 수는 없다. 이웃의 안전에 해로운 일을 실행하거나, 고의로 했거나, 원했거나 계획했다면, 그것은 살인죄를 저지른 것으로 간주해야 한다. [『기독교 강요』(1559) 2.8.40]

칼뱅은 기독교 인간학에 기초한 연대성을 바탕으로 삼는, 하나님이 제정하신 사회 질서가 평등에 기반한다고 믿는다. "모든 사람은 평등하다."[104] 하나님 형상을 동일하게 나누는 사람들이 상호 평등한 권리를 생각하는 것은 서로 '좋은 관계의 문을 여는 일'이다. 신자가 자선을 베풀며 정직하게 행동하고 다른 사람에게 해를 끼치지 않을 때, '최고로 공평하고 질서 정연한' 하나님의 공동체 윤리가 확립된다.[105] 따라서 상호 반목은 본질적으로 하나님 형상을 지우는 행위다. 연대성을 파괴하는 활동은 그 종류와 정도에 상관없이 하나님 형상을 지닌 존재를 죽이는 행동과 같다. 칼뱅은 이렇게 서술한다.

사람은 하나님 형상으로 창조되었기에, 누군가를 침해하거나 공격한다면 그것은 불법적인 일이다. 어떤 사람이 통치자의 금고에 침입해 손을 댔다면 그것은 심각한 범죄이며 그것을 저지른 사람은 살인자처럼 처벌받게 된다. 왜 그러한가? 이 노한 공적 질서를 혼란하게 하기 때문이다. (『신명기 설교』 15:17)

도둑질하지 말라는 계명은 사람과 그가 가진 소유물의 신적 기원에 그 바탕을 둔다. "본성은 사람들을 서로 연합하고 결합하려 하고 하나님은 그들을 그분 형상 안에서 만드셨다."¹⁰⁶ "도둑질하지 말라"라는 계명은 하나님의 거룩한 공동체를 이루는 모든 지체 가운데 상호 호혜성과 소통을 위한 명령에 기반을 둔다. 누군가 자신의 사회적 위치에 따라 요구받는 의무를 수행하지 않는다면 그러한 행동은 제8계명에 미치지 못하는 것이다. 칼뱅이 생각하는 이 계명은 근본적으로 소명을 토대로 하는 청지기 의식에 뿌리를 두고 있다. 칼뱅은 신적·도덕적 차원에 걸친 공익적 관점에서 제8계명을 보는 것 같다.

또 "네 이웃에 대하여 거짓 증거하지 말라"라는 제9계명은 메마른 율법주의에 바탕을 두지 않으며, 사회 구성원 사이에 피상적 관계를 보호하기 위해서만 실행되지도 않는다. 오히려 그것은 사회 구성원들이 증오하고 낙담하고 기만하고 악의에 찬 말을 하지 않고 사랑하고 격려하며 진실하고 착한 말을 서로 나누며 소통하려는 마음을 바탕으로 한 율법으로 이해해야 한다. 칼뱅의 공동선 신학에서 이 계명이 중요한 것은, 이웃의 좋은 평판을 지켜 줌으로써 (공동체 번영에 고유한) 사귐과 자선을 떠받치고 보호하는 기능을 행하기 때문이다. 그러므로 거짓말과 험담은 이웃의 명예에 반하는 비난으로, 공동체의 연대성을 무너뜨리며 손상시키는 행동이다. 상대의 명예를 훼손하는 악한 행동은 바르게 교정하고 '선을 지향하도록' 해야 한다.¹⁰⁷ 아첨이나 겉치레로 하는 말은 공익을 보호하는 언어가 아니다. 반면 사랑의 권고는 이웃의 잘못된 행동을 교정하여 공익에 공헌한다.

첫째 돌판과 둘째 돌판에 관한 논의를 생각할 때 다음과 같은 결론에 이르게 된다. 십계명은 공동선을 위해 제정된 신적 법률의 틀(a divine legalistic framework)로 볼 수 있다. 모든 인간 안에 있는 하나님 형상, 연대성 형성, (자연법에 의한 율법의 제2용법과 더불어) 율법의 제3용법, 이렇게 세 부분으로 되어 있는 삼각 패러다임은 공동선을 지향하는 십계명에서 중요한 요소가 된다.

결론

이 장에서는 율법의 세 가지 단계와 칼뱅의 십계명 이해를 공동선 관점에서 살펴보았다. 먼저, 이번 장의 신학적 배경으로 현대 선물 신학과 프로테스탄트 종교개혁 전통의 은혜 신학이 각각 제공한 율법을 분석하고 비교했다. 하나는 의무에 기반을 둔 율법주의로, 다른 하나는 '자유롭고 즉각적인 상호작용'으로 이해할 수 있다. 전반적으로 칼뱅의 생각은 개혁적 은혜 신학 진영에서 주장한 것처럼 상호주의를 향해 나아가는 것으로 보인다. 상호주의로 나아가는 길 위에서 공동선을 위한 삶이 현실화된다.

또 우리는 다음과 같은 세 단계에 따라 공동선에 연관된 칼뱅의 율법 이해를 분석했다. 첫째, 타락 이전 모든 인류 공동선을 위한 신적 선물을 나누고 공유하는 삶의 방식인 율법을 살펴보았다. 둘째, 타락 이후에 율법의 제1용법은 하나님과 인간 사이에 균열과 간극을 인식하고 인정하는 긍정적 도구가 될 수 있다. 공동선의 삶을 위한 예비적 공간을 준비하기 때문이다. 그리고 율법의 제2용법은 외면적 행동을 통제하며 사회 공동선 유지를 위한 직접적인 역할을 수행한다. 셋째, 그리스도의 구원 안에서 율법은 신자들이 하나님과 또한 이웃과 기쁨으로 가득 찬 교제를 활성화할 수 있도록 한다. 하나님이 베푸시는 감미로움을 나눔으로써 공동 유익을 위한 삶에 신자들이 다시 한번 참여하도록 한다. 이런 맥락에서 우리는 그리스도인의 자유가 교육, 용납, 목회라는 세 범주에서 신자의 내면과 외면의 문제들 함께 나투면서 공동선을 위해 다각적이면서도 통일된 역할을 하고 있다는 사실을 볼 수 있다. 그리고 연합과 협력이라는 관점에서 율법의 세 가지 쓰임이 구별되나 분리될 수는 없는 관계리고 결론 내릴 수 있다.

이 장에서는 칼뱅이 공동선을 위해 설계된 율법의 역할을 십계명 논의를 통해 발전시킨다는 사실에 초점을 두었다. 그리하여 십계명이 어떻게 하나님 백성의 공동체를 위해 설계되었는지를 알아보았다. 그것은 자연법의 구체화와 더불어 율법의 제3용법의 구체화와도 관계가 깊다. 위 두 가지 용법의 상호 관계를 살펴봄으로써, 첫째 돌판에서는 하나님을 향한 상호 관계가 어떻게 회복되는지, 둘째 돌판에서는 사람들이 사회에서 어떻게 행동해야 하는지를 규명하였다. 십계명은 짐이 되는 의무를 실행하라는 법적 명령이 아니라, 자발적 윤리 규정에 기반한 감미로운 선물이다. 그것은 제3용법과 비슷한 방식으로 모든 사람의 유익을 위해 주어졌다고 이해할 수 있다.

또한 이 장에서는 두 돌판을 공동선 관점에서 이해하려 했다. 첫째 돌판에서 신적·도덕적 차원 모두에 걸친 칼뱅의 공동선 개념은 공적 맹세가 주는 유익, 그리고 자기부정을 공적으로 고취하는 안식일이 주는 유익으로 드러난다. 그것은 하나님 및 이웃과의 관계 회복을 목적으로 한다. 여기에는 다음과 같은 뜻이 있다. 바로 둘째 돌판이 다층 구조로 이루어져 있다는 사실이다. 이러한 다층 구조는 공동선을 위해 활발하게, 능동적으로 나아가라는 하나님 명령에 신학적-인간학적 토대를 제공할 수 있을지 모른다. 가장 바깥쪽에서 가장 안쪽으로 이동하는 여러 겹의 층위는 다음과 같다. 설득력 있고 긍정적인 경향성 선호, 율법의 제3용법의 역할, 정의와 공평이라는 가치, 인간 연대성과 사회적 책임, 모든 사람 안에 있는 하나님 형상 등이 그것이다. 공동선 견지에서 율법을 바라보는 칼뱅의 역동적 이해 방식을 생각했을 때, 이제 우리는 교회 차원에서 율법의 제3용법이 어떻게 쓰이는지 깊이 탐구해 보아야 한다.

2부

신학적 적용

○

1부에서는 하나님 형상, 성화, 율법에 관한 칼뱅의 신학적 주장이 어떻게 신적·도덕적 차원에서 그의 공동선 개념의 주된 측면을 구성하는지 살펴보았다. 즉, 어떻게 칼뱅의 공동선 개념이 영적·사회적 차원에서 그의 '하나님 형상에 대한 세 부분의 초점', '자기부정과 자유에 대한 삼위일체적 초점', '율법의 상이한 용법과 단계에 대한 통합적 성찰'이라는 서로 다른 세 가닥을 직조한 직물에 비유될 수 있는지 보여 주었다.

그렇다면 칼뱅의 공동선 신학의 토대는 어디에 적용될 수 있는가? 그리고 칼뱅이 자신의 공동선 이론을 제네바 목회에 실천하던 때에 그가 기울인 목회적 노력과 사회적 시도에 대한 조사와 연구를 어떠한 방식으로 수행할 수 있는가?

2부에서는 칼뱅의 공동선 이론이 적용된 교회와 사회 분야를 상세히 설명하는 데 역점을 둘 것이다. 이 분석은 공동선에 관한 칼뱅의 신학적 기획이 어떻게 그의 목회와 사회 참여에 연결되며 구현되는지 실마리를 던져 줄 것이다. 그리하여 공동선과 관련된 정치, 경제, 사회 차원의 논의를 다루는 최근 칼뱅 연구에서 떠오르는 새로운 추세에 관한 타당한 실천적 배경을 제공할 것이다.

4장

교회와 공동선

칼뱅은 일반은총의 보편적 주제를 강조하면서도[1] 자연 세계와 구별되는 신적 선물의 통로인 교회에 주안점을 두며, 교회를 '하나님의 공의와 은혜의 거울'로 묘사한다.[2] 모든 백성을 향해 그들이 원하는 모든 것을 넉넉히 베푸시는 아버지인 하나님의 돌봄은 교회를 통해 나타난다. 이러한 맥락에서 오토 베버(Otto Weber)는 칼뱅과 개혁가들을 '교회의 사람들'로 정의한다.[3] 가톨릭 추기경 사돌레토(Sadoleto)가 개혁가들이 교회를 사유화한다는 의혹을 제기하며 제네바 시를 가톨릭 진영으로 되돌리려 할 때, 칼뱅은 1539년 공개 서신을 보내어 개혁가들이 가진 단 하나의 목적은 "오직 하나님 이름의 영광을 높이려는 열정으로 제네바에서 교회의 안전과 시민 공익을 수립하는 것"이라고 반박했다. 그것은 마땅히 "개혁가들 자신의 사적 이익을 위한 모든 생각과 관심을 넘어서는 것"이었다.[4] 이런 정황을 염두에 두고 교회를 향한 칼뱅의 독특한 생각을 논의해 보자.

그리스도의 몸인 교회와 공유의 원리

16세기에 칼뱅이 제네바 교회의 공동선에 기울인 각별한 관심과 그 신학적 중요성 및 역사적 적절성을 감안하면, 지금까지 그의 교회 교의를 다룬 연구 중에 '교회 공동선'에 중점을 둔 심층 연구가 거의 없었다는 것은 놀랄 만한 일이다.[5]

이 불균형을 바로잡으려면 공동선을 '개념화'(conceptualization)한 칼뱅의 신학 프레임이 무엇인지 명확히 할 필요가 있다. 이전의 연구를 살펴보면 칼뱅 신학의 주된 주제에 관한 논쟁은 여전히 계속되고 있다.[6] 그의 교회 교의에 관해서는 다섯 가지 견해가 있다. 두메르그(Doumergue)의 하나님 중심 접근법, 바르트의 그리스도 중심 접근법, 워필드(Warfield)의 제3의 관점인 성령론, 부틴(Butin)의 삼위일체적 관점, 파티의 '그리스도와의 연합'(Union with Christ)이다.[7] 이 중에서 칼뱅의 저작에 가장 부합하는 견해는 무엇일까? 여기서는 칼뱅의 공동선 신학의 중심에는 '그리스도와의 연합'과 '공동체를 위한 선물'이 있다는 주장을 펼칠 것이다.

하지만 이런 논의를 열기에 앞서, 칼뱅의 공동선 신학에 자리한 성부 하나님의 역할을 간과해선 안 된다. 그의 관점에서 보면 성부께서는 어느 정도 무대 뒤에 계신 듯 보인다. 그리스도의 직접적 역할과 성령의 중재적 역할에 관한 언급과 비교하면 상대적으로 성부는 덜 언급되는 편이다.[8] 그럼에도 성부께서 교회 '복지'를 위한 궁극적 보호자라는 사실은 분명하다. 신자는 성부께서 공동체에 베푸시는 행복의 약속에서 위안을 얻는 법을 배워야 한다.[9] 칼뱅은 이렇게 묘사한다.

예루살렘을 둘러싼 산들은 마치 하나의 거울처럼 전시된다. 그 안에서 사람들은 교회 또한 사방이 벽과 성채로 둘러싸인 것처럼 되어 모든 위험에서 보호받음을 아무런 의심 없이 볼 수 있다. 하나님이 한 몸 같은 백성에게 말씀하실 때마다, 그들 모두에게 그분 자신을 개별로 말씀하신다. 적지 않은 약속이 교회 전체의 몸에 일반적으로 미치고 확장되듯, 백성들은 하나님이 교회에 공동으로 하신 약속이 무엇이든 그 약속이 각자에게도 모두 해당하는 것으로 적용한다. (『시편 주해』 125:1-2)

이를 염두에 두고, 교회 공익에 '그리스도와의 연합'이 갖는 중심 기능을 논의해 보자. 첫째로, 이 연합으로 실현되는 '그리스도 중심적 인간학의 자리' (a Christ-centred anthropological locus)가 없다면, 공익을 위한 삶은 어떠한 인간적 소통으로도 얻거나 구현될 수 없다.[10] 칼뱅에게 그리스도와의 연합은 교회 공동선을 위한 '요새'이고, 교회 공동선은 그리스도와 연합한 신자가 사는 목적이다. 여기서 그가 그리스도를 교회의 '공유 재산'(the shared inheritance)인 공동선으로 인식하는 점은 주목할 만하다.

우리는 그리스도 안에서 의롭게 된다. 그 결과 그분이 우리와 분리되길 원하시지 않는 한 우리는 하늘 영광을 얻을 수 있다. 이것이 그분이 제자들을 당신의 형제로 부르시는 까닭이다. 그리스도께서 이 말을 쓰신 것은 제자들을 향한 형제 사랑을 보여 주시기 위해서다. 제자 요한이 잘 표현했듯, 어떤 일이 생기더라도 그리스도는 우리에게 공유되는 유산이시다. (『마태복음 설교』 28장)[11]

또 칼뱅이 말했듯이, "하나님은 우리를 한 몸처럼 묶으신다. 그리고 이웃을 위해 자신을 쓰도록 하신다. 그 누구도 자신을 위해 주어지지 않았고, 공동으로 있는 서로를 위해 주어졌다."[12] 그리스도 안에서 연합은 하나님의 진리에 대한 그리스도의 확고한 가르침에 근거한다. 진리 안에서 하나가 된 믿음을 고백하는 것은 신자들을 동일한 마음과 영혼을 지닌 사랑 공동체로 이어 주는 영구한 초석이 된다. 교회 공동선은 이러한 같은 마음을 공유하는 활동으로 이루어진다. 신자들이 '그리스도의 신비로운 몸' 안에서, 한 믿음과 소망과 사랑과 성령 안에서 살아가기 때문이다. 여기서 성부는 공동의 아버지, 성자는 공동의 머리, 성령은 성도의 능동적 교제를 활성화하는 효력이 되신다. 그러므로 윌레스가 분석하듯이, 신자의 성화는 고립된 개인이 아니라 그리스도의 죽음과 부활이 깃든 교회 공동체의 교제에서 발견된다.[13]

다음으로 '성도의 교제'가 중요하다. 그리스도 중심 인간학을 공유하는 이 교제는 '그리스도의 사회'가 작동하는 활동 양식(mode)으로, 그 안에 공익을 위한 다양한 선물이 자리한다.[14] 여기서 칼뱅의 제네바 교회 교리문답서에 나오는 '성도의 교제'(sanctorum communion)라는 용어가 화해를 위한 '그리스도의 몸'과 동일시되는 점은 주목할 만하다.[15] 칼뱅은 모든 지체의 공동선을 위한 신자의 활동을 보여 줌으로써 그리스도의 몸을 나타내는 '성도의 교제'라는 정의와 특징을 논증하고 있다. 그리스도인은 "그리스도의 영적이고 신비한 몸"이 되도록 부름받았다.[16]

칼뱅은 그리스도의 몸에 초점을 두면서 그리스도와 인간이 어떻게 같은 본성을 갖는 한 인격을 구성하는지 설명하고자 바울과 모세의 언어인 남편과 아내라는 말을 쓴다. 이 본성은 인간적 본성이 아니라 도리어 성령의 능력에 따라 성취된다. 칼뱅이 창세기 2장 주해에서 말했듯이, "아내는 남편의 살과 뼈로 형성되었다. 우리와 그리스도의 연합이 그러하다. 그리스도는 우리가 그분의 본체(substance)를 어느 정도 나누어 갖게 만드신다. 우리는 그의 뼈 중의 뼈요, 그의 살 중의 살이다."[17] 칼뱅은 인간 몸의 언어가 그리스도와 신자 사이에 '신비한 교제'를 드러내는 실체적 은유이기에, 혼인의 언어도 그리스도의 신비한 몸과 교회를 역동성 있게 비유하는 방식으로 본다.

이 신비한 연합은 어떻게 칼뱅의 공동선을 비추고 있는가? 이 연합은 교회의 유기적 존재 방식을 적절히 설명한다. 칼뱅에게 "교회는 유연성 없고 엄격한 기구가 아니라 하나의 살아 있는 유기체로서 상호 섬김과 도움의 공동체"다.[18] 즉, 교회는 정적인 구조로 이루어져 있지 않은, 살아 있어 생명을 주는 공동체다. 교회의 유기적 특징은 "우리 안에 계신 그리스도의 행동"을 통한 공동체적 성화로 이해될 수 있다.[19] 지체에 비유된 신자의 '상호 사랑'은 교회의 유기적 본성을 보여 준다. 교회에 관한 칼뱅의 저작 속에는 신비적 몸 개념, 그리스도를 중심으로 삼는 교제, 교회 직무의 영적 특징이 나타난다.

이 교회의 유기적 특징 중 칼뱅이 공동체 관점에서 특별히 언급하는 점은, 공동체가 교회 섬김의 위계적 구조 질서가 아니라 수평적 상호 소통을 바탕으로 이루어진다는 사실이다. 여러 가지 선물을 나누는 지체는 동등한 가운데 서로 의지하며 '붙어' 있어야 한다.[20] 교회의 유기적 구조는 동등한 인권과 사회 지위를 공유하는 동료 간 상호 섬김이라는 토양에 뿌리내린다. 하지만 이러한 평등한 파트너십의 유기적 특징은 그저 재능을 갖춘 지체뿐 아니라 다양한 수준의 역량을 지닌 지체에게도 해당된다. 교회는 연약한 지체가 주는 불편과 영예로운 지체가 주는 유익을 동등한 것으로 여기므로, "수치를 수반하거나 덜 아름다운 부분", 심지어 더 큰 염려를 가져오는 "덜 영예로운 부분"을 위한 돌봄 시스템을 소중히 여긴다. 그렇게 함으로써, 신자는 "몸 전체의 공통 수치"를 피하면서 '몸의 안전'을 확보하는 독특한 길을 따를 수 있다.[21] 이에 비추어 볼 때, "호혜, 교화, 섬김"은 낮은 형제를 돕고자 애정을 기울이고 그들에게 적응하며 배려하는 것을 뜻한다. 또한 하스(Hass)가 제언하듯이, "그것은 공동의 선을 위해 모든 동료 신자를 세우고자 은사와 자원을 나누는 일을 포함한다."[22] 교회는 유기체로서 신자가 모든 면에서 그리스도에게까지 자라 가는 영적 '디자인'을 제시한다.

칼뱅은 이러한 성장을 어머니의 사랑이라는 이미지로 설명한다. 이 사랑은 교회가 "공동의 어머니"로 행하는 사역을 위한 보편적 사랑이며, "그리스도의 몸을 세우는 일을 성취하는" 자양분 역할을 한다.²³ 유기적 교회는 지체가 긍정적이고 활력 있게 선을 소통하도록 돕는다. 이 유기적 공간에서 신자는 하늘 아버지의 사랑을 받는 자녀로서 '기뻐하는 마음'을 가지고 자발적으로 소통하며 교제한다.²⁴

칼뱅이 교회의 유기적 특징과 관련하여 교회를 신비로운 몸으로 정의하며, 이 은유로 몸의 영적 실재를 표현한다. '신비로운 몸'은 그리스도와 신자가 실체로 혹은 존재론적으로 융합하는 것을 뜻하지 않는다. 그런 주장을 하는 오시안더(Osiander)를 반박하는 칼뱅의 주장은 '그리스도와 교회 사이의 영적 연합'을 함의한다.²⁵ 리스(Leith)가 말했듯이, "성령은 신자를 그리스도와 연합하는 끈일 뿐만 아니라 신자에게 생명을 주시는 영으로, 신자는 그분을 통해 그리스도의 은혜를 받는다."²⁶ 신비롭고 인격적인 연합은 실체적 감각으로는 이해할 수 없다. 오직 연합의 끈이신 성령으로 이해해야 한다. 영적 연합은 그리스도와 신자 혹은 신자들 사이에 실재하는 관계를, 또한 성령의 선물 나눔을 이해하는 데 중요하다.

유기적 교회는 가시적이면서도 비가시적이다. 또한 영적 일치와 물질적 연대를 나타낸다. 가시성과 비가시성에 관해 칼뱅은 교회를 선택받은 이에게 국한하지 않고 외형적 교회와도 연결하면서 성도의 교제를 그리스도와의 신비로운 연합과 교제의 토대 위에 둔다.²⁷ * 칼뱅은 교회의 일치와 연대를 말하면서, 가난한 사람도 그리스도의 지체이므로 동일한 은혜와 영에 참여하려면 교회 안의 부자 지체가 소유를 나누어야 한다고 믿었다. 부자는 영적 유대에 따라 재화를 분배하는 역할을 한다.²⁸ 따라서 영적 일치나 단순한 물리적 연대만으로는 교회의 공익적 가치가 충분히 평가될 수 없다.²⁹ 눈에 보이는 교

---

* '그리스도의 존재 양식'과 그 공동선 지향성에 대해 칼뱅이 이해하는 내용은 주로 바울의 교회 교의에 힘입고 있으며 부분적으로 아우구스티누스와 부서에 힘입었다.

회는 공익을 위한 영적·물질적 자선에 참여할 때 '하나님의 진정한 교회'인 눈에 보이지 않는 교회로 통합될 수 있다.[30]

결론적으로 유기적 교제와 영적 연합과 물리적 연대까지 구성하는 '신비로운 몸'인 교회는 단지 하나님께 선택받은 백성만이 아니라 이 세상에서 하나 된 "선물을 나누는 공동체"로 받아들여진다.[31] 칼뱅은 교회를 기독교 인간학적 측면과 실천적 측면에서 이해한다.

우리는 다음과 같은 질문으로 다시 돌아온다. 교회의 머리이신 그리스도는 그분의 몸인 교회의 공동선을 위해 어떤 본보기를 보여 주시는가?[32] 칼뱅은 기독론의 공동체적 함의에 담긴 핵심 요소를 삼위일체 맥락에서 살펴보며 이 질문에 대답한다. 이제 성령의 은사에 연관해서 교회 공동선에 관한 그의 생각을 살펴보자.

교회 공동선을 위한 성령의 선물

칼뱅은 그리스도가 공동선을 위해 성화된 삶의 모델이라는 점을 명쾌하게 드러냈다. 이러한 기독론 모델은 실제로 어떻게 신자에게 전달될까? 그가 볼 때 그리스도와 동일화되는 과정은 '단 하나의 이례적인 하나님의 선물'이다. 그것은 마음과 이성에서 활동하는 믿음을 통해서만 실현된다.[33] 이 믿음을 활성화하시는 분이 성령이다. 칼뱅은 "믿음을 성령의 주요한 일"로 강조한다.[34] 그리스도와 동일화된 신자들은 하나님께 입양된 자녀로 성화되고 공동생활 속에서 함께 자라난다. 그런 점에서 공익적 성화의 삶은 기독론적이다. 마찬가지로 이러한 삶은 공익의 모델인 그리스도를 충실히 따르는 신자가 성령을 통해서만 그리스도와 동일화가 이루어진다는 점에서 성령론적이다.[35]

개혁주의 전통에서 성령의 역할은 믿음과 거룩함 안에서 그리스도와의 연합과 관련된다. 말씀과 성화에서 성령의 역할은 그동안 충분히 다루어졌다.[36] 그러나 눈에 보이고 감지할 수 있는 은사를 신자에게 베푸시는 성령의 사역은 비교적 소홀히 취급되었다.[37] 팍스(Parks)가 진술했듯이, "선물이 없는 은혜를 주장하면 하나님의 은혜가 좌절된다. 은혜가 추상적인 것에서 나와 구체적인 것 속으로 들어가게 하려고 선물이 있다. 만약 행함 없는 믿음이 죽은 것이라면, 선물 없는 은혜 역시 죽은 것이다."[38] 이처럼 헤세링크 같은 개혁주의 신학자들이 은사주의의 한계에 유념하면서도 은사주의에 개방적인 태도로 대하며 이를 긍정하게 된 것은 최근 일이다.[39] *

이제까지 개혁주의 전통의 성령론에서 선물 영역이 다소 간과된 까닭에, 칼뱅의 교회론에서 공동선이 갖는 중요성에 관한 연구도 은사주의 성령론 관점에서 충분히 다루면서 발전하지 못한 것으로 보인다.[40] 이제는 소홀했던 이 영역을 상세히 다루어야 한다.

윌리스(Willis)가 언급하듯이, 칼뱅은 은혜와 선물이 항상 "성령과 지속적으로 관계하는 그리스도의 인격과 사역"과 "그리스도와 지속적으로 관계하는 성령의 실재와 사역"이란 맥락 가운데서 연결된다고 믿는다.[41] 칼뱅에게 그리스도는 은혜와 선물을 위한 근거로 이해된다. 그리스도는 삼위일체적 조명으로 성령을 수여하시는 '은혜와 선물의 저자'다.[42] 칼뱅은 그리스도가 세례를 받으신 의미도 그분 자신을 위해서가 아니라 자기 백성을 위한 것이라는 관점에서 논의를 전개한다. 성령이 오심으로 우리에게 없는, 그래서 비어 있던 풍성한 은사가 그리스도 안에 있음을 알게 된다. 성령으로 "마음에 불이 붙으면서", "그들의 악덕이 가라앉게 되며", 그리스도의 '신적 선하심'에 대해 지

---

* 그는 오순절 교인들이 주목하는 성령의 역사의 개인적·즉각적 측면과 개혁주의 전통에서 강조하는 성령의 지속적·집합적 나타남은 서로를 필요로 한다고 결론 내린다. I. John Hesselink, "The Charismatic Movement and the Reformed Tradition", in *Major Themes in the Reformed Tradition*, ed. Donald McKim (Eerdmans, 1992), p. 384.

적으로 명확하게 인지하며 자발적인 순종을 하게 된다.[43] 신자들은 이러한 방식으로 성령의 은혜와 선한 열매를 맺는 힘을 얻는다.

칼뱅은 바울이 지체에 비유한 은혜와 선물의 신학을 기반으로 하면서, 은사의 공동체적 함의를 교회 차원에서 탐구한다. 칼뱅은 공동선 사상을 수립하는 과정에서 바울의 입장을 중심에 두고 "성령의 선물의 공적 유익"의 정의, 특징, 목적에 관한 생각을 펼쳐 갔다. 그는 고전적·도덕적 차원에 초점을 맞추고자 신약 주해 밖으로 시선을 돌리지 않았다. 대신에 지속적으로 신적·사회적 차원에 천착했다. 그리고 성경의 맥락에서 '교회 공동선' 원리에 따라 '성령의 선물'을 논했다.

우선, 칼뱅은 고린도전서 14장 주해에서 '선물 수여'라는 말을 쓰며 은혜 개념을 다음과 같이 정의한다. 은혜는 선물의 토대이고, 선물은 은혜의 실천적 작용이다. 칼뱅은 성령의 열매를 성령의 은사를 실천하기 위한 '작동 기저'(operational basis)로 인식하며 이렇게 말한다. "모든 미덕과 적합하게 조절된 모든 정서는 성령에서 나온다. 즉 하나님의 은혜에서 나온다."[44] 이 열매들은 교회의 유익을 위해 성령에 의해 그리스도 안에서 주어지며, 갱신된 성품으로 나타난다. 예를 들어 성령의 열매인 기쁨은 "동료를 향한 기꺼운 행동"을 만들어 낸다.[45] 성령의 열매는 '하나님 은혜'와 '공동체의 유익'을 위해 선물을 올바르게 쓰도록 연결하는 작용을 한다.

칼뱅은 '하나님께 은혜의 선물을 받아 구성되는 교회'의 유기적 특징을 어떻게 드러내는가? 그는 이 주제를 탐구하고자 바울의 시체 은유로 되돌아간다. 그는 아그리파(Menenius Agrippa)의 비유를 인용하며 지체 은유는 교회의 경우에만 적용되지는 않는다고 주장한다. "인간 사회나 회합도 한 몸이라고 한다. 하나의 도시는 하나의 몸을 구성하고, 같은 방식으로 하나의 의회와 하나의 백성을 구성한다."[46] 칼뱅은 교회와 국가는 본질적 차이가 있다고 인정한다. 국가는 단순히 정치적 몸이지만 교회는 그리스도의 영적·신비적 몸이기 때문이다. 칼뱅은 지체의 상호성에 관해 바울과 아그리파의 비슷한 생각을 관찰하며 얻은 성경적·고전적 은유로 그의 기독교 인간학에 공익을 위한 공간을 확보했다.

칼뱅이 펼치는 '그리스도의 몸 신학'에서 다양하게 수여되는 선물이 갖는 공동체적 함의는 무엇인가? 그리스도는 한 지체에게 모든 은사를 맡기지 않으신다. 오히려 신자들이 연대, 일치, 상호 의존하도록 성령의 은사를 다양한 방식으로 맡기신다. 이를 이해하려면 다음 몇 가지 요점을 살펴보아야 한다.

첫째로, 그리스도인의 삶에는 상호 존중, 겸손, 소박함 위에 세우는 신적 질서가 있다. 칼뱅은 각자에게 주어진 '은사의 제한된 양' 때문에 어떤 개인도 모든 것을 책임질 수 없다고 말한다.[47] 이러한 신적 질서는 사회적 협력과 공동체 활동을 격려하고자 고안된 시스템이다. 사회적 협력을 위해 각자는 자기 자리에 머무르면서 섭리에 복종해야 한다. 하나님이 정하신 배열에 순종하면서 다른 사람을 향한 사랑과 관심을 드러내며 공익에 관심을 두어야 한다. 부당한 야심을 채우고자 선물에 접근해서는 안 된다. 칼뱅은 로마서 12장 주해에서 이렇게 말한다.

몸의 공익을 위해 누구라도 온갖 선물을 모조리 차지해서는 안 된다. 형제를 경솔하게 멸시하지 않으려면 이는 필수다. 은사는 각자 제한된 몫을 받는다. 각자 자기 은사를 교회의 건덕을 위해 사려 깊게 나누어야 한다. 자신의 할 일을 떠나면 다른 사람이 할 일을 침해할 수 있다. 교회의 안전은 아름다운 질서와 조화로 유지된다. 하나님께 받은 것을 모두에게 나누는 방식은 다른 사람을 방해하지 않으면서 나누는 것이어야 한다. (『로마서 주해』 12:6)[48]

둘째로, 성령의 선물 수여 체계는 다른 사람과의 경쟁을 차단하고 다른 사람을 위해 선한 일을 수행하도록 격려한다. 칼뱅이 말했듯이, "하나님은 다양한 은사를 분배하시고, 모든 사람은 자기 능력의 크기에 맞게 행동한다. 자기 몫에 만족하는 것이다. 그리고 다른 사람의 직무를 침해하는 일을 자진해서 삼간다. 자기가 소유한 능력에 따라 몸 전체의 공동 유익에 기여하려면 모든 일에 얼마나 부단한 노력을 기울여야 하겠는가!"(『로마서 주해』 12:4)[49]

셋째로, 선물 수여 체계는 '다면적 단일성'과 '조화와 균형'으로 일치를 추구한다.[50] 그것은 선물의 다양성이 부조화와 대립으로 이어질 필요가 없음을 뜻한다. "음악이 다양한 음조로 감미로운 멜로디를 만들어 내듯이" 선물의 다양성은 모든 상황에서 지체 간 조화를 촉진하고 견고하게 한다.[51] 이를 보이고자 칼뱅은 고린도전서 12장 주해에서 자연에서 영감 받은 은유를 쓴다. "신자는 상이한 은사를 받는다. 모든 사람에게 각자 가진 것은 그 무엇이라도 성령에 빚지고 있다는 사실을 인정하자. 하나님은 태양이 사방으로 빛을 확산하듯 선물을 쏟아내는 일을 시작하시기 때문이다."[52] 이렇듯 성도의 교제를 구현하는 데 도움을 주는 다양한 선물 분배는 "성령께서 동기를 부여하는 대인 관계적 나눔 과정"이다.[53] 성령의 선물 수여는 상호 교제와 소통으로 일치를 만들고 유익을 나누게 하시는 신적 의도를 포함하는 교회의 존재론적 정체성에 어울린다. 이는 마치 "몸 안에 있는 신적 저수지처럼 사랑의 실천을 통해 세상을 다시금 신선하게 한다."[54]

우리는 선물 수여의 공동체적 함의를 염두에 두고, 그 결과 수립된 교회의 다양한 직무에 관한 칼뱅의 생각을 살펴볼 필요가 있다. 성도의 교제와 소통은 성령께서 상이한 선물을 분배해 주시는 것만으로는 온전히 실현되지 않는다. 은사에 뒤따르는 다양한 식무노 간과해서는 안 된다.[55] 이런 관섬에서 방넬이 강조했듯이, "사역의 다양성은 성령의 다양한 은사에 부합하여 세워진다."[56]

칼뱅은 바울의 지체 은유에 기독교 인간학 담론을 펼치면서, 다양한 직무가 교회의 영적 공익을 위해 은사를 활용하는 통로가 될 수 있다고 제안한다.

자연 질서에서는 먼저 은사가 주어진 후 직무가 행해진다. 개인이 하나님께 받은 모든 것을 공익에 도움이 되도록 만들어야 한다는 바울의 가르침처럼 교회 직무도 그러한 방식으로 분배해야 한다고 선포된다. 모든 직무는 일치된 노력으로 그분의 기준에 맞추어 교회와 각 개인을 교화한다.(『고린도전서 주해』 12:27)

이제 교회 공동선에 관한 칼뱅의 견해가 성령의 선물 수여와 관련하여 어떻게 구체화되는지 살펴보자. 이로써 그가 말했던 바를 좀더 정확히 이해할 수 있다. 충실한 설명을 위해 두 가지 논점을 다시 짚어 본다.

먼저, 칼뱅의 교회 공동선 개념이 그의 '건덕'(健德) 혹은 '교화'(教化)라는 용어와 깊은 연관 관계가 있다는 사실에 주목해야 한다. 그는 '건덕의 처음 자리'를 이렇게 정의한다. "모두가 각자 부여받은 독특한 은사에 따라 모두의 유익을 위해 선물을 펼치는 것을 목표로 삼게 하자."[57] 교회의 건덕은 공익을 위해 선물을 경륜 질서 속에 두는 것을 뜻한다. 건덕은 바로 자기부정의 삶에 근거를 둔다. 여기서 '모든 사람'이라는 말은 하나의 특정 선물을 받은 모든 이를 언급하는 것으로 해석된다. 칼뱅이 볼 때 교회의 공동선 개념을 가장 적절하게 표현하는 말은 '건덕'이다. 그가 공동선 신학을 건축하는 데 '건덕'을 꾸준히 강조한다는 사실은 중요하다. 스티븐슨(Stevenson)이 말했듯이, 칼뱅이 제시한 '건덕'의 주요 사례로는 논리 정연한 교리 교육, 공립 초등 교육, 평화의 일치를 위한 교제, 종교 양심수 석방, 목회자 훈련, 교회의 건강과 능력, 가난한 사람의 신체 건강이 있다.[58] 스티븐슨은 '건덕'을 영적·정신적·신체적 성장 등 다각적 측면에서 분석했다. 이는 칼뱅이 영적·물리적 차원에서 공동선을 어떻게 인지하는지 이해하는 데 도움이 된다. 칼뱅은 '건덕'이라는 용어를 쓸 때 언제나 이를 전제한다. "우리는 단순히 한 시민사회의 일원일 뿐만 아니라 그리스도의 몸에 접목된 존재로서 참으로 서로 지체가 된다."[59]

둘째로, 칼뱅은 성령의 은사에 대한 자랑, 야망, 잘못된 경쟁의식으로 다른 사람의 은사를 무시하는 일을 막기 위해 교회의 공동선이라는 용어를 활용했다.[60] 이를 통해 자기 은사를 과시하지 않고 실용적 지혜로 선물을 제대로 쓰는 원리를 가르치고자 했다. 교회 지체들은 각자도생하는 방식이 아니라 하나님의 경륜에 따라 서로 조력한다. 칼뱅이 에베소서 4장으로 설교했듯이, "우리 중 그 누구도 자신이 필요로 하는 기술과 선물을 다 가지고 있다고 감히 생각해서는 안 된다. 그리고 더 많은 재능을 받으면 교회의 공동선을 위해 선물을 써야 할 의무가 있다. 우리는 그리스도로 말미암아 이 선물을 가졌기 때문이다."[61]

칼뱅이 선물 신학의 공동체적 가치를 논하고자 쓴 말은 바울의 교회 교리에 크게 힘입는다. 그렇다면 칼뱅은 교회의 공익이라는 원리를 신적 경륜에 담긴 은사의 가치를 측정하는 기준으로 쓰고 있는가? 그가 예언 은사와 방언 은사를 비교했던 방식은 교회의 공적 유익을 위한 선물의 특징을 밝히는 유용한 도구가 될 수 있다.

먼저, 칼뱅이 예언 은사를 공동체를 위한 선물로 이해한다는 점이 중요하다. 그는 사도행전 15장 주해에서 예언 은사를 예고(foretelling)하는 은사와 교화(edification)하는 은사로 구별했다.[62] 사도행전에서 사도들이 전하는 복음은 교회를 세우는 데 필수였다. 따라서 예고(foretelling)하는 은사가 중요한 역할을 감당했다. 그 '놀라운 은혜들'로 교회는 터를 잡았다. 이 은사는 공익적 가치를 포함했다. 하지만 칼뱅은 성경 메시지를 이해하고 해석하며 가르치는 예언(forth-telling) 은사를 더욱 강조했다. 처음 교회를 세울 때에는 초자연적으로 장래를 예고하던 능력이 중요했지만, 확립된 교회가 지속적으로 자라는 데 도움을 주는 것은 말씀의 뜻을 가르치는 예언 은사였기 때문이다.[63]

이 대목에서 방언의 은사와 그 공익적 가치에 대한 칼뱅의 이해를 숙고하는 것은 흥미로운 일이다. 첫째로, 칼뱅은 상호 소통이라는 공익적 관점에서 방언 은사를 평가한다. 그는 "합리적·이성적 이해력이 없는 방언"을 땅 속에 감춰진 보화로 묘사했다. 이해할 수 있게 해 주는 예언 은사와 견주어 보면, 방언 은사가 소통하는 감각을 위한 것은 아니기 때문이다.[64] 둘째로, 방언 은사는 자기중심적 태도, 환희, 야망, 허영, 과시를 불러일으키고자 주어진 것이 아니다. 이 은사는 자발적 절제와 공적 유용성으로 공동체적 삶을 함양하기 위한 것이다. 그런 점에서 칼뱅은 방언 은사 역시 '모든 이의 선'과 '교화 목적'을 위해 디자인되었다고 생각한다.[65] 셋째로, 모든 은사를 공적으로 쓰는 데 가장 중요한 요소는 사랑의 원리다. 칼뱅은 고린도전서 13장 주해에서 사랑을 "하나님의 선물에 내재된 단 하나의 규칙"으로 본다. "모든 사람은 자기 믿음과 소망에서 어떤 이익을 끌어내지만, 사랑은 그 이득을 다른 사람에게 베풀기" 때문이다. 하나님의 '감탄할 만한 선물'이 야망보다는 사랑과 연합할 때 인간 안에 숨겨진 이기심이라는 가면이 벗겨진다. 인간은 이기심을 발휘하는 대신 '진실한 너그러움'을 되찾게 된다.[66]

마지막으로, 칼뱅은 복음의 나눔과 교회 설립과 발전, 즉 "교회의 일반 교화"(in communem ecclesiae adificationem)가 방언 은사를 이해하는 데 가장 중요한 공적 가치라고 믿었다.[67] 복음이 시작될 때 하나님이 처음 분배하셨던 은사는 오랫동안 작동을 멈추었다. 하나님의 본래 의도였던 공익보다는 개인 사욕을 도모하는 자들이 은사를 남용했기 때문이다. 칼뱅은 '교황주의자'와 '열광주의자' 모두 방언 은사를 오용하며 참된 교회의 자리에서 벗어났다고 비판했다. 그가 "하나님의 선하심이 나타나는 통로"인 초자연적 은사와 기적

이 중시되는 맥락을 교리적으로 제시할 때도 은사의 공익적 가치에 그 초점이 있음을 알 수 있다.[68]

이처럼 교회 차원의 공동선에 관한 칼뱅의 입장을 깊이 탐구하려면 꼭 "그리스도의 몸인 교회"와 "교회의 건덕을 위한 성령의 선물 수여"를 연결시켜 연구해야 한다. 그러면 칼뱅은 교회의 공익적 가치를 구현하는 신자에 대해 무엇을 말하는가? 이 질문에 답하려면 기도와 성례, 공적 직무, 교회 공동재산에 대한 칼뱅의 통찰을 논의해야 한다.

교회 공동선을 위한 기도와 성례

칼뱅의 기도와 성례 신학의 공익적 함의를 탐구하면, 그것이 그의 공동선 사상에 어떤 영향을 미치는지 알게 된다. 칼뱅의 기독론 안에 나타난 공동선의 역할과 교회론 안에 나타난 공동선의 역할 사이에서 하나의 신학적 연결고리가 보인다. 이것이 기도, 세례, 성찬에 대한 그의 신학을 이끌고 있다.

공적 기도

먼저 칼뱅의 기도 신학을 공동선 관점에서 살펴보자. 그는 신자의 기도가 자기중심적·개인 지향적이어서는 안 된다고 주장한다. 대신에 기도가 "그들 관심사를 교회 전체의 몸으로 향하도록" 해야 한다.[69] *

---

* "만일 어떤 것을 필요로 하는 모든 사람을 위해 진지하게 기도할 때, 하나님이 기도를 들어 주셔서 그들에게 생활의 번영을 위해 필요한 모든 것을 베푸셨는데 우리가 다시 그것으로 인해 노여워한다면, 이는 우리의 기도가 위선이고 거짓임을 증명하는 것이다. 만일 하나님이 성령의 좋은 것들을 소수에게만 베푸신다면, 그것은 공익과 교회를 위한 것이다. 우리는 모든 면에서 하나님이 바라시는 사람이 되있을 때 기뻐할 수 있으니, 농시에 농료들이 잘되는 것을 즐거워해야 한다"(『갈라디아서 설교』 5장, CO 51:57). "교회에서 가르치는 이들을 위해 기도해야 한다. 이를 무시한다면, 이는 우리의 영적 생활 혹은 교회 전체의 공동선을 중요하게 여기지 않는다는 표지다"(『에베소서 설교』 6:19-24, CO 51:851).

신자의 "개인 슬픔에서 생겨나는" 기도는 필연적으로, 다윗의 시편 기도가 그랬던 것처럼 역경에 처한 교회를 위한 중보기도의 일부가 된다. 교회를 위한 기도는 "중단 없이 계속하는 그리스도의 중보의 반향"과도 같다. 신자가 자기중심적 기도에서 벗어나 '공적 인격'의 옷을 입고 전체를 위해 '공동으로' 기도할 때 성령의 역사가 나타난다.[70] 이러한 반향을 가져오는 원음인 그리스도의 중보기도가 실제로 어떻게 신자들의 공동체 기도에 전달되는지 살펴보는 것이 중요하다.

칼뱅에게 성부 하나님은 신자들이 드리는 기도의 대상이며, 하늘 보화를 소유하신 분이고, 모든 선한 것의 주인이자 수여자다. 그리스도와 연합한 신자의 기도로 불행은 신적 행복으로, 곤궁함은 신적 부요함으로 바뀐다. 교회의 영적 원리는 "선한 모든 것을 갖지 못한" 신자들이 "넘쳐흐르는 샘"과 같은 그리스도께 자신들의 유익을 위한 필요를 간구할 수 있다는 것이다.[71] 칼뱅은 신적 은혜를 중보하시는 그리스도만을 묘사하지 않는다. 그는 그리스도를 신자들이 중보 사역에 참여하도록 불러 주시는 분으로도 묘사한다. 이는 하나님의 아들의 원형이라 할 수 있는 다윗의 기도에 대한 언급 속에서 드러난다.[72]

그리스도는 공동체를 중심으로 하는 기도를 위해 스스로 본을 보이시고 "교회와 나라를 위하여 중보하는 극히 중요한 임무"를 신자들에게 맡기신다. 이런 일은 공동선을 바라는 신자들의 청원을 받은 성령에 의해 일어난다. 이는 대접받고자 하는 그대로 이웃을 먼저 대접하라는 그리스도의 명령을 따른 결과로 나타난다. 이 능동적 기도는 기도에 대해 칼뱅이 취하는 관점을 이해하는 데 매우 중요하다.[73]

칼뱅에게 그리스도와 신자들의 연합은 기도의 공동체적·외향적(outward-looking) 초점을 위한 토대다. 중보자 그리스도는 기꺼이 베푸시며 값없이 돌보시는 사랑의 양식 안에서 신자들의 기도를 하나 되게 하시고 그분 자신의 기도와 연합되게 하신다.[74] 비슷한 맥락에서, 비엘레가 강조했듯이, '특히 기도 안에서 교회의 교제'는 '그리스도 안에서 창조된 새로운 인간'으로 칭하는 진정한 인간학을 활성화하며 실현시킨다.[75] 칼뱅의 '공유된 기도' 신학은 그의 공동선 사상과 긴밀한 관련을 맺는다. 둘 다 성화의 관점 위에 세워지고, 그리스도 안에 있는 이중 은총 개념을 바탕 삼는다. 공적 기도는 능동적 공동생활에서 성화된 몸을 재강화하는 기능이 있다.[76] 칼뱅이 가톨릭교회의 공동 유산 교리를 반박하는 것은 칭의에 대한 그의 견해와 밀접한 관련을 맺으며, 칭의 역시 동일한 이중 은총 개념에 바탕을 둔다.*

그러므로 칼뱅의 기도 신학은 그리스도 중심이면서도 동시에 교회 중심으로 이해해야 한다. 공적 기도는 백성들의 교제를 촉진하기 위해 만들어진 '성전'이라는 지정된 공공장소에서 드리기로 약속된 기도다.[77] 안식일의 경우와 같이 공적 기도는 사람들 사이에서 '공동으로 합의'(communi consensus)한 바에 따라 세워진다.[78] 공적 기도를 위해 지정된 시간을 어느 때로 하든지 "하나님과는 상관없다. 사실 공식으로 정해진 시간에 드리는 공중 기도는 모두의 편의를 위한 합의 속에서 약속된 시간이다."[79] 칼뱅은 "어떤 비밀스러운 성스러움"이나 공적 장소가 "기도를 더 거룩하게 만들어 준다"고 주장하지 않았다.[80] 오히려 연대성을 지닌 공적 기도야말로 개인 번영에만 몰두하여 영적으로 무기력한 신자들을 박애의 기도로 이끄는 효과적인 방법이다. 이러한 박애의 기도는 "갖가지 힘든 곤경"에 처한 친구들을 위한 간구를 목적으로 한다.[81]

특히 칼뱅은 공적 기도가 교회에 유익을 주는 까닭은, 공적 기도가 믿음

• 칼뱅이 볼 때, 비록 칭의는 "삶의 새로움이라는 선물"과는 다르지만, 선한 행위를 위한 자극제(고무, 격려)다. 그리고 신자와 그의 선한 행위는 가톨릭의 공로 행위 교리와는 달리 하나님의 은혜를 필요로 한다. Stanford Reid, "Justification by faith according to John Calvin", in *An Elaboration of the Theology of Calvin*, pp. 216-218.

을 서로 고백하는 기도일 뿐만 아니라 서로의 죄를 진실하게 고백하는 기도이기 때문이라고 말한다.[82] 공적 기도라는 맥락에서, 칼뱅은 서로 죄를 공개적으로 고백하기 위한 공적 금식을 명확히 언급하며 교회의 유익을 위한 기도의 역할을 말한다. 칼뱅은 금식에는 세 가지 목적이 있다고 설명했다. 첫째 목적은 "육신을 약화시키고 복종하게 만들기 위함"이다. 그러나 사람마다 신체 구조와 건강 상태가 다르기에 금식은 개인 차원에서 이루어진다고 보는 것이 적합하다. 둘째로, 금식에는 모든 교회와 신자가 기도와 묵상에 깊이 잠길 수 있도록 준비시키는 목적이 있다. 이는 공적·개인적 기도 모두에 해당한다. 금식의 세 번째 목적은 전쟁, 전염병, 재난 같은 '공동의 채찍'이란 곤경에 함께 처했을 때, 공동체가 함께 공동의 죄를 고백하여 모든 사람이 회복의 길로 나아가도록 만드는 것이다. 교회 전체의 공익이라는 관점에서 세 번째 목적이 가장 중요하다.[83]

특히, 칼뱅은 공적 기도가 신자들이 공유하는 일상 언어를 선택할 때만 "교회 전체의 건덕"을 위해 온전히 쓰일 수 있다고 보았다.[84] 그는 16세기 유럽의 신자들이 이해할 수 없는 라틴어로 기도하는 가톨릭교회의 관행을 비판했다. 라틴어로 하는 공적 기도는 뜻이 통하지 않아 아무 뜻을 갖지 못하는 난센스가 되어 버렸다. 이는 기도의 본래 목적이라 할 수 있는 교회 공익에 비추어 보았을 때 더욱 그러했다. 칼뱅은 공기도의 언어가 신자들 각자의 특유하고도 개별적인 기도가 된다는 면을 배제하지 않는다. 그러면서도 그 기도가 공적 관심사와 공동 우애(publico animo)를 담는 기도가 되기를 촉구한다.[85] 그는 모든 신자가 그들 자신과 전체인 공동체를 유익하게 하려면 "특별한 애정을 갖고" 기도해야 한다고 다음과 같이 강조했다. "비록 기도가 개인의 표현이라 해도, 이러한 목적을 향하도록 지시받았기에 그 기도는 계속해서 공동의 것이다."[86] 기도의 공동체 정향(定向)에 대해 칼뱅은 1536년 『기독교 강요』

에서 이렇게 설명한다.

> 요약하면, 모든 기도는 우리 주님이 그분의 나라와 그분의 집에 세우신 공동체를 살피는 것이어야 한다. 이 말은 우리가 자신을 위해 혹은 다른 사람을 위해 특별히 기도하는 것을 금지하지 않는다. 하지만 그러한 때라도 우리 마음은 공동체에 대한 관심을 한시라도 잃지 말아야 한다. 모든 것을 그곳으로 돌려야 한다. 비록 기도가 개인적으로 품고 형성되어 개인 목적을 지향하더라도 그 기도가 공동체적이기를 멈추지는 않는다. 모든 가난한 사람의 빈궁과 필요를 채우라는 하나님의 보편 계명이 있다. 전혀 모르는 이를 위하는 기도는 하나님 자녀가 드리는 기도의 일반적인 형식이다."[『기독교 강요』(1536) 3.15]

이제 칼뱅이 주기도문의 이중 구조를 이해하는 방식을 분석해 보자. 우리는 기도가 그의 공동선 사상에 이바지함을 보여 주는 사례를 찾을 수 있다. 그가 볼 때, 주기도문 전반부에 나오는 세 가지 청원은 '하나님의 영광'을 위한 기도이며, 후반부에 나오는 세 가지 청원은 "우리 자신의 편의, 이익, 혜택"을 위한 기도다.[87]

칼뱅의 주기도문 이론에서 교회 공동선의 가치를 세우는 신학적 전제는 하나님을 '우리 아버지'로 아는 지식이다. 그는 이렇게 단언한다. "우리는 하나님을 개별적인 '내 아버지'로 부르는 대신 모두의 공통 아버지, 즉 '우리 아버지'로 불러야 한다."[88] 그가 볼 때, 그리스도는 우리를 하나님의 가족으로 입양하는 데 필요한 '맹세와 보증'이시며, 성령은 그 일의 '증인'이 되신다.[89] 이것으로 고립된 개인이 아닌 공동체의 지체라는 '새로운 자아정체성'(new self-identity)이 생겨난다. 이는 하나님의 삼위일체 역사로 세워신 신적 가성 안에서 주어진다. 새로운 삼위일체 인간학 유형에 비추어 볼 때, 칼뱅은 기도의 정체성을 공동체 사랑을 위한 최상의 방식으로 제언하는 것 같다. 그는 이렇게 말한다.

> 모든 아버지 중 최고의 아버지께서 섭리로 우리 형제들을 돌보아 주시기를 기도하는 것보다 형제들에게 더 유익한 것은 없다. 그리스도인들은 이러한 규칙을 자신들의 기도와 일치시킴으로써 그리스도 안에서 형제가 된 모든 사람을 공통으로 받아들이고 포용할 수 있어야 한다. 지금 그리스도 안에 있는 것으로 인정되거나 보이는 사람들뿐만 아니라 이 땅에 거하는 모든 사람까지도 우리의 기도 속에서 기억해야 한다. [『기독교 강요』(1559) 3.20.38]

칼뱅은 '우리 아버지'에 대한 이해가 형제 사랑이라는 특별한 애정과 연결되는 데 초점을 맞춘다. 주기도문에서 공동선을 지향하는 가치는 기도 후반부의 결론에서 좀더 확실히 나타난다. "특히 우리는 우리 자신과 모든 소유물을 하나님께 맡긴다."[90] 칼뱅은 기도의 공적 역할이 교회의 조직적 일치가 아닌 영적 구원을 위한 유기적 일치에 있다고 보면서 다음과 같이 말한다.

> 그리스도인의 기도는 공적인 것이어야 한다. 교회의 공적인 덕을 세우고 신자의 교제를 촉진하고 향상하는 것을 목표로 삼아야 한다. 모든 사람이 공동으로 일용할 양식, 죄 용서, 시험에 빠지지 않고 악에서 벗어나 해방되기를 위하여 기도하는 것이다. [『기독교 강요』(1559) 3.20.47]

요약하자면 칼뱅은 기도는 일반적으로, 주기도문은 특별하게 이해한다. 두 기도 모두 교회의 공동 유익을 위한 영적 소통과 물리적 나눔을 나타낸다. 그렇다면 이를 그의 성례 이해와 어떻게 비교할 수 있을까?

세례와 공동체

칼뱅은 이중 은총을 제공하는 참된 성례로 칭의의 성례인 세례와 성화의 성례인 성찬 두 가지만을 인정한다.[91] 그는 세례를 하나님의 집으로 들어가는 '입문의 표징'으로 그린다. 또 성찬을 믿음의 가족을 지속적으로 먹이기 위한 영적 양식으로 인식했다. 우리는 성례 안에서 은혜의 풍성함을 바라보며 묵상할 수 있게 된다. 성례는 분명 우리를 향한 하나님의 선한 의지와 다양한 은혜가 '보이도록' 만드는 전달 수단이다. 하나님을 아는 지식에 관해 칼뱅은 신자가 하나님의 선한 의지를 받아들이고 하나님의 돌봄으로 양육된다고 말한다. 신자는 우리가 가진 모든 선한 것의 저자이신 하나님을 인식한다. 여기서 '하나님 안에서 누리는 완전한 행복'이 발생한다. 이 행복을 선물로 받은 신자는 타락 이전에 경건했던 아담의 자발적 섬김을 회복할 수 있다. 행복은 우리를 감사하는 삶으로 이끌어 간다. 이것이 공동체적 삶의 양식을 위한 근거가 된다. 칼뱅에게 성례는 논쟁의 대상이 아니라 믿는 사람의 영적 복지를 위해 없어서는 안 되는 중요한 것이었다.[92]

위 논의를 생각하여 공익의 관점에서 세례 신학을 좀더 상세히 살펴보자. 칼뱅에게 세례는 공적 사건이다. 신자는 세례 사건을 통해 믿음을 공개적으로 고백한다. 하나님의 공동체에 '낯선 손님 혹은 이방인'이던 인간은 "그리스도 안에 접목된" 새로운 존재가 되어 하나님 가족으로 받아들여진다.[93]

칼뱅은 세례의 공동체 효력을 지켜 내기 위해 그리스도의 세례에 초점을 맞추었다. 그리스도의 세례는 자신의 유익을 위해 고안된 것이 아니다. "그리스도가 세례를 우리와 공유하신 것은 그것을 공통분모로, 즉 우리와 연합을 견고히 하는 끈으로 삼으시기 위해서다." 따라서 "교회 전체는 요단강에서 세례받으신 그리스도와" 세례를 공유한다.[94] 세례라는 공통 근거를 통한 그리스도와 교회의 연합은 그리스도와 그리스도인 사이에서 객관적이면서도 확고하게 형성된다. 이렇게 칼뱅 신학에서 "접목의 언어는 그리스도 안과 교회 안이라는 두 차원에서 쓰인다."[95] 비슷한 맥락에서 세례는 신자들을 사회적 존재로 부르는 영적 실재를 보여 주는 표시다.

성찬: 은혜의 선물

칼뱅의 성찬 신학을 교회 공동선이라는 관점에서 살펴보자. 그가 보기에 성찬이란 '생명을 주는 양식'이자 '영적 연회'다. 하늘 아버지는 양식으로 자녀를 양육하신다.[96] '영혼의 유일한 양식'이신 그리스도는 성령으로 인간과 공통 본성을 가지면서, 자신의 몸을 '실제로' 또한 '진실로' 자녀들에게 제공하신다.[97] *

여기서 그리스도의 부요함과 우리의 가난함 사이에 '놀라운 교환'(Mirifica commutatio)이 발생한다.[98] 따라서 '그리스도와의 연합'은 그분의 성령을 통하는 성찬의 특별한 열매로 여겨진다. 성령은 '수로'나 '태양의 광선' 같은 결합의 끈이다.[99] 데이비스(Davis)가 강조했듯이, 칼뱅에게 그리스도인이 되는 것은 그리스도와 연합하는 것이다.[100] 성찬이라는 관점에서 그리스도와의 연합을 설명해 보자. 성찬은 신자들의 일치와 나눔을 반영하는 영적 표지다. 신자들은 '섞인 곡식'과 같은 존재다. 곡식의 수많은 알갱이가 구별할 수 없을 만큼 섞여서 만들어지듯, 신자들은 예수 그리스도와의 연합을 매개로 일치되고 결합된다. 섞인 곡식이 결합하여 빵이 되듯 그리스도의 몸이 형성된다.[101]

칼뱅은 성찬을 '사랑의 끈'으로 정의한 아우구스티누스의 성찰을 묵상하면서 그리스도는 신자를 위한 영적 자양분이 된다고 강조했다. 그리스도는

---

* 빵과 포도주 같은 성례 요소는 성례에서 가시적이고 물질적인 표지(signum)다. 성례전 표지는 비가시적·비물질적 실체인 기의(記意, signified), 즉 "온전하신 그리스도와 성찬에 참여하는 신자를 향한 그리스도의 모든 혜택"을 전달한다. 표지와 기의는 구별되나 긴밀히 연결되는 관계다. Christopher Elwood, *The Body Broken* (Oxford University Press, 1999), pp. 61-71.

신자들이 공유하는 선물의 본보기에 그치지 않는다. 그분은 모든 신자에게 주어진 공동 선물이기도 하다.[102] 그는 다음과 같이 설명했다. "그리스도는 자기 자신을 우리에게 베푸시며 모본을 보이신다. 우리가 자신을 서로에게 내주도록 약속하고, 이를 실천하도록 권면하신다. 그뿐 아니라 그리스도는 모든 사람에게 자신을 나눠 주시며, 그 안에서 우리를 하나로 만들어 주신다."[103] 이처럼 신자의 영혼을 위한 공동 양식은 그리스도 안에서 제공된다. 그로 말미암아 공동 식사에서 신자들은 하나가 되고, 죄로 붕괴되었던 "최초의 인간다운 교제와 친교의 맛"을 회복한다.[104]

이런 신학 배경에 등장하는 역사적 사례가 있다. 신자들이 성찬을 받기 전 서로에게 입 맞추며 자선을 위한 구제 물자를 제단에 바치는 오래된 관습이다. 칼뱅은 이렇게 설명한다. "그렇게 하면서 그들은 먼저 자신들의 사랑을 상징으로 선포하고, 그다음에 자신들의 자비로운 행위를 선포했다. 가난한 사람들의 청지기로서 집사는 그들에게 나눠 주기 위해 신자들이 맡기는 것들을 받았다."[105] 성찬은 신자들 사이에서 하나님을 향한 감사를 서로 소통하게 한다.[106] 성찬은 일방적·의무적 '선물 수여 시스템'이 아닌 상호 자발적인 '선물 나눔 시스템'이다.[107]° 칼뱅은 교회 내 성찬에만 주의를 기울이지는 않았다. 성찬이 교회 밖으로도 나가 상하고 어려움에 처한 사람들을 구하는 움직임이 되는 것은 당연한 일이었다.[108] 성찬은 그리스도인다운 삶을 실천하도록 자극하는 '교제의 잔치'이며, 형제간 사랑과 일치를 배양하도록 장려하게 만드는 행사다.[109]

• 로마 가톨릭교회 시스템, 특히 희생으로서 미사는 "인간과 성부 하나님 사이에 이루어지는 폐쇄적 선물 교환 모델"이어서 마치 인간이 하나님께 선물을 주시도록 강요하는 것과 같았다. 칼뱅은 전부터 있던 가톨릭의 '선물과 의무'라는 상호 장치를 '값없는 선물과 감사'라는 새로운 장치로 바꾸었다. 이 새로운 장치는, 하나님에게서 '아래로' 흐르고 신자들에게서 '밖으로' 흐르는 '편무적' 흐름으로 대표된다. '단일하고 정형화된 구조' 속에 있는 상호 의무에 이끌리지 않고, 선물을 가지고 "자유로이 맡겨진 미지 영역"에 있게 된다. Davis, *The Gift in Sixteenth-Century France*, pp. 101-120.

미사: 왜곡된 선물

로마 가톨릭교회 미사를 다시 생각해 보자. 칼뱅이 볼 때, 미사에서 나타나는 희생은 성찬의 본래 목적, 즉 교회의 진정한 공익을 장려하고 조성하는 일과는 거리가 멀었다. 그의 눈에 비친 로마 교회의 미사는 소수의 사제에게 제한된 사적 미사에 불과했다. 가톨릭 사제들은 신자를 대신해서 제물을 드린다. 하지만 성찬의 본래 목적이 무엇인지 생각해 볼 필요가 있다. 성찬은 본래 교회의 공적 집회에서 모든 신자가 공유해야 하는 성례의 선물이다. 따라서 소수 사제에게 성찬이 이양된 것으로 보이는 가톨릭 미사는 성찬의 본래 목적을 위태롭게 한다. 또한 성찬은 그리스도 안에 있는 은혜가 값없이 주어지는 선물이다. 칼뱅이 보기에 미사 시간에 사죄를 얻기 위해 하나님께 봉헌하고 신자의 공로가 담겨 있다고 믿는 예물을 팔아서 영적 양식과 교환하려 했던 움직임은 대단히 잘못되었다. 그러한 점에서 칼뱅은 면죄부에 대해 이렇게 지적한다.

> 사람들은, 교황과 교황의 칙령을 시행하는 자들로, 자신들이 거침없는 조롱을 공개적이고 지속적으로 받아왔다는 것을 알게 되었다. 신자들의 영혼 구원이 돈벌이가 되는 매매 대상이었던 것이다. 구원의 가격은 몇 푼 동전으로 계산되었고 값없이 주어지는 것은 아무것도 없었다. [『기독교 강요』(1536) 5.32]

성찬은 인간이 증여하는 봉헌이 아니라 감사함과 함께 받아야 할 '하나님의 선물'이었다. 하지만 로마 가톨릭교회의 미사에서는 하나님께 구원의 값으로 희생 제물을 지불하고 있었다. 하나님이 인간의 보속(satisfaction)을 받으신다는 뜻이다. 이 의미대로라면 희생과 성찬 둘 사이에는 "주는 것과 받는 것 만큼의 커다란 차이"가 생겨난다.[110] 그러나 성찬이란 본질적으로 하나님이 우리에게 먼저 주시는 것이다. 반면 미사는 우리가 하나님께 먼저 드리는 것이 된다. 칼뱅이 보기에 신자가 먼저 미사의 희생을 하나님께 드린 후에 하나님에게서 다시 받게 되는 '상업적 양식'(commercial mode)으로는 교회의 영적 공동선을 세울 수 없었다. 그는 하나님이 베푸시는 선물을 우리가 감사로 받는 '은혜의 양식'(graced mode)으로 영적 공동선이 온전히 회복되기를 바랐다.

이러한 성찬 이해는 사도행전 8:18-21 주해에 등장하는 마술사 시몬에 대한 칼뱅의 시각에서도 찾을 수 있다. 그는 마술사의 '위선'을 분석하며 이를 성찬과 직접 연결하지는 않았다. 그러나 성령의 선물을 잘못 썼던 마술사 시몬 이야기에 대한 칼뱅의 진술에는 은혜와 상업의 결정적 차이가 성찬과 관련하여 암시되어 있다. 이 마술사는 개인의 이득을 위해 성령을 매매 대상으로 전락시켰다. 마술사가 은혜를 사고파는 대상으로 전락시킨 이유는 사익 때문이었다. 마술로 돈을 벌었던 상업적 정신으로 하나님 은혜를 사고팔아 하늘 영광이 아닌 세속의 번영을 구하려 하였다. 베드로는 성령의 은사를 더러운 목적을 위해 남용하려는 마술사 시몬의 야심을 꾸짖는다. 베드로에게 성령의 은사는 돈으로 얻을 수 있는 상품이 아니라 하나님이 베푸신 선물이다. 또 성령의 선물은 교회 공동의 덕을 육성하기 위한 것이지 개인이 우월한 지위를 갖기 위한 수단이 아니다. 결국 애초에 그리스도에게 속하지 않았던 마술사 시몬은 베드로의 공적 선언으로 교회의 선물 나눔 시스템에서 배제되고 만다. 또 하나 흥미로운 대목은 칼뱅이 돈을 주고 은사를 받아 사도직을 얻으려 했던 마술사 시몬의 행위를 중세 로마 가톨릭교회와 사이비 복음주의자 사이에 팽배했던 '성직 매매'에 빗대고 있다는 것이다. 결과적으로 이 마술사는 '하나님 은혜'와 '성령의 측량할 수 없는 은사'를 '사는 것과 파는 것', 즉 '돈'으로 얻을 수 있는 것으로 오판했다. 은사를 상업적 상품으로 이해했던 마술사 시몬은 하나님이 주신 은혜의 선물을 삶과 교회 공익을 위해 바

르게 쓰려는 그리스도인의 삶과는 반대편에 서 있다.¹¹¹

결론적으로 칼뱅에게 공중 기도, 세례와 성찬이라는 성례는 교회의 유익을 위해 수행되는 것이다. 이는 단지 신자의 하나님 섬김을 강화하는 데 국한되지 않으며, 교회 공동체 안팎에서 자선을 실천하는 신적 지시를 포함하고 있다. 그렇기에 믿음의 예배와 사랑의 자선 이 두 가지는 기도와 세례와 성찬 안에서 서로 단단히 연결된다.¹¹²˙ 칼뱅이 볼 때, 호화롭고 사치스러운 로마 가톨릭교회의 미사에서는 구원을 위한 어떤 가치도 발견하지 못한다. 그는 부자가 가난한 이들에게 선물을 베푸는 일이 하나님의 성찬에 적절하게 응답하는 행동이라고 보았다. 신자의 연대성에 대한 그의 이해는 하나님께 드리는 감사와 그 경로가 일치한다.¹¹³ 하나님께 감사할 때 가난한 이웃에게 베풀 수 있다. 그 선물은 어떤 공로도 되지 못한다.¹¹⁴ 성찬은 모든 사람을 향한 자선의 마음이 스며 있는 예전이다. 로마 가톨릭교회의 미사에서는 구원을 위한 공로로 선행이나 헌금을 바치라고 한다. 이러한 사고는 수용될 수 없다. 그리스도인이 누군가를 돕는 은혜는 공동의 선을 위하시는 그리스도의 사역에 대한 응답이다. 기도와 성례는 선물이신 그리스도를 받게 한다. 그리고 성령의 소통으로 그리스도의 모범을 따른 이 선물을 서로 나눌 수 있다. 이런 방식으로 신자들은 공동선에 궁극적으로 기여한다.

교회 공동선을 위한 공적 직무와 재산

이제 마지막으로 교회의 직무와 재산에 대한 칼뱅의 견해를 살펴보자. 그의

• 이 관점에서 맥키는 영적 예배와 자선 모두 믿음에서 흘러나오는 사랑에 바탕을 둔다고 강조하며, 하나님을 예배하는 신자의 성실이 가장 가시적으로 나타난 '형제 사랑 의무'에 대하여 칼뱅의 생각을 서술했다. *John Calvin on the Diaconate and Liturgical Almsgiving* (Librairie Droz, 1984), p. 255; *Comm. Matthew*. 23:23-28, *Comm. Luke*. 11:42-44.

견해는 제네바 교회에서 공동선 이론이 실천으로 이어지는 데 어떠한 기여를 했는가? 또한 로마 가톨릭과 재세례파에 대한 칼뱅의 비판과 어떠한 관련이 있는가?

칼뱅은 무지하고 게으른 인간 본성이라는 조건을 생각해서, 교회와 같은 '외부에서 오는 도움'이 공적이고 조직화된 형태로 신자들에게 제공되어야 할 필요가 있다고 주장한다. 즉, 공적이고 조직화된 모임은 신자들 각자의 연약함을 이겨 내게 한다.[115] 칼뱅이 교회에 대해 '정적이고 엄격한' 이미지를 가지고 있다는 생각은 그의 성경 주해에서 발견되는 역동적인 이미지에 비추어 볼 때 재고할 여지가 있다. 이러한 이미지는 칼뱅의 목회 실천의 엄격함과 온화함의 균형을 바탕으로 한다.[116] 교회의 직무와 섬김은 지체를 조정하고 유지해서 전체를 유익하게 하는 인대와 같다. "바울은 하나님이 교회를 다스리기 위해 쓰시는 인간의 사역이 신자들을 한 몸으로 묶는 '주요한 힘줄'이 됨을 말씀으로 보여 준다."[117]

직무를 뒤에서 미는 힘은 성령에게서 나온다. 따라서 교회가 섬기는 이들은 서로 다른 직무를 수행하면서도 공통된 마음으로 교회 건설이라는 같은 일을 한다. 칼뱅은 이렇게 강조한다. "하나님이 공동선을 위해 사람을 임명하는 일과 관계된 것이라면, 그들은 검증돼야 한다."[118] 그리스도는 그분의 교회 안에 다양한 직무로 질서를 세우신다. 그 결과 교회 지체는 사랑과 교제 가운데 교회 공동체의 유익을 위해 함께 사역할 수 있다. 칼뱅은 이렇게 묘사한다.

그들은 하나님의 교회를 세우는 일에 모두 참여할 수 있다. 모든 사람이 자신의 활동으로 공동의 유익을 추구하지 않으면 그들이 아무리 수고하고 노력해도 그 활동은 오히려 방해가 될 뿐이다. 그러한 경우에 교회는 제대로 세워지지 못한다.[119]

그러므로 '교회 건설'(aedificatio ecclesiae)은 교회 정책의 궁극적 목표다. 칼뱅이 강조했듯이, "진정한 그리스도인은 하나님의 교회들이 변형되고 분열하고 흩어지는 일을 무관심하고 냉담하게 바라보지 않는다."[120] 교회의 건설적인 변혁은 교회 공동선을 위하여 제정된 정책, 즉 교화를 돕고 분열을 막는 정책이 수행될 때만 달성할 수 있다. 칼뱅은 교회 정책을 위한 단 하나의 도리가 교회의 공익이라고 믿는다. 그는 1559년판 『기독교 강요』 제4권 교회 직무에 관한 논의에서 직무의 서열을 매기는 것을 피하며 동료 간 협조(collegiality)에 초점을 두고 있다. 이것은 신자들 사이의 '공동 사역'이라는 바울의 개념을 분명하게 만든다. 위계질서가 아닌 '복수 목회'(plural ministry)로 교역자와 일반 성도가 협력하게 만드는 사역을 통해서만 교회는 그리스도의 한 몸으로 세워질 수 있다. '복수 목회'는 신자들을 더 잘 섬기기 위해 제네바 교회가 선택한 협력 추구 방식이었다.[121] 제네바 교회에서 추구했던 목사와 성도 간 공동 작업은 직무의 동등함과 동료 간 협조 관계를 지향하는 모델이다. 따라서 상호 참여라는 칼뱅의 교회 이해는 직무의 공익적 기능이라는 관점에서 교회의 공동선 신학과 부합하는 것으로 보인다. 교회의 "잘 정리된 배열"은 인간 사회가 평화와 상식과 예절을 조성하는 조직과 관계가 있다.[122]

홉플(Höpfl)이 강조했듯이, 교회의 힘줄인 직무들이 해체되지 않으려면 교회의 율법과 공존해야 한다. 이런 견해는 '정치적 사고와 교회적 사고 사이에 두드러진 일치'가 있음을 보여 준다. 율법은 교회뿐 아니라 사회에서도 튼튼한 힘줄 기능을 하기 때문이다. 율법에 바탕을 둔 일치는 교회와 국가를 세우는 데에도 핵심 가치가 된다.[123] 그렇기에 '세상에 있는 하나님 나라'인 교회의 공적 질서는 사회의 공적 질서를 위한 모델이어야 한다. 이것이 칼뱅이 추구하는 방식이었다. 동시에 공통의 질서는 교회의 공적 질서를 부분으로 반영한 그림자와도 같다. 이에 비추어 보면 교회의 훈련은 "사회 질서와 정치

질서를 위한 하나의 효과적 도구"가 되는 데 그 목적이 있다.[124]

이와 같은 것들을 염두에 두고 이제 네 가지 교회 직무를 차례대로 살펴 보자. 칼뱅이 영속적으로 여기는 네 가지 직무는 하나님을 사랑하는 경건(pietas)한 성직의 직무를 행하는 목사와 교사, 이웃을 향한 자애(caritas)로운 마음으로 봉사하며 평신도의 직무를 행하는 장로와 집사다. 이 직무들을 목사회(the venerable company of pastors), 제네바 아카데미(the academy), 컨시스토리(the consistory), 종합구빈원(the general hospital)의 역할과 관련지어 생각해 보면 좋겠다.[125]

목사가 할 일은 첫째, 초대교회 전통을 따라 "건전한 교리로" 하나님의 영광과 신자들의 영적 복지를 위해 '그리스도의 가르침'을 보존하는 일이다.[126] * 목회자의 주된 사역은 양식을 나누어 주는 데 있지 않고, 공적 예배로 신자들을 인도하면서 신앙 교육에 공헌하는 데 있다. 지상에 있는 교회의 영원한 삶을 보존하기 위해 하나님이 영적 선물을 분배하고자 위탁하시는 '사도적·목회적 직무'는 현세의 삶을 양육하고 유지하기 위해 필요한 "양식과 음료, 태양의 빛과 열"보다 더 근원적이다.[127] **

칼뱅은 목회자들을 효과적으로 돕기 위해 '목사회'라는 공동 모임을 제네바 교회 안에 조직했다. 이 공적 만남은 '교리의 순수성과 일치'를 추구하기

---

* "만일 한 사람의 목회자가 하나님 말씀을 설교하기 위해 설교단에 섰을 때, 설교를 듣는 모든 사람에게 유익할 수 있는 것에 어떤 관심도 기울이지 않고 단지 성경을 설명하고만 있다면, 그 목회자는 사람들을 세울 수 없게 된다. 목회자의 설교는 무익한 불모의 땅과 같으며 실제로 어떤 소용도 없을 것이다. 가르침에 책임이 있는 사람들은 그들의 회중이 언제 어떤 종류의 악이나 부패에 오염되는지 반드시 알아야 한다"(『고린도전서 설교』 1:7, CO 49:614).

** 칼뱅은 목사를 통해 제공되는 건전한 교리의 영적 공익성을 다음과 같이 반어적으로 표현한다. "목회자들이 중상모략을 당하고 그들의 삶이 경멸당할 때 하나님의 교회 전체가 영향을 받게 된다. 왜인가? 이 같은 일의 결과로 하나님의 교리가 마땅히 가져야 하고 또 그럴 만한 가치가 있던 것과 같은 권위를 이제 더 이상 갖지 못하기 때문이다. 간단히 말해 우리는 하나님이 세상에 베푸시는 가장 위대한 보물을 박탈당하게 된다. 바울은 어떤 신자라도 구원 잃기를 원하지 않았기에 힘을 다하고 애써서 교회 공동의 선을 얻고자 했다"(『디모데전서 설교』, 5:17-20, CO 53:517-518).

위한 목적을 가지고 있었다. 이 모임에서는 목회자들을 위해 계속해서 교육, 행정 협력, 훈련을 제공하고 이를 통한 자기 평가와 상호 평가가 용이하게 만들었다.[128] 파커(Parker)가 강조했듯이, 이 사귐은 그리스도 안에서 연합된 신자의 상호 지원을 잘 보여 주는 사례다. "공동의 선을 위해 주어진 축복과 미덕" 뿐만 아니라 "교회의 다른 지체"의 실수와 연약함도 함께 나누기 때문이다.[129] 목사는 교회의 영적 공동 복지와 사회 공익 질서를 위해 하나님 말씀이라는 선물을 전달하는 데 필요한 성령의 기관이다. 브루스 고든(Bruce Gordon)이 말했듯이, "다양한 목회자"와 "회중 모임"은 "성경을 공동으로 연구하고 교회 가운데 선물의 분배를 인정하는 제네바의 이상"을 보여 준다.[130] * 칼뱅이 활동하던 그때 제네바에서 목회자는 사회의 공적 질서에 대하여 전문적인 공적 연설가로 "종교적 예배 혹은 강연 설교"만이 아니라 좀더 직접적으로 의회를 향해 '공익적 연설'을 했다. 이를 위해 목회자는 전문적인 '수사적 기량'을 훈련했고 활용했다. 그것은 제네바 시민의 호의를 불러일으켰으며, 공적 의견의 중대한 부분에서 칼뱅의 입장을 지지하는 세력을 얻는 데 중요한 요소로

---

* 칼뱅은 욥기 26장과 29장 설교에서 교회의 영적 공동 복지를 위한 설교 직무의 중요성을 이렇게 가르친다. "가르침의 책임을 지는 목회자들이 전체 회중에게 말할 때 어떤 교리가 가르치기에 가장 유용한 것이 될 것인지, 그걸 충실하고 현명하게 가르치는지 우리는 잘 알고 있어야 한다. 그런 방식으로 가르치는 일은 모든 사람에게 보편적인 건덕(l'utilité commune de tous)이 되어야 한다. 만일 우리가 이런 일을 하지 않는다면 하나님 말씀을 하나의 묽은 혼합물로 변하게 만들게 될 것이다. 이 혼합물은 뒤죽박죽 섞여서 더 이상 어떤 맛도, 어떤 좋은 것도 갖지 못하게 될 것이다"(『욥기 설교』 26장, CO 34:424). "사실상 좋은 교리와 가르침은 하나님에게서 오는 하나의 선물이다. 하나님이 이런 방식으로 한 사람을 일으키고 성령의 더 큰 부분을 주시는 것은 그 사람이 자신을 위해 좋은 평판을 쌓도록 하기 위함인가? 오히려 하나님은 모든 이의 보편적 건덕을 위해 그렇게 하신 것 아닌가? 하나님의 위대한 은사 중 몇 가지로 복을 받은 사람은 누구라도 동료를 위한 더 큰 의무를 지닌다. 그리고 자기에게 베풀어진 선물 안에서 모든 사람이 선물을 누릴 수 있게 써야 한다"(『욥기 설교』 29장, CO 34:550). 목회자는 이러한 공적 직무를 수행하는 동안 개인의 이익을 포기하는 것이 마땅하다. 그는 신명기 12장 설교에서 다음과 같이 가르친다. "여기서 우리는 모세가 레위 족속의 계보를 추천한 까닭을 알게 된다. 이는 예물과 첫 열매와 십일조로 지원받는 사람들의 개인 이득이 아닌 모든 이의 보편 유익(pour l'utilité commune de tout le people)을 위해서다. 모든 사람은 그렇게 믿음의 참된 일치 속에서 유지되어야 한다"(『신명기 설교』 12장, CO 27:201).

자리했다. 이는 그때 공적 의견을 결정하던 두 당파, 즉 출교 권한을 놓고 대립하던 '컨시스토리'와 '세속 시민정부' 간의 분할과 투쟁에서 명백하게 드러났다.[131]

그러면 이제 교사의 역할을 살펴보자. 교사는 처음에 종교 교육을 위해 고안되었다. 그가 할 일은 교구의 교육 프로그램으로 교리문답과 성경을 가르치고 어린이들과 성인들의 신앙을 기르는 일이었다. 칼뱅의 '제네바 교회 법령'(Ecclesiastical Ordinances)은 제네바 아카데미가 설립된 후 교사가 인문주의와 언어를 포함한 시민 교육의 책임을 맡게 되었음을 보여 준다. 제네바에서 교사의 직무는 교회와 국가의 공동선을 위해 일하는 교회의 목회자 그룹과 시민정부 공직자 그룹을 길러 내는 데 공헌했다.[132]

다음으로, 컨시스토리(Consistory)의 교정과 수찬정지와 같은 교회 훈련은 공동선 관점에서 어떤 뜻을 함축하고 있는가? 칼뱅의 컨시스토리는 개인의 자유 못지않게 공동선 가치와 잘 어우러졌는가? 아니면 공동선의 이름으로 개인 권리를 축소했는가? 그가 보기에 교회 훈련의 목적은 주로 "개인 차원과 공동체 차원에 걸쳐" 하나님의 영예와 신자들의 영적 복지를 보호하는 것이었다.[133] * 칼뱅이 볼 때, 교회 훈련의 주된 초점은 상호 수용과 인내와 양육을 실천하는 것이었다.** 수찬정지 같은 출교 훈련에 대한 칼뱅의 초점이 1536년 『기독교 강요』에서는 징벌로 나타났다면, 1543년 『기독교 강요』에서는 긍정적 교정 기능으로 확장되어 나타났다는 점에 주목할 필요가 있다.[134] 1541년 교회 법령에서 칼뱅은 목사와 장로 직무가 컨시스토리의 호의적 권고를 통해

---

* 기독교 사회 형성 혹은 개혁된 사회 이상을 구성하기 위한 '개인적이고 내부 지향적인 노력'뿐 아니라 '공동체적 노력'도 똑같이 중요하게 여겨졌다. 이는 컨시스토리의 출교와 교정 행위에서 잘 드러난다. Elwood, *The Body Broken*, pp. 147-151.
** 제네바 컨시스토리는 반(半)-사적 공간 혹은 공적 장소에서 상호 미움을 화해로 변화하기 위한 상담 서비스를 제네바 회중에게 제공했다. Robert Kingdon, "Efforts to Control Hate in Calvin's Geneva", in *Calvin Studies IX* (Davidson College Presbyterian Church, 1998), pp. 120-122.

"형제간에 서로 돕는 훈련"을 제공하여 신자들을 교정으로 이끄는 것임을 분명히 밝혔다.[135] 수찬정지 등의 출교 조치를 할 수 있는 컨시스토리의 권한은 1555년에 확고히 정착되었는데, 이는 다른 개혁가들의 도시가 아닌 칼뱅의 제네바에서 유래한 것으로 평가되고 있다. 제네바 컨시스토리의 활동은 법정 심문, 상담 활동, 교육 활동으로 정의할 수 있다. 출교의 주된 목적은 교회 지체에게 권고하고 그를 포용하는 데 있었지 심판하고 배제하는 데 있지 않았다. 고든이 보기에 컨시스토리에서 내리는 징계는 "영적 다스림"을 가져오는 사법 수단을 이용하여 징계 처분을 받게 된 신자들이 "공동체와 화해할 수 있도록 의도"된 것이다.[136] "권고나 가르침으로든, 자비와 친절로든, 혹은 하나님께 드리는 우리의 기도로든 우리 형제들은 좀더 덕 있는 삶으로 돌아서서 교회 일치로 되돌아올 수 있게 된다."[137]

칼뱅은 '교정'을 특별히 강조하고 있다. 수찬정지와 같은 출교의 궁극 목적은 '나쁜 그리스도인들'뿐만 아니라 '튀르크인, 사라센인, 또 다른 적대적인 타 종교인' 역시 교회 안에서 다루고 포용하는 것이다.[138] 칼뱅은 결정이 장로들의 판단뿐만 아니라 교회 전체 합의와 승인에 따라 이루어져야 한다는 점을 강조하고자 고린도전서 5:1에 호소했다. 그리하여 교회의 훈련이란 그리스도의 영광과 교회 지체의 영적 행복을 위해 고안된 것이라고 주장했다. 이 훈련은 사제를 중심으로 한 위계질서를 유지하기 위해 고안되었던 로마 가톨릭교회의 훈련과는 정반대 성격을 띠고 있다.

의심할 여지없이 출교 조치에는 교회 생활과 사회생활의 제약들이 따라오기 마련이었다. 성찬에 참여하는 것, 혼인 예식은 출교된 사람에게는 금지되었다. 로버트 킹던(Robert Kingdon)은 제네바에서의 출교가 중세 로마 가톨릭교회와 재세례파 교회의 출교만큼 엄격했다고 강조한다.[139] 하지만 칼뱅의 출교 개념은 영원한 파문과는 달랐다. 이는 신자의 개심과 교정을 위한 임시 과정이었다. 제네바 컨시스토리는 출교에 처한 신자의 부족한 종교 지식과 무지한 믿음에 깊은 염려를 표했다. 그래서 출교된 사람을 개별로 방문하여 도움을 주고, 그 외에 설교를 더 많이 듣고 교리문답 과정에도 더 참석할 수 있게 하는 해결책을 추천했다.¹⁴⁰

그런데도 공동체의 회복을 추구하는 교회 직무에서 칼뱅이 품었던 목적, 제네바 신자들의 개심과 교정을 위해 실천된 설교 강단, 컨시스토리의 '공적 훈계' 사이에는 어느 정도 괴리가 있었다.¹⁴¹ 공동체에서 교회적·시민적 연대를 보호하는 방향을 강조하다 보니, 칼뱅은 다소 엄격해지고 균형을 잃는 경우, 즉 자크 그루에와 피에르 아모처럼 '공동체를 위태롭게 하는' 개인들의 인권을 소홀히 한 측면이 있었다.¹⁴² * 칼뱅의 '신학적 기도'(企圖, theological enterprise)는 그리스도인의 '관대한 사랑'을 강조하고 있지만, 프레드 그레이엄 (W. Fred Graham)은 당시 정책이 그리스도인의 관대한 사랑을 불필요하게 침식시켰다고 주장한다. 16세기의 제네바 종교개혁가들과 시민정부 지도자들의 (중세 후기라는) 시대적 한계를 참작한다 하더라도 그렇다. 따라서 그레이엄은 그리스도 안에 있는 인간 연대성에 대한 칼뱅의 이론이 빈번하게 개인 권리를 손상시켜 왔다고 보았다. 그는 이렇게 단언한다. "전체 시민은 보호되었다. 그러나 그루에와 같은 개인은 아니었다."¹⁴³ 그레이엄의 관점에서 보면 칼뱅은 개인의 이익을 희생하면서까지 전체 시민의 이익을 보호했다. 하지만 장기적

• 평상시 사소한 사건은 그저 꾸지람과 뉘우치는 회개를 요구하는 정도였지만, 꽤 심각한 사건은 추가 처벌을 위해서 컨시스토리에서 다룬 후에 시민정부 소의회로 넘겨졌고 결국 '세속 방식의 처벌'로 끝나곤 했다. Robert Kingdon, "The Control of Morals in Calvin's Geneva" pp. 10-11. 예를 들어 1547년에 '그루에'는 시민정부 소의회에서 재판을 받고 사형을 언도받았다. 죄목은 상습적인 신성모독 발언, 제네바 시민정부에 대한 모반, 로마 가톨릭교회를 향한 호의적 태도였다. 1545년에 소의회는 카드 제조업자인 '아모'에게는 투 틸 이싱의 징역형과 제네바 시민들을 향한 공개 사죄를 선고했다. 죄목은 칼뱅의 인격과 교리에 반대하며 가한 사적 모욕이었다. 그가 그런 반응을 한 것은 칼뱅이 그의 이혼에 반대했기 때문이었다. 이렇듯 소수의 심각한 사건에 내려진 시민정부의 판결은 무거웠다. Monter, *Calvin's Geneva*, pp. 74-76; Fred Graham, "Church and Society", pp. 165-168.

안목에서 모든 시민에게 이익이 되게 하고자 한다면 한 개인의 행복 역시 마땅히 보호받아야 했다.

이런 뜻에서 그레이엄은 칼뱅이 사적·공적 권면과 출교에 관해 보인 시각이 역사적으로 이교도들을 다루었던 중세 교회의 종교재판소와 크게 다르지 않았다고 여기며 이렇게 결론 내린다. "공동의 선은 신중하게 보호해야 한다. 범죄자들 역시 공정하게 재판을 받고 자비롭게 처벌받아야 하며, 공공복리를 위해 개인의 불행을 요구할 수는 없다는 사실을 경고하는 역할은(만일 우리에게 어떤 경고가 필요하다면 그 역할은) 어쩌면 칼뱅과 시민정부 지도자들이 하고 있을지 모른다."[144] 그레이엄은 그들의 교정과 출교가 각 개인의 권리, 특히 제네바 주류와는 다른 사상을 추구하는 소수자의 권리를 배려하고 보호하는 방식으로 공동체 전체의 공익을 추구한 것은 아니었다고 비판한다.

제네바 교회의 공동선에 관한 칼뱅의 생각과 행동을 확인하기 위해서는 앞서 살핀 그레이엄의 비판적 태도를 반드시 짚고 넘어가야 한다. 먼저 우리가 기억해야 할 사실은 교회의 일치를 추구할 때 부서(Bucer)가 사랑의 교제를 강조한 것과 달리 칼뱅은 믿음과 진리를 강조했다는 점이다.[145] 공동체의 공익을 의도하며 만들어진 교정과 출교에 대한 칼뱅의 이론이 교회 공동선에 관한 그의 생각과는 조화되지 않는 듯한 것, 즉 일종의 신학적 아킬레스건으로 보아선 곤란하다. 홉플이 인정한 것처럼 칼뱅이 징계에 대해 말한 교리는 악명 높은 죄인이 회개하도록 하고 컨시스토리의 자비롭고 엄격한 실행에 따라 행실을 교정하는 최적의 경우에 한해서만 적용되었다. 그러나 이것이 볼섹(Bolsec), 카스텔리오(Castellio), 세르베투스(Servetus)라는 악명 높은 사례와는 이상적인 조화를 실현하기 어려웠다.[146] * 제네바에서 "징계를 실행할

---

* 볼섹은 칼뱅의 예정론에 동의하지 않았다는 이유로 재판을 받고 제네바 지역에서 추방되었다. 카스텔리오는 '솔로몬의 노래'의 정경성을 받아들이기를 거부하고 그리스도의 지옥 강하에 관한 비정통적

때 온건함, 온화함, 관대한 처분"과 같은 태도는 "부패한 것에 분노하며 혐오감을 가지고 그것을 소독하는 행위"와 조화될 수 없었다. 중용의 태도는 잘못된 것을 바로잡으려는 (그리고 아마도 바로잡을 수 있는) 교정과 조화될 수 있다."[147] 홉플은 출교와 같은 교정의 목적을 다소 온건한 입장에서 설명하는 것 같다.

그러나 약간의 불명예스러운 사례들을 사회학 연구에 바탕을 두고 분석한 그레이엄의 주장과는 달리 1555-1556년 제네바 컨시스토리 회의록 본문을 분석한 결과는 그레이엄의 주장과 상이한 내용을 보여 준다. 회의록을 보면 칼뱅의 신학 이론과 실천 원리가 그리스도의 '관대함'(generosity)으로 개인과 공동체 모두를 보호하는 것을 목표로 삼았다는 사실을 알 수 있다.[148] 여기서는 신자들이 회복을 신청하고 승인받는 비율이 매우 낮았다는 사실이 드러난다. 이는 칼뱅의 신학 이론과 목회 실천이 강제로 회개를 강조하지 않고 자발적 회개를 중요시했기 때문이다. 그는 "세속의 무기를 중세 때처럼 쓰는 일"은 성경적이지 않다고 평가했고, 컨시스토리는 출교당한 사람들의 자발적 회개를 기꺼이 기다렸다.[149]

그때 회의록 본문을 분석해 보면 교회의 영적 공동선을 조성하기 위해 신자들을 교정하는 일이 필요했고 교정을 위해 칼뱅이 '온건한 중용 규칙'(the rule of moderation)을 강조했다는 사실이 드러난다. 그것은 컨시스토리가 신자들을 엄격히 다루지 않게, 신자들이 물리적 힘으로 회개하지 않게 하기 위해서였다. 오히려 칼뱅과 제네바 컨시스토리는 자발적 회개와 성화를 신중하게 조언했던 것으로 보인다.[150] 몬테(Monter)의 연구는 칼뱅의 영적 권위가 가장 확고하게 수립되던 1559년에서 1564년 사이 컨시스토리에 소환된 사람

관점을 취했다. 이로 인해 그는 칼뱅과 사이가 벌어졌고 1543년에 제네바를 떠나야 했다. 1553년에 세르베투스는 이단자로 제네바 시민정부 시민위원회의 판결에 따라 사형을 선고받고 화형에 처해졌다. 그의 죄명은 삼위일체와 유아세례라는 그리스도교 신앙의 두 가지 근본 초석을 거부했다는 것이었다.

들 중 삼분의 이 이상이 출교 처분을 받지 않고 설교와 질책만 받은 채 심리가 종결되었음을 보여 준다.¹⁵¹ 출교당한 사람의 수가 소환된 사람의 수와 견주었을 때 극히 낮은 수준이다.

컨시스토리 회의록 문헌 분석에 의해 추가로 확인된 사실은 제네바 교회 교구 목사들이 개혁신앙에 무지하며 여전히 중세 교회의 관습적 종교 생활에 물들어 있던 사람들에게 개혁신앙과 경건의 실천을 가르쳤다는 점이다. 교구 목사들은 윤리적으로 타락한 신자들이 회복될 수 있도록 상담하고 훈육했다. 컨시스토리가 제도적인 수준까지 고려하여 성심을 다한 노력을 했음에도 출교된 사람들을 회복으로 이끄는 일은 쉽지 않았다.¹⁵² 출교된 사람들은 성례의 유익에서 배제되긴 했어도, 이렇게 실족한 신자들 역시 공중예배에 출석하여 설교 듣기를 명령받았다.* 하나님 말씀을 배우며 성화의 능력을 회복하는 데 있어서 출교의 방법은 서로 섞이지 않는 "오일과 식초"를 혼합하는 것과 비슷하다. 제네바 컨시스토리는 법적 수단과 상담과 중재와 교육을 강화하는 방법으로 죄인들을 회복하고, 교회·사회 차원에 걸친 공동체의 공동 유익을 위한 삶에 다시 참여하도록 안내하고 이끄는 역할을 했다. 출교 기간은 잠시였고, 뉘우침과 회개는 되풀이되곤 했다.¹⁵³

그렇기에 컨시스토리 회의록 연구로 우리는 제네바에서 공동의 선을 목적으로 하는 교회 훈련(church discipline)이 어떻게 관용의 목회로 실천되었는지 발견할 수 있다. 컨시스토리 훈련이 공동선의 이름으로 개인의 권리를 억압하

• "우리가 구원받기를 원한다면, 우리는 복음 교리를 받고 예수 그리스도 자신이 직접 우리에게 얼굴과 얼굴을 대하여 말씀하시는 것처럼 우리에게 보내진 목회자들의 설교에 귀를 기울이는 겸손한 제자들이 되는 법을 배워야 한다. 그렇게 함으로써 우리는 하나님이 영예롭게 되시기를 갈망하고 우리가 구원받기를 간절히 원하며 교회 공동선과 건덕을 위한다(du bien commun et edification de l'Eglise)는 것을 보여 주어야 한다. 이러한 일은 예수 그리스도께서 목회자들을 통로로 쓰시고 그들을 통해 우리에게 말씀하신 결과 우리가 그분께 이끌린다는 것을 남녀노소 불문하고 동의할 때 일어난다" (『에베소서 설교』 4:11-12, CO 51:566).

는 것으로, 사회 통제에 따라 의도된 단순한 도구로 오해받는 것은 바람직하지 않다. 오히려 교회의 훈련은 구원 회복과 성화된 삶을 목적으로 영적 수술을 하기 위한 메스 같은 역할을 했다고 보아야 한다. 교회 훈련은 올바르면서도 관대하게 개인의 영적 복지를 함양함으로써 교회 전체의 영적 공동선에 이바지했다.

마지막으로 집사 직무를 살펴보려 한다. 칼뱅은 가난한 사람을 위한 사역과 교회의 공동 유익이라는 관점에서 집사 직무를 서술했다. 그는 두 가지 관점에서 집사 직무를 분류했다. 제네바 행정관과 같은 '행정집사'(the procurator)는 가난한 사람들을 돕는 업무를 관리하며 교회를 섬겼다. 구빈원장과 같은 '구제집사'(the hospitaler)는 직접 가난한 사람들을 돌보았다. 구제집사의 직무는 여성들이 맡을 수 있는 단 하나의 공적 직무로 여겨졌다.[154] 칼뱅이 단지 이론 차원에서 집사 직무를 이해한 것 같지는 않다. 오히려 그는 집사 직무를 '종합구빈원'(hospital commune)을 위한 실천적 안내로 인식했다.[155] 그는 '자선을 분배하는 역할'과 '가난한 사람을 위한 공익헌금 관리인'인 집사를 위한 기준으로 사도행전 6장의 모범을 제안했다.[156] 영혼의 돌봄을 통한 '영적 공동선'이 목사들의 책임이라면, 공유된 재화 즉 '공적 지원'(bien commun)으로 가난한 사람들을 돌보는 '물리적 공동선'은 집사들의 주된 책임이다.[157] 구제는 주로 집사에게 맡겨진 사역이었지만, 목회자와 장로 역시 굶주린 사람을 먹이고 헐벗은 사람을 입히고 병든 사람을 찾아가라는 주님의 명령에 순종하는 종으로서의 정체성을 갖고 있었다.[158] 교회의 직무는 인간의 주제넘은 오만으로 파괴된 "부자와 가난한 사람의 사회적·영적 관계"를 회복하는 역할을 수행하는 것이다.[159]

목사, 장로, 특히 집사 직무와 관련하여, 칼뱅에게 "교회 수입 분배"란 초내 교회에서처럼 가난한 사람들을 위해 쓰여야 했다. 따라서 로마 교회가 "헌금을 부정하게 분배하고 지출하는" 일은 비판받아 마땅했다.¹⁶⁰ 그는 이렇게 말한다. "간단히 말해 교회들은 이 수입으로 많은 이득을 함께 얻고 있다. 전에는 오직 수사들과 신부들이 이 수입을 게걸스럽게 먹어 치웠다."¹⁶¹ 그는 가톨릭의 '성직록'(聖職祿)이란 교회가 아니라 그것을 받는 사람들만 유익하게 하는 것에 불과하다고 보았다. 이 성직록이 가난한 사람들의 복지를 우선으로 생각하지 않았기 때문에 공동의 선에 도움을 주기보다는 손해를 끼친다고 인식했다. 가톨릭 성직록에 대한 칼뱅의 비판적 태도는 교회의 공적 재산을 공동체 중심으로 쓰려는 그의 충실한 태도에서 비롯되었다. 칼뱅은 가난한 사람들을 위한 자선이 사치스럽고 낭비하는 교회의 장식품으로 희생되었다고 믿었다. 로마 가톨릭교회는 화려한 예배와 위계적인 사제 질서를 통해 그리스도 왕국의 영광을 추구하려는 잘못된 신학에 안주하고 있었다.¹⁶²

교회의 공적 재산에 대한 칼뱅의 생각은 그의 교회 공동선 신학과 밀접하게 연결된다. 그는 그리스도와 연합하는 신자들이 그들의 사랑을 진실하게 비추는 '자선의 애정'으로 능동적이고 자발적으로 관계를 맺는다고 보았다.¹⁶³ 신자들은 소유물을 함께 나누면서 공동의 선을 위하는 "마음의 일치"로 서로 협력하는 삶을 산출한다.¹⁶⁴ 교회의 공적 재산은 그리스도 안에서, 회복된 하나님 형상 안에서 신자들의 영적 연대 위에 수립된 나눔과 소통을 실천하는 가시적 수단이다. 물질을 나누는 행위가 동반되지 않는다면 영적 삶이란 거짓에 불과하다. 물질 나눔이야말로 그리스도인의 영적 교제의 본질적 표현이기 때문이다. 칼뱅의 가난 신학에서 물질과 재화는 믿음의 실재를 측정하는 도구이며 가난한 사람들에게 부를 제공하는 것 역시 믿음의 한 표지가 된다.¹⁶⁵

칼뱅은 교회의 공적 재산이 "혼란스러운 재산 공동체"로는 결코 형성될 수 없다고 주장하면서 자유주의자들과 재세례파, 로마 가톨릭 수도사들과 의견을 달리했다. 힘을 가진 사람은 혼란 속에서 자신의 힘을 얼마든지 자유롭게 쓸 수 있다고 여기며 모든 것을 무질서하게 만들고 재산의 공동 복지조차 무효로 만드는 행동을 서슴없이 행하게 된다. 수도사들이 보기에 공동체 안에서 발생하는 "그런 많은 혼란"은 "사랑스러운 돼지 공동체" 안에서 탐욕으로 드러난다. 그런 곳에서는 선물을 받으려고 하는 일이 선물을 베풀려고 하는 성경적 실천을 압도하게 마련이다.[166] 하지만 칼뱅에게 교회의 공동선은 신자의 자선이 가난한 사람들의 현재 이익뿐 아니라 궁극적 이익에도 기여하는 것이다.

칼뱅이 보았을 때 경계가 결여되고 혼란스러운 재세례파와 자유주의자들의 공동체 모델은 재산을 포기한 신자들의 경제적 파산이 동반될 수밖에 없는 방식이다. 그는 이 모델에 반대했다. 재산을 소유한 신자가 다른 사람을 위해 파산하는 일이 일어나선 안 된다. 오히려 그의 모델은 풍성한 소유를 가지고 이웃의 부족과 필요를 채워 주는 자선 모델이어야 했다. 칼뱅은 교회의 공적 재산을 중세 수도원처럼 편협하고 고립된 방식으로 다루려 하지 않았다. 오히려 사회 전체의 공동 복지를 위한 개혁에 교회의 공동 재산을 능동적으로 쓰게끔 노력을 기울였다.

5장

인류와 공동선

교회는 예수 그리스도와 하나 됨에 바탕을 두는 유기체로서, 모든 지체를 위해 골고루 혜택을 베푸는 모판이다. 공동체 안의 영적·물리적 선물은 교화를 위해 고안된 것이다. 그래서 기도와 성례, 직무와 재산 같은 선물을 나누는 활동을 조직하는 데 있어서 공동선이 결정적·역동적 가치가 된다. 교회 차원의 공동선은 신자가 선물을 능동적·자발적으로 나누는 협력 사역으로 구현된다.

교회의 자발적 상호성은 어떤 방식으로 시민사회에 적용될 수 있을까? 신자와 비신자의 협력과 참여는 소외되고 고립된 인류를 어떻게 개선하고 회복시킬 수 있을까? 이 주제는 칼뱅이 인류에 대해 깊이 성찰하는 부분 중 어디에서 논의되고 있을까?

인류의 공동선을 위한 일반은총

칼뱅의 일반은총 사상을 이해하고 그 목적론적 함의를 인류 공동선이라는 주제와 관련해서 논의하면 다음과 같은 질문이 나온다. 먼저, 모든 사람에 베풀어진 일반은총이 공동선을 위해 중대하면서도 광범위한 기여를 하는가?

아니면 신자에게 주어진 성화의 은혜가 공동선을 위해서 좀더 활동적인 요소인가? 칼뱅의 관점에서 일반은총과 특별은총은 공동선을 위해 어떤 방식으로 상호 관계를 세워 가는가? 이러한 질문을 적절히 논의하려면 일반은총에 대한 칼뱅의 본래 의도를 복원하는 일이 중요하다. 그런데 이와 관련해서, 한편에는 일반은총 교리가 칼뱅의 본래 저작에서 명백히 발견된다고 주장하는 아브라함 카이퍼(Abraham Kuyper)를 중심으로 한 신칼뱅주의가 주도하는 지지자 그룹, 다른 한편에는 칼뱅과 일반은총의 관련성을 약하게 보는 반대자 그룹이 서로 대립각을 세우고 있다.[1]

이 논쟁을 어떻게 해결할 수 있을까? 지지자 그룹은 일반은총 교리와 칼뱅을 너무 가까이 두고 이해하려는 경향이 있으며, 반대자 그룹은 칼뱅을 일반은총 교리로부터 가급적 멀리 떨어뜨리려 한다. 만약 지지자 그룹을 따르면 일반은총 교리는 칼뱅의 공동선 사상에서 독립적인 신학 범주로 중요하게 다루어지게 된다. 반면에 느슨한 연관성 혹은 모순이 있다고 보는 반대자 그룹을 따르면 칼뱅의 공동선 사상에서 일반은총이 차지하는 역할과 무게감은 축소될 수밖에 없다.

그렇다면 칼뱅의 공동선과 일반은총 관련 연구에서 한편만을 선택해야 하는가? 그렇지 않다. 1559년 『기독교 강요』의 인류 공동선 관련 본문을 보면 일반은총에 관한 진술이 나타나는데, 일반은총에 대해 그가 본래 지녔던 성찰에 접근하면 인류 공동선에 관한 신학적 어조를 넘어서는 새로운 프레임 혹은 경로를 찾는 일이 가능할지 모른다. 동시에 일반은총을 다루는 칼뱅의 본래 의도에 관한 또 하나의 건설적·대안적 해석을 제시할 수 있을지도 모른다. 이 장에서는 일반은총에 대한 본래 의도가 어떤 방식으로 그의 공동선 신학을 형성해 가는 데 중요한 토대를 구성하는지 살펴볼 것이다.

1559년 『기독교 강요』에서 칼뱅은 인간이 타락한 후에도 완전히 소멸되지는 않는 자연적 재능인 지적 이해력을 언급한다. 이 대목에서 인류 공동선에 관한 실천적 통찰을 담은 신학적 인간학적 배경이 등장한다. 하나님은 "인간 본성이 타락하여 진정한 선함을 박탈당한 이후에도" 그 본성에 많은 선물을 남겨 두셨다고 결론짓는다.² 그렇게 하신 신적 차원의 원인과 목적은 무엇일까?

이에 관해 칼뱅은 명백하고도 간결하게 말한다. "우리는 성령의 가장 탁월한 혜택들을 잊어선 안 된다. 하나님은 그것들을 인류의 공동선(publicum generis humani bonum)을 위해 그분이 원하시는 누구에게나 분배하신다."³ 즉, 하나님의 실체적 형상인 자연법의 지적·의지적 기능은 그분의 섭리를 위해 성령이 베푸시는 선물이다. 이것은 사회의 공익을 세우는 데 중대하고 결정적인 도구가 된다.⁴

주목할 것은 칼뱅이 위 내용을 진술한 직후 출애굽기 31장의 브살렐과 오홀리압이 가진 '이해'와 '지식'이라는 사례를 꺼내 논의한 사실이다. 이 문맥으로 우리가 알 수 있는 것은, 사회 공익을 위한 선물은 신자에게 주신 '성화의 성령'으로 수행될 뿐만 아니라, '동일한' 성령이 신자와 비신자 모두에게 베푸시는 창조 사역으로, 즉 일반은총에 따라 수행된다는 사실이다.⁵

이에 비추어 일반은총과 관련된 신학적 가정을 확인하는 일은 인류 공동선 사상을 이해하는 데 도움이 된다. 먼저 칼뱅은 성령의 우주적 차원 사역이 세 부분으로 전개되는 국면을 갖는다고 말한다.

> 성령이 하시는 일은 다양하다. 그것으로 모든 피조물은 지속되고 보존된다. 또한 사람에게 특유한 성령의 역사가 있다. 이 역사는 사람마다 그 특징에 차이가 있다. 그러나 여기서 바울이 뜻하는 것은 성화다. 주님은 그분 자신이 택한 사람 외에는 어느 누구에게도 이러한 성화의 은혜를 주는 호의를 베풀지 않으신다.⁶

칼뱅은 세 부분으로 된 동심원(concentric circle)으로 이러한 관계를 구별한다. 이 동심원은 세 파장을 지닌다. 한 분 성령이 독특하게 구별된 방식으로 서로 다른 파장으로 역사한다. 가장 바깥에 자리한 원은 창조 세계의 사역을 포함한다. 중간에 있는 원은 인간을 위해 필요한 공간을 둘러싼다. 가장 안쪽 중심에 자리한 원은 성령의 구원 사역과 관련된다. 그러면 칼뱅의 공동선 사상 또한 단수적 개념이라기보다는 다양한 층으로 구성된다고 말할 수 있다. 첫째로, "가장 영광스러운 극장"으로 묘사되는 창조 세계의 공동선은 바깥을 둘러싸고 있다. 둘째로, 인류를 위한 공동선은 중간 원에 위치한다. 셋째로, 교회 공동선이 중심부 원을 차지한다.[7]

위에서 서술된 원형 구조를 고려했을 때 동심원 중심에 가까운 자리를 차지하며 (일반은총보다) 특별은총 쪽으로 기운 반대자 그룹을 살펴보면 유익할 것이다.[*] 이 관점은 일반은총 교리를 지지하기보다는 반대하는 입장에 가깝다. 파티는 "칼뱅이 보편 섭리를 논의하는 목적은 신자와 비신자 모두에게 단일한 공동 근거 또는 공동 영역을 정의하기 위함이 아니다"라고 주장한다. 같은 맥락에서 다우이(Dowey)가 지적했듯이, 칼뱅 신학 전 영역을 좌우하는 "구원론적 중심부"가 존재한다.[8] 즉, 창조주이신 하나님은 동심원 바깥, 주변부를 차지하는 반면, 구원자이신 하나님은 동심원 안쪽, 중심부를 차지하기에 "칼뱅의 섭리 교리가 직접적으로는 신자에 초점을 맞추고 있으며 보편적인 전체 인류에는 부수적으로 초점을 맞추고 있다"는 것이다. 철학자가 아니라 신학자였던 칼뱅의 관점에서 교회 공동선의 수위성은 인류 공동선의 이차적인 지위에 의존할 수 없다. 더욱이 인류 공익이 교회 공익의 전제나 맥락이

- 칼뱅 신학에서 그리스도와 신자의 신비적 일치(mystica unio cum Christo)는 중대한 시금석이다. 성령의 특별은총은 일반은총과는 비교할 수 없는 상대적인 중요성을 지닌다. Partee, *The Theology of John Calvin*, pp. 193-208.

될 수도 없었다. 월레스가 강조했듯이, 일반은총은 창조주 하나님으로부터 오는 것이 아니라 "그리스도의 동일한 은혜가 타락한 인간을 향해 선회한 것"일 뿐이다.⁹

페니파딩 자전거

위와 같은 견해들을 종합해 보면, 주권, 은혜, 특히 공동선에 관한 칼뱅의 신학적 성찰은 19세기 유럽에서 유행했던 '페니파딩 자전거' 모양과 유사하다.• 이 독특한 스타일의 자전거는 일반은총이라는 작은 뒷바퀴를 필요로 하면서도 특별은총이라는 더 크고 중요한 앞바퀴로 달리게 되어 있다. 그리스도는 이 자전거 바퀴를 끌고 움직이시는 분이다. 영적·사회적 공동선에 관한 칼뱅의 이중 인식으로 보면 신학적인 '자전거 디자인' 비유에서 일반은총이라는 뒷바퀴는 신칼뱅주의가 속한 지지자 그룹이 단언하는 것처럼 그렇게 크지 않다. 그렇다고 반대자 그룹이 믿는 것만큼 미미하지도 않다. 칼뱅의 공동선 형태를 연상시키는 페니파딩 자전거는 대부분의 주도적 동력을 앞바퀴에 의지하며 뒷바퀴의 보조적 움직임과 더불어 앞으로 나아간다. 이와 비교했을 때, 아퀴나스의 공동선 자전거는 앞바퀴와 뒷바퀴가 거의 같은 크기일 것이다. 아니면 2인용 자전거처럼 아예 양쪽 바퀴 모두에 개별적으로 기어가 장착된 모양으로 설계되었을 것이다.

따라서 우리는 아퀴나스처럼 신자와 비신자 사이에 존재한다고 여기는

• 1870년대 영국 발명가인 제임스 스탈리(James Starley)가 제작한 큰 앞바퀴와 작은 뒷바퀴를 가진 자전거다. 당시 가장 큰 동전과 가장 작은 동전 명칭을 따서 만든 페니파딩(penny-farthing)이라는 명칭을 얻었다.

공통 토대에 주목하기보다, 칼뱅처럼 하나님의 특별 섭리의 결과인 '인류 공동선'에 좀더 초점을 두어야 한다. 그가 특별은총을 일반은총 아래 두지 않았던 것처럼, 교회 공동선도 인류 공동선 아래 종속되지 않는다.[10] 이는 칼뱅이 인간 안에 남은 실체적 형상인 자연적 은사를 소극적인 것으로 본다는 사실과 일치한다.* 파괴된 건축물 이미지 중 '남은 형상'에 대한 칼뱅의 삽화를 기억하면 일반은총에 바탕을 둔 사회적 공익 실현 비전은 특별은총에 기반을 둔 영적 공동선 비전과 비교했을 때 제한적·부분적인 것으로 보인다.

칼뱅이 특별은총과 일반은총을 서로 구분되지만 독자적이거나 분리될 수 없는 것으로 여기고 있듯, 우리는 인류와 교회 공익이 서로 구분되지만 독자적이거나 분리될 수 없다고 이해해야 한다. 그가 볼 때, 예수 그리스도는 교회와 인류 모두의 공동선을 위한 존재다. 2장에서 살펴본 것처럼 그분은 영적 공동선을 갱신하셔서 사회적 공동선을 회복하게 하신다. 동시에 공동선의 교회적 가치에 덧붙여 그 사회적 가치를 지속하고 보존하시는 분으로 이해된다.[11] 구속주이면서 창조주이신 그리스도 덕분에 교회 공동선은 인류 공동선을 포괄한다.

이를 염두에 두고 인류 공동선과 하나님 선물의 관계에 대하여 앞에서 다룬 논점들을 다시 짚어 보는 것도 의미가 있다. 칼뱅의 본래 의도가 위에서 언급된 신학적 가정(특별은총과 관련된 일반은총, 영적 공동선과 관련된 사회적 공동선)과 조화를 이루고 있는지 고찰해 보는 일은 중요하다.

우선 인류 공익을 위한 신적 은혜의 선물이 브살렐과 오홀리압과 같이 하나님의 일을 직접 수행하는 신자뿐만 아니라 아직 경건하지 않은 이교도에

---

* 리처드 니버(Richard Niebuhr)의 『그리스도와 문화』(Christ and Culture, IVP)에서는 칼뱅의 변혁 모델과 아퀴나스의 종합 모델을 비교했다. 변혁 모델에서는 복음으로 문화가 변혁될 수 있다고 주장하는 데 반해, 종합 모델에서는 복음이 문화의 부족한 부분을 보충해 준다고 보았다. 이 차이를 낳은 신학적 대조는 영적·사회적 공동선에 대한 칼뱅과 아퀴나스 사상이 보이는 간격에 정확히 적용된다.

게도 주어진다는 점을 칼뱅이 말한다는 사실은 눈여겨볼 만하다. 그는 신자에게 주신 '하나님의 선물들'(Dei dona)을 선용하려면 신자와 비신자 사이에 적절한 관계를 세워야 한다고 제안한다. "만약 우리가 물리학, 변증학, 수학, 그 외 다른 학문에서 이방인의 활동으로 도움받기를 주님이 원하셨다면, 마땅히 도움과 지원을 받아들이고 사용하자."[12] 이 말은 칼뱅이 신자에게 교회와 인류 공익을 위해 교회 지체 간 내적 교제를 넘어서서 교회 밖에서 폭넓은 상호 교제에 적극 참여하라고 권고했음을 의미한다. '하나님의 일반적 은혜', '하나님의 특별한 은혜', '하나님의 특유한 은혜'와 같이 일반은총에 해당하는 세 가지 용어에 칼뱅이 부여하는 본래 뉘앙스는 하나님은 그분의 보편적이지만 특별한 선물을 누구에게라도, 심지어 구원의 선택을 받지 않은 사람에게도 얼마든지 주실 수 있다는 사실을 나타내는 것 같다.[13]

이와 관련하여 정치 질서의 씨앗, 법, 이성의 빛처럼 모든 사람 안에 심겨진 신적인 어떤 것이 가져오는 혜택에 관한 칼뱅의 논의를 살펴보자. 자연적 이성과 의지 같은 신적 선물은 저 위에 있는 '천국의 일'과 '장래 행복'이 아니라, 아래의 '지상적인 것'과 '현세적 생활 차원'을 위해 베풀어지고 있다. 그것이 지금도 인간에게 남아 있다는 것은 기억할 만하다.[14] * 칼뱅의 자연법과

---

* 칼뱅의 자연법 이해에서 도덕적 렌즈와 지성적 렌즈라는 다른 관점이 존재한다. 그것은 '본성' 개념이 이중 의미로 쓰이는 것과 깊은 연관이 있다. 인간 본성은, 한편으로 "타락 이전의 완전함"을 가리키는 '실체적 속성'으로 이해되지만, 다른 한편으로 창조 시의 완전함에서 멀어져 간 "부패한 본성"을 가리키며, 그래서 "비본질적·우발적 속성"으로 여겨진다(Klempa, "Calvin on Natural Law"). 그러므로 자연법을 자연 질서와 구별되는 도덕 개념으로 여기면, 자연법은 타락으로 도덕 차원이 손상되었기에 부정적·소극적 특성을 지닌다고 볼 수 있다. 그리스도의 왕국에서 자연법은 구원 성취에 도움이 되지 않을 뿐 아니라, 인류 공동선에 대한 역할도 약화된다(David Vandrunen, "The Two Kingdom: A Reassessment of the Transformationist Calvin"). 반면 자연법을 자연 질서뿐 아니라 형평성까지 담아내는 지성적 개념으로 보면 자연법은 타락과 상관없이 지적 차원이 상당히 남아 있는 것으로 여겨진다. 이 법은 세속 국가에서 문화적 성취를 이루는 데 선한 역할을 수행한다. 그러면 자연법은 실제로 인류 공동선에 기여하는 것으로 볼 수도 있다(Edward Dowey, *The Knowledge of God in Calvin's Theology*, pp. 65-70; John McNeill, "Natural Law in the Teaching of the Reformers"; Schreiner, *The Theater of His Glory*, pp. 17-18, 30-32).

인간 본성을 지성적 렌즈와 실체적 속성을 중심으로 이해하면서 보조적으로 도덕적 렌즈와 관계적 속성을 융합하려는 태도가 바람직해 보인다. 칼뱅은 영적 생활과 물리적 생활을 구별하면서도 예술, 과학, 천문, 철학, 의학, 시민정부 질서를 통해 차별 없이 베풀어지는 자연적 선물에 담긴 '공통 에너지'를 강조하고 있다.[15]• 이에 관한 사례를 칼뱅의 창세기 주해에 등장하는 야발의 장막에 관한 설명에서 찾을 수 있다.

> 예술의 발명과 일상적 사용, 생활의 편리를 위한 물건들을 발명하는 일은 결코 무시하면 안 되는 신적 선물이자 칭찬받을 능력이다. 가인의 자녀들에게서 비록 중생하게 하시는 성령은 박탈되었지만 그들은 비천하지 않은 신적 선물을 부여받고 있었다. 모든 시대에 걸쳐 인간 경험이 가르치는 교훈은 하나님이 비추시는 광선들이 현세 생활에서의 유익을 위해 폭넓게 비치며 이 빛이 이방 민족에게까지 비친다는 것이다. 지금도 우리는 성령의 탁월한 선물들이 전 인류에 널리 퍼져 있는 것을 본다.[16]

칼뱅이 창세기 주해에서 언급하는 신적 호의와 시편 주해에서 거론하는 구원을 위한 호의는 서로 다르다. 그는 시편 1:1 주해에서 이렇게 가르친다. "하나님은 진리를 연구하는 데 헌신하고자 전력을 기울이고 열심히 노력하는 이들에게만 호의적이시다."[17] 일반은총을 반대하는 그룹은 시편 주해를 해석 기준으로 삼는다. 그들은 신적 호의에 대한 칼뱅의 개념에서 보면 일반은총은 부정적인 것으로 여겨진다고 주장한다. 하지만 창세기 본문에서 칼뱅이

• 자연적 재능의 영적 한계를 인정하면서도 인문학, 사회과학, 자연과학, 예술적 지식을 획득하는 능력에 담긴 유용성이 현세를 위한 좋은 신적 선물이라는 사실에 주목해야 한다. 과학의 역할에 대한 칼뱅의 평가는 그의 자연 질서 개념에 바탕을 둔다(Davis Young, *John Calvin and the Natural World*, pp. 6-10, 202-205).

신자를 향한 구원자 하나님의 특별한 호의를 긍정적으로 진술한다고 생각할 수도 있다. 동일 본문에서 그는 하나님이 눈에 보이게 이 땅의 인간을 향해 베푸시는 호의를 제시한다. 바로 이것이 믿지 않는 자들에게 베푸시는 일반은총의 특징이다.

칼뱅이 말하는 하나님의 은혜는, 보편적 섭리에 따라 "본성을 성결하게 하는 특별은총"뿐 아니라, (본성을 내면적으로 온전하고 깨끗하게 해 주지는 않더라도) "본성을 내적으로 억제하는" 일반은총도 포함한다. 그러한 일반은총은 영혼 구원과는 관련이 없다.[18] 이러한 형태의 억제는 비신자에게 베푸시는 일반은총에 담긴 또 하나의 보이지 않는 특징이다. 그렇기에 신적 호의를 영적·물리적 생활에 각각 부여하는 것으로 인식해야 한다.*

한편 칼뱅은 일반은총의 분배에 관해 대다수 평범한 사람들과 소수의 선택된 비범한 사람들 사이에는 질적 차이가 존재한다고 강조한다.[19] 그는 일반은총과 인류 공동선의 관계를 논의할 때 "가장 탁월한 지식"이라는 용어를 선택받은 소수와 관련해 사용한다. 그가 볼 때, 하나님은 "한층 더 높은 은사들"을 "고귀하고 탁월한 명장들"에게 추가적인 일반은총으로 베푸신다(가장 소중한 일반은총은 그들에게 이미 주어졌다). 그러면서 모든 은혜의 선물이 모든 세대와 사회 영역에서 기억되게 하신다.[20] 자연적 은사가 탁월할수록 정치적·교육적·문화적 혜택 또한 넓어진다. 하나님의 은사는 공적 소명을 위해 "어떤 특수한 추진력"으로 주어진다. 개인의 사적 이익이 아니라 공익을 위해 신적 섭리를 통해 베푸신 것이다.[21] 칼뱅은 신명기 1:9-15 설교에서 이렇게 말한다.

---

* 헨리 미터(Henry Meeter)는 비신자 안에 신적 은혜로 존재하는 선하심을 설명하는 일반은총 교리와 그들을 향한 영적 심판이 조화된다고 본다. 물론 칼뱅 저작에서 타락한 인간을 향한 하나님의 진노와 그분의 호의는 겉으로 보기에는 대조적인 것으로 보인다. 하지만 선택되지 않은 이를 향한 신적 호의는, "타락 후 예정설"(infralapsarian view)에 바탕을 둔 하나님의 피조물 사랑이라는 관점에서 가능하다. *The Basic Idea of Calvinism*, Ch. 6, pp. 50-56. 『칼빈주의』(개혁주의신행협회).

무엇보다도 이스라엘 백성을 이끄는 책임을 더 이상 질 수 없다고 모세가 항변할 때 그가 우리에게 보여 준 것은, 더 높고 더 존경할 만한 뛰어난 지위를 받은 사람들이 아무것도 하지 않는 수동적인 우상이 되지 않아야 한다는 사실이다. 지도자들은 이전보다 훨씬 더 많은 일을 해야 하며 공익을 위해 섬기는 자세를 가져야 한다. 왜냐하면 하나님은 그들에게 보통 사람들을 섬기는 짐을 주셨기 때문이다. 많은 이가 야심에 차 있고, 존경받고 싶어 하며, 영예롭게 되고 싶어 하고, 위대함을 열망한다는 사실을 생각하면, 참으로 이 교리는 신자가 충실히 고수해야 하는 선한 교리가 아닐 수 없다.[22]

이는 성경에 나오는 "다스림의 모든 과정"과 더불어 호메로스의 작품에서 보이는 지도자의 탁월함에서도 드러난다.[23] 누가복음 1장 설교에서 칼뱅은 다음과 같이 가르친다.

하나님의 선물이 상이한 방식과 정도로 나누어졌으며, 바울의 말처럼 주님께서 우리가 선물을 필요로 할 때 필요에 따라 전에 가진 것보다 더 많이 주셨다는 교훈을 배워야 한다. 사울이 이스라엘 초대 왕으로 선택되었을 때 새로운 인간이 되었다는 것을 우리는 안다. 하나님의 영이 사울을 가득 채운 결과 그가 자신의 의무를 수행할 수 있었기 때문이다. 이는 사울 개인의 유익을 위해 행하신 일이 아니다. 이스라엘 백성의 전체 구원과 공동선을 위해 그렇게 행하셨다. 하나님의 자녀들에게도 동일한 원리가 적용된다. 우리는 때때로 연약하다. 그러나 만약 하나님이 우리를 싸움터로 부르신다면, 우리가 그분의 목적을 위해 싸우기를 원하신다면, 하나님은 새로운 힘과 재능을 마음껏 베풀어 주실 것이다.[24]

칼뱅의 관점에서 자연적 은사는 인간 보편성과 탁월성의 변증법적 교차 방식으로 인류의 복지 건설에 이바지하고 있다.

요약건대, 칼뱅은 "감탄할 만한 진리의 빛"이 이방의 세속 질서 안에서도 부패와는 관계없이 찬연히 빛나고 있다고 말한다. 그것은 하나님이 탁월한 은사들(eximiis Dei donis)로 인류에게 옷을 입히시고 꾸며 주신 결과다. 고대의 법, 시민 질서, 철학, 논쟁 기술, 의학 및 수학과 같은 학문에 남은 자연적 선물을 긍정적으로 보는 칼뱅의 시각은 어디에서 드러나는가? 인류 공동선과 신적 선물의 관계를 선언하기 바로 전에 나타난다. 자연적 은사는 인간의 부패와 한계에도 불구하고 사회의 공익을 위해 적극 사용해야 하고 모두가 향유해야 하는 것이다. 자연적 은사는 신적 은혜와 대조적이거나 분리되지 않는다. 칼뱅이 인식하는 자연적 은사는 아퀴나스의 이해와는 달리 하나님 은혜에 전적으로 의존하고 있다.[25]

칼뱅의 일반은총 교리가 신자들의 활동과 관련된다면 (교회 공동선과 구별되나 분리될 수 없는) 인류 공동선에 대해 보다 더 긍정적 뉘앙스를 갖게 된다. 그의 일반은총 교리가 신자의 활동과 직접 관련되지 않는다 해도 여전히 인류의 공동선에 다소 긍정적인 어감을 함축한다. 사회적 공동선에 대한 칼뱅의 성찰은 신자와 비신자 모두에게 수여되는 일반은총이라는 가르침과 함께 발전한다고 결론지을 수 있다. 더불어 인류의 사회적 공익을 위해 베풀어진 일반은총은 하나님의 특별한 섭리에 따라 교회의 영적 공익을 위해서도 사용될 수 있다.

칼뱅의 일반은총 교리를 적극적·긍정적으로 보는 그룹과 소극적·부정적으로 보는 그룹 사이에서 현재 진행되는 논쟁과 달리, 인류 공동선 관점으로 일반은총을 분석하고 조명한다면 어떤 유익이 있을까? 이 새로운 시도는 칼뱅의 사회 윤리를 통합하는 토대로서, 구원 은혜와 창조 은혜의 상관관계를 드러내는 하나의 대안적 관점으로서 전경(前景)에 놓일 것이다.

정치적 공동선

하나님의 창조 세계 본래의 질서에 대한 칼뱅의 비전이 공동선 견지에서 그의 정치적 성찰에 영향을 미친 방식을 논의해 보자. 특히 영적·사회적 공익 관계가 정치적 통찰에서 어떻게 드러나는지 숙고할 것이다. 스키너(Skinner)는 국가가 "충성 대상으로 어떤 경쟁자"도 갖고 있지 않기에 교회는 정치 영역에서 고립되고 배제된다고 주장한다. 그의 현대 정치 이론은 칼뱅의 정치신학이 오늘날 타당성을 갖지 못한다고 본다. 하지만 칼뱅은 오늘날에도 중요한 자리에 있다. 그가 공익 추구라는 정부의 목적을 다루었기 때문이다. 칼뱅에게 정치는 인류를 파멸에서 보존하고 선을 위한 평온을 제공하기 위해 각 사람이 신자인지 여부와 상관없이 하나님이 베푸신 선물이다.[26]*

나아가 공동선을 중심으로 하는 관점에서 그의 정치적 성찰은 단지 역사적인 것이거나 영감을 주는 어떤 것으로 제한될 수 없다. 또 그것은 오늘날 서구 세계를 넘어서 인류 "대다수 세계"를 위한 관련성을 갖는 하나의 원천으로 볼 수 있다. 이 주제를 탐구하기 위해 칼뱅의 '공동선' 개념이 시민 질서에 대한 그의 생각에 초점을 맞출 것이다.

우선, 정치의 기원과 본성에 관한 칼뱅 학자들 간의 논의를 두 범주로 나누어 살펴보자. 정치는 인류가 타락 후에 받은 신적 선물이라는 견해와 타락 전에 받은 신적 선물이라는 견해가 있다. 전자에 동의하는 카이퍼는 "통치자가 다스리는 국가를 설정"하는 칼뱅의 견해는 타락이 없었다면 애초에 없었을 것이라고 본다. 정치는 인간 타락 이후 그들의 보호와 복지를 위해 일반은

---

* 칼뱅은 정치 질서가 죄를 교정하고자 하나님이 베푸신 하나의 치료책이라고 생각하며, 이는 아우구스티누스의 생각과 같다. 그러나 칼뱅은 정부가 필수적일 뿐 아니라 고귀한 것이라는 주장을 펼치며 아우구스티누스보다 정치에 더 높은 지위를 부여했다. *Comm. Romans.* 13:3, p. 480; 『기독교 강요』 (1559) 4.20.4; Hancock, *the Foundation of Politics*, p. 29.

총으로 베푸신 것이다. 이와 관련해서 아우구스티누스는 "국가는 원죄의 결과"라는 개념을 선보인다. 칼뱅에게 정치는 창조의 본래 세계에서 나온 산물이 아니라고 본다. 오히려 칼뱅이 "사회적 삶에 대한 감각"을 타락 이후 일반 은총에 속한 신적 선물로 인식했다고 주장한다.[27]

이와 달리 칼뱅은 정치를 타락 이전에 베풀어진 신적 선물로 인식하고 있다고 보는 견해도 있다. 헨리 미터는 칼뱅의 눈에 비친 국가란 "자연적으로 형성된 것"이라고 주장한다. 국가는 타락 전에 "사회적 충동" 혹은 "응집력 있는 사회적 본능"에서 생겨났다고 보는 해석이다. 또한 미터는 국가는 집단 공동 이익과 일반 복지를 촉진하고 정의를 실행하기 위한 하나님의 섭리 방식에서 비롯된 것이라고 주장한다. 비슷한 맥락에서 아리스토텔레스와 아퀴나스도 국가를 타락 이전의 "인간 본성에 바탕을 둔 자연적 기관"으로 본다. 인간은 "본성으로 동료와 더불어 공동체로 살도록 태어나는 정치적 존재"이기에 그들의 공동선을 위해 "돌보는 권위"가 존재한다고 말한다.[28]

이렇게 상이한 관점 중 하나만 선택하기보다 통합적 입장을 취한다면 어떨까. 즉, 국가 기원을 타락 전, 타락 후라는 구분점을 두고 찾기보다는, 국가 기원은 하나님의 끊임없는 돌보심과 개입에 뿌리를 두고 있다는 것이 칼뱅의 입장이라고 정리하는 것이다. 그러면 정부의 기능과 형태란 역사적 맥락에 맞게 변화될 수 있다는 점을 생각할 수 있다.

칼뱅의 관점에서 정치는 영적 순례를 위하여 도움이 되는 도구이기에, 순수하게 공익을 위한 형태에서는 타락과 관계없이 꼭 필요한 것이다.[29] 특히 인간을 하나님 형상으로 이해하는 칼뱅은 정치와 실존의 방향을 개인과 전체 공동체의 행복과 복지라는 관점으로 설명한다. 그러면 이제 칼뱅의 정치적 사고에 고유하게 나타난 하나님과 인간에 대한 이중석 지식을 감안하면서, 그가 공화주의와 관련해 공동선 정치를 어떻게 이해했는지 살펴보자.

『세네카 관용론 주해』

칼뱅의 인문학적·철학적 배경이 그의 『세네카 관용론 주해』에서 정치적 공동선 사고를 어떻게 형성했는지 살펴보는 것이 중요하다. 먼저 그는 세네카가 인식하는 관용과 공동선의 관계를 이렇게 평가한다. 관용의 미덕은 그것이 "공동선을 위해 태어난 사회적 동물인 인간(hominem sociale animal communi bono genitum)"을 지향할 때뿐만 아니라, "그들 자신의 유익"을 추구하는 사람을 위해서도 유용하다.[30] 칼뱅이 보기에 세네카의 공동선 사상에 중대한 배경을 이루는 것은 스토아학파다. 스토아학파에서는 공동선을 위해 연대하는 공유된 삶에 최고 가치를 부여했다. 그는 스토아학파를 개인 이익에 초점을 두는 에피쿠로스학파 혹은 키레네학파와 대조한다.[**]

칼뱅이 볼 때, 세네카는 "관용"을 공동체와 개인의 가치를 조화롭게 하는 최고 미덕으로 여긴다고 생각했다. 그럼에도 세네카의 본래 생각은 개인의 유용성 위에 자리한 공동체적 맥락에서 이해된다. 본래 플라톤은 인간 이성이 "사회적 유대감"을 형성하고자 주어진 것으로 여겼다. 인간은 친구와 가족으로 이루어진 작은 단위 공동체에서 그리고 인간 전체 공동체에서 성격, 언어, 습관의 일치를 통해 유대감을 만들어 간다. 아리스토텔레스는 인간은 본성적으로 시민적·사회적 동물이며 삶의 공유(commonality)을 실현하고자 노력한다고 본다.[31]

- 맥닐(McNeill)은 공화주의가 칼뱅의 귀족주의적 민주주의 혹은 보수적 민주주의의 공식이라고 이해한다. John McNeill, *John Calvin and God and Political Duty* (The Liberal Arts Press, 1956), xx-xxiv.
- ** 소크라테스의 보편적 미덕과 지식 그리고 플라톤의 최고선(sumum bonum)에는 공통점이 있다. 플라톤은 지혜로운 현자가 다스리는 사회야말로 최고로 탁월한 덕(summum arete)과 최고선이 실현되는 사회이며 여기서 모두가 행복을 누린다고 본다. 아리스토텔레스의 정치학은 플라톤의 정치학과 마찬가지로 개인의 선과 사회의 선, 즉 인간의 선을 탐구한다. 하지만 그는 정치학이 "인간의 최고선"을 다룬다고 주장하면서 개인의 선보다 국가의 선을 우선한다. 동료 간 협력 없이, 즉 폴리스 없이 한 개인만으로는 이 선을 이룰 수 없다는 것이다. 개인의 선은 국가의 선으로 녹아든다. 비슷한 맥락에서 아퀴나스는 공동의 선이 개인의 선보다 낫다는 의미로 공리주의적 기초를 제언했다.

칼뱅은 위와 같은 입장에서 '공동선'(communi bono genitum)을 위해 태어난 인간에 대한 세네카의 성찰이 유기적 인간학에 어떤 토대를 마련하는지 설명한 것으로 보인다. 칼뱅의 인문학적·철학적 관점에서 생각하면 그의 공익에 대한 공화주의적 개념은 "사회 전체를 위한 공동선과 보통 사람들의 유익"에 연관된 것으로 보인다. 이는 칼뱅의 공화주의가 단지 공적 임무 담당과 관련된 "정부 행정 사안"만 중시하지는 않음을 보여 준다.•

『세네카 관용론 주해』에서 발견할 수 있는 칼뱅의 공동선 신학의 특징은 무엇일까? 정치 안정과 공동체 평화와 같은 가치를 수립하기 위해서는 실체적 자질보다 관계의 미덕이 훨씬 더 중요하다는 점이다. 통치자가 그의 재산과 신체와 정신에 걸친 실체적 재능을 가지고 자신의 사적 이익을 추구할 때 보다 관계적 미덕을 가지고 "공동선"(communi bono)을 섬길 때 그가 가진 정치적 능력이 더욱 안정된다.[32]

> 거룩한 히스기야 왕에 대한 기록을 당신(Somerset)은 알고 계십니다. 하나님을 섬기는 신앙과 국가 공동선(le bien commun du pays)을 위한 셀 수 없을 정도로 많은 위대한 일을 다 행한 후에 히스기야 왕은 그만 교만해졌습니다. 만약 당신이 너무 교만하게 되는 것으로부터 막아 주시기로 하나님이 결정하신다면 그것은 하나님이 당신에게 베푸시는 크나큰 선물일 것입니다.[33]

사람들과의 관계적 미덕의 우위는 칼뱅이 초기에 인문학적 관점에서 상소했던 고결한 정치적 삶과 후기에 신학적 관점에서 강조했던 고결한 성화의 삶

• "공적"(Public)이란 용어는 "권위와 권력이 소유되는 영역" 같은 정부의 행정적 사안과 "국민 전체로부터" 유래하는 "권력과 권위의 정당성의 원천과 근거" 같은 공동체적 사안 두 측면으로 분류된다. Raymond Geuss, *Public Goods, Private Goods* (Princeton and Oxford: Princeton University Press, 2001), pp. 42-43.

에 공통으로 나타난다.

다음으로 세네카는 "개인과 모두의 안전을 위해"라는 용어를 통해 개인의 이익을 공동체의 이익과 조화되는 방식으로 보호해야 한다고 강조한다. 이것은 플라톤과 키케로의 생각과 일치한다. 칼뱅은 통치자와 국가를 단일한 유기적 연대로 상정하는 세네카를 깊이 이해한다. 그는 세네카가 통치자를 "국가의 영혼"에, 국가를 "통치자의 몸"에 비유하는 대목을 지도자의 관용과 백성의 복종이 호혜적으로 순환하며 정치적 공동선이 형성되는 것과 관련지어 설명한다. 군주의 '공적 사랑과 호의'(pubic affection)를 백성의 충성과 답례와 교환되는 일종의 정치적 재화로 본다. 세네카가 말했듯이, "안전의 대가는 안전의 교환"이기 때문이다. 모든 사람을 안전하게 지켜 줄 때 군주 자신도 모두가 약속하는 안전을 누린다.[34]

칼뱅의 세네카 연구는 최상의 정치가 언제나 공동선 가치와 깊이 연결된다는 것을 알게 해 준다. 세네카는 공동선을 위한 가장 높은 미덕은 정치 지도자의 자기 통제력과 인류에 대한 포용적 사랑에서 생겨난다고 본다. 이러한 미덕으로 구성된 통치자의 진실한 관용은 폭군과 성군을 구별하는 판단 기준이 된다. 칼뱅은 이를 염두에 두고 (아리스토텔레스와 같은 관점에서) 공동선 가치가 왕정, 귀족정, 공화정 같은 좋은 정치 체제를 폭정, 과두정, 우민정 같은 나쁜 정치 체제와 구분하는 궁극적 기준이 되어야 함을 보이고자 했다.[35] 칼뱅은 초기부터 지속적으로 정치 체제 혹은 정치 제도 자체에 관심이 있지 않았고, 정치의 변하지 않는 목적인 '공동선'과 그것을 위한 정치적 효율성을 중요시했다.

「기독교 강요」와 주석, 설교에 나타난 정치적 공동선

1532년 『세네카 관용론 주해』에서 보여 주는 공동선과 관련한 칼뱅의 인문학적·철학적 성찰의 중요 지점은 1536년 『기독교 강요』 초판과 1559년 『기독교 강요』 최종판에 나타난 공동선과 관련한 성경적·신학적 사고에서 어떤 발전을 보여 주는가? 1536년 칼뱅은 『기독교 강요』 서문의 헌사를 통해 당시 프랑스 통치자 프랑수아 1세를 향해 종교적 관용을 베푸는 정치를 해 달라고 호소했고, 『기독교 강요』는 바람직한 정치 모델을 제시하는 저작이다. 이는 『세네카 관용론 주해』에서 나타난 정치적 관용과 관련 있을 것이다.

1. 하나님의 질서를 위해 디자인된 교회 질서와 시민 질서

칼뱅은 '영적 정부'와 '시민정부'를 구별하며 둘을 연결하려고 영혼과 육체의 신학 비유를 활용했다. 시민 질서는 교회 질서와 더불어 "인간 번영을 위한 공동체적·참여적 비전" 모델로 제시된다. 『기독교 강요』에서 보이는 정치적 공동선의 전제는 "질서를 위한 열심"을 교회와 국가에 포괄적으로 적용하는 것이다. 칼뱅이 인식하는 '질서의 보편적 개념'은 그가 속한 종교적·정치적 사회에 공통적으로 적용되는 전제다.[36] 이 입장에서 홉플은 "교회와 국가는 신자들의 교화(aedificatio)를 위해 존재한다"는 칼뱅의 확신을 강조한다. 교화라는 용어는, 하나님의 두 팔처럼, 서로 독립되어 있으면서도 협력하는 두 왕국에 신적 질서를 구현하기 위한 단일한 공통 윤리 양식(mode)으로 여겨진다.[37] *

비슷한 맥락에서 앙드레 비엘레는 신자들의 신앙적·물질적 삶이란 단일한 신적 질서에 종속되는 것이라고 지적한다.[38] 영적 공동선을 위해 교회 질서가 요구되듯이, 국가 질서 역시 정치적 공동선을 위해 필요하다. 칼뱅은 디모데전서 2:12-14 주해에서 이렇게 가르친다.

• 칼뱅의 두 왕국 사상은 한 분 목자이신 그리스도 아래 서로 다른 두 목자에 관한 부서의 개념과 유사하다. 하지만 부서가 교회와 국가의 외부적 주변 환경을 강조하는 것과 대조적으로, 칼뱅은 교회와 국가의 내적·종말론적 측면을 강조했다. Willem Van't Spijker, "The Kingdom of Christ According to Bucer and Calvin", p. 121.

하나님이 법과 질서 체계를 만드실 때 사회 취약 계층에 속한 사람들이 선한 일을 하기를 바라셨다. 따라서 재판관들이 영예를 받을 때 바울이 여기 윤곽을 그리는 목적을 생각해 보아야 한다. 즉, 재판관들은 자연적 질서를 연구해야 한다. 그들은 공동의 선이라는 목적을 위해 하나님이 그분 자리에 자기들을 두셨다는 것을 이해해야 한다.[39]

또 칼뱅은 "공동의 평화를 강화하고 화합을 유지하기 위해 모든 인간 사회에는 어떤 형태의 기관이 필요하다. 특히 이것은 교회들 안에서 목격돼야 한다"라고 가르친다. 반면 루터에게 세속의 검이란 그리스도의 외부에 하나님이 제정하신 것이기에 세상 정부의 합법성과 필요는 주변적인 것으로 여겨진다. 루터와 달리 칼뱅은 국가에 대한 교회의 영향력과 더불어 하나님 나라를 위한 국가의 주도적·적극적 역할을 강조했다. 이 의견은 정치·경제·윤리 질서와 같은 다양한 차원의 사회 공익이 교회와 국가의 상호 작용으로 실현될 수 있다는 주장에 결정적으로 기여한다.[40]

그런 점에서 몬테는 안보, 상업, 산업, 망명자 관리, 고용, 다양한 사회복지 규정에 대한 역사 연구를 통해 칼뱅이 활동하던 제네바(1555-1564)가 영적인 힘과 범속적인 힘의 균형을 실현하는 정돈된 사회였다고 평가한다. 칼뱅의 생각으로 인류 역사란 가장 높은 수준의 인간적 선에 일정 부분 기여하는 것인지도 모른다. 그러나 역사는 인간적 차원의 최고선을 포함하지는 않는다. 그의 공동선 개념은 종말론적 완성의 그림자 아래에 놓여 있다. 이런 의미에서 공동선의 진정한 성취와 궁극적 실현은 언제나 역사를 넘어선다.[41]

2. 공직의 상호적 유용성

정부 행정관은 하나님이 공익을 위해 사람들에게 주신 선물이다. 국민 복지에 도움이 되는 유용성을 위해 선택된 방식이다.⁴² 이에 대해 칼뱅은 신명기 1장과 욥기 31장에서 다음과 같이 가르친다.

> 모세는 권력을 남용하고자 하지 않았다. 그는 하나님이 공동선을 위해 권위를 주셨다는 사실을 인정했다. 모세는 권위를 가졌고 하나님이 백성을 다스리는 권위를 자기에게 두기 원하신다는 것을 인지했다. 그는 자기의 특권 혹은 권리를 오용하지 않아야 했다. 모세는 모든 것을 백성에게 다시 돌려주어야 했다.⁴³

> 왕들과 왕자들은 자기를 위해 온 세상이 창조되었다고 생각하는 것처럼 자기가 잘난 줄 착각해서는 안 된다. 왕들과 왕자들은 평범한 백성(the common people)을 위해 창조되었다. 하나님은 공동의 선을 위해 공국과 왕국을 세우시지 않았던가?⁴⁴

시민적 권위는 사회 공익을 위해 디자인된 신성한 선물로서 그리스도의 섬김과 동일하게 '진정한' 귀감과 목적을 가지며 영적 공동선을 세우기 위해 하나님이 베푸신 선물이다.⁴⁵ 1561년 칼뱅은 나바레(Navare) 왕에게 다음과 같이 서신을 보낸다.

> 왕이시여. 어떤 일이 생기더라도 당신은 끝까지 신실하게 남으십시오. 지금의 공적 관심사인 모든 일을 가능한 한 온전하게 남겨 왕을 위한 번영과 평화를 만드십시오. 그래서 프랑스의 공동선을 위해 하는 모든 일이 가능하기를 희망합니다. 또한 우리는 왕께서 백성을 위한 빵을 내주시기를, 모든 미신과 우상 숭배를 공개적으로 거절하심으로써 하나님이 영광을 받으시도록 당신의 열심과 타오르는 사랑을 더하여 주시기를 청원합니다. 그럼으로써 당신이 가련한 교회의 보호자임을 스스로 보여 주시기 바랍니다. 가혹한 박해에 더 이상 굴복하지 않도록 확실하게

보여 주시기를 바랍니다.[46]

칼뱅은 교회와 국가는 하나님의 선물로, 이 둘은 사회를 위해 공통 관심사를 갖는다고 본다. 그는 하나님 형상인 (인간의) '공통 본성'이 통치자와 피통치자 관계를 "자연 질서에 있는 상호 소통과 복종"의 관점으로 보게 한다는 '공동 복지'(the common well-being) 사상을 형성했다.[47] * 이에 대해 칼뱅은 에베소서 5장 설교에서 이렇게 말한다.

다른 사람보다 높은 지위에 있으며 명성이 가득한 재판관들은 자기가 다스려야 하는 사람들에 대한 의무가 있다. 그들은 개인의 유익을 위해 재판관 직위를 받은 것이 아니라 공익을 위해 그 직위를 받았기 때문이다. 하나님이 국가의 법과 규칙을 창조하신 것은, 어떤 이들이 다른 사람보다 더 높은 지위를 가질 수 있도록 하기 위함이 아니다. 높은 지위에 있는 자는 그 권위로 섬기는 자에게 복종해야 한다.[48]

나아가 칼뱅은 "평등" 사상이 자발성과 책임을 뒷받침해야 한다고 강조한다. 즉, 정치적 지위는 공익을 위하는 조건으로 하나님께 받은 것이기에 "국가 지도자는 하나님 형상을 반영"해야 한다. 그러므로 피통치자뿐 아니라 통치자 역시 서로를 향해 복종하는 일에 참여해야 한다. 복종과 사랑이 결합하면 상호 지원과 의지가 뒤따른다.[49]

3. 공동선을 위해 디자인된 국가의 이중 책임

핸콕(Hancock)은 칼뱅이 정부를 "사람이 살 수 있게 만들어 주는 것이 아니라,

---

* 자발적 상호 복종의 신학적 기초는 이미 3장에서 율법의 제3용법과 그리스도인의 자유와 관련해서 논의했다. 또한 이 주제는 공동선을 위한 경제 원리에 관한 대목에서도 살펴볼 것이다.

잘 살 수 있게 만들어 주는" 존재로 믿었다고 말한다. 잘 사는 것은 인간됨에 따라 사는 것과 진정한 종교에 따라 사는 것 모두를 의미한다. 칼뱅이 영적·정치적 가르침을 엄격히 구분하는 이유는 신적 섭리 질서에 바탕을 둔 가르침들을 서로 단단히 '연결'하기 위해서다. 인류를 위한 영적 왕국과 정치적 왕국이라는 두 정부가 있다는 이론은 그 기원이 세네카에게로 거슬러 올라간다. 세네카는 인간이 서로에게 이익이 되는 두 사회에 속한다고 보았다. 시민 국가라는 공통 이익(commonwealth) 사회가 있고, 모든 이성적 존재로 구성된 더 넓은 공통 이익 사회가 있다는 것이다. 더 넓은 공동체는 법적·정치적 연대가 아닌 도덕적·신앙적 연대로 이루어진다.[50]

두 왕국의 관점에서, 교회는 자발적 순종에 바탕을 둔 영적 공동선을 보여 주는 중심지가 틀림없고, 국가 또한 십계명을 긍정적으로 사용한다는 점에서 "사실상 교회와 공통된 목적을 섬기고 있다."[51] 교회와 국가는 서로 연합된 상호적·종교적 힘으로 공동의 적인 악에 대항하며 사람들을 보호하는 목적, 즉 "공생하는 목적"을 갖는다.* 또 "하나님 아래 있는 교리적·영적 사안들에 대해서는 교회가 판단을 내리는" 반면 "하나님 아래 있는 일시적 문제들은 국가가 판결을 내린다는 의미에서" 교회와 국가는 "구별되는 목적"을 갖는다.[52] 교회는 영적 방식으로 정치의 사회적 소통을 돕고, 정부는 사회적 방식으로 교회의 영적 소통을 보호하는 것이다. 이에 대해 칼뱅은 다음과 같이 가르친다.

지혜로운 통치자들은 부패하지 않은 진리가 목사들 사이에 소통될 수 있도록

---

* "세속 통치자에게 개혁을 포기하거나 연기하도록 권고하는 이들은 하나님의 영광, 교회의 구원, 국가 전체 공동 유익에 마음을 쓰지 않는 자들이며 자신들의 탐욕스런 욕망에 발목이 잡힌 것이 틀림없다"(CO 5:673-674).

그리스도의 진정하고 순전한 교리를 학교에서 가르칠 수 있게 명령해야 할 것이다. 우리에게는 앞으로 많은 목사가 필요할 것이기에 모든 지역의 가난한 학생들은 시민정부의 도움을 받아 국고로 재정 지원을 받아야 한다. 학생들은 기독교 교리를 배우고 교회 목사로 안수받을 수 있다. 정부 통치자들은 학교들이 번성하고 구원 교리가 퍼져 가도록 하기 위한 모든 노력을 아끼지 말아야 한다.[53]

동일한 입장에서 헤세링크는 율법의 정치적 기능의 궁극적 목적은 하나님의 질서를 복구하는 데 있다고 강조한다. 칼뱅은 하나님의 디자인 아래 있는 국가 정치가 인간의 타락 이후 "인류를 파멸에서 보존하는 단 하나의 치료책"이라고 믿었다. 치료는 선한 사람들에게 평안을 제공하고 악한 사람들의 범법을 제한함으로써 이루어진다. 국가는 "학교를 세우고 교사 급여를 마련하고", "가난한 자와 여행자를 위해 거처를 지어 주는" 교육적이면서도 박애적인 목적을 가진다.[54]

위와 같은 정부의 이중 직무에 대한 칼뱅의 생각은 아퀴나스의 정치적 공동선 개념과 다르다. 칼뱅과 달리 아퀴나스는 철학적 진리의 영원한 법과 종교적 진리의 신적 법이 인간 이성에 자리한 자연법 안에 부분적으로 용해되어 있다고 믿었다. 인간 이성에 대한 높은 평가는 인간의 자연적 목적을 달성하기 위한 자원이 이성 속에 넉넉히 담겨 있다고 생각하게 만든다. 아리스토텔레스와 아퀴나스 모두 이성을 적극적으로 바라보기에, 그 이성을 사용하는 국가를 통해 인간의 자연적 목적도 충분히 얻을 수 있다고 하는 것이다. 다만 아퀴나스는 인간의 초자연적 목적이 교회를 통해 획득될 수 있다는 특유한 통찰을 갖는다. 이런 이유로 국가의 "어떤 공통적인 통치력"은 공동선이라는 목적을 위해 개인의 활동을 이끌 수 있다. 아퀴나스에게 국가는 "인간 본성의 합리적 산물"로서, 독특한 영역을 갖는다. 자연법은 이성의 명령에 따라 "공동선에 주로 관심을 갖는다." 다수의 공동선과 개인의 선 추구라는 두 가지 목적의 조화로운 협력 과정과 시민의 공동선(bonum commune)이라는 목적을 달성하기 위해, 국가는 필요한 모든 수단과 처분을 활용할 수 있다. 아퀴나스가 보는 국가는, 교회의 지도와 본보기 없이도 국가 자체의 지혜와 자원을 가지고 "공동의 사회적 삶"이라는 창조 세계의 질서를 회복하는 자신만의 길을 찾을 수 있다.[55]

반면 칼뱅은 정치적 공동선의 가치를 세속 국가와 기독교 국가라는 관점으로 분류했다. 그는 1559년 『기독교 강요』 제2권에서 타락 후에도 남아 있는 일반은총에 속하는 시민정부는 그리스도의 왕국 밖에 놓여 있다고 말했다. 그러나 제4권에서는 시민정부가 하나님의 일반은총을 받을 뿐 아니라, 교회를 통해서도 하나님의 특별은총을 제공받는다고 강조했다. 하나님의 관심은 신자들의 마음을 다스리시는 것만이 아니라 온 땅을 다스리시는 데 있는 것이다. 이것은 하나님이 직접 다스리시는 교회 내부에서만 이루어지지는 않는다. 하나님이 교회의 외적 부분에 간섭하시는 섭리를 통해 이루어지기도 한다.[56] 따라서 교회와 국가 모두 종교적이어야 한다.

칼뱅의 비전은 교회와 국가 사이에 구별되는 상호 작용으로 "하나님의 법에 의한 하나님의 다스림"으로 이해할 수 있는 "종교적 공화국"을 수립하는 것이었다. 그는 『기독교 강요』 제2권에서는 세속 국가, 제4권에서는 기독교 국가라는 두 국가관을 갖고 있다. 세속 국가는 인류 공동선이라는 단순한 차원에서 이해될 수 있는 만면, 기독교 국가는 교회적·사회적 공동선의 역동적 "상호 도움과 합작"이라는 차원에서 이해할 수 있다. 칼뱅은 1559년 『기독교 강요』 제4권에서 교회와 국가를 "하나님이 우리를 그리스도의 사회로 초대하시고 그 가운데 우리를 수용하시는 수단이나 목적"이라고 묘사한다.[57]

4. 공적 영역에서 살리심과 죽이심

칼뱅의 정치신학에서 영적 복지와 사회적 복지의 상호 관계는 긍정적 살리심(vivification)과 부정적 죽이심(mortification)으로 표현된다. 그가 국가의 강제력을 보여 주고자 "살리심"과 "죽이심"이라는 말을 드러나게 쓰진 않았지만, 시민 질서에 관한 진술을 살펴보면 이 개념이 함축됨을 알 수 있다. 먼저 "살리심"이라는 말에 담긴 의미를 살펴보자. 제네바 정부에서 하는 일들은 개인 복지를 위하는 사회적 돌봄을 포함한다. 그것은 하나님의 말씀 사역을 통한 목회의 돌봄과 상응하는 것으로 격려된다. 이와는 대조적으로 교회와 국가의 관계는 "죽이심"이라는 이미지로도 나타난다. 정부의 징벌과 물리적 규제는 교회를 위법 행위로부터 깨끗하게 보호해야 하고, 하나님의 말씀 사역은 정부 행정관들이 죄를 덜 짓도록 도와야 한다.[58]

칼뱅은 제네바의 공동체 질서와 율법을 자발적 순종의 방식으로 조화롭게 추구하는 데 관심이 많았다. 교회는 영적으로 자립할 수 있고 국가는 정부 고유 영역을 적절하게 결정하는 권한을 유지했다. 이 상호 관계 속에서 교회적 차원의 공동선은 구원과 관련된 것이었고 정치적 차원의 공동선은 사회 질서 유지와 관련된 것이었다. 그렇지만 신정 통치의 경우처럼 교회와 국가를 혼동해선 곤란하다. 다만 "신정 정치"라는 용어가 그리스도를 통한 하나님의 다스림이 사회 전체 안에 있다는 것을 뜻한다면, 이는 제네바에서 칼뱅이 지녔던 목표에 적용될 수 있다. 교회와 국가는 공동의 주님과 공동의 목적 아래 더불어 일해야 하기 때문이다.[59] 즉, 교회와 국가는 모두의 복지를 위해 연결되어야 한다.

그렇지만 칼뱅은 결코 억압적인 신정 정치를 위한 활동가가 아니었다. 제네바의 목회자들은 주로 신앙 문제에 주력했다. 세속적 통치자들에게 물리적·강제적인 검의 도움을 요청하는 일은 없었다. 그 당시 여러 도시처럼 칼뱅이 목회하던 제네바의 의제(agenda)는 거주자들에게 특정 종교를 강요하는 것이 아니라 시민 통합을 위한 일치를 도모하는 것이었다. 사회가 일치해야 경제와 사회복지에 도움이 된다고 생각했기 때문이다. 이렇듯 제네바라는 도시와 전체 인류를 향한 칼뱅의 비전은 사회 공동선과 동일한 시공간에 걸친 교회 공동선이었다. 여기서 다시 한번 칼뱅의 정치 신학에서 '공공 혹은 공적'(public)이라는 개념은 공직자들로 운영되는 행정적 사안에만 관련되지 않고 국민들 스스로 형성한 공동체적 사안과도 관련된다는 점을 추론할 수 있다. 그는 언제나 "공공"이라는 개념을 생각할 때 사회 전체의 공동 유익을 국민들의 유익과 연결했기 때문이다.[60]

칼뱅의 공동선 관점에서 정부 권력은, 선한 행위를 가르치고 심어 주며 "공익적 평화를 해치고 어지럽히는" 악한 행위를 제한하고 처벌하는 이중 양식으로 자신의 역할을 수행해야 했다.[61] 그것은 신자의 성화에서 "살림"과 "죽임"의 양식과도 유사해 보인다. 이러한 판단 기준을 넘어선 권력 확장은 공권력 남용이 된다. 공익을 위한 공직자들의 직무는 정의를 위해서는 권력을 적극 사용하고 형평을 위해선 권력을 소극적으로 사용하는 두 가지 방식으로 수행된다. 칼뱅은 공권력에 의한 정의와 심판 개념을 다음과 같이 요약했다.

> 정의는 사실상 선량한 사람들을 포용하고 보호하고 그들의 정당함을 입증하고 그들이 자유롭게 되도록 보호하고 받아 준다. 반면 심판은 악한 자들의 대담함을 견디면서 그들의 폭력을 억누르고 악행을 처벌한다.[62]

이같은 맥락에서 국가 권력에 대해 공적 기준이 가져야 할 엄격한 공정성에 대한 칼뱅이 생각을 그의 소명신학과 연결하는 일은 중요하다. 그는 소명신학의 핵심을 하나님 앞에서 균등을 강조하는 데 두었다. 그것은 정치, 경제,

사회 모든 영역의 사역과 기관 간 상호 지원과 섬김을 위한 기반이 된다. 공동선을 추구하는 소명을 받은 통치자들은 공적 기준을 피통치자들뿐 아니라 그들 자신에게 더욱 엄격하게 적용해야 한다.[63] 칼뱅의 『기독교 강요』 제4권과 사무엘상 8장 설교에서는 이런 내용을 잘 보여 준다.

> 가뭄이나 전염병이 유행하는 시절에 처벌을 더욱 엄격히 하지 않으면 모든 것이 파멸되고 말 것이다. 매우 엄하게 제지하지 않으면 특별한 죄악을 저지르는 나라도 있기 때문이다. 이렇듯 하나님의 법을 지켜 가고자 적절히 대처하는 다양한 방법이 있다. 만일 이런 다양성에 반대하는 사람이 있다면 그는 얼마나 악하고 공공복지를 증오하는 마음을 소유한 자인가?[64]

> 신자들이 공평하고 온건한 마음을 지니고 원수에 대해 우호적인 태도를 유지하면서도 법관의 도움을 받기에 결코 자기 재산을 보호하지 못하지는 않는다. 또 공공의 유익을 위해 열심히 일하며 극악한 죄인, 즉 죽음으로만 변화될 수 있다고 생각되는 죄인을 처벌하도록 요구할 수도 있다.[65]

> 통치자들의 권력을 제한하기 위해 하나님이 규정하신 것들이 있다. 하나님이 규정하신 제한 내에서 그들은 만족해야 한다. 그것은 공동의 선을 위해 일하는 것, 가장 진실한 공정과 정의 안에서 국민을 다스리고 지도하는 것을 말한다. 그들은 자신을 스스로 중요하다고 여기면서 거드름을 피우지 말아야 하고 자기들 역시 하나님의 백성이자 신하임을 기억해야 한다.[66]

사법 과정에 대한 칼뱅의 주된 관심은 사회 공익에 있다. 즉, "우리 유익"(bonum nostrum)을 위한 민사 사건에서 시민 권리를 보호하는 데 있다. 그는 법정에서 소송하려는 신자의 동기에 대한 통치자의 도움은 하나님의 거룩한 선물이니 우리 잘못으로 더럽혀지지 않도록 더욱 경계해야 한다고 강조했다. 통치자들과 신자들은 모두 "해를 끼치려는 정신 나간 욕구" 혹은 "악으로 악을 갚으려는 것"과 같은 사익 남용을 의식하고 경계해야 한다. 그 대신에 그들은 공익을 보호하기 위해 사랑과 선의와 온건함으로 다른 사람을 대해야 한다.[67]

5. 정치적 선물의 순환

칼뱅이 볼 때, 통치자들이 공익을 위해 강제적 국가 시행을 선용하기 때문에 "공적 비용" 개념은 피통치자들과 통치자들 사이에 일종의 정치적 선물 교환처럼 여겨질 수 있었다. 공물, 세금, 공동 방어를 위한 군사적 공무 이행 같은 공적 비용은 시민 복종을 표명하는 것이다.[68] 칼뱅은 세금과 정당 전쟁이 정치적 선물을 긍정적으로 교환하는 것이 되게 하는 올바른 사용법과 한계를 다음과 같이 설명한다.

> 다윗과 히스기야는 왕의 직무의 위엄에 어울리는 화려한 생활을 했다. 이 비용은 공적 비용으로 지불되었다. 그렇다고 해서 그것이 부적절해 보이거나 경건이 손상된 것은 아니었다. 그럼에도 군주들이 기억해야 하는 것은 그들 왕국이 사사로이 쓰기 위한 수입의 원천이 아니라는 점이다. 사도 바울이 로마서 13:6에서 진술한 것처럼 수입은 모든 백성의 공동선을 위해 써야 한다.[69]

> 고넬료는 성령을 받았는데도 군인이라는 자신의 직업을 포기하지 않았다. 자기가 속한 나라의 공동선에 관계되는 방어를 위해 통치자의 권위 아래 무기를 지니는 일 자체를 비난하지 말아야 한다. 전쟁을 일으키는 악한 시기심, 탐욕, 전쟁 시 일어나는 악한 행위를 공격해야 할 것이다.[70]

칼뱅이 보기에, 질서가 잘 잡힌 국가의 복지 행정하의 피통치자들은 복종하는 척하지 않고 진지하게 진심으로 복종한다. 그것은 공익을 올바로 구현하는 통치자들의 기대와도 부합한다.[71] 그는 이렇게 가르친다.

우리는 당신의 겉모습뿐 아니라 양심의 자유에서도 갈등이 해결되기를 기도하며 권고한다. 그렇게 함으로써 당신의 모든 것이 질서 잡히고 하나님께 영광을 돌리며 공익을 보호하고 재난은 피하게 된다. 당신들 사이에 일어난 문제와 분열 가운데 그리스도교 신앙의 적대자가 기뻐할 만한 어떤 기회도 제공하지 않게 된다.[72]

모든 그리스도인은 그들이 사는 지역의 통치자들과 지도자들의 번영을 위해 하나님께 기도해야 하며, 지도자들이 하나님의 계명에 반하지 않는 한 그들의 지위와 법에 순종해야 하며, 선과 질서와 일반적 공익에 속한 모든 것을 추구해야 한다.[73]

하지만 칼뱅은 공동선이 선한 정치 지도자에 의해서만 구현되는 게 아니라 역설적으로 악한 지도자에 의해서 구현될 수도 있다는 사실을 유념하고 있다.

최악의 독재자라 해도 세상에 좋은 일을 하고 유익이 되기도 한다. 하나님은 악한 통치자가 여전히 권력의 지위에 앉아 있음에도 다스리신다. 그는 공동선을 섬기는 종이다. 선한 통치자라면 마땅히 그렇게 해야 하듯, 자기 직무를 충실하게 수행하는 자들은 하나님이 공익이라는 목적을 위해 자신을 지도자의 지위에 두셨다는 것을 알아야 한다. 그리고 백성을 섬기는 일에 자신을 헌신해야 한다.[74]

만약 공동선을 위해 통치자와 국민 사이의 모범적인 관계가 정부의 실정(失政)으로 깨어진다면 어떻게 되는가? 이 경우 백성은 "기꺼운 승인과 완전한 순종"이라는 "양화"(good money)를 걷어내고, 저항이라는 "악화"(bad money)를 지도자들에게 돌려줄 수 있다.[75] 칼뱅은 다니엘서 14장과 욥기 19장, 디모데전서 3장을 설교하며 이렇게 말한다.

> 평범한 국민들이 먹고살기 위해 필요로 하는 것을 가져가 버리는 악한 지도자들에 의해 하나님의 임명은 그 가치가 저하되고 만다. 보통 시민을 부양하며, 공정하고 의롭게 돌보라고 하나님이 맡기신 이들을 부성적 애정을 갖고 잘 다스리는 데 유의하는 것 외에 군주들과 왕들이 더 할 일이 있을까? 하지만 지금은 잔인한 학대만이 있을 따름이다. 여기서 우리는 하나님이 그분의 영광과 공동의 선을 위해 제공해 주신 법과 상태를 그들이 얼마나 왜곡했는지 알 수 있다. 우리는 이런 배은망덕과 불충을 왕국과 사법부뿐 아니라 교회의 교황 정치에서도 본다.[76]

> 자기감정에 좌우되는 통치자들은 공개적으로 하나님께 무례하게 구는 일에 주저함이 없다. 그들은 이렇게 말한다. '교회를 유익하게 만드는 일이 있다. 더 넓은 공적 이익을 위해 할 수 있는 일이 있다. 그러나 나는 이 모든 것을 파괴할 것이다.' 그렇게 그들은 선한 것을 전복하고 악한 것을 지키는 데 전념한다.[77]

> 통치자들의 권위가 없어지고 그들이 상당한 모욕을 받을 수도 있다. 때때로 그들은 대담함을 보여 줄 수도 있다. 하지만 결코 그런 일이 지속될 수는 없다. 그들이 세상에서 가장 담대한 사람들이라 해도, 교회의 교리를 살 만들어서 백성들이 수용되도록 해야 할 진지함을 잃어버리면 안 된다. 그 지위에 부름받은 이들이 하나님과 공동선을 충실히 잘 섬기고자 노력해야 하는 더 큰 이유가 여기에 있다. 이는 우리가 자신의 상대를 얼마나 부끄러워해야 하는지 보여 준다.[78]

그럼에도 정치적 재화를 재배열하거나 재정리하는 일은 사적 저항이 아니라 공적 저항으로 이루어져야 한다. 칼뱅은 시민들이 "공익을 위해 다스리는 자들"에게만이 아니라 "불공정하고 무능하게 다스리는" 자들에게도 "공적으로 순종"해야 한다고 제언했다. 칼뱅이 『기독교 강요』 제4권에서 가르치는 바는 이렇다. "세상에는 진심으로 경의를 표하고 순종할 만한 집권자를 갈망하는 사람들이 있다. 공적 복지를 위해 그런 일이 필요하다는 걸 알기 때문이다."[79] 그런데 한편으로 하나님은 "사람들의 악한 행위를 처벌하기" 위해, 신적 선행의 "참다운 유형과 증거"로 부당하고 무능한 악한 지도자를 세우시기도 한다. 즉, 정치 그 자체가 하나님 섭리로 받은 선물이기 때문에 어떤 면에서는 전제 정치조차 "사람들이 살아가는 사회를 건설하는 데" 도움이 된다고 인정할 수 있다.[80]

이러한 가정을 염두에 두면서 칼뱅은 국민 복지를 위해 (신적 부르심으로) 임명된 국가 통치자들이 자신의 이익과 "맹렬한 방종"에 탐닉한다면, 국민이 제한적·수동적으로 지니던 저항권이 "왕들이 고의적으로 권력을 남용하고 행사하는 것을 제한하도록 임명된 공적 관리들"에 의해 이행될 수 있다고 제안했다.[81] 칼뱅에게 저항권이란 공익을 유지하고 회복하는 일은 공적 방식으로 이행해야 한다는 의미였다. 이것은 수동적 저항을 가리킨다. 이러한 주장은 혼돈과 파괴적인 힘에 대한 그의 반감과 관계된다. 그는 사적 선동으로 적극적으로 무모하게 저항을 하면 "많은 피를 쏟는 대신에 결과는 신통치 않다"는 사실을 알아채는 통찰력을 갖고 있었다.[82]

그래서 칼뱅은 훈련과 규율을 아는 하급 관리들의 저항을 선호했다. 이 주장의 근거는 무엇인가? 그는 저항권은 지상 통치자들에 대한 하나님의 주권과 인간의 순종 가운데 자리매김해야 한다고 보았다. 모든 사람은 거룩한 주권을 똑같이 부여받았고, 그 주권으로 하나님은 합법적 권력을 부여하신다.

하나님은 유능하고 선한 통치자를 통해 백성에게 형통과 번영을 주시기도 하지만, 무능하고 악한 통치자를 통해 역경과 심판을 주시기도 한다. 칼뱅은 고통과 역경과 악한 정치를 참고 견디는 일에 대한 질문과 답을 하려고 한다. 이것이 그가 특정 정치 체제를 선호하지 않는 이유 중 하나로 추정된다. 또한 정치적 저항권은 어려움을 견디는 그리스도인의 영적 훈련이라는 더 넓은 맥락에서 일어난다. 칼뱅은 "비열한 통치자의 악한 행위"는 "백성들 자신의 잘못된 행위들"을 교정하려는 "하나님의 징계"로 사용될 수 있기에, 그러한 행위는 오히려 백성들의 정치적 이익이 일시적으로 상실되는 것과 관계없이 죄인들의 영적 선함이 영속적으로 회복되는 데 기여할 수도 있다고 보았다.[83]

정치적 압제 아래 나타나는 수동적 저항에 관한 칼뱅의 진술은 국가 통치자가 종교적 공동선에 직접적으로 해를 가하는 경우에는 적용되지 않았다. 그러한 경우에 칼뱅은 오히려 더욱 공세적·적극적인 저항권을 제안했다. 그는 1561년 콜리니(Coligny)에게 다음과 같은 서신을 보냈다.

참된 종교를 폐지하는 데 사용된 비인간성에 대한 크나큰 탄식이 있습니다. 불행한 신자들이 살해될지도 모른다는 끔찍한 학살이 계속해서 예측되었습니다. 나는 답신을 보냈습니다. 한 방울의 피라도 흘리게 된다면 그 피의 강물은 온 유럽에 흘러넘치게 될 것입니다. 기독교와 복음의 명성이 수치스럽게 되는 일이 생기게 하는 것보다 차라리 수백 번이라도 그냥 죽는 편이 훨씬 더 나을 것입니다. "피의 왕자"를 공동선을 위한 권위나 동지사로서 옹호해야 하는 것이 필요하다면, 그리고 의회가 이에 동의했다면, 모든 선한 백성이 이를 돕는 일은 합법적일 것이라는 점에서 나는 그와 같은 생각을 가지고 있습니다.[84]

이는 절대 가치를 지니는 교회의 영적 공동선이 세속적·정치적 권위의 우발적 성격과 비교될 수 없었기 때문이다. 칼뱅은 정치에는 불순종했지만 영적으로는 하나님께 순종했던 다니엘과 여로보암 왕에게 정치적으로 복종함으로써 영적으로는 하나님께 불순종했던 이스라엘 백성들을 대조한다.[85] 세속 통치자들이 하나님의 영광에 반하는 영적 도전으로 "우상 숭배에 참여하라고 강제로 강요하거나 미사 혹은 기도 행렬을 다시 도입해서" 교회의 영적 공동 유익을 적극적으로 훼손하려 한다면, "그리스도인들은 그것에 적극적으로 저항할 수 있거나 저항해야만 한다." 이런 경우에 통치자의 신적 합법성은 제거되기 때문이다. 그렇다 해도 칼뱅은 '성상 파괴'(iconoclasm)는 교회 공익을 회복하는 데 바람직하지 않다고 생각했다. 그는 성상 파괴를 적극적 저항권 항목에 포함시키지 않았다. 이것은 주목할 만한 일이다. "어떤 개인에게도 속하지 않는 공적 재산을 약탈하는 일"은 경솔하고 분별없는 열정에서 나온다고 판단했기 때문이다. 칼뱅은 제한된 방식의 공적 저항은 무질서한 사적 저항과 달리 공익적 가치를 보호하고 회복하는 데 효과적으로 작용한다고 생각했다.[86]

6. 정체(polity) 논의에서 공동선의 새로운 역할

칼뱅의 정치신학은 "인류의 공동 유익을 위한" 정치의 필요성에 초점을 두면서도, 특별히 선호하는 정치 형태를 채택하는 방식은 피한다. 그는 1551년 베드로전서 주해에서 이렇게 말한다. "국가 권세는 하나님이 인류의 공동 복지(commune bonum humani generis)를 위해 세우신 것이기에 존중해야 한다. 공익(publica utilitas)을 마음에 두지 않으면 우리는 틀림없이 야만적이고 잔혹해질 것이다." 그는 시민사회를 해체하는 무질서한 무정부주의가 사적 이익만을 위하는 독재 군주의 폭정보다 더 해로운 것이 되리라 보았다.[87]

그러면 칼뱅의 의도는 어디에 있을까? 그는 '신적 소명의 균등함'과 '공동

선을 위한 자발적인 상호적 섬김'을 실현하는 데 적절한 정치 형태를 찾고 있다. 칼뱅은 "혼자 힘으로는 다스리기에 충분한 비전의 힘과 넓이를 가질 수 없기에" 사람들이 더불어 운영하는 의회가 중요하다고 믿었다.[88] 비슷한 맥락에서 선한 정부를 향한 그의 비전은 다음과 같은 가정 위에 찾을 수 있다. "권력 실행에 대해 확고하게 제도화된 정부 간 견제, 외양과 실행에서 온건함, 건덕을 위한 신적 선물의 다양성에 따라 행정가로 부름받은 존재로서 통치자를 승인한다."[89] 칼뱅은 "귀족정과 민주정을 결합한 체제"야말로 "관리되고 조정된 대중적 참여"로서 최상의 정치 체제라고 주장했다. 이러한 정치 체제에서 더 큰 자유와 행복을 누리기 때문이다. 게다가 4장에서 논의한 바와 같이, 교회 직무에서 발견되는 협조적 목회의 경우처럼 이러한 정치 체제는 상호 균형과 도움과 견제에 기초해서 "그들이 서로를 돕고, 서로를 가르치고 권고할 수 있게 한다."[90]

이렇듯 칼뱅에게 정치 형태는 하위 가치인 반면, "공동선" 혹은 "공익" 개념은 상위 가치를 지닌다. 즉, 주된 관심이 정부 형태에 있지 않고, 정부를 위한 하나님의 목적 그리고 행정부 아래 있는 인간의 책임에 있다. 특정 형태의 정부만이 인류 공동 복지를 위한다고 말할 수 없다. 오히려 칼뱅은 군주제가 정치적 공익을 위해 기여한다면 이를 긍정적으로 본다.[91] 반면 군주제가 잘못 사용되어 정치적 공동선이 위태로워지면 군주제는 부정적으로 기능할 수도 있다고도 본다. 따라서 칼뱅이 단순히 군주제를 옹호하거나 반대한다고 하는 치우친 해석은 바람직하지 않다.

이는 칼뱅이 귀족주의적 공화주의자인지 민주주의적 공화주의자인지 따지는 논쟁으로 이어진다. 그동안 칼뱅의 공화주의는 귀족주의 모델과 더 가까운 것으로 이해되어 왔다. 하지만 그의 관심은 정치 형태를 선택하는 데 있다기보다 정치적 장(arena)을 위한 인간 이성의 보편적·잠재적 가능성에 있다.

그에게는 자신이 시대의 영향을 받는다는 인식이 있었다. 제네바에서 자신이 행하는 일들은 시대의 요구에 따라 그 동기가 부여되었다.[92] 이를 고려하면 칼뱅은 어떤 형태의 정부가 공익을 위해 최적의 모델이 될 수 있는지 분명히 표현하고자 시도한 셈이다. 그는 사회적 동물인 인간이 하나님의 공적 부르심에 올바르게 참여하는 능력에 신학적 기반을 두고, 자신의 시대를 관통하는 본질적 입장을 세워 나갔다. 이를 잘 포착한 스티븐슨은 칼뱅이 정치적 성찰을 펼쳐 가며 사적 개인과 공적 개인을 가늘고 얇게 구분했다고 주장한다. 어떤 정치 지도자가 자신의 공직 범위를 넘어서서 공적 질서를 따르지 않으면 그의 영예는 훼손된다. 그뿐만 아니라 공적 질서를 위한 신적 위임이 주어질 때는 "평민"(commoners) 역시 공직에 참여하는 자가 될 수 있다. 칼뱅은 사적 개인들과 평범한 주민들 전체가 하나님께 저항하지 않고서도 얼마든지 독재에 저항할 수 있다고 주장한다.[93]

칼뱅은 이사야서 주해에서 공직의 주된 기준을 정할 때 "하나님의 성령을 부여받았는지" 여부를 살피는 것이 중요하다고 보았다. 성령의 "기름부음"은 사람의 능력으로 나타나기 때문이다. 공무를 수행할 때 필요한 은사와 능력은 정부뿐만 아니라 주님도 요구하신다. 하나님은 그가 누군가를 파송하고 임명하는 존재인 것을 사람들이 알게 하시기 위해 구별된 재능을 베푸시는 분이다.[94] 이러한 맥락에서 홉플은 말한다. "어떻게 해서든지 잠재적 가능성을 갖게 된 사람이 있다면, 그로 인해 공인이 되고 그가 지닌 모든 것이 하나님의 손에 있는 것이므로 그에게는 사람들의 인정을 받을 만한 자격이 있다."[95] 칼뱅은 정치적 공동선을 생각하면서 "어떤 사람이 공적 마인드와 공적 미덕을 갖고 있는지"를 "어떤 사람이 공적 직무에 재직하고 있는지"보다 더 중요하게 여겼다.[96]

1561년 칼뱅 연대기에는 다음과 같은 진술이 나온다. "하나님의 사역자장 칼뱅은 국가 통치 역할을 효과적으로 수행할 수 있는 직위에 선출된 자들에게 필요한 내용을 다음과 같이 말했다. 그들은 하나님을 두려워하며 하나님의 영광과 영예와 공익(le bien public)을 최우선으로 생각하는 사람들이어야 한다."[97] 칼뱅은 다수의 유익을 위해 최고 자질을 가진 이들이 동료와 협력하는 관점을 가져야 한다고 보았다. 그는 공익적 마인드를 적절히 구체화하는 구조로 귀족정과 민주정을 결합한 정치 체제를 선호했다.[98] 칼뱅이 '귀족주의적 공화주의'와 '민주주의적 공화주의' 중에 어느 편을 더 선호했는지에 관한 논쟁에 몰두하기보다는, '공동선 중심적 공화주의'라는 각도에서 칼뱅 사상을 해석하며 조화롭게 다가가는 것이 바람직해 보인다.

결론적으로 칼뱅은 1559년 『기독교 강요』 제2권에서 보인 '인류 공동선'의 자율성에 초점을 두기보다, 제4권에서 체계적으로 선보인 교회와 연결된 국가 역할로 사회적 공동선을 실현하는 데 초점을 둔다고 볼 수 있다. 정치에 대한 그의 생각에는 세속 국가에 대한 상이한 각도가 존재한다. 세속 국가는 교회의 영적 공동선과 직접적인 관계 없이 인류의 사회적 공동선 그 자체로 언급될 수 있다. 칼뱅의 주된 관심사는 교회와 국가의 상호 의존적 동반자 관계 형성에 신자들이 참여함으로써 인류 공익의 실현이 더욱 온전하게 활성화된다는 것을 보이는 데 있다.

사회 공익을 위해 주어진 신적 산물인 '정치'의 본성에 대한 칼뱅의 관심은 인문학에 중심을 둔 초기와 신학에 중심을 둔 후기에서 다르게 나타난다. 먼저 인문주의자로서 칼뱅은 개인직·공동제직 차원에 걸쳐 나타나는 "관용"의 정치적 미덕에 초점을 두었다. 나아가 공동선 견지에서 어떤 정치 체제가 최상의 형태인지 판단하는 데 주의를 기울였다. 반면 신학자와 목회자로서 칼뱅은 하나님의 창조 질서를 실현하기 위한 상호 소통의 초점을 교회적·사회적 차원에 두었다. 영적 공동선과 도덕적 공동선의 결합은 서로 구분되나 분리할 수 없는 교회법과 사회법으로 제시된다. 그럼에도 칼뱅은 여전히 그리스도교 국가법의 영역 바깥에서 발생하는, 정치적이지만 범속적인 공동선을 인정한다.

칼뱅이 보기에 시민정부의 사회적 돌봄과 처벌은 목회적·훈육적 체계 활동을 통한 교회의 "살림", "죽임"과 유사한 방식으로 여겨진다. 칼뱅은 세금, 처벌, 정당 전쟁과 같은 공적 비용이 공익적 가치 안에서 피통치자와 통치자 사이의 정치적 선물처럼 적절하고 이치에 맞게 교환된다고 보는 것 같다. 정치적 선물을 올바로 교환하는 일에 실패한다면 능동적으로든 소극적으로든 반드시 공적 저항이 생겨나기 때문이다. 저항의 차원과 강도는 정치적 교환의 실패가 종교적인 것인지 범속적인 것인지에 따라 달라진다. 칼뱅은 정치 체제 형태 그 자체보다는 귀족정과 민주정의 결합에 담긴 공적 마인드라는 특성에 더욱 마음이 가 있다. 따라서 칼뱅은 현실적 판단에 따라 공익을 보호하기 위한 최상의 정치 체제로 귀족정과 민주정이 결합된 형태를 선호하였으며 이에 바탕을 둔 정치신학을 펼쳐 나갔다.

경제적 공동선

창조 세계의 본래 질서

칼뱅의 비전은 공동선 관점으로 창조 세계 질서를 바라보는 것이다. 이 성찰이 칼뱅의 사회경제 사상을 형성하는 데 얼마나 중요한 영향을 미치고 있는지 살펴보자. 창조 세계의 질서는 연대성을 특징으로 한다. 이 질서는 칼뱅의 영성과 사회 윤리를 이해하는 데 중요한 역할을 한다.[99] 이 연구가 중요한 것은 칼뱅의 사회경제적 사고가 21세기 신학에서 그를 다시 재조명하는 데 적실성을 갖기 때문이다. 칼뱅의 공동선에 관련된 사회경제적 사례 연구는 앙드레 비엘레의 공동체적 관점을 강화하면서도 막스 베버의 개인주의적 관점에 도전하면서 현대 논쟁에 신선한 관점을 제공한다.

경제의 기원에 대한 칼뱅의 성찰은 정치의 기원과 달리 비논쟁적이다. 칼뱅이 볼 때, 이는 창조 질서의 본질적 요소가 분명하기 때문이다.[100] 바르트는 칼뱅의 사회경제 사상이 기독교적이라기보다 스토아적인 것이라고 이해한다. 반면 헤세링크는 칼뱅의 이 사상이 하나님 형상에 기반을 두고 있기에 단연코 기독교적이라고 주장한다.[101] 둘 사이의 긴장을 완화하려는 빌링스는, 칼뱅이 시민 질서와 법 해석에서, 완화된 방식이기는 하지만 스토아학파의 인문주의적 통찰에 담긴 "자연 질서와 형평" 개념을 이웃 사랑의 신학 속으로 전용하여 채택했다고 주장한다.[102] 성경적 개념 속에 고전적 개념을 통합하는 방식은 십계명의 둘째 돌판을 다루면서 이미 논의했다. 이 틀은 교회와 사회 사이에 영적·경제적 소통이 어떻게 실현되는지 논의하는 데 유용한 해석 도구가 될 수 있다.

칼뱅이 볼 때 하나님은 모든 인간에게 하나님 형상을 베풀어 주시며, 그것을 모든 사람의 복지를 위한 사회적 책임의 이중적 기반으로 만들어 주시며, 동시에 엄청난 부와 풍부한 선물을 제공해 주신다. 이 창조 세계 질서가 공동선(en commun)을 위한 삶의 원리를 보여 주는 계시적·교육적 역할을 수행한다.[103] 비엘레는 모두가 하나 되게 하는 '연대'와 원시 사회 질서의 통합적 부분을 구성하는 '교환'이 공동선을 위해 만드신 사회 질서의 첫 자취를 형성한다고 말한다. 이 전제 위에 영적·문화적·물질적 소통의 구별은 존재하지 않는다. 혼인과 가정으로 시작되는 "동료애"(companionship)는 일과 경제적 교환이란 상호 작용으로 완성된다. 결과적으로 상품과 서비스 교환은 인간을 일치하게 하는 연대의 구체적 표징이다.[104]

하지만 타락한 인간은 자연 질서를 전복하고 좋은 것들을 독점하려 한다.

탐욕과 착취를 통해 경제 활동을 왜곡한다.[105] 오늘날 경제적 일탈은 근본적으로 영적 질병이다. 공동체의 유익을 위해 주신 하나님의 선물을 바르게 쓰라는 부르심을 부정하는 것이다.

그리스도 안에 있는 하나님 형상 회복은 사회경제적 소통을 통한 창조 세계의 목적을 회복하는 일을 수반한다. 이 연대는 박애와 자선을 포함하고 자발적인 섬김과 소통이 교차하는 가운데 이루어진다. 이 섬김과 소통은 그리스도인의 자기부정과 자유로 중개되고 조정된다(하나님 형상과 성화를 다룬 장에서 논의했다).[106] 여기서 "경제적 성화"라는 칼뱅의 독특한 개념을 언급할 수 있다. 이 개념은 흥미로운데, 칼뱅을 제외한 어떤 신학자도 이 개념을 언급하지 않았기 때문이다. 경제적 성화란 "비즈니스를 통해 미덕이 증가되는 것" 혹은 "다른 사람의 유익을 위해 자신의 개인적 축복 일부를 희생하는 신자의 행동"을 뜻한다.[107] (성화를 다루며 설명했듯이) 비신자들은 형평 개념을 희미하게 아는 반면에 신자들은 형평을 회복된 개념으로 선명하게 이해한다. 이 비교는 경제적 차원의 모든 하위 영역에 직접 적용될 수 있다.

물론 칼뱅은 그때 밀접한 관계를 맺고 있던 여러 가지 경제적 도전들을 고려했다. 그러면서도 부자와 가난한 사람의 상호 섬김으로 회복된 신적 질서, 즉 '인류 본래의 연대성'의 본보기를 교회에서 찾을 수 있다고 믿었다. 동시에 이 연대성은 교회를 넘고 국경을 넘어 구현된다.[108] 신자들은 회복된 형상으로 "자신만을 위해 살거나 그들 자신의 이익만을 증진하기 위해 살지 말고, 기회가 닿는 대로 최선을 다해 모든 사람의 공동선을 증진하려는 노력을 해야 한다."[109] 노엘리스트(Noelliste)가 분석했듯이, 칼뱅의 정치·경제적 성찰의 일차 관심은 그리스도인이 자기 이익을 '절대화'하는 일을 반대하는 것이다. 칼뱅의 공동선은 분명 정치, 경제 활동에서 공통된 중심 방향이다.[110]* 이것은 하나님의 경제를 위해 디자인된 상호 소통 관점에서 노동, 상업, 임금,

이자에 관한 칼뱅의 경제 성찰을 깊이 연구하는 데 유용하다.

노동

칼뱅은 노동과 공동선의 관계를 창조, 타락, 구원 세 단계로 구분하여 역동적으로 펼쳐낸다. 창조 세계는 하나님의 일로 시작되고 인간은 하나님처럼 일하는 존재로 만들어졌다. 노동은 하나님의 동역자인 인간에게 주어진 선한 선물이다. 토지는 이 선한 일의 바탕으로, 공동체 전체의 유익을 위해 하나님이 베푸신 선물이다. 그래서 칼뱅은 토지를 "아브라함의 모든 족속의 공동선"을 위해 주어진 것으로 기술한다.• 그는 공동체 관점에서 토지의 영적 의미를 성찰했다. 자연스럽게 땅에서 행하는 노동에 대해서도 공동체 중심으로 깊이 사색할 수밖에 없었다. 칼뱅에게 공동체의 궁극적 소망은 하나님이 주신 땅에서 일하고 선물을 나누는 감사의 삶이다. 일에 대한 그의 성찰은 늘 여기서 출발한다.

그런데 독일의 사회학자 막스 베버는 색다른 분석을 내놓는다. 그는 초기 칼뱅주의 노동관을 이해하고자 개인 윤리를 내세운다. 베버에게 칼뱅 신학의 핵심은 선택 교리였고, 하나님 앞에 있는 개인 신앙과 소명이 중요했다. 그가 보기에 칼뱅 신학에서는 개인의 합리적 삶과 체계적 행동의 근거를 신앙에 두었다. 그는 개인 윤리가 17세기 영국, 네덜란드, 미국에서 청교도 정신의 근간이 되었다고 강조한다. 베버는 칼뱅 신학으로부터 개인주의의 기초를 마련했다는 평가를 받는다.

하지만 칼뱅은 결코 베버와 같은 생각을 하지 않았다. 칼뱅은 본래 일에

- "칼뱅이 인식하는 공동선을 위한 헌신은 전체 사회 미덕과 정당성을 결정한다. 이 선이 부적절한 사적인 경제 활동으로 위협받으면, 경제생활에 대한 시민정부의 간섭과 조치는 정당한 것이다." Frank Kirkpatrick, *The Ethics of Community* (Oxford: Blackwell Publishers Ltd., 2001), p. 32.

대해 공동체적 성찰을 하고 있었다. 베버가 하는 분석의 기초에는 개인주의가 있지만 칼뱅이 가진 노동 윤리의 근본적 차원에는 공동체적 비전이 놓여있었다. 따라서 인간의 일이란 "하나님 형상에 따라 계획된, 자연의 은혜로운 질서"를 채우는 것이다. 칼뱅은 일에 담긴 신적 소명을 깊이 사색했고 일을 더불어 공유하고 나누는 인류 공동체의 모습을 그린다.[112]

그렇다면 노동은 인간이 타락한 이후 어떤 식으로 변화되었는가? 칼뱅이 볼 때, 타락 이전에는 노동에 자발적 즐거움이 있었다. 그러나 타락 이후에는 강제된 고통이 노동에 스며들고 말았다. 두 상황은 날카로운 대조를 이룬다. 하지만 칼뱅은 다소 소극적인 어조로, 타락했지만 노동하는 인간 안에서 기쁨은 완전히 없어지지 않고 남아 있다고 말한다. 창세기 3:17 주해를 보자.

> 노동에 감미로운 기쁨이 존재하고 있었다. 하지만 지금은 예속적인 노동이 인간에게 부과되었다. 이것은 광산에서 일하도록 정죄받은 것과도 같다. 즐거움이 노동과 혼합되었기 때문에 이와 마찬가지로 형벌의 고통도 하나님의 관대하심으로 경감되었다. 하나님은 그들이 완전히 배은망덕한 사람이 되지 않게 하시려고 일에 즐거움의 요소를 섞으셨다.[113]

이렇게 칼뱅은 신학적 인간학과 노동을 연결시킨다. 비록 일의 기쁨과 자발성은 심각한 손상을 입었지만 다행히 완전히 상실되지는 않았다. 칼뱅은 관계적 형상이 부서졌어도 여전히 부분적으로 남아 있는 이성과 재능 같은 실체적 형상을 암시한다. 그럼에도 일은 분명 "하나님의 선한 선물들 중 하나"다. 다만 노동은 타락으로 "추락한 선"이다.[114] 이 영적인 현실 인식은 종교개혁 당시 고리대금업 같은 특정 직업을 언급하는 데서 드러난다. 본래 인간은 일을 통해 상호 소통하고 창조 질서를 보존하고 누리는 존재다. 하지만 고리대금업의 번성은 부자와 가난한 사람이 자유롭고 풍성해지지 못하게, 서로 분리되고 멀어지고 속박되고 피폐하게 만든다. 고리대금업은 경제적 선물이 될 수 없다. 경제 정의를 송두리째 붕괴시키는 악한 일일 뿐이다.[115]

이와 달리 그리스도인은 직업을 통해 노동이 주는 사회적 기쁨을 삶 속으로 다시 가져온다. 이러한 관점을 갖는 칼뱅은 안식일을 이해할 때에도 그리스도 안에서 하나님의 일을 성취하는 날로서 그날을 새롭게 인식한다. 안식일은 회복된 일이 갖는 영적·경제적 의미를 누리게 한다. 안식일은 모든 인류가 그리스도 안에서 갱신된 일로 온전히 하나 됨을 이루는 상징이자 실제다.[116]

그리스도인은 일과 안식을 반복하면서 새로운 정체성을 가진다. 신자는 타락한 세상의 노동이 가져다주는 성가심과 괴로움에서 해방시켜 주신 그리스도와 하나 된 존재가 되었음을 안다. 노동은 더 이상 무거운 짐, 소외, 저주가 아니다. 오히려 재미와 의미를 주는 은혜의 표시다. 그리스도인에게 일은 사회적 노동을 더욱 효과적으로 행하도록 돕는 마중물과 같다.[117] 칼뱅은 창세기 3:19 주해에서 일하는 맛이 예전과 달라진 모습을 묘사한다.

> 아담 안에서 부패했던 것들이 그리스도의 은혜를 통해 고침받고 바로잡힌 것처럼, 믿는 자는 하나님의 관대하심을 더 깊이 느끼며 부성적인 관대함에서 나오는 감미로움을 향유하게 된다.[118]

일의 기쁨이 구원받은 신자에게만 있는 것은 아니다. 불신자에게도 남아 있다. 칼뱅도 이 점을 인정하고 강조했다. 하지만 일의 기쁨은 그리스도 안에서 회복된 형상을 받은 인간에게시민 '온전히' 새롭게 된다. 물리적 차원에서 남아 있는 기쁨과 영적 차원에서 되찾은 기쁨은 겉으로는 비슷해 보이나 질적 차이가 있다. 칼뱅은 이 차이를 창세기 3:23 주해에서 기술한다. "자기 노동의 열매를 즐기는 신자에게 현시되는 하나님의 은혜는 모든 인간을 종속되게 하는 저주와 대비된다. 하나님의 자녀는 일의 열매를 맛보며 행복해한다."[119]

칼뱅은 그리스도 안에서 새로워진 노동의 본래 역할에 초점을 둔다. 일에 대한 새로운 시각이 탄생한 것이다. 중세 스콜라 철학은 일하는 행위보다 기도하는 명상을 우선시했다. 그러다 보니 일의 영적 가치가 노동으로부터 서서히 분리될 수밖에 없었다. 칼뱅은 스콜라 철학의 이런 태도를 비판하면서 노동을 공동선을 향한 예전과 같다고 정의했다. 한마디로 인간의 정신과 육체를 쓰는 노동과 이 노동이 지니는 영적 위엄 및 가치 사이에 느슨해진 끈을 바짝 조인 것이다.[120] 칼뱅의 누가복음 10:38 주해는 이런 움직임을 잘 보여 준다.

> 인간은 다양한 종류의 노동에 종사하라는 명백한 목적 아래 창조되었다. 그 어떤 희생 제사도, 모든 인간이 공동선에 기여하도록 하나님의 부르심에 부지런히 몰두하며 힘껏 노력하는 것보다 하나님께 더 기쁨이 되지는 않는다.[121]

이것은 그리스도 안에 있는 신자들에게는 공동선을 위한 노동의 본래 역할이 온전히 회복되었다는 선언이다. 칼뱅의 주장은 제네바 시민들이 일의 공동체적 의미와 기능에 관심을 기울이게 했다. 노동에 대한 종교개혁의 시각은 그의 에베소서 4:26-28 주해에 요약되어 있다. "어떤 직업이 공동선을 섬기지 않거나 모든 사람을 위한 유익을 더하지 않아 유용하지 않게 되었다면 하나님께 승인받지 못할 것이 자명하다."[122] 급진적 재세례파를 반대한 칼뱅은 다음과 같이 질문한다. "인류 전체에 혜택이 되는 모든 직업이 합법적이고 거룩하다는 것을 재세례파가 부정하지 않는다면, 그들은 왜 다른 어떤 직업

보다 더 위에 놓인 군주의 기능을 배제하려는 것인가?"[123]

그레이엄은 역사적 맥락을 고려하며 사회학적 관점으로 칼뱅의 사회경제 사상을 다음과 같이 평가한다. "칼뱅의 사회·경제적 성찰에 바탕을 두었던 당시 제네바 사회의 직업 평가 기준은 그 일이 공동선에 도움이 되는지 그렇지 않은지였다."[124] 칼뱅은 제네바 시민 공동체를 하나님이 선물을 수여하는 행위에 반응하는 공동체로 인식했다. 노동은 하나님께 응답하는 도시 공동체를 위해 받아 공유하는 선물이었다. 칼뱅은 일이 지닌 영적·사회적 가치를 철두철미하게 공동선 관점에서 접근하는 방법을 선호한다. 에베소서 4:26-28 주해를 보자.

> 사람이 "나는 일한다. 나는 나만의 기술을 갖고 있다"라거나 "나는 거래하고 사업한다"라고 말하는 것만으로는 충분하지 않다. 우리는 그 일이 선한지, 공동의 선을 위해 이득이 되는지, 내 이웃이 그 일로 인해 더 잘 지낼 수 있게 되었는지를 살펴보아야 한다. 하나님은 공동체 전체에 유익하고, 또한 쓸 만하며, 모든 사람에게 선한 것을 반영해 주는 직업만을 인정하실 것이다. 그러니 하나님의 자녀는 기술을 사용하거나 직업을 결정할 때 반드시 자신의 이웃을 섬길 수 있어야 하며, 그 일이 모든 사람의 공익을 위한 것이 될 수 있도록 조처해야 한다.[125]

나아가 칼뱅은 노동과 일이 공익을 보존하고 촉진하는 것이라면, 직업 선택의 자유도 얼마든지 긍정적으로 생각할 수 있다고 주장한다. 이 자유는 공동체 전체의 실천적 유용성을 위해 다른 종류의 교환 가치를 계속 형성하기 때문이다.[126]

칼뱅주의자이고 청교도 목회자인 리처드 백스터(Richard Baxter)는 공동선을 위한 공리주의적 가치의 최적 조건이라는 시각에서 노동 "분화"(division)를 긍정했다. 후대에 베버는 노동과 공동선에 관한 백스터의 공리 개념이 어떻게 자본주의의 개인주의적·금욕적 정신을 강화하는 데 중요한 역할을 담당했는지 분석하며 다음과 같은 결론을 내린다. "직업의 전문화는 기술 발달을 가능하게 만들고 노동 성과를 양적·질적으로 증대시킨다. 그리하여 가능한 한 많은 사람의 복지와 동일시되는 보편 복지(common good)에 도움을 준다."[127]

하지만 일과 공동선의 관계에 대한 칼뱅의 생각은 후대 베버의 분석과 사뭇 대조적이다. 칼뱅은 우선 하나님이 사람들을 서로 의존하게 만드셨다고 전제했다. 그렇게 함으로써 하나님은 공동체를 강화하고자 하셨고, 이 과정에서 노동의 분할을 의도하셨다. 이러한 신학적 논지를 펼치며 칼뱅은 개인에 대한 공동체의 우위를 설명하는 데 공을 들였다.[128] 청교도들이 직업을 변경하거나 결합할 때 그 기준은 "공동선에 도움이 되는지 자신에게 유익이 되는지"를 판단하는 것이었다.[129] 반면 베버는 칼뱅주의자의 이웃 사랑과 그들의 세속적 공리주의의 관계에 초점을 둔다. 그는 이 관계가 그리스도인의 자유를 사회경제적으로 적용할 때 일어나는 상호 영향과 흡사하다고 보았다.

신앙과 직업, 영성과 일을 연결하려는 칼뱅의 성찰을 재발견하기 위해 우리는 그의 저작에 나타난 영적 공동선과 사회적 공동선의 상관관계로 시선을 돌려야 한다. 이와 관련하여 칼뱅 연구자 가운데 주목할 만한 사람은 앙드레 비엘레다. 그는 칼뱅의 사회경제 활동은 성도의 영적 교제를 구체화한 것이라고 이해했다. 그의 분석은 초기 칼뱅주의 행동 양식이 세속 공리주의 관점에서 식별될 수 있다는 베버의 제안보다 설득력 있고 실제 역사적 사실에도 가깝다.

결론적으로 칼뱅은 노동의 영적 의미와 공동체적 기여를 긍정하고 여기에 갈채를 보냈다. 그의 시각에서 게으름은 공동체적 선에 반하는 행동으로 인식된다. 하나님은 사람들이 '더불어' 살아갈 수밖에 없게 디자인하셨다. 그것이 신적 계획이자 의도였다. 이 계획에서 상호 소통은 선택이 아니라 필수다. 사회경제적 소통은 일을 통해 각자가 받은 소명을 정직하고 충실하게 채워 가는 공간에서 구현된다. 따라서 나태뿐만 아니라 탐욕과 과도한 경쟁도 정죄받아 마땅하다. 반면, 공동의 선에 공헌한 일이 있다면 그 일은 무엇이든 정당한 소명으로 인정받아야 한다.[130] 이 입장에서 칼뱅은 누군가 일할 기회를 박탈하는 일은 한 개인의 복지뿐 아니라 공동 복지에도 "공통의 폐"(common nuisance)가 된다고 가르쳤다.[131]

또 칼뱅은 일과 관련한 모든 것을 공동 복지를 위해 해야 하며 어떠한 경우에도 일이 사회적 억압이 되어서는 안 된다는 신념을 가졌다. 그는 일터에서 고용인과 피고용인 사이에 올바른 관계를 만들고자 힘썼다. 이에 착안해서 노동과 관련한 기독교 사회 운동을 "칼뱅주의적인 사회적 경건"의 틀로 분석해 볼 수 있다.[132] 16세기 초반 제네바에서는 신앙의 자유를 찾는 유럽 각지의 피난민이 몰려들면서 도시 인구가 갑절로 늘었다. 그때 칼뱅은 공동선에 반하는 여러 직업을 양산하던 구조적 타락을, 공동체 신학과 '프랑스기금'(Bourse Française, French Fund) 같은 실천으로 극복하려 했다. 실제로 개인의 영적 성화를 넘어서는 '사회적 성화'는 노동 본래의 공동체적 기능을 상당 부분 갱신하며 이루어졌다. 당대의 역사적 상황과 고통의 문제를 깊이 인식한 월터스토프는 오늘날 불의의 시대를 살아가는 그리스도인들을 일깨우는 『정의와 평화가 입맞출 때까지』에서 노동의 공동체적 함의와 역할을 다음과 같이 요약한다.

직업의 역할은 공동선에 기여하는 것이어야 하고, 그럴 수 없는 경우 직업은 자신의 역할을 포기해야 한다. 모든 사람이 각자 하나님이 부르신 분야에서 열심히 일한다고 해서 공동선이 저절로 이루어지지는 않는다. 사람들은 자기 직업이 당연히 공동선에 이바지한다고 가정하기보다 스스로 감찰할 필요가 있다. 우리는 타락하고 부패한 사회에서 살고 있기 때문이다. 아마도 이 부분이 칼뱅주의자와 중세인들 사이에 있는 가장 심오한 상충점일 듯하다. 우리가 사는 사회 구조 속 상당 부분이 공동선에 기여하지 못하고 있다.[133]

임금

노동과 교환되는 임금의 공동체적 함의가 칼뱅의 선물 신학 맥락에서 재발견될 수 있는지 살펴보는 일은 중요하다. 그는 임금을 단순히 노동 가치를 매긴 가격으로 간주해서는 안 된다고 보았다. 임금은 마땅히 "하나님이 베푸셔서 아무 공로 없이 받게 된 은혜"로 이해해야 한다.[134] 고용주와 피고용인 모두 급료를 "하늘에 계신 공동의 창조자"의 값없는 은혜라는 관점에서 숙고해야 한다.[135] 고용주는 임금의 진정한 제공자가 아니라 하나님의 선물을 피고용인에게 전달하는 역할을 담당할 뿐이다.

칼뱅이 말했듯이, "공동체 안에서 임금을 지불하는 사람은 인간에게서 인간으로 이동하는 하나님의 은혜를 다룬다."[136] 임금은 공동선을 위해 디자인된 선물의 자유로운 교환이다. 그는 정당한 임금 기준을 수학적 기반보다 영적 기반 위에서 다룬다.[137] 칼뱅이 형평의 성경적 기준에 비추어 법적 최저 임금 개념을 수용할 수 없다고 할 때, 그는 임금의 수량적·수학적 기준을 부정적으로 표현했다. 피고용인에게 지불할 급료는 서로 책임을 온전히 인식하고 합의를 거쳐 자유롭게 정해야 한다. 이는 "그리스도 안에 있는 인간 연대성"이 경영과 노동의 관계에서 단서가 됨을 함축한다.[138]

칼뱅이 보기에 노동은 창조 세계의 질서 속에 의도된 상호 소통의 도구다. 정당한 급료는 노동에 참여할 수 있는 자녀를 위해 하늘 아버지께서 준비하신 값없는 은혜의 가시적 선물이다. 하나님의 경제에 관한 기본 선언은 공평 혹은 공정에 뿌리를 둔다. "사람들이 무엇을 해 주었으면 좋겠다고 너희가 바라는 대로 너희가 먼저 다른 사람에게 해 주어라." 이것이 칼뱅의 모든 경제적 쟁점을 이끄는 원리다. 이 원리는 정당한 임금의 영적·도덕적 기반이 된다.[139] 급료는 노동의 선물과 교환되는 선물로서 노동과 동일하게 공동선을 의도하며 고안된 것이다. 하나님 자녀로 새롭게 된 피고용인은 공동체적 정체성을 갖는다. 칼뱅은 실제 필요에 못 미치는 낮은 임금을 개선하고 실질 임금과 정당한 보상을 위해 분투하는 사회적 행동에 적극 참여했다.[140] 요약하면, 노동과 임금은 공익을 위해 신적 선물로 세운 본래의 창조 질서를 종말론적으로 회복하고자 하나님이 의도하신 도구였다.

상업

칼뱅이 보기에 신자들은 "하나님이 세우신 자연 질서"와 "예수 그리스도가 세우신 새로운 연대성"에 바탕을 두고 회복된 경제적 연대 속에 거한다. 그들은 타락한 세상에서 상업과 자선으로 경제적 재화의 올바르고 바람직한 순환을 일으키는 주체다.[141] 칼뱅은 달란트 비유를 해석하면서, 성화된 삶의 방식과 상업 활동이 단일한 공통 근거 위에 있다고 인식한다. 그는 이렇게 설명한다.

> 하나님이 그들에게 맡기신 것이 무엇이든 그것을 유용하게 쓰는 사람들은 상업에 종사하는 사람들이라고 말할 수 있겠다. 경건한 자의 생활은 정확히 상업과 비교된다. 왜냐하면 그들은 교제를 유지하기 위해 서로 교환하고 교역해야 하기 때문이다. 그리고 모든 사람은 거래를 통해 자신에게 맡겨진 직임과 소명을 이행하고 적절하게 행동하는 능력과 아주 많은 종류의 상품으로 추정되는 다른 선물들을

내보낸다. 왜냐하면 모든 사람이 기대하는 상업의 용도와 목적은 사람들 간의 상호 교제를 촉진하기 위한 것이기 때문이다.[142]

이와 관련해서 칼뱅은 "개인과 사회의 상이한 부분들 사이에 건강한 상업적 교류와 관련된 교환은 공동체의 좋은 삶을 창조하는 데 헤아릴 수 없을 만큼 귀중한 역할을 할 수 있다"고 믿었다.[143]

경제적 연대에 대한 칼뱅의 성찰은 도시 간 교역과 무역으로 현실화된다. 그는 강, 항구, 해안을 끼고 있는 도시가 좀더 빠르게 번영할 수 있다고 평가했다. 더 많은 상품을 손쉽게 수입하고 수출할 수 있기 때문이다. "어떤 공적 정부라도 상업 거래 없이는 영속적일 수 없다."[144] 그는 "사고파는 것"을 하나님 은혜의 가시적 현시로 믿었고, 무역 중지는 심판을 가리킨다고 보았다. 상업에 대한 칼뱅 특유의 관심과 사회경제적 통찰은, 당대 유럽에서 일어난 무역의 폭발적인 발달, 노동과 임금 격차, 부의 불평등 같은 다양한 경제 이슈에 영향받은 것으로 보인다. 이러한 경제 이슈는 해외 무역, 인쇄업, 제지업, 기계, 직물 산업 등에 의존하던 제네바에 심대한 영향을 끼쳤기 때문이다.[145]

일반적으로 칼뱅은 주요 도시들 주변에 새롭게 형성된 자본주의적 무역 경향을 긍정적으로 본다. 하지만 그는 상업은 정직, 공정, 형평이 상호 구축되는 훈련된 원칙을 따라 행해야 한다고 주장했다.[146] 상업의 목적이 하나님의 영광을 추구하는 것이어야 하기 때문이다. 그는 상업의 부패는 단순한 도덕적 실패가 아니라 신성모독이라고 가르쳤다. 그의 신명기 25장 설교는 다음과 같다.

우리 주님은 그리스도 안에 있는 형제자매를 위한 충성과 사랑을 발전하게 만들기 위해 우리가 필요로 하는 것을 지속적으로 상기하게 하신다. 공익 촉진을 고려해 보면 다음과 같은 것으로 격려받고 충실해져야 한다. 사람들이 도량형 체계에 간섭하는 일을 허용하면 법과 질서는 무너지고 만다. 도량형 체계를 무시하고 따르지 않는 자들은 하나님께 반역하는 큰 죄를 짓는 것이다.[147]

이와 비교해서 루터는 상업의 부정적·긍정적 기능을 구분했다. 그는 해외 무역으로 사치품을 교환하면 경제적 낭비와 궁핍을 일으킬 수 있다는 부정적 측면을 먼저 인식했다. 그러면서도 법, 관습, 양심에 따라 국내에 필수적인 생산품을 사고파는 상업의 긍정적 측면도 인정했다. 그럼에도 루터는 상인들의 일을 "바닥없는 구멍같이 끝 모르는 탐욕과 잘못된 행위" 혹은 "완전 독점"이라고 하면서, 정치 지도자들이 법을 엄격하게 제정할 필요가 있다고 강조했다.[148]

루터와 달리 칼뱅은 개인의 재산을 일구는 상업과 산업에 대해 제한적이지만 긍정적인 자세를 취했다. 칼뱅은 상업과 산업을 소명으로 인식한다. 상인들의 무역 활동은 건전한 사회생활에서 고귀한 역할을 맡는다. 아쉽게도 루터는 구원 신학에서 '놀라운 교환'(wondrous exchange) 개념을 발견하는 통찰력을 가졌지만, 그것을 경제 신학 즉 신적 선물인 재화의 상업적 교환에까지 확대하지는 못했다.

반면 칼뱅은 상업 재화의 공익적·공유적 가치와 소통 기능에 초점을 두는 선견지명을 보여 준다. 베버가 보기에 루터는 노동을 소명으로 보지만 사회경제 체계 안에 노동을 두는 문제에 대해서는 소극적인 편이었다. 그러나 칼뱅주의자들은 노동을 소명으로 여기면서도 그것을 사회경제 활동 영역 속으로 끌고 들어와 독특한 윤리 체계를 만들었다.[149] 경제적 공동선 관점에서 칼뱅은 상업의 분배 기능을 긍정적으로 보았고 자본주의 발달에 신학적 지지를 표명했다. 그에게 상업의 분배 기능은 농업과 산업의 생산 기능에 필적할 만한 것이었다.

5장 인류와 공동선   251

이렇듯 칼뱅은 상업의 섭리적 역할을 긍정적으로 평가한 최초의 신학자다. 상업은 선물 교환 양식의 하나로 창조 세계에서 은혜가 지녔던 본래 질서와 일치한다. 하나님의 선물을 교환하는 가운데 상업의 본질이 발견되었다. 이 믿음은 은혜로서의 성찬, 즉 성찬을 하나님의 선물을 나누는 체계로 인식하는 개혁파 전통과 조화를 이룬다. 칼뱅의 성찬 신학에서는 물질적 삶이 빠진 영적 삶은 기만적 공상에 불과하다고 말한다. 즉, 물질적 나눔이 진정한 영적 소통을 현시하는 표시가 된다. 그의 통찰은 다양한 경제 활동 중에서도 특히 "물질적 교역"인 상업에 적용되었다.[150]

그렇다고 해도 칼뱅은 로마 가톨릭교회의 미사 신학에서 주장하는 바, 즉 공로를 사고파는 체계에 동의하지 않는다. 그는 섭리의 목적과 관련해서 경제 활동은 모든 사람의 삶에 도움을 주어야 한다고 믿었다. 그러한 조건 아래 교환이 필요한 것이다.[151] 사회의 존재와 번영은 상품 교환에 달려 있다. 그럼에도 칼뱅은 상업의 위험성을 인식했다. 죄의 본성으로 상업은 얼마든지 탐욕의 도구로 오용될 수 있다는 위험성을 경고했다.

유대인들이 많은 교역을 했기 때문에 성경은 다시스 배들을 자주 언급한다. 유대인들이 다시스의 바다로 항해했기 때문이다. 항해 그 자체만을 가지고 정죄할 수는 없다. 상품을 수출하고 수입하는 데 있어 항해술은 인류에게 큰 유익을 가져다주기 때문이다. 이러한 양태로 나라들이 상호 교류한다고 해서 흠이 될 것은 전혀 없다. 온 인류가 서로 친절하기를 바라는 것이 하나님 뜻이기 때문이다. 그럼에도 이런 풍부함이 교만과 잔인함으로 변질되는 일이 너무나도 빈번하기에, 이사야 선지자는 국부의 주요 원천이 되는 형태의 상거래를 책망하였다. 이방 나라들과의 상거래에는 정직하지 못한 속임수가 상당히 많고 이런 속임수로 이익을 얻으려는 욕심을 막을 도리가 없기 때문이다.[152]

나아가 "중량과 치수를 속이는 행위"는 "위조 화폐"와 비교될 수 있고, 이런 행위는 사회를 파괴한다. 따라서 칼뱅은 상업에서 일어나는 부정직하고 불공정한 교환을 공공연히 비난했다.[153]

경제적 선물을 정직하고 개방적으로 소통하는 활동을 긍정적으로 이해하는 칼뱅의 생각은 하나님의 본래적·포용적인 공동체적 형상 개념과 조화를 이룬다. 반면 그는 경제적 선물을 남용하는 부정직한 오용은 타락한 인간의 고립적·배제적인 형상과 연결된다고 믿었다. 요약하면, 상업에 대해 균형 잡힌 칼뱅의 온건한 개념은 하나님의 선물에 대한 그의 성찰에 중대한 면을 형성한다고 결론지을 수 있다.

이자

칼뱅에게 상인은 사회경제 활동에 기여하는 선한 존재다. 상인이 고된 노동에 참여하기 때문만이 아니라 "많은 불편과 (예기치 못한) 위험"한 상황에 자신을 노출하기 때문이다.[154] 그는 상업이 지니는 선물 소통이라는 특징을 긍정적으로 평가했고 같은 이유로 그리스도인에게 이자를 허용했다. 이는 루터와는 다른 태도였다.[155] 칼뱅은 사회 공익 차원에서 이자 개념을 조정한 듯하다. 신명기 24장 설교에서 그는 다음과 같이 가르친다.

> 모세는 두 개의 법을 추가했다. 하나는 새로 혼인한 부부를 참을성 있게 대하는 것이다. 다른 하나는 돈을 빌려주는 사람들이 너무 인색하지 않게 하는 것이다. 친구와 이웃을 파산시키거나 그들이 스스로 재정적으로 떠받치지 못하게 하는 일을 막아야 한다. 여기서 모세는 의심할 바 없이 모든 사람의 공동선을 염두에 두고 있다.[156]

고리대금이 이 세상으로부터 추방당해 고리대금이라는 말 자체가 완전히 사라지는 순간을 보길 바라는 것은 좋은 일이다. 그러나 이런 일은 불가능하기에 우리는 일반적인 공동의 이익에 따라야 한다.[157]

칼뱅은 고리대금업으로 얻은 지나친 이득과 가난한 사람들에게서 얻어 낸 이자가 가난한 사람들을 위한 선물 소통을 지지하지 않기에 금지돼야 한다고 믿었다. 반면 사업하는 이들에게 받는 산업 이자는 '생산 대출'로서 가난한 이들을 위한 선물 소통에 궁극적으로 기여하는 신용이기에, "이웃을 돕는 것을 고려하는 무이자 대출"을 허용하고 고리대금을 위한 대출은 줄여야 한다고 보았다. 무이자 대출은 공동체적 돌봄을 향한 이타적 행동이지만 고리대금은 이기적 행동일 뿐이다.[158] 돈은 교환을 위한 도구가 아니라, 사회적 선의 순환을 촉진하는 도구가 되어야 한다. 칼뱅이 보기에 "돈에는 공리주의적 기능뿐만 아니라 영적 사명도 있다."[159] 돈은 경제적 공동선을 위해 필수적 역할을 한다. 칼뱅은 1545년 사키누스(Sachinus)에게 다음과 같은 서신을 보냈다.

나는 모든 고리대금과 고리대금이라는 이름마저 지상에서 추방되기를 진실로 바랍니다. 하지만 그것은 불가능하기에 공동선에 양보가 필요할 것입니다. 나는 고리대금을 우리 가운데서 전적으로 금지해야 한다고 생각하지는 않습니다. 고리대금이 정의와 자선에 적대적인 경우를 제외하고 말입니다.[160]

이와 관련해서 노엘리스트는 공정한 경제 시스템은 언제나 공익을 염두에 두는 체제라고 말한다. 이 시스템에서는 탐욕적 활동이 공익을 허물어뜨리는 어떤 방식도 삼간다. 칼뱅은 대부를 승인하며 일련의 조건을 두고자 했다. 모든 사람이 자기 이익만을 위해 다투는 무한 경쟁으로 퇴보하지 않게 하려는 조치였다.¹⁶¹ 칼뱅은 하나님과 그리스도 앞에 서 있는 대부자가 사회적이면 서도 영적인 차원에서 책임을 숙고하며 이자율을 결정하는 방식을 중요하게 보았다. 또한 국가에서 '상대적 규범들'을 마련하고 이를 통해 사회의 공익적 질서를 추구하려 했다.¹⁶² 이는 공동선 사상에 바탕을 둔 이자에 대한 칼뱅의 성찰이 교회와 국가의 균형 잡힌 역할에 확고한 근거를 두고 있다는 점을 함축한다.

그럼에도 칼뱅이 "생산성의 새로운 원천인 저축"이 갖는 경제적 역할에 주의하지 않았다는 비엘레의 비판은 주목할 만하다. 여기서 생산성은 "사회의 경제 발전"을 통한 자본화의 가치 속에서 발견되는 것이다.¹⁶³ 칼뱅은 공유된 재화 소통으로 공동선을 세우는 데 초점을 두었다. 칼뱅은 저축이 갖는 개인주의적 측면을 잘 알고 있었다. 그래서 자신이 저축의 긍정적 기능을 깊이 연구하게 되면 생각지 못한 부작용이나 위험성이 뒤따를 수 있다고 여겼는지도 모른다.

경제 사상 논쟁과 공동선의 부상

근대와 현대에 들어오면서 칼뱅의 사회경제 사상에 관한 다양한 시각이 등장했고 그에 바탕을 둔 논쟁이 펼쳐졌다. 이 논쟁은 칼뱅 신학계에서 공동선 개념이 전면에 부상하는 또 하나의 기회를 제공했다. 베버는 칼뱅주의와 현대 자본주의 사이에 직접적 관계가 있다고 보았다. 그는 칼뱅주의자들이 자신들이 믿는 예정론으로 인해 '개인의 내적 고립감'으로 이끌렸고, 이것이 자신들의 직업을 하나님의 부르심으로 인식하게 했다고 주장했다. 칼뱅주의자들의 이같은 사고방식이 개인주의적이고 합리적인 자본주의 발달에 결정적 기여를 했다는 것이다.¹⁶⁴ 비엘레는 베버의 논지를 조목조목 반박했다. 그는 17-18세기 칼뱅주의 예정 교리가 수행했던 우선적 역할에 대해서는 베버의 분석이 어느 정도 적절했다고 인정한다. 하지만 동시에 칼뱅의 신학에서 예정 교리가 압도적 역할을 하지는 않았음을 베버가 간과했다고 지적한다.[165] 비엘레의 관점에서 칼뱅과 그의 신학은 현대 자본주의를 낳은 창시자일 수 없었다.

이와 관련해서, 알리스터 맥그래스는 제네바에서 자본주의 형성이 칼뱅 이전에 이미 시작되었다고 본다. 그는 칼뱅주의와 자본주의의 연결이 불가피하다는 주장에 동의하지 않는다. 맥그래스는 칼뱅의 종교적 개념이 제네바의 급격한 사회, 경제 변화에 간접적으로 끼친 영향에 관심을 기울일 필요가 있다고 제언한다.[166] 스탠포드 리드(Stanford Reid)는 칼뱅이 그때 출현했던 신흥 도시의 중산층을 중심으로 형성되던 경제적 구조와 그 구조의 새로운 특징을 충분히 파악하고 있었다고 본다. 칼뱅은 성경적 가르침 속에서 그러한 상황을 적극 통합하고자 했다는 것이다.[167] 리드가 말했듯이, 베버의 진술은 칼뱅의 본래 목소리가 아니라 뒤늦은 결과 분석에 지나지 않는다. 따라서 칼뱅을 자본주의의 아버지로 여길 수는 없다.[168] 프랑수아 더망지(François Dermange)는 이와는 약간 색다른 견해를 내놓는다. 칼뱅의 재정 윤리는 부자 윤리에 바탕을 두었고, 그 윤리는 부자들이 자산을 산업에 투자하도록 만들었다는 것이다. 부자의 책임 윤리에 관한 칼뱅의 개혁적 언어는 자본주의가 칼뱅주의와 친밀감을 갖게 만든 하나의 원인이 되었다고 평가할 수 있다.[169]

에른스트 트뢸치(Ernst Troeltsch) 역시 부분적으로 베버의 생각에 동의했지만 '자본주의가 칼뱅주의로부터 유래했다'는 주장은 비판했다.[170] 트뢸치는 칼뱅이 개인주의와 거룩한 공동체 사이에서 균형 감각을 지니고 있었다고 보았다. 또 칼뱅의 사고에는 노동에서 나온 이익을 개인의 유익보다 사회 전체의 유익을 위해 써야 한다는 '기독교 사회주의'적 성향이 보인다고 주장했다.[171] 윌리엄 부스마(William Bouwsma)가 강조했듯이, 칼뱅은 스토아 철학자들처럼 기능적·영적 차원 모두에서 개인주의를 넘어서는 공동체적 관심에 우위를 두었다.[172] 이 관점에서 코트너는 칼뱅주의 사회 교의의 중심에는 "개인의 자기중심적 행복"보다는 "공동체의 복지"(the well-being of the community)가 놓여야 한다고 단언한다.[173]

칼뱅주의에 관한 베버의 개인주의·자본주의적 관점과 칼뱅의 본래 성찰의 연관성에 대한 다양한 평가를 살펴볼수록, 칼뱅의 공동선 신학과 그의 사회경제 사상의 핵심 개념에 더욱 관심이 간다. 예를 들어, 레이 페닝스(Ray Pennings)가 올바르게 평가했듯이, 칼뱅은 그리스도인의 소명을 '구원을 입증하는 하나의 수단'이 아닌, 그리스도께서 베푸신 구조에 대한 감사에서 나오는 것으로 인식한다. 하지만 소명에 대한 베버의 개인주의적 관점은 '공동선'에 무게중심을 둔 생각들을 간과했다. 오히려 윌리엄 퍼킨스(William Perkins)와 같이 영향력 있는 청교도들은 공동선 관점에서 소명을 가르쳤다.[174]

칼뱅의 사회경제 사고에 담긴 공동선의 주제는 무엇인가? 하나님의 경제 질서, 공익, 공정한 나눔에 대한 그의 생각은 그리스도가 세우신 새로운 '경제 연대'(economic solidarity) 속에서 활성화된다.[175] 신적 경제 질서는 개인주의와 공동체주의 사이에 난 제3의 길로 이해된다. 이는 국가의 산업 보호와 재산권 제한 사이의 지속적 균형으로 구현된다.[176] 그레이엄은 칼뱅을 사회 공익을 추구하는 실용주의자로 묘사한다. 칼뱅은 재산의 개인 차원과 공동체 차원을 조화하려는 시도를 했다는 것이다.[177] 같은 맥락에서 월레스는 칼뱅이 강조했던 공익에 공헌하는 일은 경쟁 사회를 추구하는 자본주의 정신에서 나오지 않는다고 보았다. 경쟁이라는 자본주의적 성향은 개인의 이익과 사회의 이익 모두를 무너뜨릴 것이기 때문이다. 칼뱅의 가슴에는 제한된 경쟁과 자발적 박애 정신이 이끄는 사회 모습이 피어나고 있었다.[178]

도널드 맥킴(Donald McKim)이 확언했듯이, 500년 전 칼뱅의 사회적 가르침 속에서는 '한계의 시대'인 오늘을 사는 현대 그리스도인이 가져야 할 막중한 책임에 관한 보석 같은 통찰이 셀 수 없이 발견된다. 이는 세계 평화, 기아 종식, 정의 문제, 미래를 위한 에너지 조절, 더 단순한 삶의 방식 등 다양한 영역에서 나타난다.[179] 교회는 사회에서 경제적 생활을 고취하고 창출하는 역할을 담당해야 한다.[180] 칼뱅주의 사회경제 사상은 시선을 개인보다 높은 곳에 자리한 교회의 눈높이에 맞춘다.[181] 교회와 경제에 대한 칼뱅의 생각은 교회에 대한 그의 관점에서 파악된다. 교회 조직과 사회경제 조직 사이에는 분명 구조적 유비가 있기 때문이다. 교회 영역과 사회경제 영역은 공히 공적 복지와 자유의 삶을 지지하는 단일한 기구로 볼 수 있다.[182]

박애적 공동선

칼뱅의 자선 신학은 고린도후서 8장과 9장에 나오는 '풍부한 관대함'에 관한 진술에서 정의된다. 고든이 말했듯이, 칼뱅의 성경 주해는 기독교적 "자선"을 설명하는 주요한 이론적 자원이 틀림없다.[183] 자선에 참여하는 양식(樣式)과 관련하여 칼뱅은, 바울이 강조했던 "준비된 의지"나 "관대함" 같이 성경적 개념에서 보이는 다면적 정체성을 다음과 같이 설명한다.[184]

> 우리가 행동하는 세 가지 방식이 있다. 먼저 때때로 우리는 수치나 공포심에 못 이겨 비자발적으로 우리 뜻에 반하는 행동을 하는 경우가 있다. 둘째로, 우리 자신 밖에서 유래하는 영향력 아래서 자발적으로 행동하는 경우가 있다. 셋째로, 우리가 자유롭게 마땅히 행할 바를 정하며 마음의 자극에 따라 행동하는 경우도 있다. 외적 자극과 무관하게 내면에서 우러나와 신속하게 하는 행동이 다른 행동의 수행 방식보다 훨씬 낫다.[185]

칼뱅은 첫 번째 행동 양식을 율법의 제1용법과 제2용법에서 공통적으로 발견되는 수동적·강제적 방식으로 여기는 것 같다. 나아가 두 번째 행동 양식을 율법의 제2용법에서 발견되는 내적 수동성과 외적 활동성 사이의 긴장이라고 본다. 세 번째 행동 양식은 율법의 제2용법에 따라 자연법에 바탕을 둔 인간 양심에서 발견되거나, 율법의 제3용법에 따라 성령의 감동하는 역사에 대한 신자의 반응에서 발견되는 자발적 방식과 일치하는 것 같다. 율법의 세 가지 용법과 관련된 세 가지 행동 양식은 가난한 자들에게 "관대히 베푸는" 자선의 내적 "경향성"과 연결된다.[186]

종합구빈원

루터나 칼뱅 같은 개혁가들이 갱신한 은혜의 선물 신학은 "역사적 사건의 희생자들, 혜택받지 못한 이들, 가난한 자들의 필요에 응답하는 자선 기관들이 가진 중요성"에 새로운 빛을 던져 주었다.[187]

먼저 사회복지와 공익헌금(bona ecclesiae, common chest)에 대한 루터의 생각을 살펴보자. 그는 중세 교회가 하나님의 선물인 구원을 인간 공로로 대신하려는 이데올로기를 갖고 있다고 생각했다. 이러한 이데올로기는 신성모독과 같다.[188] 루터는 『그리스도인의 자유』(The Freedom of a Christian, 『크리스챤의 자유』, 컨콜디아사)에서 공로가 아닌 사랑을 자선을 베푸는 동기로 삼아야 한다고 말한다. 사랑은 그리스도 안에서 의로워졌다는 믿음에서 흘러나온다. 따라서 사랑은 즐겁고 자유로운 마음으로 채워신다. 그리고 사랑은 이웃에게 어떤 대가도 없이 자유롭게 선물을 베풀게 한다. 하나님께 받은 좋은 것들은 이러한 방식으로 그리스도를 통해 다른 사람에게 흘러가 모두에게 공통된 것이 된다.[189]

이런 생각으로 루터는 예배를 공익헌금을 위한 자선과 잇는다. 그는 1523년

라이스니히 "공익헌금함 법령"(Ordinance of a Common Chest) 서문에서 "하나님 앞에서 그리스도의 사랑으로 곤고한 이들을 돕는 것보다 더 위대한 예배는 없다"고 선언했다.[190] 루터에게 자선과 구제는 "예배 이후의 예배"(the liturgy after the liturgy)와 같았다. 초대교회 예배와 자선의 밀접한 결합은 중세 교회에서 분할되었다가 루터에 의해 다시 연결된다.

이와 더불어 1522년 비텐베르크 법령의 핵심이 예전과 복지 개혁이라는 점은 주목할 만하다. 루터는 가난한 사람을 위한 공익헌금함의 형태를 초대교회에서 발견한다.[191] 그의 동의로 제정된 비텐베르크 공익헌금함은 시민정부의 평신도들이 운영했다. 헌금은 구제뿐 아니라 성직자, 교사, 오르간 주자, 교회 서기의 사례비 지급을 위해서도 쓰였다.[192] 또 루터의 조언으로 1523년 라이스니히 공익헌금함이 제정되고 승인된다. 이것은 성직자, 관리인, 교회 건물의 유지 보수 같은 교회 차원의 공익을 위해서만 고안된 것이 아니었다. 가난한 사람과 고아를 위한 기초 지원, 어린이 교육, 학교 운영, 자격 있는 장인과 상인에게 돈을 빌려주는 것 같은 사회 공익적 측면까지 고려하여 설립되었다.[193] 루터의 사회복지 개혁은 그의 변화된 신학과 연관되어 있다. 루터는 개인주의적이고 교회 중심적인 공로의 자선 신학에 바탕을 두었던 중세 교회의 오랜 복지 시스템을 공동체적이고 사회 중심적인 은혜의 선물 신학에 토대한 프로테스탄트 교회의 새로운 복지 시스템으로 변화시켰다.

제네바 역시 루터의 신학적 변혁에 뒤따른 새로운 복지 시스템의 영향을 받았다. 종교개혁 전후로 제네바 사회에서는 "사람들의 교육과 복지가 필요"했다.[194] 종교개혁 이전, 가톨릭교회 영향권 아래에서도 제네바에는 가난한 사람을 돕는 일곱 개의 구빈원이 있었다. 이 구빈원들은 교회 법인, 시민정부, 일반 신도 봉사 단체들과 한 부유한 가문이 설립했고, 구빈원장(hospitaler)의 조력을 받는 행정관(procurator)이 운영했다.[195] 행정관은 15세기 이래 점차 합리화, 세속화되어 가는 시대 조류에 따라 시민정부에서 선출했다.[196] 또한 "연옥에 있는 모든 영혼을 위한 금고"로 불리던 가톨릭 사회복지 프로그램도 있었다. "연옥에 있는 모든 제네바 사람을 위한 미사"에서 죽은 자를 위한 기도를 산 자를 위한 자선과 연결하는 가톨릭 전통으로 세운 것이었다.[197] 이는 중세 제네바 사회복지 시스템이 공로 신학 같은 로마 교회 공동선 신학의 영향 아래 있었다는 것을 암시한다. 공로 신학에 근거를 둔 로마 교회의 공동선 신학에서는 부요한 신자가 "가난한 사람의 복지"뿐만 아니라 "부자 자신의 영혼 안식"을 위해서도 재산을 베풀어야 한다고 요구했다.[198]

그러나 종교개혁은 제네바에 혁명적 변화를 초래했다. 종교적 차원뿐만 아니라 사회적 차원에서도 그러했다.* 프로테스탄트 종교개혁의 새로운 동반자인 제네바 시민정부에서는 이전에 특권적 소수가 운영하던 가톨릭 사회 기관들을 폐쇄하고 몰수했다. 일곱 구빈원과 "연옥에 있는 모든 영혼을 위한 금고" 같은 기관들은 연옥과 죽은 자들을 위한 기도라는 중세 교리에 기반을 두고 영혼 구원이란 명분 아래 축적된 교회의 공동 재산을 의미했다. 칼뱅은 『기독교 강요』에서 로마 교회의 공동 재산(bien commun de l'Eglise) 교리를 신랄하게 비판했다.[199] 시민정부는 1535년에 그런 기관들이 있던 자리에 혁신적이고 통합적인 사회복지 기관인 종합구빈원을 설립했다.[200] 1536년 칼뱅이 이 도시에 들어오기 전, 중세 교리 위에 세워졌던 제네바의 사회복지 기관들은

---

* 본래 가톨릭적인 프랑스에는 개별적·사적인 호화로운 선물을 주고받는 관습이 있었다. 이 관습은 "즉각적 의무"를 요구했다. 반면 프로테스탄트적인 제네바의 공적 복지 시스템은 "공동체 전체를 위해 움직이는 좀 더 일반적 형태"를 격려했다. 이러한 대조는 가톨릭에서 추구한 희생적 행위(sacrifice)와 칼뱅이 강조한 값없이 받은 은혜(gratuitousness)의 신학적 차이로 형성되었다. 데이비스가 분석했듯이, 교회와 사회의 공익 개념은 프랑스 가톨릭과 제네바 칼뱅의 실제 차이를 탐구하는 데 유용하다. Davis, *The Gift in Sixteenth-Century France*. 홀(Hall)은 같은 맥락을 이렇게 정리했다. "제네바에서 칼뱅의 복지 프로그램은 개혁가들의 신학적 강조점에 따라 윤곽을 그려 나갔다. 종교개혁 신학이 복지를 인도하는 힘이었다. 그것은 중세 신학이 자선을 인도하는 힘이었던 것과 매한가지다." Hall, *Calvin in the Public Square*, p. 106.

이미 실제로 폐지되었다. 이는 새로운 프로테스탄트와 평신도 정부가 군주, 주교, 사보이 공국 등 중세 교회를 지지했던 오랜 기득권 분파들에 정치적으로 승리한 데 원인이 있었다.[201] 이 역사적 격변을 거쳐 『기독교 강요』(3.7.5)에 나오는 선물 신학에 바탕을 둔 새로운 사회복지 기관들이 출현했고, 모든 사람을 향한 박애의 토양에 혁신적 변화를 일으켰다.[202]

이런 초기 변화에도 불구하고 당시 제네바의 환경은 칼뱅이 『시편 주해』에서 그려 낸 것처럼 사회 공익의 최소한의 수준에도 다다르지 못한 모습이었다. 그는 이렇게 회고한다.

가난과 굶주림에 시달리는 많은 사람, 만족할 줄 모르는 야망이나 탐욕 혹은 부정직한 방법으로 자기가 원하는 것을 획득하려는 갈망에 밀려다니는 사람들은 미친 사람처럼 되고 말았다. 그들은 모두 평화롭고 정직하게 살면서 고요하게 거주하기보다는, 만사를 혼란에 빠뜨려 자신과 모두를 파멸하게 만드는 길로 몰아넣는 쪽을 선택하고 말았다.[203]

하지만 1536년 칼뱅이 제네바에 다시 입성한 후에는 교회가 "교인들 영혼과 함께 그들 몸에도 중대한 관심을 갖고 있다"는 걸 볼 수 있게 되었다. 제네바 종합구빈원은 교회의 '몸의 주요한 행동 영역'을 위한 봉사 활동의 본보기였다.[204] 종합구빈원은 현대적 의미에서 의학 전문 병원은 아니었다. 자본금이 모자라 필요를 요청한 사람들을 "환대"(hospitality)로 맞이하는 다목적 기관이었다.[205] 종합구빈원은 종교개혁 시기에 흩어져 있던 구제 기관들을 하나로 "이성화"하고(세속에게 맡긴다는 의미에서) "세속화된" 방향으로 그 기능을 집중하는 조치를 단호하게 시행했다. 이를 통해 병든 자, 노인, 장애인, 고아, 제네바 방문자에게 피난처와 음식을 제공하는 하나의 공동 시스템을 지향했다.[206]

로마 가톨릭교회, 수도회, 평신도회의 재산으로 세워진 일곱 개 구빈원과 모든 영혼을 위한 기금은 여러 지역에 분산되어 있었다. 그러나 시민정부와 의회는 재정을 중앙 집권화하고 모든 기관과 기관에 쌓인 헌금을 다양한 방식으로 인수했다. 여기에는 전용된 돈, 벌금 수입, 선물, 빈민 구호품, 자선에 바친 항목을 팔아서 마련한 것이 포함되어 있었다.[207] 종합구빈원은 칼뱅과 목회자들의 지휘 감독을 받지 않았다. 평신도 행정관들, 신뢰할 만한 의원들로 구성된 위원회의 지도를 받았다. 그들은 시민정부 의회에서 선택된 이들로서 대부분 칼뱅의 영적 지도력을 지원했다.[208]

칼뱅과 제네바 교회 목회자 그룹이 종합구빈원 행정에 참여하고 있지 않았음에도 그들은 시민정부에 조언하고 보고했으며, 시민정부를 대신하여 필요를 요청하고자 종합구빈원에 정기적으로 방문하는 등 계속해서 관심을 가졌다. 이는 제네바 종합구빈원의 모든 거래가 투명하고 올바른 질서 속에서 이루어지게 했다.[209] 1547년 칼뱅 연대기에는 이에 관한 대목이 등장한다.

칼뱅과 목회자들은 도시 토착민, 시민, 외국인을 포함한 가난한 사람을 위해 활동한다는 구빈원의 경영 방향에 대해 이미 그들이 그렇게 지시했다는 것을 보여 주었다. 하지만 곧 구빈원이 전반적으로 매우 서투르게 경영되어 살림살이가 취약해졌다는 사실에 주목하게 된다. 이미 공급된 물건들조차 적절한 사용처로 향하지 않았다는 것을 알고 배신감을 느낄 정도였다. 그래서 구빈원 업무를 분류해야 할 필요성이 생겼고, 품목 일람을 제대로 작성해야 했다. 구빈원이 소유해야 하는 것은 구빈원에 남아 있어야 했다. 구빈원 수입 중 남는 분량은 다른 곳에서 필요로 하는 경우가 아니면 장원 영지의 주인들도 가져갈 수 없으며 공유할 수도 없게 했다.[210]

시민정부 의회에서 임명한 구성원의 일원으로서 칼뱅은 종합구빈원의 가난한 사람들이 재활할 수 있도록 "옷감 만들기나 면직물 사업" 같은 새로운 산업을 일으키고자 시도했다. 그레이엄은 이를 교회와 국가가 "산업으로 이룬 하나의 거룩한 연합"이었다고 평했다.[211] 새로운 산업은 교회 집사들이 경영했다. 칼뱅은 1541년 '제네바 교회 법령'에서 가난한 사람을 위한 돌봄을 언급했다.[212]

로마 가톨릭 구빈원 행정관 중 대다수는 교회 사제였다. 종교개혁 기간 중 행정관은 헌신적인 평신도 집사로 대체되었다. 집사는 구빈원장의 지지와 조력을 받은 "잘사는 사업가이거나 전문직 남성"이었다. 그중에는 특히 상업에 종사하는 사업가가 많았다.[213] 이런 역사적 사실은 상업과 자선에 대한 칼뱅의 공통적인 신학 관점을 고려하면 흥미롭다. 상업과 자선은 사회 전체 공익을 위해 세워졌다. 올슨(Olson)은 행정관과 구빈원장 역할을 칼뱅의 로마서 12:6-8 진술에 따라 분류한다. 먼저 행정관은 교회의 공적 재산 분배를 위한 재정과 관리 감독을 맡는다. 다음으로 구빈원장은 구빈원 환자들을 돌보는 일상적인 일과 행정을 담당한다.[214]

칼뱅은 집사 직무를 "가난한 사람을 위해 구호품을 모으는" 행정관과 "구호품을 분배하는" 구빈원장이라는 두 가지 유형으로 분류한다.[215] 구빈원에 상근하며 가난한 자들을 섬기는 데 필요한 잡다한 일을 마다하지 않는 구빈원장들의 근면과 행정관들의 자발적 헌신은 놀라울 정도였다. 특히 행정관들은 각자 자신의 직업과 가정과 정부에서 막중한 여러 가지 의무가 있는데도 매 주일 아침마다 모여서 임무를 실행했다. 그들은 행정, 재정, 감사, "모든 가난한 가정에서 받아 온 각각의 요구 사항 모두"에 관해 결정해야 했다. 또 여기저기 흩어져 있던 부동산과 구빈원에 할당된 직원들을 관리해야 했다.[216]

이와 같은 자선 사업과 함께 종합구빈원은 주로 신학교 학생들인 고용 교사를 두어 어린이를 위한 교육을 제공했다. 이발사를 겸한 외과 의사의 치료 기능도 추가적으로 갖고 있었다. 앞장에서 다루었던 컨시스토리가 시민 도덕성을 보존하면서 교회의 영적 공익을 직접 세우고 그에 따라 박애적(philanthropic) 공익 형성에 간접적으로 기여했던 기관이라면, 종합구빈원은 가난한 사람들의 기초 경제 권리를 보호하면서 박애적인 공익을 직접 보존하고 그에 따라 교회의 영적 공익 형성에 간접적으로 기여했던 기관이라 할 것이다.

그렇지만 늘 가난에 시달리던 피난민들은 프로테스탄트 신앙을 선택할 자유가 있는 제네바에 영구적으로 정착하기 원했다. 하지만 그들은 그곳의 사회복지 시스템 혜택에서는 배제되었다. 사회복지 체계가 주로 제네바 토착 주민과 단기 체류자의 공동 유익을 위해서만 제정, 운영되었기 때문이다.[217] 이는 종합구빈원의 아킬레스건과 같았다. 이민자가 대량으로 유입되던 당시 상황에서 야기된 심각한 사회 문제들과 공동체를 섬기는 실제 능력 사이에 "상당한 간격"이 생겨났다. 그것은 제네바의 사회복지 체제를 개혁하는 일에 장벽이 되었다. 종합구빈원은 종교개혁 기간에 국제화된 제네바에 박애적 공동선을 새로이 형성하는 데 효과적으로 공헌할 수 없었다.[218] 이러한 상황에서 '프랑스기금'이 등장한다. 종교 피난민이던 외국인들을 위해 고안된 프랑스기금에 칼뱅과 제네바 교회가 직접 참여했다. 프랑스기금은 그때 급변하던 환경에 능동적으로 대처하려는 하나의 대안이었다.

프랑스기금

프랑스기금은 "프랑스 출신의 가난한 외국인들을 위한 기금"(Bourse des pauvres étrangers français)이다. 이 기금은 종합구빈원과 더불어 종교의 자유를 위해 위험을 감수했던 외국인 피난민들을 보호하기 위한 도구였다. 이 기금은 피난민들이 제네바 사회에 정착하는 데 도움을 주었다.[219] 올슨의 광범위한 연구가 알려주듯, 종합구빈원은 1540년대 중반 제네바의 사회복지를 위한 요구에 더 이상 대처할 수 없었다. 프랑스에서 건너온 종교 피난민들이 밀물처럼 제네바로 밀려들었기 때문이다.[220] 스위스에서 가톨릭을 지지하던 대다수 사람들이 도시 밖으로 유출되고 뒤이어 개신교도들이 급격히 유입되면서, 종교개혁이 한창 진행 중이던 1542년과 1560년 사이 제네바 인구는 두 배로 증가한다.[221] 점증하는 프랑스 피난민들과 기존 제네바 토착민들 사이에 정치적·사회적 긴장이 증폭되고 재정적 압박, 산업 경쟁, 위생 문제가 발생했다. 이 일련의 상황이 외국인 혐오(xenophobia)를 분출시켰고 급기야 1545년 제네바 시민들이 외국인 피난민들을 쫓아내려 하기에 이른다.[222]

1545년이 지나지 않아 다비드 뷔장통(David Busanton) 같은 사람들의 유산으로 최초 설립 기금인 프랑스기금이 세워진다. 1545년 칼뱅은 시의회에서 '개인적 자선 조례'를 선언했고, 이후 '공동 기금'을 조직했다.[223] 즉, 종합구빈원과는 달리 프랑스기금은 칼뱅이 1541년 제네바로 돌아온 후 설립되었다. 제네바 시의회 공적 기금으로 운영하던 종합구빈원과는 달리 프랑스기금은 부유한 피난민들의 기부로 운영하던 사적 기관으로서 도시의 사회 공익과 조화를 이룬다.[224]

칼뱅의 설교는 프랑스기금, 종합구빈원 조직, 집사 사례에 관한 법률을 통과하는 데 도움을 주었다.[225] '집사의 세 가지 직무'의 목표는 산 자에게 받은 기부와 죽은 자에게 받은 유산으로 가난한 사람을 방문해서 제네바에서 '선물 나눔 체계'를 활성화하는 것이었다.[226] 장 뷔데(Jean Budé)의 활동과 그의 유서를 분석함으로써 1세대 프로테스탄트 이민자들이 그 도시의 세 자선 기관인 프랑스기금, 종합구빈원, 아카데미에 기부하는 데 적극 참여했던 방식을 알 수 있다.[227] * 프랑스기금의 성장이 제네바의 헌신적 부유층 소수와 그들의

- 뷔데(1515-1587)는 칼뱅과 친밀한 관계를 유지하던 그의 지지자로, 프랑스 이민자 공동체 1세대에서 중심 역할을 수행했다. 제네바의 해외 주재 대사이기도 했던 그는, 프랑스기금에 600플로린스,

친척들로 형성된 것만은 아니다. 이 기금은 제네바 안팎, 특히 프랑스의 수많은 개혁교회 신자들이 보내온 것들로 점점 규모가 커져 갔다.[228] 이후 개혁교회 공동체 국제 네트워크가 프랑스기금의 핵심 모체가 된다.[229] 이 기금의 혜택을 받았던 그룹은 과부와 고아를 포함해 주로 여성과 어린이였으며, 이와 더불어 병자, 장애인, 실업자, '중요한' 개인들도 있었다.[230]

프랑스기금은 "만성적으로 가난한 사람들"을 위해서만 주어지지는 않았다. "예전에 번영을 구가했지만 어려운 시대 상황으로 경제적 어려움을 겪게 된, 그리고 그 경제적 어려움을 부끄러워하는 사람들"이 제네바에 적응할 수 있게 돕기 위해서도 수여되었다. 초기에 수혜를 받은 사람들은 이후 기부자가 되었다. 대표적 사례로는 1570년 디디에르 루소(Didier Rousseau)의 유산이 있다.[231] 당시 집사 직분의 역할은, 수혜자들이 수동적으로 의지하는 데 머무르지 않고 그들이 스스로 일어설 수 있도록 "생산력 있는 노동 윤리"로 격려하며 기금을 운영하는 것이었다.[232] 이 원조는 돈, 주택, 음식, 곡물, 의류, 침대, 매트리스, 도제 훈련을 받기 위한 작업 도구 혹은 급료, 대출, 유모 제공, 의료 서비스 등 형태로 나타난다.[233]

프랑스기금에는 일종의 '신학적 특수성'이 있었다. 도움이 필요한 사람 가운데 신앙과 인격이 어느 정도 진실하고 기금 혜택을 받을 만한 가치가 있는 사람과 그렇지 않은 사람을 구분했다. 이 기금은 수혜자에게 본이 되는 행동, 실천하는 헌신, 프로테스탄트 규칙 준수, 베푼 선물에 대한 감사의 표현으로 받은 도움에 합당한 예의를 갖출 것을 요구했다.[234] 프랑스기금은 새로운 시스템으로서 상호 선물 수여를 위한 채널을 형성했다. 자활이 가능해진 선물 수령자가 다시 가난한 자들에게 베푸는 것이다. 프랑스기금은 가난한 자에게

종합구빈원에 100플로린스, 제네바 아카데미에 100플로린스를 유증했다. Olson, *Calvin and Social Welfares*, pp. 148-155.

베풀기만을 장려했던 과거의 시스템과는 사뭇 다른 면모를 갖추었다.

프랑스기금은 가톨릭의 "심리학적 동기 부여"에서 실질적인 변화를 이끌어 낸 도구였다. 영원한 상급을 받고자 가난한 사람에게 자선을 베푸는 식의 유인은 중세 교회의 공동 재산을 쌓는 데 기여했다.[235] 반면 프랑스기금은 칭의와 성화에서 나오는 심리학적 동기 부여로, 은혜의 선물을 관대하게 교환하는 자발적 참여 방식으로 작동했다.[236] 그렇기에 프랑스기금은 개혁교회 공동선을 위한 호혜적 선물 나눔 신학을 잘 보여 주는 이상적·실용적·역사적 모델이 된다. 칼뱅의 프랑스기금이 추구한 사회 공익은 자발적이고 시혜적인 자선 같은 예전 방식이 아니라, 시민들이 상호 지원하는 구조적 시스템을 실현한 새로운 방식이었다.

프랑스기금 활용은 제네바 내 물질적 자선에만 국한되지 않았다. 프랑스기금은 칼뱅의 강의, 설교, 새로운 시편찬송, 다양한 신앙 서적을 출판하고 제네바에서 프랑스로 파견된 목회자들과 그 가족들을 지원하는 복음 사역에도 활용되었다.[237] 프랑스기금은 제네바를 넘어 전 유럽 구석구석까지 개혁신앙을 확산하며 영적 공동선을 진작시키는 데 기여했다. 프랑스기금에 관한 초기 기록은 이 기금이 제네바 토착민, 유대인, 튀르크인을 포함한 다민족 공동체를 위해 보편적이고 유연하게 쓰였음을 보여 준다.[238] 제네바에는 이탈리아어, 영어, 독일어를 쓰는 민족들과 프랑스에 기원을 두지 않는 피난민들이 만든 유사 기금이 속속 생겨났다.[239] 그 당시 역사 기록은 칼뱅과 프랑스 피난민 기금이 제네바 이민자들의 영적·물리적·정치적 복지에 공헌했을 뿐 아니라, 프랑스와 유럽에서 박해받던 이들에게도 도움이 되었다고 보고한다. 그렇게 프랑스기금은 인종·민족·지리적 장벽을 넘어 확대된 '상호 지지' 네트워크를 사용하며 공익적 자선을 촉진함으로써 교회와 인류 공익에 새로운 장을 여는 하나의 돌파구가 되었다.[240]

칼뱅은 다양한 활동으로 프랑스기금에 깊이 기여했다. 제네바 목사회 기부 활동에 규칙적으로 참여하고 자신의 사례비를 아낌없이 기부했다. 그는 프랑스기금 형성 초기에 직접 관여했다. 그리고 '특정한 개인들과 계획된 일'에 관한 기금을 운용할 집사들을 천거했다.[241] 제네바 출신 토착민을 돕는 종합구빈원은 이미 박애적 공동선을 위해 신뢰와 능력을 갖춘 집사들이 운영하고 있었다. 칼뱅은 제네바의 사회적 보호 시스템에서 배제된 외국인 피난민들의 필요에 마음이 기울었다. 칼뱅은 이 기금을 집사들이나 제네바 시의회 경영에만 맡겨 둘 수 없었다. 그는 자신의 지도력 아래 있던 목사회와 헌신적 집사들과 더불어 프랑스기금의 정착과 경영을 위해 힘썼다. 칼뱅의 동료들도 프랑스기금에 지도력을 발휘했고 칼뱅 자신도 기금을 위한 목회 지도에 능동적이었다.[242] 그가 종합구빈원보다 프랑스기금과 가까웠던 이유는, 이 기금이 교회와 사회 공익을 세우는 데 "유연하고 혁신적인" 기관이었기 때문이다. 프랑스기금은 피난민들을 위해 물질적 자원을 분배함으로써 새로운 역할을 감당했으며 제네바 안팎에서 복음주의적 자원을 분배함으로써 새로운 영적 역할도 수행할 수 있었다.[243]

요약하자면, 종합구빈원은 공로에 기반한 중세 교회 특유의 자선 신학에 바탕을 둔 오랜 사회복지 기관을 개혁한 것이었다. 종합구빈원은 칼뱅이 제네바에서 활동을 시작하기 전인 1535년 제네바 시의회의 지도력 아래 형성되고 확립되었다. 그리고 구빈원의 사회 구제 활동은 칼뱅의 집사 신학으로 사도직인 초대교회의 영직 기능을 회복할 수 있었다.[244] 다시 말해, 종합구빈원은 박애적 공익을 크게 강조하면서 영적 공익에 간접적으로 기여했다. 그와 비교했을 때 프랑스기금은 개혁교회의 은혜 신학에 기반을 둔 사회복지의 **복음화**를 위한 새로운 산물이다. 이 기금은 1541년 『기독교 강요』 제2판에서 이미 드러난, 교회 공동선과 관련한 칼뱅 신학 이론을 실천한 결과로

1545년 이후에 설립됐다. 기금은 처음부터 제네바 피난민을 향한 박애적 공동선을 위해 세워졌고, 설립 이후에는 제네바를 넘어 국제적 차원에서 개혁교회의 영적 공동선을 세우는 데 공헌했다.

나가는 말

하나님으로 말미암아, 사람과 더불어

현재 우리의 정치가 망가졌다는 점에 대해서는 공적이며 초당적인 공감대가 형성되어 있다. 그러나 훨씬 더 깊은 차원에서 볼 때, 모든 정치 진영이 공동선의 윤리를 잃어버렸다고 말할 수밖에 없다. 우리는 문화와 정치 영역에서 이기주의라는 어둡고 위험한 시대에 들어섰다. '내'가 우리를 대체해 버렸다. (짐 월리스)[1]

앤드류 델방코(Andrew Delbanco)의 말처럼, 하나님의 영광, 국가, 자기가 속한 공동체를 위해 헌신하는 사람이 되는 것이 중요하다고 믿었던 시대는 지나갔다.[2] 오늘날에는 자기실현을 위해 자유로운 사람이 되라는 문화 메시지가 홍수를 이룬다. 하나님과 공적 세계가 분리된 세계관이 서구를 지배하게 되었고, 그 파급력 아래 살아가는 인간은 영속적 가치를 잃어버린 채 자기 하나로 쪼그라들고 말았다.[3]

이러한 현상은 정치, 경제, 문화, 종교, 교육 등 모든 분야에 구석구석 스며들었다. 모두가 자기를 위해 치열하게 살고 어느 정도 성공한 듯 보이지만, 실은 아무도 행복하지 않다는 게 문제다. 일본 작가 미우라 아야코가 『빙점』에서 지적했듯이 인간의 원죄는 이기적 자기중심성에 있다. 현대의 상대주의, 물질주의 세계관은 사람들의 관계를 소비적·상업적 관계로 변질시키며 원죄의 민낯을 가감 없이 드러내 보였다. 경제적 교환의 그물에 갇힌 사람들은 상호 소외와 남용의 악순환에 빠지면서, 무언가에 이용되고 있다는 괴로움과 헤어나기 어려운 외로움에 시달린다. 허전하고 불안할 수밖에 없다. 사람들은 공공 영역에서조차 사적 이익을 위해 현실과 타협하거나 현실에 무관심해지면서 영적으로 왜소해진다.

물론 오늘날 다양한 종교와 인문학에서는 도덕주의·율법주의적 세계관에 기반을 두고 공공성을 확보하려는 노력을 기울인다. 그러나 복음을 기반으로 하는 프로테스탄트 공동선 관점에서 볼 때 이는 중세 가톨릭의 오류를 재현하는 것일 수 있다. 중세 가톨릭에서는 각자 공로를 쌓아서 이를 통해 공동 유익을 세우고 구원을 얻으려 했다. 결국 자신의 공로를 주장하며 공동선의 결과물에 우선권을 요구하게 된다. 공동 유익은 각자 공로를 쌓아 이루어 낸 유익들이 모인 것이기에 반드시 자신의 이익으로 되돌아와야 한다는 당위성을 띠게 된다. 자기 이익을 위해서는 공동 유익에 반하는 행동도 할 수 있다. 이것이 공로와 업적을 중시하는 도덕주의 세계관이 보여 주는 공공성의 한계다.

오늘의 세계는 비종교적 상대주의와 종교적 도덕주의를 불문하고 자신의 이익을 위해 살 것을 종용하는 세계관이 확장되고 있다. 그러한 세계관으로는 성경에서 가르치고 종교개혁을 통해 회복하려 한 공공성의 차원에 다다를 수 없다. 자기 이익을 확보한 후 그것으로 공공성을 구성하겠다는 생각은 성경의 공동선과는 거리가 멀다. 그리스도의 구원에서 나오는 선함이 아니라면 그것이 도덕주의든 상대주의든 물질주의든 다를 게 없다. 나의 이익이 있고 나서 너의 이익도, 모두의 이익도 있을 뿐이라는 생각은 하나님의 생각이 아니다. 물론 여기에는 진실과 거짓, 이기심과 이타심이 섞여 있기에 아예 선이 없다고 할 수는 없다. 타락한 인류에게도 일반은총을 허락하시는 신적 자비가 있기 때문이다. 그래서 카이퍼가 말했듯이, "시민의 덕목, 가정적 느낌, 자연스러운 사랑, 인간적 덕목의 실천, 공공 의식의 개선, 진실성, 사람들 사이의 상호 신뢰, 경건히 누룩으로서 사는 삶을 살피는 일"이 상당한 수준에서 어느 정도는 가능하다.[4] 그러나 그것은 충만한 선이 아니라, 아우구스티누스의 고백처럼 결핍된 선(the privation of good)에 그친다.[5]

이 책 서두에서 밝혔듯이, 오늘날 지구는 국제화되고 도시화되었기에 사실상 하나의 몸이 되었지만, 세계는 여전히 상대주의와 율법주의라는 바탕 위에 서 있기에 사람들은 종교 유무에 상관없이 자신의 욕망을 대놓고 혹은 은밀하게 분출하고 이 욕망은 서로 부딪친다. 포용은 어려워도 배제는 쉽다. 일반은총으로 받은 자연법과 양심, 이성, 도덕에 근거한 선의 집합은 인류가 파국으로 치닫지 않게 하는 정도의 유익은 허용한다. 하지만 이것이 신뢰와 배려와 사랑으로 가득한 공공성을 갖춘 세상으로 인도하지는 못한다. 왕래가 빨라지고 지식이 쌓이는 세상이 되었지만 그리스도가 베푸시는 감미로움을 공유하는 선한 삶을 맛보지는 못했기에 사람들은 서로 갈등하고 때론 외로워하며 불행하게 산다.

복음은 하나님의 사건이다. 모든 것이 하나님의 선물임을 알리는 좋은 소식이다. 복음을 아는 이들은 자기부정의 삶을 살고 감사하는 마음을 잃지 않는다. 이들은 자연스레 베푸는 삶을 살아간다. 아울러 아무리 도덕적으로 깨끗하게 살았다 해도 내 안에는 선이 없고 오직 내 안에 계신 그리스도만이 선이심을 안다. 프로테스탄트 신앙에서 그리스도인은 하나님의 선에 참여하는 존재다. 복음을 회복한 공동체, 즉 교회는 그리스도와 연합하여 하나님의 선에 참여한다. 이 모든 일은 성령의 역사로 이루어진다. 성령은 도덕주의, 율법주의와 비종교적 상대주의, 세속주의를 제거하고 그리스도의 복음을 채워주시는 분이다. 그리스도인들은 성령으로 인해 세상의 일시적·부분적 공공성이 아닌, 하나님 도성의 영원하고 완전한 공공성을 바라볼 수 있다.

지구화와 도시화를 통해 인간들이 물리적으로 연결되고 모일 수는 있지만, 영적으로 하나가 되지는 못한다. 인간들을 진정 하나로 만드는 것은 복음뿐이다. 복음 가운데 그리스도와의 연합이 있고, 그 안에서 연대가 이루어지기 때문이다. 물건의 교환이 경제적 유익은 줄 수 있으나 영적 유익까지 주지는 못한다. 인간은 그리스도 안에서 놀라운 영적 교환을 먼저 맛보아야 한다. 교회의 영적 공공성이야말로 인류의 사회적 공공성이 하나님 나라로 재정향되게 하는 유일한 동력이다.

인류가 미래에 평화롭게 공존하고 번영할 수 있느냐 하는 질문은 공동선이라는 주제를 떠올리게 한다. 여기서 중요한 것은 프로테스탄트 공동선은 비종교적 상대주의, 인문주의와 종교의 율법주의, 도덕주의의 공공성이 아닌, 예수 그리스도를 중심으로 한 공공성을 영적·사회적 차원에서 추구한다는 점이다. 그것은 바울로부터 시작되었고 아우구스티누스가 꽃을 피웠으며, 루터가 되찾았고 칼뱅이 완성시켜 후대로 보낸 것이다. 영적·교회적 공공성 없이 물리적·사회적 공공성은 불가능하다. 양 차원은 구별되나 분리되지 않지만 혼동해서도 곤란하다. 프로테스탄트 개신교의 공동선은 통전적 차원에서 펼쳐진다.

도시의 공동선을 위한 목회 패러다임을 제시하고 실천한 미국 뉴욕 리디머 교회의 팀 켈러(Tim Keller)는 복음의 속성을 '위에서 아래로 임하는' 성육신 복음, '안에서 밖으로 임하는' 속죄 복음, '미래를 앞서 경험하는' 부활 복음으로 분류하며, 첫째 속성이 인류의 공동선을 위하는 것이라고 주장한다.[6] 하지만 프로테스탄트 공동선이 영성적·물리적 차원을 포괄한다는 점에서 보면, 복음의 세 가지 속성 모두가 공공성에 기여하는 셈이다. 종교개혁 신앙은 하나님의 주권과 은혜를 강조한다는 의미에서 위에서 아래로 임하고, 복음의 회복이라는 의미에서 안에서 밖으로 향하고, 하나님 나라의 도래를 이 땅에 구현한다는 의미에서 미래를 앞서 경험하게 한다. 결국 프로테스탄트 개신교 전통에서 공공성은 위에서 아래로, 내면에서 바깥으로, 미래에서 현재로 오는 것이다. 성경적·복음적 공동선은 아래서 위로, 바깥에서 내면으로, 현재에서 미래로 가지 않는다. 그런 것은 초대교회를 복원하는 프로테스탄트의 원음과는 관계가 없는 상대주의, 세속주의, 율법폐기주의, 율법주의, 공로주의, 자유주의, 사회주의, 자본주의, 공산주의에서 추구했던 공동선의 방향이다. 세상은 자유와 평등의 조절을 통해 공동선의 길을 찾아간다. 하지만 프로테스탄트 신앙은 은혜와 선물의 교차를 통해 공동선의 길을 낸다. 개인의 권리와 의무, 공로와 부담, 강제와 책임이 뒤섞인 '오래된 혼돈의 이야기'로부터 공동체의 감사와 기쁨, 감미로움과 기꺼움, 온건함과 협력이 교차하는 '새로운 창조의 이야기'로 우리를 초대한다.

공동선이 율법주의와 상대주의, 사회주의와 자본주의 사이 어딘가에 자리한다면 모르겠지만 실제로는 그렇지 않다. 공동선은 먼저 하나님 안에, 예수 그리스도 안에, 그분과 연합된 자녀들의 삶 속에 있다. 프로테스탄트 공동선은 이러한 종교개혁의 신학적 비전 속에 있다. 카이퍼처럼 말한다면, 하나님은 영역별로 공동선을 주셨다. 영적 공동선은 교회와 구원을 위해, 경제적 공동선은 일터를 위해, 정치적 공동선은 시민과 정부를 위해, 박애적 공동선은 사회의 약자들을 위해 존재한다. 여기서 인류의 공동선이 어느 정도 가능한 것은 일반은총 때문이다. 하지만 특별은총의 복음이 역사하지 않으면 사회적 공공성은 제한되고 만다. 물론 어느 정도의 사회적 공공성이 실현되는 것도 감사한 일이지만 그것은 온전하지 않다. 그리스도를 통해 모든 영역에서 공공성이 온전히 충만하게 이루어지는 하나님 나라는 이미 시작되었으나 아직 오지 않았다. 이 긴장 가운데 영적 공동선과 사회적 공동선이 놓여 있다.

그리스도인은 이 긴장을 인식하면서 기꺼이 참여하는 개척자다. 하나님의 은혜로 그리스도와 하나가 되어 그분과 공감하는 존재가 된 그리스도인은, 제사장과 예언자와 왕의 선한 일에 참여하며 영적·사회적 공공성을 더불어 세운다. 칼뱅을 통해 드러난 프로테스탄트 공동선은 창조와 구원의 하나님으로부터 기원하며 그리스도의 복음과 성령의 선물을 통해 교회와 인류에 펼쳐진다. 세상이 줄 수 없는 공동선, 오직 삼위일체 하나님만이 주실 수 있는 공동선, 은혜와 선물의 공동선이 개신교 공동선을 형성한다.

우리는 특히 프로테스탄트 공동선의 대표 주자인 칼뱅의 신학적 성찰을 살펴보았다. 그는 공동선 개념을 신적 선함을 부분적으로 반영하는 윤리적·인문주의적 차원에서만 다루지 않고, 그 선함을 온전히 반영하는 영성적·성경적 차원에서도 다루었다. 칼뱅은 공동선이라는 윤리 언어를 하나님의 영광과 구원 같은 종교 언어와 빈번하게 연결했다. 공동선의 다양하고 복합적인 관점이 완전하고 충분하게 구현되기 위해서는 그리스도와 연합된 신자의 삼위일체적 참여가 인류의 보편적 참여보다 더 결정적이라는 것이다.

그러므로 칼뱅의 특별은혜에 관한 세 가지 교리, 즉 그리스도 안에 있는 하나님 형상, 자기부정에 초점을 둔 성화, 율법의 제3용법은 그의 공동선 개념의 신학적 토대 가운데 '주된 공동 합작 측면'(main collaborating facet)을 신적·도덕적 차원에서 구성한 것으로 이해된다. 반면, 칼뱅의 보편적 은혜에 관한 세 가지 교리, 즉 인류 안에 남아 있는 하나님 형상, 십계명에 담긴 율법의 제2용법과 자연법, 자연적 선물의 형태로 모두에게 수여된 일반은혜는 공동선 개념의 신학적 토대 가운데 '중대하지만 보조적인 또 다른 공동 합작 측면'(another crucial but supplementary collaborating facet)을 구성한다. 이 두 가지 면은 영적 차원과 사회적 차원을 형성하며 서로 구별되나 분리되지 않는다. 신자들은 예수 그리스도를 중심으로 하는 새로운 피조물로서 이 두 차원에 참여한다. 교회의 공공성과 사회의 공공성에 대한 칼뱅의 신학적 배경은 하나님 형상, 성화, 율법이라는 세 가지 주요 주제에 담긴 다중적·복합적 사고에 의해 형성된다.

칼뱅은 하나님 형상, 성화, 율법이라는 세 가지 신학 토대를 그의 이론뿐 아니라 제네바 교회와 사회를 위한 실천에도 적용했다. 영적 은사, 기도, 성례, 직무, 재산에서 발견되는 교회적 공공성 사상과 더불어 자연적 선물, 정치, 경제, 박애 활동에서 발견되는 사회적 공공성 사상을 분석하며 칼뱅을 살펴보면 그가 교회와 사회의 상호 관계에 대한 이론과 활동에서 어디에 주안점을 두었는지 알 수 있다. 그는 제네바 도시의 공익을 위해 선물을 나누는 일을 할 때 준법 의무를 조직화하기보다는 신자와 시민들이 자발적으로 부드럽게 협력하며 동료 관계를 이루는 일을 더 중요하게 여겼다.

어찌 보면 유럽의 16세기는 공동선의 가치를 놓고 분열하던 시대였다. 로마 가톨릭과 프로테스탄트와 재세례파는 각기 나름의 공동선 이해를 가지고 있었고 이는 곧 갈등으로 치달았다. 이 갈등은 16세기 종교개혁 당시 "선물에 관한 불화"(a quarrel about gifts)와 관련이 있었다.[7] 이 책에서 공동선 신학의 차이에서 비롯된 역사적 불화까지 다루지는 않았다. 그보다는 공동선에 대한 칼뱅의 신학적 조감도를 가지고 16세기 프로테스탄트 공동선을 세워가던 초기 풍경을 묘사했다. 종교개혁 공동선이 공로적·상업적 선물에 기초한 중세 가톨릭의 공동선 교리와 얼마나 다른지 살펴보았다. 그리스도가 베푸시는 은혜와 선물에 기반을 둔 칼뱅의 통찰은 은혜와 자연의 대조를 강조하는 아퀴나스의 사상과 비슷하게 보일지 몰라도 상이했다.[8] 칼뱅의 프로테스탄트 공동선은 아리스토텔레스와 스토아주의 범신론의 인문주의적 관점에 머무르지 않았다. 또한 상호 존재를 가능하게 하는 신물 시스템 자체를 훼손하는 재세례파의 '공동 재산 소유'(collective property) 방식과도 달랐다.[9]

칼뱅의 프로테스탄트 공동선은 하나님 형상에 대한 삼중적 이해와 그리스도와의 연합에 기반을 두고 있다. 또한 하나님의 선물에 담긴 존재론적·실천적 차원을 아우른다. 은혜로 베푸신 선물의 영적·물리적 차원은 세 단계로 전개되는 구속사로 직조된다.

이 책의 중요한 목적 중 하나는 하나님의 창조 질서에 내재한 공동선의 가치가 어떻게 신적·도덕적, 관계적·실체적, 존재론적·실천적, 영적·물리적 차원에서 드러나고 회복되는지 규명하는 것이었다. 이는 그리스도와 연합한 신자들의 참여를 통해 교회와 사회에 은혜의 선물이 나누어지는 '기꺼운 상호적 방식'(cheerful and mutual manner)으로 현실화된다. 이 세상에는 일반은혜와 자연법을 통한 도덕적·실체적·실천적·물리적 차원이 부분적으로 반영된 '인류의 공동선'이 남아 있다. 그 속에서 교회의 공동선은 하나님의 본래적 공동체 질서를 회복하는 변혁적·완성적 도구(transformative and consummative tool)가 된다. 현대 선물 신학자들은 칼뱅의 '선물' 개념을 강제적·일방적인 것으로 보았지만, 그의 공동선을 영적·사회적 차원에서 분석해 보면 그들의 평가가 적절하지 못했음을 알게 된다. 베버가 제시한 개인주의적·자본주의적 이해 또한 칼뱅의 공동선에 대한 적절한 요약이 되지는 않는다.

칼뱅의 공동선은, 공공성을 이해하기 위한 네 가지 대중적 범주—공리주의적 '일반 복지', 개인 권리를 보편적으로 보호하는 '공익', 공유된 외적 재화인 '공공재', 관계적이고 공동체적인 존재를 설명하는 고전적 '공동선'—를 내포하는 것으로 보인다. 하지만 그의 공동선은 거기에 그치지 않고 더 깊은 이해로 나아간다. 그는 신자들이 하나님의 은혜로운 선물 안에서 삼위일체적 참여로 나아가야 한다고 보았다. 그 결과는 창조 세계 질서가 영적이면서도 사회적으로, 즉 총체적으로 회복되는 것이다.

따라서 칼뱅에게 '일반 복지'의 경제적 차원은 양적 의미가 아니라 질적 의미로 다가온다. 개인의 권리를 근본 가치로 여기는 '공적 이익' 개념은 인본주의적 인간학 차원이 아니라 하나님 형상이라는 신학적 인간학 차원에서 다루어진다. 외적 재화로 정의되는 '공공재'와 사회적 핵심 가치인 '공익' 개념은 일반은총보다 특별은총에서 더 발현된다. 관계적 존재를 구현하는 고전적 '공동선' 개념은 칼뱅의 인문주의적 수준에서도 어느 정도 다루어지고 있지만, '그리스도와의 연합'에 기반을 둔 신자들의 삼위일체적 참여로 온전히 성취된다.

결론적으로, 칼뱅을 중심으로 세워지고 확장된 프로테스탄트 공동선의 신학적 근간과 적용을 통해 '공동선'에 대한 독특하고 다면적인 사고와 실천을 발견하게 된다. 이는 종교개혁 전통의 개신교 교회 윤리와 사회 윤리를 공히 뒷받침하는 새로운 통합 논리가 될 수 있을 것이다.

한국 개신교에서는 유럽의 종교개혁이 교회의 영적·신학적 갱신을 위한 투쟁이자 어떻게 하면 그 갱신을 구체화하며 공공성을 확보할 것인가 고민하며 분투했던 역사였다는 사실을 기억할 필요가 있다. 그것은 신앙의 자유, 민주적 통치, 인간의 존엄성과 기본권 확보, 사회경제적 권리 같은 다양한 영역에서 근대 사회의 출현을 가능하게 했다.[10]

오늘날에도 하나님의 은혜로운 선물의 목적을 강조하는 프로테스탄트 공동선은 규제의 고삐가 풀린 지구화된 자본주의가 야기하는 각종 위기 상황을 근원적으로 진단하고 보편적 변혁을 가능하게 하는, 비판적 성찰과 참여를 일으키는 원리로서 기능할 수 있을 것이나. 또한 이 사상은 교회의 세속화와 물질주의, 사사화된 신앙과 개교회주의, 교회 간 양극화와 세상과의 소통 부재 현상을 극복하고, 자비와 연대와 정의와 화해를 지향하는 공교회성을 회복시키는 신학적 치유책으로도 유익할 것이다.[11]

종교개혁 500주년을 맞이하는 한국 개신교는 프로테스탄트 공동선 사상으로 신앙의 공공성을 확보하기 위한 신학적 토대를 강화하고, 목회자와 평신도가 수평적·유기적 파트너십을 이루어 교회의 교회다움을 이루며 영적 공익을 회복해야 할 것이다. 그러기 위해서는 (교회 세습 등의) 중세 가톨릭적 폐단을 청산하고, 중소형 교회와 대형 교회의 양극화 추세를 총체적으로 개선해야 할 것이다. 또한 사회의 일반은총 영역을 하나님의 주권과 자비가 미치는 곳에서 재발견하여 시민사회와 더불어 지구화된 자본주의 아래 신음하는 약자들을 보호하고, 공정한 경제 질서를 세우는 역할을 담당해야 할 것이다. 이러한 개신교의 공공성 회복은, 그리스도인 공동체의 일상이 프로테스탄트 공동선 사상을 곱씹으며 그 너비와 길이와 높이와 깊이를 깨닫는 과정으로 채워질 때 비로소 가능할지 모른다.

주

들어가는 말: 프로테스탄트 공동선을 찾아서

1 톰 라이트, 『시대가 묻고 성경이 답하다』(IVP, 2016), pp. 7-8.
2 다니엘 밀리오리, 『기독교 조직신학 개론』(새물결플러스, 2016), p. 182.
3 톰 라이트, 『시대가 묻고 성경이 답하다』, pp. 227-244.
4 유발 하라리, 『사피엔스』(김영사, 2015), p. 295.
5 Herman E. Daly and John B. Cobb, Jr., *For the Common Good: Redirecting the Economy toward Community, the Environment, and a Sustainable Future* (Boston: Beacon Press, 1989); Gary I. Dorrien, *Reconstructing the Common Good: Theology and the Social Order* (Eugene, OR: Wipf and Stock Publishers, 1990); Eric Mount Jr., *Covenant, Community, and the Common Good: An Interpretation of Christian Ethics* (Cleveland, Ohio: The Pilgrim Press, 1999); Charles E. Gutenson, *Christians and the Common Good: How Faith Intersects with Public Life* (Grand Rapids, MI: Brazos Press, 2001); David Hollenbach, S.J., *The Common Good and Christian Ethics* (Cambridge: Cambridge University Press, 2002); Dennis P. McCann and Patrick D. Miller, ed. *In Search of the Common Good* (New York, London: T&T Clark International, 2005); Eoin G. Cassidy, ed., *The Common Good in an Unequal World: Reflections on the Compendium of the Social Doctrine of the Church* (Dublin: Veritas, 2004); David Fergusson, *Church, State and Civil Society* (Cambridge: Cambridge University Press, 2004); Kamran Mofid and Marcus Braybrooke, *Promoting the Common Good: Bringing Economics and Theology Together Again* (London: Shepheard-Walwyn Publishers LTD, 2005); Walter Bruggemann, *Journey to the Common Good* (Louisville, Kentucky: Westminster John Knox Press, 2010); T. J. Gorringe, *The Common Good and the*

Global Emergency: God and the Built Environment (Cambridge: Cambridge University Press, 2011); Miroslav Volf, *A Public Faith: How Followers of Christ Should Serve the Common Good* (Brazos Press, 2011). 『광장에 선 기독교』(IVP); Jim Wallis, *On God's Side* (Grand Rapids: Brazos Press, 2013). 『하나님 편에 서라』(IVP); Ronald Sider, *Rich Christians in An Age of Hunger: Moving from Affluence to Generosity* (Nashville: Thomas Nelson, 2005). 『가난한 시대를 사는 부유한 그리스도인』(IVP).

6   짐 월리스, 『하나님 편에 서라』(IVP, 2014), pp. 47-61.
7   Thomas Piketty, *Capital in the Twenty-First Century* (Belknap Press, 2014). 『21세기 자본』(글항아리).
8   Jeremy Rifkin, *The Zero Marginal Cost Society* (Palgrave Macmillan Trade, 2014). 『한계비용 제로사회』(민음사).
9   *Oxford English Dictionary*, Second Edition, Revised (Oxford University Press, 2005), p. 348; *The Chambers Dictionary* (Chambers Harrap Publishers, 2003), p. 308.
10 자크 마리탱에 따르면 인간은 본성적으로 자기 존재를 보전하려고 한다. 그러한 성향은 인간에게 가장 원초적이고 보편적인 것이다. 결국 자기 존재 보전이 모든 사람에게 가장 중요한 공동선이다. Joseph H. Evans and Leo R. Ward, *The Social and Political Philosophy of Jacques Maritain* (University of Notre Dame Press, 1976), p. 31.
11 아리스토텔레스와 아퀴나스의 공동선 사상에 관해서는 다음을 참고하라. Mary M. Keys, *Aquinas, Aristotle, and the Promise of the Common Good* (Cambridge: Cambridge University Press, 2006); Susanne DeCrane, *Aquinas, Feminism, and the Common Good* (Washington, D.C.: Georgetown University Press, 2004); Dennis McCann and Patrick Miller ed. *In Search of the Common Good*, pp. 94-120; David Fergusson, *Church, State and Civil Society*, pp. 31-36.
12 공동선의 정치철학적·사회경제적 의미를 개괄한 이종은의 연구는 교회사에 등장하는 기독교 사상가들에 친숙했을 인문주의적 공동선 이해의 윤곽을 통시적으로 감지하는 데 유익하다. 또한 필자가 공동선의 범-신학적인 공통 구조를 보다 입체적으로 구축하고 그 의미를 명확히 구분하여 포착하는 데 긴요한 도움이 되었다. 이종은, 『사회정의란 무엇인가』(책세상, 2015), pp. 640-659를 참조하라.
13 Plato, *Republic* (London: Oxford University Press, 2008), 433a, 433b, 434c. 『국가』(서광사).
14 Hollenbach, *The Common Good and Christian Ethics*, p. 3.
15 Aristotle, "Politics", in *The Basic Works of Aristotle*, Richard McKeon ed. (New

York: Random House, 1941), 1278b-1279b, 1280a-b, 1282b. 『정치학』(길).
16 Aristotle, *Nicomachean Ethics*, trans. and ed. Roger Crisp (Cambridge: Cambridge University Press, 2000), book I, chapter 2, 1094b, 4. 『니코마코스 윤리학』(길).
17 Niccolo Machiavelli, *The Prince*, G. Bull. ed. (Harmondsworth: Penguin, 1974), pp. 115, 257, 274-275. 『군주론』(길).
18 김비환, 『포스트모던 시대의 정치와 문화』(박영사, 2005), p. 317.
19 사적 인간이 공동선을 증진하려는 일반의지로 타인과 결합하면 공적 인간이 된다고 인식하는 루소(Rousseau)는 모든 시민이 도덕적 자유를 갖는 공적 인간이 되면 사회적·정치적 통합이 구현된다고 믿었다. 인간은 이성, 의무에 대한 감각, 인간성의 본질을 갖추고 사회의 법을 형성하고 준수하고 시민의 자유를 누릴 때 진정한 인간이 되기에, 결국 공동선은 타인의 이익뿐만 아니라 자신의 이익도 증진시키는 힘이라고 강조했다. Jean-Jacques Rousseau, "A Discourse in Political Economy" (pp. 121-152). "Social Contract, Rousseau" (pp. 153-252), in *The Basic Political Writings* (Hackett Publishing Company, Inc., 2012). 『사회계약론 외』(책세상). 헤겔(Hegel)은 개인들이 공동선을 고려하는 상황에서 각자 행복을 정당하게 추구할 수 있다고 보았다. 이익이 충돌할 때 시민은 개인 권리보다 공익을 구하는 것이 바람직한 태도라는 관점에서, 헤겔은 사회복지와 개인 권리가 조화와 균형을 이루어야 공동선이 달성된다고 정리한다. K. H. Ilting, "The Structure of Hegel's Philosophy of Right", in *Pelczynski* (1971), pp. 90-110. 자세한 내용은 이종은, 『사회정의란 무엇인가』, pp. 651-659를 참조하라.
20 아담 스미스, 『도덕감정론』(비봉출판사, 2009).
21 Adam Smith, *The Wealth of Nations* (London: Modern Library, 2000), Chapter 1.1-2. 『국부론』(비봉출판사).
22 이종은, 『사회정의란 무엇인가』, pp. 717-722.
23 앞의 책, pp. 504-510.
24 Oliver Williams, "To Enhance the Common Good", in *The Common Good and U.S. Capitalism*, Oliver F. Williams and John W. Houck, ed. (Lanham, Maryland: University Press of America, 1987), p. 12.
25 조용훈, "칼뱅의 정치사상과 그 사회 윤리적 함의에 대한 한 연구", 「장신논단」 38-3 (2010), pp. 219-220; 박경수, "칼뱅의 경제사상에 대한 고찰", 「한국기독교신학논총」 68-1 (2010), p. 65.
26 이종은, 『사회정의란 무엇인가』, p. 722.
27 Homily 25 on 1 Corinthians 11:1, Diana Butler Bass, *A People's History of Christianity: The Other Side of the Story* (New York: HarperCollins, 2010), p. 60에서 재인용. Jim Wallis, *On God's Side*, p. 27. Hollenbach, *The Common Good and*

  Christian Ethics, p. 4. 아퀴나스는 전체가 당연히 개인에 앞선다는 아리스토텔레스의 제언을 따른다. 아퀴나스의 다음 저작을 보라. Thomas Aquinas, *Summa Theologica*, 5 Vols, trans. Fathers of the English Dominican Province (Allen, TX: Christian Classics, 1948), IIa IIae, q. 104, a.1.『신학대전』(바오로딸).

28 Hollenbach, *The Common Good and Christian Ethics*, p. 3. 또한 중세의 공동선에 관한 퍼거슨의 스케치를 보라. Fergusson, *Church, State and Civil Society*, pp. 31-36.

29 Hollenbach, *The Common Good and Christian Ethics*, p. 4.

30 Aquinas, *Summa Theologica*, IIa IIae, q. 104, a.1; Hollenbach, *The Common Good and Christian Ethics*, p. 4.

31 Thomas Aquinas, *Summa contra Gentiles*, III, 17.『대이교도대전』(분도출판사). Hollenbach, *The Common Good and Christian Ethics*, p. 4에서 재인용.

32 Frederick Copleston, *A History of Philosophy Vol. II, Medieval Philosophy Augustine to Scotus* (London: Burns Oates & Washbourne LTD, 1959), pp. 412-413.『중세철학사』(서광사).

33 앞의 책, p. 414.

34 앞의 책, pp. 415, 418; Aquinas, *Summa Theologica*, Ia, IIae, 90, 2.

35 Ronald Wallace, *Calvin, Geneva and the Reformation* (Eugene, OR: Wipf & Stock Publishers, 1998), pp. 111-112.『칼빈의 사회 개혁 사상』(기독교문서선교회); Copleston, *A History of Philosophy Vol. II*, p. 414; Aquinas, *Summa Theologica*, Ia, 96, 4.

36 Hollenbach, *A History of Philosophy Vol. II*, p. 5.

37 임성빈, "21세기 초반 한국 교회의 과제에 대한 소고-공공신학적 관점에서",「장신논단」 47-2(2015), pp. 201-204.

38 *Calvin's Commentary on Seneca's De Clementia*, trans. Ford Lewis Battles and André Malan Hugo (Leiden, Netherlands: the Renaissance Society of America, 1969), pp. 77-113.『칼뱅 작품 선집 1. 세네카의 관용론 주석』(총신대학교출판부); The Preface to *Comm. Romans*. xxv-xxvi.

39 Philip Schaff, *History of the Christian Church*, Vol. 8 (Peabody, MA: Hendrickson Publishers, 1892), pp. 831-833,『교회사전집 8』(CH북스), from Beza's *Vita Calvini*, the Latin text in CO 21: 164, the French text in CO 9:887-890, trans. Henry Beveridge, *Calvin's Tracts*, vol. 1, 1844.

40 Ulrich H. J. Körtner, "Calvinism and Capitalism", in *John Calvin's Impact on Church and Society, 1509-2009*, ed. Martin Ernst Hirzel and Martin Sallman (Grand Rapids, MI: William B. Eerdmans Publishing Company, 2009), pp. 160-161.

41　Ulrich Duchrow, "Calvin's Understanding of Society and Economy", *TC* 6.2 (2009), p. 94.
42　Edouard Dommen, "The Protestant Ethic Ought to Speak Better English", Finance & The Common Good/Bien Commun—Spring 2005; Perspectives—An online publication of the Office of the General Assembly, PCUSA, "On Calvin and Economic Justice", May, 2005. 이 선언문은 칼뱅의 욥기 1장 설교에 의해 직접적으로 뒷받침된다. "하나님이 우리 각 사람 모두에게 요구하시는 것은, 우리의 모든 기술을 모든 사람의 공동선을 위해 두어야 한다는 것이다(qu'un chacun advise d'empoyler toutes ses facultez au bien commun de tous). 이는 하나님과 사람 양자를 향한 태도가 되어야 한다. 우리들의 삶이 좋은 질서 가운데 놓여 있기 위해서 그러하다." CO 33:31.
43　Dommen, "The Protestant Ethic Ought to Speak Better English"를 참조하라.
44　Christoph Stückelberger, "Calvin, Calvinism, and Capitalism", in *John Calvin Rediscovered: The Impact of His Social and Economic Thought*, ed. Edward Dommen and James D. Bratt (Louisville, London: Westminster John Knox Press, 2007), pp. 128, 130-131.
45　Jean Porter, "The Common Good in Thomas Aquinas", in *In Search of the Common Good*, 2005, pp. 91-120, esp. p. 96. 공동선에 대한 아퀴나스의 핵심적 진술에 관해서는 『신학대전』을 보라. Aquinas, *Summa Theologica*, I-II, Q.3, Art. 1 and 2 (Happiness); I-II, Q. 19, Art. 10 (Human Will); I-II, Q. 60, Art. 3 (Moral Virtue); I-II, Q. 90, Art. 2-Q. 91, Art. 6, Q. 92. Art. 1, Q. 94, Art. 3, Q. 96, Art. 1-4, Q. 97, Art. 4, Q. 100, Art. 2, 8, 11, Q. 105, Art. 3 (Law); I-II, Q. 111, Art. 5 (Sanctifying Grace); I-II, Q. 113, Art. 1 (Justifying Grace); II-II, Q. 26, Art. 2 and 3 (Charity); II-II, Q. 31, Art. 3 (Doing Good); II-II, Q. 33, Art. 1 and 6 (Correction); II-II, Q. 42, Art. 2 (Sedition); II-II, Q. 47, Art. 10 (Solitude); II-II, Q. 47, Art. 11 (Prudence); II-II, Q. 58, Art. 5-12 (Justice); II-II, Q. 59, Art. 1 (Injustice); II-II, Q. 61, Art. 1 and 2 (Distributive Justice and Commutative Justice); II-II, Q.63, Art.2 (The Dispensation of Spiritual Goods); II-II, Q. 64, Art. 3-7 (Murder); II-II, Q. 101, Art. 3 (Picty); II II, Q. 102, Art. 3 (Observance); III, Q. 46, Art. 2 (the Passion of Christ); III, Q. 65. Art. 3 (Eucharist); 아퀴나스의 『대이교도대전』에도 공동선에 대한 중요한 진술이 있다. Thomas Aquinas, *Summa Contra Gentiles*, 5 Vols, trans. Anton C. Pegis and Vernon Bonke (Notre Dame, London: University of Notre Dame Press, 1975), III, Ch. XVII, 5 (God as the common good); III, Ch. XXXIX, 1 (Happiness as the common good); III, Ch. LVIX, 5 (The common good as being more godlike than the good of individual);

III, Ch. CXXIII, 6 (Law instituted for the common good); III, Ch. CXLVII, 5 (the punishment for the common good).

46 '공동선'(the common good)은 라틴어 원전에서 55회 나온다. commune bonum(11회), commune ecclesiae bonum(10회), communi bono(3회), publicum generis humani bonum(2회), publicum bonum(3회), bonum nostrum(26회). 프랑스어 원전에서는 87회 나타난다. bien commun(47회, 그중 the common good이라는 의미로는 41회, the shared inheritance이라는 의미로는 6회), bien publique(19회), profit commun(10회), l'utilité commune(8회), l'utilité publique(2회), benefice commun(1회). 연관된 라틴어 용어로는 aedificationem ecclesia(25회)가 있다. 그리고 bonum, aedificationem, publicum은 각각 윤리학적·건축학적·정치학적 뉘앙스로 교회적·사회적 수준 모두에서 공동체적 가치를 서술한다. 참고로 칼뱅이 사용한 공동선 용어의 사전적 정의를 정리해야 한다. 먼저 bonum은 주로 윤리적 차원을 보여 준다. 이 용어의 뜻은 '어떤 선한 것들 혹은 환경, 요긴한 것, 이익, 축복, 혜택, 좋은 행운, 번영, 미덕, 도덕적으로 좋은 것, 올바르고 공정한 것, 좋은 행위 혹은 올바른 원리, 소유, 재산, 토지, 도덕적으로 고결한, 정치적으로 건전하고 충성스러운'이라는 의미다. 둘째로, aedifico는 '건물을 세우거나 건축 공사에 참여한다'라는 의미를 갖는다. aedificatio는 '세우는 과정이나 행위 혹은 건물'을 나타낸다. 그리고 aedes는 '하나의 거주 장소, 집, 성전'을 가리킨다. 그렇기에 칼뱅이 교회와 지체들의 공통 이익을 논하는 자리에서 aedificationem이라는 용어를 사용할 때, 우리는 그가 건축학적 이미지를 가지고 공동선의 영적 가치를 그리는 그림을 의도했다는 것을 알게 된다. 이는 하나님의 성전으로 신자들을 묘사했던 사도 바울의 성경적 언어에 따른 것이다. 셋째로, 칼뱅은 공동선의 정치적이고 사회경제적인 차원을 나타내고자 할 때 publicum을 사용한다. 이 용어는 '공적 관심사로서, 공적 재산, 공적 소유권 또는 보유, 공유지, 공적 기금, 공적 이익, 공적 복지 또는 혜택'을 가리킨다. publicus는 '법인 조직으로 사람들에게 속하는 것, 국가에 의해 공인된, 국가 안에 모든 사람들에게 영향을 미치는, 공동체 모든 구성원들에게 이용될 수 있고 서로 나누며 즐길 수 있는 것, 모두에게 공통된 보편적인 것'을 의미한다. 마지막으로, commune에 들어 있는 공동체적이고 사회적인 어조를 확인할 필요가 있다. commune는 '공동으로 수용된 재산 혹은 권리, 공동 점유, 공적 혹은 공동의 기금, 공공장소, 공공의 이익, 모든 관련자의 선을 위한, 공동 복지'를 가리킨다. communicatio는 '나눔 혹은 분여의 행동, 영역의 공동체'를 의미한다. communico는 '나누는 것, 어울리는 것, 일치되는 것, 연결하는 것, 전해 주거나 소통하는 것, 공용으로 이동시키는 것'을 의미한다(50). *Oxford Latin Dictionary*, pp. 61, 238, 369, 1512-1513.

47 Alister McGrath, "Calvin and the Christian Calling", *FT* 94 (1999), pp. 31-35.

48 Timothy Terrell, "Calvin's Contributions to Economic Theory And Policy", in

Calvin and Culture, ed. David W. Hall and Marvin Padgett (Phillipsburg: P&R Publishing, 2010), pp. 69-70.

1장 하나님 형상과 공동선

1   John Calvin, *Institutes of the Christian Religion*, trans. Ford Lewis Battles (Atlanta: John Knox Press, 1975), pp. 20-21; OS 1:38. 『기독교 강요』(1536년 초판, CH북스).
2   앞의 책, p. 21.
3   앞의 책, 2.28-29, pp. 84-85.
4   Jane Douglass, "The Image of God in Humanity: A Comparison of Calvin's Teaching in 1536 and 1559", in *In Honour of John Calvin, 1509-64: Papers from the 1986 International Calvin Symposium*, ed. E. J. Furcha (Montreal: McGill University, 1987), pp. 184, 199.
5   John Calvin, *Institutes of the Christian Religion*, French edition, trans. Elsie Anne McKee (Grand Rapids, MI: William.B. Eerdmans Publishing Co., 2009), p. 50. 『칼뱅 기독교 강요』(프랑스어 초판 1541, 크리스천르네상스).
6   『기독교 강요』(1536) 1.21, p. 36, OS I:40, 51.
7   Charles Partee, *The Theology of John Calvin* (Louisville, London: Westminster John Knox Press, 2008), p. 218; John Calvin, *Institutes of the Christian Religion*, ed. John T. McNeill, trans. Ford Lewis Battles and others, 2 vols (Philadelphia: The Westminster Press, 1960), 3.7.6. 『기독교 강요』(CH북스, 1559년 최종판).
8   John Calvin, *Sermons on Genesis*, Chapters 1-11, trans. Rob Roy McGregor (Edinburgh: The Banner of Truth Trust, 2009), Ch. 5: 1-25, p. 488.
9   『기독교 강요』(1559) 1.1.1; CO 2:31-32; 1.2.2; CO 2:35.
10 Susan E. Schreiner, *The Theater of His Glory: Nature & the Natural Order in the Thought of John Calvin* (Grand Rapids, MI: Baker Academic, 1991), p. 55. 그녀의 분석은 칼뱅의 창세기 본문에 근거를 둔다. *Comm. Genesis*. 1:26. 『칼빈 성경 주석. 창세기』(성서교재간행사); CO 23:26-27; 『기독교 강요』(1559) 1.2.1; 1.5.1-6; 1.15.3-8; 2.2.12; Thomas F. Torrance, *Calvin's Doctrine of Man* (Eugene, OR: Wipf and Stock Publishers, 2001), pp. 35-37.
11 인간의 선함은 하나님과 인간에 대한 지식 안에서 드러난다. 하나님 형상에 대한 칼뱅의 통찰에서 하나님의 선하심을 비추어 주는 '거울' 은유는 중요하다. Gerrish, "The Mirror of God's Goodness", in *Readings in Calvin's Theology* (Grand Rapids, MI: Baker Book House Co., 1984), pp. 107-122를 보라. 『기독교 강요』(1536) 1.2, pp. 20-21; 『기독교 강요』(1559) 1.15.3, p. 188. *Comm. Genesis*. 1:27, p. 95.

12 『기독교 강요』(1559) 1.15.4, p. 190.
13 *Comm. Genesis.* 1:27, p. 95.
14 Sermon 6: "인간의 목적은 피조물에 대해 통치권을 소유하는 것이다." *Sermons on Genesis*, p. 97.
15 *Comm. Genesis.* 1:27, p. 95.
16 앞의 책, 1:26, p. 94; *Psycopannychia*, CO 5:180C; *Tracts and Treaties III*, p. 423.
17 Heinrich Quistorp, *Calvin's Doctrine of the Last Things*, trans. Harold Knight (Eugene, OR: Wipf & Stock Publishers, 2009), pp. 181-186, originally published by Lutterworth Press in 1955. 『칼빈의 종말론』(성광문화사).
18 *Comm. Genesis.* 1:26, pp. 93-95.
19 『기독교 강요』(1559) 1.5.3, p. 55; 1.14. 20-22; 1.5.2, pp. 53-54.
20 앞의 책, 1.5. 3-4, pp. 188-189.
21 *Sermons on Genesis*, 1:26-28, p. 93.
22 "Nature and Grace", in *Natural Theology*, Emil Brunner & Karl Barth (Eugene, OR: Wipf and Stock Publishers, 2002), pp. 22-24, 35-44. 『자연신학』(한국장로교출판사); Emil Brunner, *Dogmatics II: The Christian Doctrine of Creation and Redemption* (Cambridge: James Clark & Co, 1952), pp. 57-61; Brunner, *Dogmatics II*, p. 59.
23 Karl Barth, "No, Answer to Emil Brunner", *Natural Theology*, pp. 79-109.
24 Ronald Wallace, *Calvin's Doctrine of the Christian Life* (Edinburgh and London: Oliver and Boyd, 1959), pp. 148-169. 『칼빈의 기독교 생활 원리』(기독교문서선교회).
25 *Comm. Luke.* 10:30, p. 61. 『칼빈 주석 17: 공관복음』(CH북스); Sermon XIII on 1 Corinthians 1:11-16; André Biéler, *Calvin's Economic and Social Thought*, ed. Edward Dommen, trans. James Greig (Geneva, Switzerland: WARC & WCC, 2005), pp. 205-206에서 재인용. 비엘레 책의 프랑스어 판본은 다음과 같다. *La pensée économique et sociale de Calvin* (Geneva: Georg, 1961).
26 *Comm. Genesis.* 1:26, p. 96.
27 『기독교 강요』(1536) 2.11, p. 68; 2.12, p. 69.
28 Douglass, "The Image of God in Humanity", p. 197. Cf. CO 23:47-49; *Comm. Genesis.* 1:28, pp. 96-98; 2:18, p. 128.
29 John Thompson, "Woman as the Image of God according to John Calvin", *HTR*, 81:2 (1988), pp. 132-134. *Comm. Genesis.* 1:18, p. 128.
30 Herman Bavinck, "Common Grace", *CTJ* 24.1 (1989), p. 51.
31 *Catechism 1537*, OS 1:381.

32　*Comm. John.* 14:22.『칼빈 주석 18: 요한복음』(CH북스).
33　Donald G. Bloesch, *Essentials of Evangelical Theology I* (Peabody, MA: Hendrickson Publishers, 1978), pp. 90, 114.『복음주의 신학의 정수 1』(한국장로교출판사).
34　*Comm. Genesis.* 6:9.
35　여기서 우리는 칼뱅이 아리스토텔레스처럼 인간 본성의 실체와 부차적 특성의 차이를 구분함을 알 수 있다. Todd Billings, "John Milbank's Theology of the 'Gift' and Calvin's Theology of Grace: A Critical Comparison", *MT* 21.1 (2005), p. 95; 인간 본성의 실체는 하나님과 정향된 연합 가운데 있는 선함으로 이해된다. 반면 죄가 있는 인간 본성은 이차적 감각과 부차적 특성을 지닌다. 칼뱅은 타락으로 야기된 우발적인 죄의 본성이 있지만, 인간 본성의 실체는 여전히 선하다고 본다. 하지만 자유와 같은 원초적 본성은 오직 성령으로, 그리스도와의 연합으로만 회복될 수 있다. 따라서 칼뱅은 아우구스티누스와 동일한 맥락에서 다음과 같이 말한다. "인간의 본성은 쉽게 구할 수 있는 하나의 의지를 갖는다. 이것은 악하고 그 자체로는 선할 수 없으면서도 선을 지향한다. 하나님의 은혜 덕분에 인간의 의지는 존재하지 못할 정도로 폐기되지는 않았으며, 악하게 되지 않도록 교정되며 되돌아온다"[John Calvin, *The Bondage and Liberation of the Will, A Defence of the Orthodox Doctrine of Human Choice against Pighius*, ed. A. N. S. Lane and trans. G. I. Davies (Grand Rapids, MI: Baker Books, 1996), pp. 40-48].
36　*Comm. John.* 13:34, p. 76.
37　*Comm. Galatians*, p. 176.『칼빈 성경 주석. 고린도전서, 갈라디아서』(성서교재간행사).
38　*Comm. Acts.* 17:28, pp. 168-170.『칼빈 주석 19: 사도행전』(CH북스); CO 48:417-418: *Comm. Psalms.* 8:5.『칼빈 성경 주석. 시편』(성서교재간행사).
39　*Comm. Acts.* 17:26, p. 165.
40　『기독교 강요』(1559) 1.15.4, p. 190, OS 3:181. CO 34:506.
41　앞의 책, 2.2.12, p. 270; 2.2.16, p. 275.
42　앞의 책, 1.15.8, pp. 195-196.
43　앞의 책, 2.2.2, pp. 256-257.
44　앞의 책, 1.5.4, p. 51.
45　앞의 책, 1.3.1, p. 43; *Comm. Psalms.* 8:5.
46　앞의 책, 2.2.13, pp. 272-273; 1.3.1, p. 44.
47　Martin Luther, *Luther's Works 1. Lectures on Genesis Chapters 1-5*. ed. Jarolav Pelikan, trans. George V. Schick (Saint Louis: Concordia Publishing House, 1958), pp. 56, 62-65.
48　앞의 책, pp. 64-65.
49　*Comm. Genesis.* 9:6, p. 295.

50 *Comm. James.* 3:9, pp. 322-323; 『기독교 강요』(1541), p. 690; *Comm. Galatians.* 6:10, pp. 180-181; *Sermons on Galatians*, 6:9-11, pp. 616-631.

51 St. Augustine, *The Trinity*, trans. Edmund Hill, O.P. ed. John E. Rotelle (Hyde Park, New York: New City Press, 1991). 『삼위일체론』(분도출판사); Augustine of Hippo, *City of God*, trans. Henry Bettenson (London: Penguin Books, 1972). 『신국론』(분도출판사).

52 *De Genesi ad Litteram Libri Duodecim*, book 6. XXVII. 27, p. 505, in *Oeuvres De Saint Augustin Vol. 48*, trans. P. Agaësse and A. Solignac (Paris: Desclée De Brouwer, 1972).

53 *De Trinitate (On The Trinity)*, book 14. Ch. 17.23, p. 196, in *Nicene And Post-Nicene Fathers* (NPNF) Vol. 3, ed. Philip Schaff (Grand Rapids, MI: Eerdmans, 1956).

54 Augustinus, *Confessiones (The Confessions)*, book 1. Ch. 28, p. 53, book 2. Ch. 6, p. 56, book 8, pp. 116-128 (NPNF Vol. 1). 『고백록』(경세원).

55 Augustinus, *Tract De Doctrina Christina (On Christian Doctrine)*, Ch. 22.20, p. 744 (NPNF Vol. 2). 『그리스도교 교양』(분도출판사); *De Spiritu et Littera (On the Spirit and the Letter)*, Ch. 58, p. 109 (NPNF Vol. 5); *De Correptione et Gratia (Treatise on Rebuke and Grace)*, Ch. 31-32, pp. 484-485 (NPNF Vol. 5).

56 Augustinus, *De Peccatorum Meritis et Remissione (On the Merits and Remission of Sins)*, Ch. 7-9, pp. 46-48 (NPNF Vol.5).

57 Augustine, *City of God*, p. 593.

58 앞의 책, p. 890.

59 『기독교 강요』(1536) 2.29, p. 85.

60 칼뱅은 모세의 육신에 대한 신명기 31장 설교에서 공동체적 기능에 참여하는 인간의 실체적 형상을 소개한다. 모세에게 허락된 것과 같은 방식으로 성령의 특별은혜와 일반은혜는 영적 공동선과 사회적 공동선에 이바지한다. "무엇보다 먼저 모세는 자신의 모든 약함을 나타낸다. 그는 너무 늙고 쇠약해져 더 이상 예전처럼 막중하고 어려운 짐들을 감당할 수 없었다. 그는 자신의 건강이 자신에게 주어진 것이라기보다는, 모든 사람의 구원과 공동의 선을 위해 주어졌다는 것을 인식하고 있었다"(CO 28:598, *Sermons on Deuteronomy*, 31:1-8, "pour le bien commun, et pour le salut de tout le peuple").

61 『기독교 강요』(1559) 2.2.15-16, p. 275.

62 Zachman, *Image and Word*, p. 189; OS 3:179.

63 『기독교 강요』(1559) 1.15.4, p. 190.

64 *Sermons on 2 Samuel*, trans. Douglas Kelly (Edinburgh: The Banner of Truth

Trust, 1992), p. 322.
65 *Comm. Genesis.* 2:7.
66 *Comm. Exodus.* 31:2, 6; 2.2.12; 2.3.2. 『칼빈 성경 주석. 출애굽기, 레위기, 민수기, 신명기』 (성서교재간행사).
67 *Comm. Genesis.* 9:6; *Comm. John.* 5:15.
68 『기독교 강요』(1541), IV; preface to the New Testament, in *Oeuvres choisies*, Op. cit., 195; Fourth Sermon on 1 Corinthians 10:8-9
69 『기독교 강요』(1559) 4.1.2 and 3.
70 *Comm. John.* 13:34, p. 76.
71 『기독교 강요』(1559) 4.1.3.
72 Wallace, *Calvin, Geneva and the Reformation*, p. 192.
73 3.3.9, p. 601; Quistorp, *Calvin's Doctrine of the Last Things*, pp. 20-22, 172; Willem Van't Spijker, "The Kingdom of Christ according to Bucer and Calvin", in *Calvin and the State*, ed. Peter De Klerk (Grand Rapids, MI: Calvin Studies Society, 1993), pp. 118-119.
74 Biéler, *Calvin's Economic and Social Thought*, pp. 162-182, 220-224.
75 『기독교 강요』(1559) 1.15.3. p. 188.
76 Richard Stauffer, *Dieu, la création et la Providence dans la prédication de Calvin* (Bern, Frankfurt am Main Las Vegas: Peter Land, 1978), p. 202.
77 Wilhelm Niesel, *The Theology of Calvin*, trans. Harold Knight (Cambridge: James Clarke & Co., 1956), pp. 67-69, 83-88, 126-129. 『칼빈의 신학사상』(기독교문화사).
78 Torrance, *Calvin's Doctrine of Man*, pp. 52, 53, 73.
79 『기독교 강요』(1559) 2.2.16; Sermon on Job 5:20.
80 앞의 책, 3.22.1; 3.25.3; 4.8.5; Torrance, *Calvin's Doctrine of Man*, pp. 35-37, 53-54.
81 『기독교 강요』(1559) 1.5.2.
82 앞의 책, 1.5.1; Torrance, *Calvin's Doctrine of Man*, pp. 35-37, 53-54; *Comm. Hebrews.* 11:3.
83 Susan Schreiner, "Calvin as an interpreter of Job", in *Calvin and the Bible*, ed. Donald K. McKim (Cambridge: Cambridge University Press, 2006), pp. 71-75.
84 *Comm. Hebrews.* 11:4, p. 266; 『기독교 강요』(1559) 1.5.2, pp. 53-54.
85 칼뱅이 성령을 중심으로 하나님 형상을 바라볼 때 그것은 인간 안에 있는 객관적 실제를 가리킨다. 칼뱅은 내 안에 있는 "그것(It)"에 주목한다. 칼뱅의 욥기 설교는 실재(reality)가 지니는 실체적 차원을 강조한다. 본문에 등장하는 하나님 형상은 성령으로 주어진 하나의 실재라는 것이다. 창조된 인간 안에 그분의 형상이 새겨졌다.

86 Stauffer, *Dieu, la création et la Providence*, p. 202.
87 *Sermons on Deuteronomy*, 1st sermon, 2nd chapter, p. 62.
88 『기독교 강요』(1559) 2.2.16, p. 275; "주님은 우리가 모든 이에게 예외 없이 선을 행해야 한다고 명령하신다. 우리가 만일 사람들을 그들이 지닌 가치에 따라 측정하고 평가한다면, 대부분의 사람들은 (선을) 받을 만한 가치가 없다. 그러나 성경은 우리를 앞서 나간다. 그들 안에 들어 있는 것으로 사람의 가치를 매기거나 생각하지 말라고 권고한다. 오히려 그들 안에 있는 하나님 형상으로 그들의 가치를 생각하라고 말한다. 사실 우리가 누리는 모든 영예와 사랑은 바로 그 형상에 신세를 지고 있다. 특히 우리는 믿음의 가정들에서 이 사실을 더 살펴보아야 한다. 왜냐하면 그들 안에는 그리스도의 성령으로 새로워진 복원된 형상이 있기 때문이다"[『기독교 강요』(1541), pp. 689-690]; "하나님을 찬송하는 척하면서 동시에 하나님 형상대로 지음받은 사람들에게 욕을 퍼붓는다면 이는 하나님을 저주하는 것이다. 우리가 하나님께 마땅한 경배를 드리려면 우리의 이웃에 대한 독설을 삼가야 한다. 인간 본성에 있던 하나님 형상이 아담의 범죄로 말미암아 제거된 것이 아니냐고 반론하는 이가 있다면, (우리는) 그것은 비참하게 변형되었지만 그 형상에 특정한 모습들은 아직도 남아 있다고 답해야 한다. 의와 공평, 선을 추구하려는 자유, 이러한 것들은 사라졌어도 아직 많은 은사가 남아 있으며 그래서 짐승보다 우월한 것이다. 하나님을 진정으로 경외하는 이는 사람을 상대로 욕을 퍼붓는 일을 삼가야 한다" (*Comm. James.* 3:9, pp. 322-323).
89 *Comm. Galatians.* 6:10, p. 180; 『기독교 강요』(1559) 3.7.6.
90 『기독교 강요』(1559) 1.15.4.
91 Biéler, *Calvin's Economic and Social Thought*, p. 198; Sermon XLII on Ephesians 5:31-33, CO 51:780.
92 『기독교 강요』(1559) 4.1.3; *Comm. Philippians.* 2:10; *Comm. Ephesians.* 1:20-23; *Comm. Colossians.* 1:14-20.
93 『기독교 강요』(1559) 3.7.6, pp. 696-697.
94 Nicholas Wolterstorff, *Until Justice and Peace Embrace* (Grand Rapids, MI: Eerdmans, 1981), p. 78. 『정의와 평화가 입맞출 때까지』(IVP).
95 앞의 책. p. 149.
96 Elsie McKee, *John Calvin on the Diaconate and Liturgical Almsgiving* (Geneva: Librairie Droz, 1984), pp. 242-246. 이것은 4장의 '교회 공동선을 위한 공적 직무와 재산'과 5장의 '칼뱅의 박애적 공동선'에서 상세한 실례를 들어 설명할 것이다.
97 CO 27:431, *Sermons on Deuteronomy*, 16:20-22, 17:1, "au profit commun de l'Eglise."
98 *Comm. Philippians.* 4:18 (CO 52:66), Mckee, *John Calvin on the Diaconate and*

Liturgical Almsgiving, p. 245에서 재인용; *Comm. Romans*. 16:16 (CO 49:287). 향기로운 냄새의 희생 제사에 관해서는 *Comm. Exodus*. 25:2, *Comm. Isaiah*. 23:18, *Comm. Matthew*. 5:23, *Comm. Luke*. 3:10을 보라.

99 McKee, *John Calvin on the Diaconate and Liturgical Almsgiving*, p. 244; 칼뱅의 교회론에는 가난한 자들에게 주는 자선의 선물이 하나님께 올바로 드리는 예배를 완수하는 데 하나의 결정적 수단이라는 생각이 담겨 있다. 이러한 내용을 강조하는 학자들의 진술을 확인하려면 다음을 참고하라. Biéler, *Calvin's Economic and Social Thought*, pp. 304-309, Hans Scholl, "The Church and the Poor in the Reformed Tradition", *ER* 32 (1980), pp. 243-245, Bonnie Pattison, *Poverty in the Theology of John Calvin* (Eugene, OR: Pickwick Publications, 2006), pp. 309-345.

100 Pattison, *Poverty in the Theology of John Calvin*, pp. 323-324, 333-334; 『기독교 강요』(1559) 3.7.5, p. 696; Wallace, *Calvin's Doctrine of the Christian Life*, p. 149.

101 McKee's summarization of Wolterstorff, in "The Wounds of God: Calvin's Theology of Social Injustice", *RJ* 16 (1987), pp. 14-22; McKee, "Reception of Calvin's Social and Economic Thought", in *John Calvin Rediscovered*, pp. 74-75.

102 *Comm. Matthew*. 5:43, p. 304; *Sermons on 2 Samuel*, 1st sermon, p. 10; Wallace, *Calvin's Doctrine of the Christian Life*, p. 148.

103 *Sermons on Deuteronomy*, 1st sermon, 2nd chapter, p. 62.

104 *Sermons on Galatians*, 6:9-11, p. 618.

105 *Sermons on 2 Samuel*, 1st sermon, p. 10; 『기독교 강요』(1559) 3.7.6, p. 696; *Comm. Galatians*. 6:10; *Sermons on Galatians*, 6:10, pp. 624-631.

106 *Comm. Galatians*. 6:10, p. 181.

107 *Comm. Matthew*. 5:44, p. 304.

108 Wallace, *Calvin, Geneva and the Reformation*, p. 127. 칼뱅의 '이웃' 개념은 다음 장에서 분석할 것이다.

109 『기독교 강요』(1559) 3.7.6, p. 696.

110 앞의 책.

111 *Sermons on Micah*, 25th, 7:1-3, p. 374.

112 이러한 능동적이고 수동적인 윤리 기준은 다음 장에서 좀더 분명히 드러난다.

2장 성화와 공동선

1 *Comm. Corinthians I*, p. 36. 저자의 두 번째 편지에 헌정한 내용.

2 Pattison, *Poverty in the Theology of John Calvin*, pp. 197-198; Robert Peterson, *Calvin's Doctrine of Atonement* (Phillipsburg: Presbyterian and Reformed

Publishing company, 1983), p. 79. *Comm. Matthew.* 16:24, pp. 303-304; CO 45: 481.

3   *Comm. Psalms.* 45:10, p. 189; Guenther H. Haas, *The Concept of Equity in Calvin's Ethics* (Ontario: Wilfrid Laurier University Press, 1997), p. 63.
4   『기독교 강요』(1559) 3.11.11, p. 739; 3.11.14, p. 744.
5   Jonathan H. Rainbow, "Double Grace: John Calvin's view of the relationship of Justification and Sanctification", *EA* 5 (1989), pp. 99-105.
6   *Sermons on Ephesians*, 6:11-17, CO 51:828.
7   『기독교 강요』(1559) 3.3.5, pp. 597-598; Haas, "Calvin's Ethics", in *The Cambridge Companion to John Calvin*, ed. Donald K. McKim (Cambridge: Cambridge University Press, 2004), p. 95. 『칼빈 이해의 길잡이』(부흥과개혁사).
8   CO 4:190, cf. v. 1541, pp. 688-689. 이것은 칼뱅이 초기에 가졌던 짧지만 비슷한 생각을 보여 준다.
9   "Of the Education of Youth", in *Zwingli and Bullinger: Selected Translations*, trans. Geoffrey W. Bromiley (Philadelphia: The Westminster Press, 1953), p. 113.
10 *Comm. 1 Corinthians.* 12:27, p. 412, "in communem fratrum aedificationem".
11 『기독교 강요』(1539) 5.8; CO 1:690. Zachman's translation, *Image and Word*, p. 409 에서 재인용.
12 Wolterstorff, *Until Justice and Peace Embrace*, pp. 3-22.
13 Calvin's Letter to the French Church of Frankfurt, 3 March, 1556; CCCCXXX, John Calvin, *Tracts and Letters*, Volume 6: Letters, Part 3 1554-1558, ed. Jules Bonnet (Edinburgh: The Banner of Truth Trust, 2009), pp. 257-258.
14 *Comm. Philippians.* 4:18, p. 128.
15 Jean Cadier, *The Man God Mastered: A Brief Biography of John Calvin*, trans. O. R. Johnston (London: Inter-Varsity Fellowship, 1960), pp. 177-182. 『칼빈, 하나님이 길들인 사람』(대한기독교서회).
16 『기독교 강요』(1559) 3.6.3, p. 686.
17 CO 9:813-815; Biéler, *Calvin's Economic and Social Thought*, p. 176에서 재인용.
18 *Calvin's Doctrine of the Christian Life*, pp. 63-64, 94.
19 *Comm. Philippians.* 3:10, p. 99; CO 52:50; Wallace, *Calvin's Doctrine of the Christian Life*, pp. 52-53; Theodore Minnema, "Calvin's Interpretation of Human Suffering", in *Exploring the Heritage of John Cavin*, ed. David E. Holwerda (Grand Rapids: Baker, 1976), pp. 154-155; John Leith, *John Calvin's doctrine of the Christian life* (Louisville, Kentucky: Westminster John Knox Press, 1989),

p. 76. 『칼빈의 삶의 신학』(한국장로교출판사); Pattison, *Poverty in the Theology of John Calvin*, pp. 196-197.

20 『기독교 강요』(1559) 3.6.3, p. 687.
21 *Comm. Philippians.* 3:10, p. 99; CO 52:50.
22 *Comm. Collosians.* 3:5; CO 52:119; Wallace, *Calvin's Doctrine of the Christian Life*, p. 52.
23 Guenther Hass, *The Concept of Equity in Calvin's Ethics* (Ontario: Wilfrid Laurier University Press, 1997), p. 114.
24 Paul Elbert, "Calvin and the Spiritual Gifts", *JETS* 22.3 (1979), p. 241; David Willis, *Calvin's Catholic Christology* (Leiden: Brill, 1966), p. 82.
25 *Comm. Luke.* 2:7, p. 112; CO 45:72-73.
26 *Comm. 2 Corinthians.* 8:9, pp. 290-291; CO 50:98-99; Pattison, *Poverty in the Theology of John Calvin*, pp. 186-188.
27 Kevin D. Kennedy, *Union with Christ and the Extent of the Atonement in Calvin* (New York: Peter Land Publishing, 2002), pp. 81-82.
28 Kennedy, *Union with Christ*, p. 86. 케네디의 논의는 『기독교 강요』(1559) 2.12.3; OS 3:440에 근거하고 있다.
29 Biéler, *Calvin's Economic and Social Thought*, pp. 169-172.
30 *Comm. 2 Corinthians.* 8:9, p. 290; CO 50:98.
31 *Comm. Zechariah.* 9:9, pp.252, 255-57; CO 44:272-273.
32 *Comm. Zechariah.* 9:9-10. 칼뱅의 성화 개념은 교회와 국가에 관해 중요한 이슈들을 제기한다. 그 내용은 이 책 후반부에서 공익헌금, 종합구빈원, 프랑스기금에 대한 사례 연구로 상세하게 발전시켜 예시할 것이다.
33 *Comm. Isaiah.* 53:12, pp. 129, 130, 131.
34 앞의 책, 52:13, p. 107.
35 Biéler, *Calvin's Economic and Social Thought*, p. 220. 아울러 p. 224에서 칼빈의 96번째 신명기 설교인 *Sermons on Deuteronomy*, 15:16-23; CO 27:350를 언급한 내용을 보라.
36 앞의 책, pp. 181, 220.
37 *Comm. Ephesians.* 4:12, p. 281.
38 『기독교 강요』(1536) 2.14, pp. 73-74; Jacques Courvoisier, *Les Catechismes de L'Eglise de Geneve 1541/1542*, BSHPF 85 (1935), section, pp. 34-36.
39 『기독교 강요』(1536) 3.11.10; Courvoisier, section 43, pp. 105-121; CO 6:1.
40 『기독교 강요』(1536) 2.15.2, p. 496.

41 앞의 책, 1.37, pp. 53-54. Cf. *Comm. 1 Peter.* 2:21; *Comm. John.* 13:15; 15:1-10.
42 『기독교 강요』(1536) 3.6.3, p. 687.
43 Julie Canlis, *Calvin's Ladder* (Grand Rapids, MI: Eerdmans, 2010), p. 247.
44 『기독교 강요』(1559) 3.1.3, p. 541.
45 앞의 책, 3.6.3. p. 687. 삼위일체적 양식의 성령론적 관점 논의는 4장에서 성령의 은사의 공동체적 역할을 살펴봄으로써 좀더 발전되어 드러날 것이다.
46 LXXIII—To Farel, Aug 1541, John Calvin, Tracts and Letters, Volume 4: Letters, Part 3 1554-1558, pp. 280-281; CO 9:17-18.
47 『기독교 강요』(1559) 3.12.1-5, pp. 754-759.
48 앞의 책, 3.7.1. p. 690.
49 Wallace, *Calvin's Doctrine of the Christian Life*, p. 61; 『기독교 강요』(1559) 3.7.8; *Comm. Luke.* 14:33, CO 45:296; 『기독교 강요』(1559) 3.12.8, p. 762.
50 『기독교 강요』(1559) 3.12.8, p. 762.
51 앞의 책, 3.7.5, p. 695.
52 앞의 책, 3.7.1, p. 689.
53 아리스토텔레스의 사회학적 인간론에서는 인간을 정치적 동물로 규정하고, 인간은 다른 인간의 도움을 필요로 하지 않을 때조차도 서로 함께 사는 것을 열망한다고 본다. Aristotle, *Politics*, trans. Benjamin Jowett, in *The Basic Works of Aristotle*, ed. Richard McKon (New York: Random House, 1941), Book I, Ch. 2, p. 1129; Book III. Ch. 6, p. 1184. Cf. 『기독교 강요』(1559) 2.2.13.
54 『기독교 강요』(1559) 3.7.2, pp. 690-691.
55 앞의 책.
56 CO 26:10, *Sermons on Deuteronomy*, 2:1-7.
57 『기독교 강요』(1559) 3.7.3, p. 692.
58 *Comm. 2 Corinthians.* 8:14, p. 113 (CNTC).
59 『기독교 강요』(1559) 3.7.5.
60 앞의 책, 3.7.3, p. 692.
61 앞의 책, 2.8.55.
62 앞의 책; *Comm. Exodus.* 22:21-24 and *Leviticus* 19:33; *Comm. Luke.* 10:30, pp. 61-62.
63 *Comm. Matthew.* 25:40, p. 181.
64 『기독교 강요』(1559) 3.7.6, p. 696; OS 4:156; *Comm. 1 Peter.* 4:8-10, pp. 129-131.
65 『기독교 강요』(1559) 2.8.55.
66 앞의 책, 3.7.4, p. 693. 칼뱅은 갈라디아서 설교에서 우리가 사랑받을 가치가 없는 사람을 사랑해야 하는 이유를 추가한다. 그리스도인들이 사랑받을 가치가 없어 보이는 이들까지

포함해 모든 사람을 사랑해야 하는 이유는, 사랑의 목적이 사람들 안에 있는 "하나님과 공동체에 대한 감각"이라는 맥락에 놓여 있기 때문이다. 자기부정을 실행하는 사람만이 비로소 하나님과 이웃을 사랑할 수 있다. Lucien Joseph Richard, *The Spirituality of John Calvin* (Atlanta, Georgia: John Knox Press, 1974), p. 124.『칼빈의 영성』(기독교문화사).

67 『기독교 강요』(1559) 3.6.5, p. 689.
68 Wolterstorff, *Until Justice and Peace Embrace*, pp. 6-11.
69 Eberhard Busch, "A General Overview of the Reception of Calvin's Social and Economic Thought", *John Calvin Rediscovered: The Impact of His Social and Economic Thought* (Louisville, London: Westminster John Knox Press, 2007), p. 75.
70 Partee, *The Theology of John Calvin*, p. 217.
71 Leith, *John Calvin's doctrine of the Christian life*, p. 77.
72 이러한 유비는 4장에서 영적 선물의 공동체적 역할을 다루며 그 윤곽이 상세히 그려질 것이다.
73 Wolterstorff, *Until Justice and Peace Embrace*, p. 16.
74 『기독교 강요』(1559) 3.7.7, p. 698.
75 대조적으로, 공동선을 위한 하나의 신적 생활인 이 세상 삶에 대한 칼뱅의 긍정적인 생각은 이 장 결론부에 다다를 즈음 논의할 것이다.
76 Quistorp, *Calvin's Doctrine of the Last Things*, p. 176.
77 『기독교 강요』(1559) 3.7.8, p. 699.
78 Bo Holm, "Luther's Theology of the Gift", in *The Gift of Grace: The Future of Lutheran Theology*, ed. Neiels Henrik Gregersen (Minneapolis: Fortress Press, 2005), pp. 79-82.
79 *Comm. Matthew.* 16:24, p. 304, CO 45:481-482; *Comm. 2 Corinthians.* 1:5, p. 112; CO 50:11; *Comm. Hebrews.* 11:35-37; CO 55:168-169; Wallace, *Calvin's Doctrine of the Christian Life*, 69;『기독교 강요』(1559) 3.8.8; *Comm. Philippians.* 1:28, CO 52:21; *Comm. Matthew.* 24:9, CO 45:653.
80 『기독교 강요』(1559) 3.5.2-3.
81 앞의 책, 3.5.4; 3.12.2.
82 *Comm. Genesis.* 3:19, *Calvin's Wisdom*, p. 3에서 재인용.
83 Ellen Charry, *God and the Art of Happiness* (Grand Rapids, Michigan/Cambridge, UK: William B. Eerdmans Publishing Company, 2010), pp. 116-117.
84 *Comm. Matthew.* 10:38, p. 472; CO 45:294.

85 『기독교 강요』(1559) 3.10.1.
86 은혜의 자녀에 관해서는 다음을 참고하라. Gerrish, *Grace and Gratitude: The Eucharistic Theology of John Calvin* (Eugene, OR: Wipf and Stock Publishers, 1993), pp. 87-123; 『기독교 강요』(1559) 3.9.3, pp. 714-115; OS 4:173.
87 *Comm. Genesis*. 3:19, p. 176.
88 『기독교 강요』(1559) 3.10.5.
89 앞의 책; *Comm. Luke*. 16:24.
90 『기독교 강요』(1559) 3.9.4, p. 716.

3장 율법과 공동선

1 CO 28:157, *Sermons on Deuteronomy*, 24:1-6, "Dieu a ici regarde au bien commun".
2 John Milbank, "Alternative Protestantism", in *Creation, Covenant and Participation: Radical Orthodoxy and the Reformed Tradition*, ed. James Smith and James Olthius (Grand Rapids: Baker Academics, 2005), pp. 25-41; Stephen Webb, *The Gifting God: A Trinitarian Ethics of Excess* (New York: Oxford University Press, 1996), pp. 95-98; Natalie Zemon Davis, *The Gift in Sixteenth-Century France* (Madison: University of Wisconsin Press, 2000), pp. 114-123; Todd Billings, "Calvin, Participation, and the Gift: The Activity of Believers in Union with Christ", Ph.D. Diss. (Harvard University Divinity School, 2005), p. 186.
3 Billings, 앞의 글, pp. 87-105.
4 앞의 글, pp. 189-190.
5 John Hesselink, "Calvin, Theologian of Sweetness", *CTJ* 37 (2002), pp. 318-332.
6 Stephan Webb, *The Gifting God*, pp. 94-98.
7 Billings, "Calvin, Participation, and the Gift", pp. 188-191, 205-221; Hesselink, "John Calvin on the Law and Christian Freedom", *EA* 11 (1995), pp. 86-87.
8 CO 27:410, *Sermons on Deuteronomy*, 16:18-19, "nous sommes ennemis mortels de paix, et du bien commun".
9 Biéler, *Calvin's Economic and Social Thought*, p. 170. Cf. 『기독교 강요』(1559) 2.7 and 9.
10 『기독교 강요』(1536) 1.4, p. 23.
11 *Comm. Romans*. 7:21, p. 269.
12 『기독교 강요』(1559) 1.2.1, pp. 40-41; CO 2:34.
13 『기독교 강요』(1559) 1.1-2, pp. 20-21; *Comm. Psalms*. 148:1-14; *Comm. Daniel*. 3:59-63.

14　Gerrish, *Grace and Gratitude*, pp. 21-31, 41-49, 87-123; Webb, *The Gifting God*, pp. 94-98; *Comm. Deuteronomy*. 10:12; CO 24:723; Calvin, *John Calvin's Sermons on the Ten Commandments*, trans. B. W. Farley (Grand Rapids, MI: Baker Book House, 1980), pp. 39, 45.『칼빈의 십계명 설교』(성광문화사); CO 26:237, 242; Billings, "Calvin, Participation, and the Gift", p. 189.

15　『기독교 강요』(1559) 2.1.4, p. 245

16　*Comm. Genesis*. 2.16, pp. 125-126.

17　Edward A. Dowey, *The Knowledge of God in Calvin's Thought* (Grand Rapids, MI: Eerdmans, 1994), p. 225; cf. Billings, "Calvin, Participation, and the Gift", p. 188.

18　Hoekema, "The Covenant of Grace in Calvin's Teaching", in *An Elaboration of the Theology of Calvin*, ed. Richard Gamble (New York, London: Garland Publishing. 1992), pp. 140-161.

19　Richard Muller, *After Calvin : Studies in the Development of a Theological Tradition* (Oxford: Oxford University Press, 2003), p. 182.『칼빈 이후 개혁신학』(부흥과개혁사); Peter Lillback, *The Binding of God: Calvin's Role in the Development of Covenant Theology* (Grand Rapids, MI: Baker Academic, 2001), pp. 126-193.『칼빈의 언약사상』(기독교문서선교회).

20　'a sense of divinity' (Deitatis sensum),『기독교 강요』(1559) 1.4.4, p. 51; OS 3:44; 1.15.2, 2.2.22 etc;『기독교 강요』(1559) 1.3-6; 2.6.1-2; 2.7; 3.19.

21　앞의 책, 2.6.1, p. 341. Cf.『기독교 강요』(1559) 2.6.4; 2.9.1.

22　John Leith, "Creation and Redemption: Law and Gospel in the Theology of John Calvin", in *An Elaboration of the Theology of Calvin*, p. 20.

23　『기독교 강요』(1536) 1.33, p. 48; 2.7.3, p. 352.

24　앞의 책, 2.7.6, p. 354; *Comm. Isaiah*. 61:1, p. 305; CO 37:372.

25　『기독교 강요』(1536) 2.7.7, p. 356.

26　John Hesselink, *Calvin's Concept of the Law* (Allison Park: Pickwick Publication, 1992), pp. 217-257; Edward Dowey, "The Third Use of the Law in Calvin's Theology", SP 49.3 (1958), pp. 20-27; Moon, *Christ The Mediator*, pp. 235-245; Merwyn S. Johnson, "Calvin's Handling of the Third Use of the Law and Its Problems", in *Calviniana, Ideas and Influence of Jean Calvin*, ed. Robert V. Schnucker (Ann Arbor: Edwards Brothers, 1988), pp. 33-50; Victor A. Shepherd, *The Nature and Functions of Faith in the Theology of John Calvin* (Vancouver: Regent College Publishing, 1983), pp. 137-156.

27　『기독교 강요』(1559) 2.7.8, p. 357.

28 앞의 책, 2.7.8, p. 357; Sermon on Genesis 15:6 (SC 11/2. 758).
29 『기독교 강요』(1559) 2.7.9.
30 LW 27.361; cf. Calvin, Comm. Galatians. 4:3.
31 『기독교 강요』(1536), p. 104; 『기독교 강요』(1559) 2.7.10, p. 358.
32 Billings, "Calvin, Participation, and the Gift", p. 196; 『기독교 강요』(1559) 2.7.10, p. 359. 자연 세계에 '참여'하는 체계에서, 인간의 양심은 율법을 지각하는 자연적 본성으로써, 탐욕에서 나오는 혼란한 힘들을 제어함으로 사회를 보존하는 데 기여한다. Schreiner, The Theatrer of His Glory, p. 92; 『기독교 강요』(1559) 2.2.12-16; Willem Balke, Calvin and the Anabaptist Radicals (Eugene, OR: Wipf & Stock Publishers, 1999), pp. 248-252, 275-278.
33 William Klempa, "Calvin on Natural Law", in John Calvin & the Church: A Prism of Reform (Louisville, Kentucky: Westminster John Knox Press, 1990), pp. 78-82; Irena Backus, "Calvin's Concept of Natural and Roman Law", CTJ 38 (2003), pp. 12-15, 『기독교 강요』(1559) 2.2.13.
34 Irena Backus, "Natural and Roman Law", p. 15; 『기독교 강요』(1559) 4.20.16.
35 앞의 책, 2.7.11, 2.8.51-59.
36 CO 49:738, Sermons on 1 Corinthians, 11:11-16.
37 『기독교 강요』(1559) 3.7.10, p. 359, "publicae hominum communitati"; 『기독교 강요』(1536) 1.33, p. 49. 비슷한 진술이 『기독교 강요』(1559) 4.20.3,14-16에 있다. 이 주제와 관련해서, 멜란히톤(Melanchthon)은 publicae pacis causa라는 유사한 견해를 제안한다. Loci praecipui theologici von 1559, ed. Hans Engelland (Guetersloh: Berteslmann, 1952), p. 322.
38 Billings, "Calvin, Participation, and the Gift", p. 195.
39 『기독교 강요』(1559) 2.7.10, p. 359.
40 앞의 책, 2.7.11. pp. 359-360; OS 3:337. 또한 다음을 참고하라. 2.8.51-59.
41 앞의 책, 2.7.12. p. 360; OS 3:337.
42 『기독교 강요』(1559) 4.17.2. p. 1362. Cf. Luther, "Treatise on Christian Liberty" (1520), in Works of Martin Luther II, p. 318ff; and "Sermon on the Sacrament of the Body of Christ and on the Brotherhoods", in Works of Martin Luther II, pp. 11-14.
43 Jesse Couenhoven, "Grace as Pardon and Power: Pictures of the Christian life in Luther, Calvin, and Barth", JRE 28.1 (2000), pp. 69-70.
44 Bo Holm, "Luther's Theology of the Gift", pp. 82-86.
45 『기독교 강요』(1559) 3.12.3.
46 Bo Holm, "Luther's Theology of the Gift", pp. 82-86.

47 『기독교 강요』(1536) 1.5.
48 앞의 책.
49 앞의 책, 1.5-6. pp. 24-25; Gerrish, *Grace and Gratitude*, pp. 21-31, 41-49, 63-76.
50 눈여겨보아야 할 대목은 삼위일체적 양식을 따르는 성령의 은사에 대한 칼뱅의 진술이, 1536년 『기독교 강요』 초판에서는 율법과 십계명에 대한 논의 사이에 있었다가, 1559년 최종판에서는 교회의 공동선(3.7.5)과 인류의 공동선(2.2.16) 부분에서 등장한다는 사실이다. 그의 사고 체계에서 율법이란 신-인 관계와 인간의 상호 교제를 위한 '적절한 양식'(the proper mode)이다. '율법'은 공동체의 유익을 위해 수여된 '성령의 은사'를 목적에 맞게 사용하는 중대한 방식으로 이해되어야 한다. Dowey, *The Knowledge of God in Calvin's Theology*, p. 225.
51 『기독교 강요』(1536) 1.33, p. 49; cf. 『기독교 강요』(1559) 2.7.12. p, 360.
52 R. T. Kendall, *Calvin and English Calvinism to 1649* (Milton Keynes: Paternoster, 1997), pp. 19-28; Paul Helm, *Calvin and the Calvinists* (Edinburgh: The Banner of Truth Trust, 1982), pp. 53-70. 『칼빈과 칼빈주의자들』(생명의말씀사).
53 *Comm. Jeremiah*. 31:31-32, p. 127.
54 『기독교 강요』(1559) 2.7.12. pp, 360-361.
55 *Comm. Matthew*. 19:20, pp. 396-397; *Comm. Mark*. 10:21, p. 397. 칼뱅은 굶주림과 가난을 통하여 자기부정을 획득하기 위한 하나의 교육적인 훈련을 예시하게 위해 율법의 제3용법을 십자가를 지는 것과 연관시킨다. CO 45:539; 『기독교 강요』(1536) 1.33, p. 49.
56 Hesselink, "Calvin, Theologian of Sweetness", pp. 318-332.
57 *Comm. Psalms*. 116:1, p. 360; Hesselink, "Calvin, Theologian of Sweetness", p. 324.
58 *Comm. 2 Corinthians*. 2:14, p. 158; Hesselink, "Calvin, Theologian of Sweetness", p. 321.
59 *Comm. Psalms*. 19:10, p. 323; Hesselink, "Calvin, Theologian of Sweetness", p. 325.
60 *Comm. Romans*. 10:4, pp. 384-385; CO 49:196. "그리스도는 율법의 주된 초점이다. 율법의 가르침, 명령, 약속의 모든 측면은 가장 먼저 그리스도에게 적용되어야 한다." Pattison, *Poverty in the Theology of John Calvin*, p. 222; Hesselink, "Christ, the Law, and the Christian", in *Readings in Calvin's Theology*, pp. 186-187. 『칼빈에 관한 신학 논문』(기독교문화사).
61 *Comm. Psalms*. 19:10, pp. 324-325.
62 *Comm. Romans*. 7:21, p. 269; Calvin, *John Calvin's Sermons of the Ten Commandments*, p. 46; CO 26:242-243.
63 『기독교 강요』(1536) 1.33, p. 49.
64 『기독교 강요』(1559) 3.7.5.

65　앞의 책, 2.8.1, note 5, p. 368; *Comm. Harmony Four Books of Moses.* "Praefatio in legem"; CO 24:209-260.
66　『기독교 강요』(1559) 2.8.1, pp. 367-368.
67　Calvin, Sermon Thirteen (Tuesday, July 16, 1555), Deut. 5:22 (3), p. 242; Schreiner, *The Theater of His Glory*, p. 78.
68　『기독교 강요』(1559) 2.8.57.
69　Hesselink, Calvin's Concept of the Law, p. 10.
70　"개신교도들은 사회적 정의에 관해 생각할 때, 이성의 역할에 대해서는 지속적인 모호함을 갖는다. 특히 자연법을 생각하는 방식에서 그러하다." Duncan Forrester, "Social justice and welfare", *The Cambridge Companion to Christian Ethics*, ed. Robin Gill (Cambridge: Cambridge University Press, 2001), p. 196.
71　François Wendel, *Calvin: Origins and Development of His Religious Thought*, trans. Philips Mairet (Grand Rapids, MI: Baker Books, 1997), p. 79. 『칼빈: 그의 신학사상의 근원과 발전』(CH북스).
72　『기독교 강요』(1559) 3.19.5, p. 837.
73　Calvin, *John Calvin's Sermons of the Ten Commandments*, p. 77; CO 26:267.
74　Calvin, *John Calvin's Sermons of the Ten Commandments*, p. 25; Moon, *Christ the Mediator of the Law*, pp. 82-83, 231-232, 238-240, 243-245.
75　Calvin, Sermon Five (Thursday, June 20, 1555), p. 26.
76　*Comm. Romans.* 2:14-15, pp. 96-98; 4.20.16. pp. 1504-1505; Josef Bohatec, *Calvin Lehre von Staat und Kirche* (Breslau: Marcus, 1937), pp. 3-7; T. H. L. Parker, *Commentaries on Romans 1532-42* (Edinburgh: T&T. Clark, 1986), pp. 137-141; 『기독교 강요』(1559) 2.2.22, p. 282.
77　『기독교 강요』(1559) 2.8.13-14, pp. 379-380; OS 3:355; 2.8.15-16, pp. 380-383.
78　『기독교 강요』(1536) 1.12, pp. 29-30; OS 1:45-46.
79　『기독교 강요』(1559) 2.8.27, pp. 393-394; OS 3:369-370.
80　『기독교 강요』(1559) 2.8.27, p. 393.
81　Richard Gaffin, *Calvin and the Sabbath* (Bristol: Mentor, 1998), pp. 52-60, 84, 101-103, 142.
82　『기독교 강요』(1536) 1.13-14, pp. 30-32.
83　Calvin, Sermon Five (Thursday, June 20, 1555), Deut. 5:12-14 (3), pp. 111-112.
84　앞의 책, p. 99.
85　앞의 책, pp. 99, 100-102.
86　앞의 책, p. 119.

87 앞의 책, p. 103.
88 앞의 책, p. 124.
89 『기독교 강요』(1559) 2.8.34, pp. 399-400.
90 Calvin, Sermon Five (Thursday, June 20, 1555), Deut. 5:12-14 (3), p. 105.
91 앞의 책, p. 110.
92 『기독교 강요』(1559) 2.8.34, p. 399.
93 Calvin, Sermon Five (Thursday, June 20, 1555), Deut. 5:12-14 (3), p. 108.
94 『기독교 강요』(1536) 1.15, p. 33; OS 1:48.
95 Calvin, Sermon Five (Thursday, June 20, 1555), Deut. 5:12-14 (3), p. 122.
96 Patrick D. Miller, "That It May Go Well with You: The Commandments and the Common Good", in *In Search of the Common Good*, p. 29.
97 앞의 글, pp. 27-29.
98 Miller, "The Commandments and the Common Good", pp. 14-40.
99 『기독교 강요』(1559) 2.8.45, p. 408; OS 3:384; 2.8.46, p. 411; OS 3:386.
100 앞의 책, 2.8.46, pp. 410-411; OS 3:385-386. 제6계명의 두 번째 층위에 관해서는 다음을 보라. Sermon Eight (Monday, July 1, 1555), Deut. 5:17 (3), p. 164.
101 Calvin, Sermon Eight (Monday, July 1, 1555), Deut. 5:17(3), p. 163.
102 Calvin, Sermon Ten (Wednesday, July 3, 1555), Deut. 5:19, pp. 190-191; Sermon Thirteen (Tuesday, July 16, 1555), Deut. 5:22 (3), p. 247.
103 Sermon Eight (Monday, July 1, 1555), Deut. 5:17 (3), p. 151.
104 앞의 책.
105 앞의 책, pp. 152-153.
106 Calvin, Sermon Ten (Wednesday, July 3, 1555), Deut. 5:19, p. 191.
107 Calvin, Sermon Eleven (Thursday, July 5, 1555), Deut. 5:20, p. 212.

4장 교회와 공동선

1 *Comm. Psalms.* 104:31 (CO 32:96C; CTS 11:169); 『기독교 강요』(1559) 1.5.1-3, 6; 52-55, 58-59; *Comm. Psalms.* 19:4, pp. 312 316. 이렇듯 칼뱅은 여러 곳에서 모든 인류가 인식할 수 있는 '관대하고 풍성한 극장'으로 여겨지는 일반은혜의 우주적 관점을 암시한다. Schreiner, *The Theater of His Glory*, p. 121; Randall Zachman, "The Universe and the Living Image of God: Calvin's Doctrine of Creation Reconsidered", *CTQ* 61.4 (1997), pp. 299-312, 302-303. 칼뱅의 일반은혜 개념은 인류의 공동선을 다루며 자세하게 논할 것이다.

2 *Comm. Psalms.* 111:5.

3   Otto Heinrich Weber, *Die Treue Gottes in der Geschichte der Kirche* (Gesammelte Aufsätze: Neukirschener Verlag, 1968), p. 151.
4   Calvin, "Reply by Calvin to Sadolet", pp. 27-34.
5   이제까지 칼뱅의 교회 교의를 다루어 온 연구의 주요 사례로는 다음을 보라. *Calvin and the Church*, ed. David Foxgrover (Grand Rapids, MI: Calvin Studies Society Papers, 2002); Ronald Wallace, *Calvin's Doctrine of the Christian Life* (Edinburgh and London: Oliver and Boyd, 1959), pp. 3-48, 195-248; Harro Höpfl, *The Christian Polity of John Calvin* (Cambridge: Cambridge University Press, 1982), pp. 56-151; Wendel, *Calvin*, pp. 291-355; W. Fred Graham, *The Constructive Revolutionary: John Calvin & His Socio-Economic Impact* (Michigan State University Press, 1987), pp. 30-64, 157-173. 『건설적인 혁명가 칼빈』(생명의말씀사); Timothy George (ed.), *John Calvin & the Church*, pp. 96-155; Philip W. Butin, *Reformed Ecclesiology, Trinitarian Grace According to Calvin* (Princeton Theological Seminary: Studies in Reformed Theology and History 2.1, 1994); William G. Naphy, *Calvin and the Consolidation of the Genevan Reformation* (Louisville, London; Westminster John Knox Press, 1994); Biéler, *Calvin's Economic and Social Thought*, pp. 220-268; Partee, *The Theology of John Calvin*, pp. 258-296.
6   Charles Partee, "Calvin's Central Dogma Again", *SCJ* 18.2 (1987), pp. 191-200.
7   E. Doumergue, *Jean Calvin, Les homes et les choses de son temps*. Vols. IV, p. 37; Karl Barth, *Church Dogmatics*, ed. G. W. Bromiley and T. F. Torrance (Edinburgh: T&T. Clark, 1957), II, 1, p. 149 and IV, 3, 2, pp. 539ff. 『교회교의학』(대한기독교서회); Niesel, *The Theology of Calvin*, pp. 9-21, 246-250; David Willis, *Calvin's Catholic Christology* (Leiden: Brill, 1966); Torrance, *Calvin's Doctrine of Man*, pp. 13-22; Benjamin B. Warfield, "John Calvin the Theologian", in *Calvin and Augustine*, ed. Samuel G. Craig (Philadelphia: The Presbyterian and Reformed Publishing Co., 1956); and "Introductory Note", in *The Works of the Holy Spirit*, by Abraham Kuyper, trans. Henri De Vries (New York: Funk & Wagnalls Company, 1900), xxxiii-xxxiv, xxxvii. 『성령의 사역』(성지출판사); Elias Dantas, "Calvin, the Theologian of the Holy Spirit", in *John Calvin And Evangelical Theology: Legacy and Prospect*, ed. Sung Wook Chung (Louisville, KY: Westminster John Knox Press, 2009), p. 129. 『칼빈과 복음주의 신학』(부흥과개혁사); Philip Walker Butin, *Revelation, Redemption, and Response, Calvin's Trinitarian Understanding of the Divine-Human Relationship* (Oxford: Oxford University Press, 1995); "Reformed

Ecclesiology Trinitarian Grace According to Calvin", *SRTH* 2.1 (1994), pp. 1-46; Todd Billings, *Calvin, Participation, and the Gift* (Oxford: Oxford University Press, 2007), pp. 80-81; Partee, "Calvin's Central Dogma Again", pp. 191-200; *The Theology of John Calvin*, pp. 40-43, 193-200.

8   *Comm. Psalms.* 106; CO 32:117; Wallace, *Calvin's Doctrine of the Christian Life*, p. 201에서 재인용.
9   Wallace, *Calvin's Doctrine of the Christian Life*, p. 201; *Comm. Hebrews.* 2:13, CO 55:31; *Comm. Psalms.* 94:6, CO 32:20.
10 *Sermons on Acts*, 4:32-37, p. 180.
11 CO 46:951-952, "Mais tant y a qu'il nous est aussi bien commun".
12 *Sermons on 1 Timothy*, 6:17-19, p. 642.
13 Wallace, *Calvin's Doctrine of the Christian Life*, p. 198; *Comm. Romans.* 8:14, CO 49:147.
14 『기독교 강요』(1559) 4.1.3, p. 1014.
15 OS 2:89-91; CO 6:39-40, 125-126.
16 *Comm. 1 Corinthians.* 12:12, p. 405; CO 49:501.
17 *Comm. Ephesians.* 5:31-32, p. 324.
18 Wilhelm Niesel, *The Theology of Calvin*, p. 188; 『기독교 강요』(1559) 4.1.2; OS 1:466.
19 Wendel, *Calvin*, pp. 295-296.
20 『기독교 강요』(1559) 4.6.9, p. 1110.
21 *Comm. 1 Corinthians.* 12:21-23, 26, pp. 410-412.
22 Hass, *The Concept of Equity in Calvin's Ethics*, p. 114.
23 『기독교 강요』(1559) 4.3.2, p. 1055; CO 2:776-778; *Comm. Ephesians.* 4:12, p. 282.
24 *Sermons on Acts*, 5:16, p. 192.
25 *Comm. Ephesians.* 5:31, "spiritualis Christi unio cum Ecclesia", CO 51:226.
26 Leith, *John Calvin's doctrine of the Christian life*, p. 177; 『기독교 강요』(1559) 3.11.1, 5.
27 앞의 책, 4.1.3; OS 5:4-5; CO 2:747, "sanctorum communcatio, unio communioque mystica cum Christo, externa ecclesia".
28 *Sermons on Acts*, 5:1-6, p. 194.
29 André Biéler, *Calvin's Economic and Social Thought*, pp. 179, 181; Pattison, *Poverty in the Theology of John Calvin*, pp. 309-345; *Sermons on Acts*, 4:32-37, pp. 181-184.
30 *Sermons on Acts*, 4:32-37, pp. 187-188. 칼뱅은 선택받은 모든 신자로 이루어진 하나

의 가시적 공동체를 종말론적 실제로 간주하며, "교회의 완성은 개인으로서의 신자들이 궁극적으로 구속되는 데 있지 않고, 그들이 하나의 전체로서 완성(consummation)되는 데 있다"고 강조한다. Heinrich Quistorp, *Calvin's Doctrine of the Last Things*, trans. Harold Knight (Eugene, OR: Wipf & Stock Publishers, 2009), p. 177, originally published by Lutterworth Press in 1955.

31 『기독교 강요』(1536); OS 1:91-92; CO 1:77-78; *Ordonnances Ecclésiastiques*, 1561.

32 칼뱅은 1538년 『교리문답서』에서, 교회를 그리스도의 몸으로 묘사하기도 하지만, 교회의 머리로서 그리스도의 이미지를 더욱 선호한다(*Calvin's First Catechism*, pp. 25-26). 1559년 『기독교 강요』에서는 교회의 머리로서 그리스도의 이미지가 근본적 배경임을 한 몸으로 "연결되고 접합된" 신자들에게 더욱 강조하는 것 같다. 『기독교 강요』(1559) 4.1.2-3, pp. 1013-1016. 이에 대해 파티는, 머리와 몸의 성서적 모습은 칼뱅의 교회 교의의 중심이 되며, 특히 그리스도의 머리 되심은 "건축학적이고 해부학적인 비유"로 강조된다고 설명한다. *Comm. 1 Peter.* 2:7-8 and *Comm. Ephesians.* 1:22 (Partee, *The Theology of John Calvin*, pp. 262-263).

33 『기독교 강요』(1559) 3.2.33; Hesselink, *On Being Reformed: Distinctive Characteristics and Common Misunderstandings* (New York: Reformed Church Press, 1988), p. 70. 『개혁주의 전통』(본문과현실사이).

34 『기독교 강요』(1559) 3.1.4, p. 541. 성령과 값없이 그분의 전적인 일로서, 값없이 주어진 믿음의 상호 관계에 관해 다음을 보라. 『기독교 강요』(1559) 4.14.8; Victor Shepherd, *The Nature and Functions of Faith in the Theology of John Calvin* (Vancouver, British Columbia: Regent College Publishing, 1983), pp. 20-24, 80-81.

35 Elias Dantas, "Calvin, the Theologian of the Holy Spirit", in *John Calvin and Evangelical Theology* (Louisville: Westminster John Knox Press, 2009), p. 138.

36 Yang-en Cheng, "Calvin on the Work of the Holy Spirit and Spiritual Gifts", in *Calvin in Asian Churches* (Seoul, Korea: PCTS Press, 2008), p. 121; Wendel, *Calvin*, p. 242; Alasdair Heron, *The Holy Spirit* (Philadelphia: The Westminster Press, 1983), pp. 101-106; Jelle Faber, "The Saving Work of the Holy Spirit in Calvin", in *Calvin and the Holy Spirit*, ed. Peter De Klert (Grand Rapids: Calvin Studies Society, 1989), pp. 1-11.

37 Elbert, "Calvin and the Spiritual Gifts", pp. 135-256, 236; D. Baker, "The Interpretation of 1 Corinthians 12:14", *EvQ* 46 (1974), p. 224.

38 H. Parks, "Charisma: What's in a Word?", *Renewal* 52 (1974), p. 21; Elbert, "Calvin and the Spiritual Gifts", p. 238에서 재인용.

39 Cheng, "Calvin on the Work of the Holy Spirit and Spiritual Gifts", p. 123.

40 성령론적·은사주의적 칼뱅 신학 연구에 관해서는 다음을 보라. Elbert, "Calvin and the Spiritual Gifts", pp. 236-256; Leonard Sweetman, "What is The Meaning of These Gifts?", in *Calvin and the Holy Spirit*, ed. Peter De Klerk (Grand Rapids: Calvin Studies Society, 1989), pp. 117-130; Beth Yvonne Langstaff, "Temporary Gifts: John Calvin's Doctrine of the Cessation of Miracles", Diss. (Princeton Theological Seminary, 1999), p. 185; Jacob D. Dodson, "Gifted in Love and Called To Be One: Toward a Trinitarian and Ecumenical Theology of the Charisms", Diss. (Regent University, 2010).

41 David Willis, *Calvin's Catholic Christology* (Leiden: Brill, 1966), p. 82.

42 *Comm. Galatians*, p. 174 (CNTC); *Comm. John*. 1:32, 35 (CNTC); CO 47:28; Catechism of the Church of Geneva in *John Calvin Tracts and Letters* Vol 2: Tracts, Part 2, pp. 42-43; Elbert, "Calvin and the Spiritual Gifts", p. 239; 『기독교 강요』 (1559) 3.1.1.

43 'Calvin's Catechism of 1538', p. 25.

44 *Comm. Galatians*. 5:22, p. 167.

45 앞의 책.

46 *Comm. 1 Corinthians*. 12:12, pp. 404-405.

47 *Calvin: Commentaries*, pp. 390-392; *Comm. Genesis*. 40:6-8.

48 *Comm. Romans*. 12:6, p. 459; CO 49:237-238. Cf. 『기독교 강요』(1559) 3.7.5.

49 *Comm. Romans*. 12:4, p. 458; 12:11, p. 465.

50 *Comm. 1 Corinthians*. 12:4, pp. 397-398.

51 *Comm. Ephesians*. 4:7; CO 7:266; CO 51:192; 『기독교 강요』(1559) 4.1.3; CO 2:748; *Comm. Ephesians*. 4:10, p. 277; *Comm. 1 Corinthians*. 12:4, p. 398

52 *Comm. 1 Corinthians*. 12:8, p. 401; *Comm. Exodus*. 18:13, p. 17.

53 Elbert, "Calvin and the Spiritual Gifts", p. 238.

54 앞의 글, p. 241.

55 *Comm. 1 Corinthians*. 12:1, p. 395; CO 39:496.

56 Wendel, *Calvin*, p. 303. 성령의 은사와 교회의 사역의 기독론적 함의에 관해서는 다음을 보라. Leonard Sweetman, Jr., "The Gifts of the Spirit", in *Exploring the Heritage of John Calvin*, ed. David Holwerda (Grand Rapids: Baker, 1976), pp. 274-284.

57 *Comm. 1 Corinthians*. 14:26, p. 458.

58 William Stevenson, "Sovereign Grace: The Place and Significance of Christian Freedom", in *John Calvin's Political Thought* (New York, Oxford: Oxford University Press, 1999), pp. 74-75.

59　*Comm. 1 Corinthians.* 12:27, p. 412.
60　앞의 책, 12:7; 12:15, 17, 27, pp. 409, 412.
61　CO 51:534, *Sermons on Ephesians*, 4:6-8, "pour le profit commun de l'Eglise".
62　*Comm. Acts.* 15:32; CO 48:365.
63　*Comm. Romans.* 12:6, p. 269 (CNTC); cf. *Comm. Acts.* 11:27; CO 48:263-264; *Comm. Acts.* 21:9; CO 48:478.
64　*Comm. 1 Corinthians.* 14:3, 14, 22.
65　앞의 책, 14:19, p. 450; 12:31, p. 417; 14:30, pp. 272-273 (CNTC).
66　앞의 책, 13:1, 3, 13, p. 421-432.
67　*Comm. Acts.* 19:2, p. 148 (CNTC); CO 48:440; Beth Yvonne Langstaff, "Temporary Gifts: John Calvin's Doctrine of the Cessation of Miracles", Diss. (Princeton Theological Seminary, 1999), p. 185.
68　*Comm. 1 Corinthians.* 12: 9-10, pp. 262-263 (CNTC); Langstaff, "Temporal Gifts: John Calvin's Doctrine of the Cessation of Miracles", p. 185.
69　*Comm. Psalms.* 14:7; CO 31:142; Wallace, *Calvin's Doctrine of the Christian Life*, p. 288.
70　Wallace, 앞의 책, pp. 288-289; *Comm. Psalms.* 25:22; CO 31:262; *Comm. Acts.* 1:14; CO 48:17; *Comm. Psalms.* 79:6; CO 31:749-750.
71　『기독교 강요』(1536) 3, pp. 92-93.
72　*Comm. Psalms.* 28:9, pp. 473-474; CO 31:285-286.
73　Wallace, *Calvin's Doctrine of the Christian Life*, p. 288; *Comm. Psalms.* 51:20 (칼뱅이 사용한 성경에는 20절이 있었다); CO 31:523; Sermon on Deuteronomy 9:13-14; CO 26:682-683; *Comm. Hebrews.* 13:19, p. 355; John Hesselink, "Calvin's Catechism of 1538", in *Calvin's First Catechism: A Commentary* (Louisville, Kentucky: Westminster John Knox Press, 1997), p. 33; 『기독교 강요』(1536) 1.12, pp. 29-30; 『기독교 강요』(1559) 3.20.5, p. 825; *Comm. Romans.* 8:16; *Comm. Acts.* 1:14; Billings, "Calvin, Participation, and the Gift", pp. 143, 149-150; 『기독교 강요』(1559) 3.20.1. 기도의 삼위일체적 양식에 관해서는 다음을 보라. Partee, *The Theology of John Calvin*, p. 237; Billings, "Calvin, Participation, and the Gift", pp. 141-143.
74　『기독교 강요』(1559) 3.20.24, p. 883.
75　Biéler, *Calvin's Economic and Social Thought*, p. 182; 『기독교 강요』(1559) 3.20.1 & 3.7.5.
76　『기독교 강요』(1559) 3.5.3; CO 4:163.
77　『기독교 강요』(1536) 3, p. 99; OS 1:102; 『기독교 강요』(1559) 3.20.30, p. 893.

78 『기독교 강요』(1536) 3, p. 99; 『기독교 강요』(1559) 3.20.29, p. 891.
79 『기독교 강요』(1559) 3.20.29. p. 891.
80 『기독교 강요』(1536) 3, p. 99.
81 *Comm. Ephesians.* 6:18, p. 341; CO 51:237; 3.20.29. p. 892.
82 "mutual confessionem et mutuam orationem", "mutuo confiteamur", 『기독교 강요』(1536) 5.20, p. 186; OS 1:177; 4.12.14, p. 1241.
83 『기독교 강요』(1559) 4.12.15, p. 1242.
84 앞의 책, 3.20.33, p. 896, "in totius ecclesiae aedificationem"; 『기독교 강요』(1536) 3.12, p. 101.
85 『기독교 강요』(1536) 3.15, pp. 105-106.
86 『기독교 강요』(1559) 3.20.39, pp. 901-902; "elles ne laissent d'estre communes" (F), p. 382; "communes esse non desinunt" (L), p. 349.
87 *Catechism of the Church of Geneva,* on Prayer, pp. 74-75; 『기독교 강요』(1559) 3.20.35, p. 898.
88 『기독교 강요』(1559) 3.20.38, p. 901.
89 앞의 책, 3.20.37.
90 앞의 책, 3.20.47, p. 915.
91 Partee, *The Theology of John Calvin*, pp. 273, 288.
92 W. Robert Godfrey, "Calvin, Worship and the Sacrament", in *Theological Guide to Calvin's Institutes*, ed. David Hall and Peter Lillback (Phillipsburg, NJ: P&R Publishing, 2008), p. 372.
93 *Calvin's Letter* Vol. 2, Catechism of the Church of Geneva, of the Sacraments, p. 86; 『기독교 강요』(1559) 4.15.1, p. 1303; 『기독교 강요』(1536) 4.20, p. 133; John Hesselink, *Calvin's First Catechism*, p. 34; 『기독교 강요』(1559) 4.15.5, p. 11; *Comm. Colossians.* 2:12.
94 『기독교 강요』(1559) 4.15.6, pp. 1307-1308; Hesselink, *Calvin's First Catechism*, p. 34; Ronald Wallace, *Calvin's Doctrine of the Word and Sacrament* (Eugene, OR: Wipf and Stock Publishers, 1997), p. 175.
95 Billings, "Calvin, Participation, and the Gift", p. 158; Biéler, *Calvin's Economic and Social Thought*, p. 238.
96 『기독교 강요』(1559) 4.17.1, p. 1360; Calvin, "Catechism of the Church of Geneva", p. 86.
97 『기독교 강요』(1559) 4.17.1, p. 1360; 『기독교 강요』(1536) 4.25, p. 140; Partee, *The Theology of John Calvin*, p. 279.

98 『기독교 강요』(1559) 4.17.2.
99 앞의 책, 4.17.12.
100 Thomas Davis, *The Clearest Promises of God: The Development of Calvin's Eucharistic Teaching* (New York: AMS Press, 1995), pp. 202-217; Partee, *The Theology of John Calvin*, p. 276.
101 『기독교 강요』(1559) 4.17.38; Keith Mathison, *Given For You: Reclaiming Calvin's Doctrine of the Lord's Supper* (Phillipsburg, NJ: P&R Publishing), pp. 41-42. 『성찬의 신비』(고신대학교개혁주의학술원).
102 『기독교 강요』(1559) 4.17.38.
103 앞의 책, 4.17.38, pp. 1415-1416.
104 Billings, "Calvin, Participation, and the Gift", p. 226; *Comm. Psalms.* 8:5-7; CO 31:92. 『기독교 강요』(1559) 4.17.42.
105 『기독교 강요』(1559) 4.5.15, p. 1098.
106 Gerrish, *Grace and Gratitude*, pp. 145-156.
107 Hesselink, *Calvin's First Catechism*, pp. 34-35.
108 Billings, "Calvin, Participation, and the Gift", p. 227; OS 2:41-42; Elsie McKee, *John Calvin on the Diaconate and Liturgical Almsgiving* (Genève: Librairie Droz, 1984), p. 50; Ronald Wallace, *Calvin's Doctrine of the Word and Sacrament* (Eugene, OR: Wipf and Stock Publishers, 1997), pp. 215-216; 『기독교 강요』(1559) 4.17.44; Sermon on 1 Corinthians 10:15-18, CO 49:668; Eugene Osterhaven, "Eating and Drinking Christ: The Lord's Supper as an Act of Worship in the Theology and Practice of Calvin" *RR* 37 (1983-1984), pp. 89-91.
109 Wallace, *Word and Sacrament*, p. 241; 『기독교 강요』(1559) 4.14.19 & 4.18.16; *Comm. Hebrews.* 13:16,
110 『기독교 강요』(1536) 4.47-48; Billings, "Calvin, Participation, and the Gift", p. 228.
111 *Comm. Acts.* 8:18-21
112 패티슨은 칼뱅의 신학 안에 있는 예배 속에서의 자선의 위치를 논한다. Pattison, *Poverty in the Theology of John Calvin*, pp. 287, 309-313.
113 앞의 책, p. 311.
114 Biéler, *Pensée Économique*, p. 325; *Comm. Luke.* 11:37-40, pp. 160-162; CO 45:392-393; Pattison, *Poverty in the Theology of John Calvin*, p. 311.
115 Jung-Sook Lee, "Calvin's ministry in Geneva: Theology and Practice", in *John Calvin and Evangelical Theology*, ed. S. W. Jung (Louisville, Kentucky: Westminster John Knox Press, 2009), p. 202.

116 Herman J. Selderhuis, "Church on Stage: Calvin's Dynamic Ecclesiology", in *Calvin and the Church: Papers Presented at the 31th Colloquium of the Calvin Studies Society*, May 24-26, ed. David Foxgrover (Grand Rapids: CRC Product Services, 2002), pp. 46, 63.
117 『기독교 강요』(1559) 4.3.2. p. 1055; Höpfl, *The Christian Polity of John Calvin*, p. 116.
118 *Sermons on 1 Timothy*, 5:1-2, CO 53:452, "Dieu ait constitue en son Eglise pour le bien commun."
119 *Comm. John*. 15:17, p. 123; CO 47:349.
120 Höpfl, *The Christian Polity of John Calvin*, p. 39.
121 Elsie Anne McKee, *Elders and Plural Ministry: the Role of Exegetical History in Illuminating John Calvin's Theology* (Geneva: Droz, 1988); and *Diakonia in the Classical Reformed Tradition and Today* (Grand Rapids: Eerdmans, 1989).
122 『기독교 강요』(1536) 6.32, p. 282.
123 Höpfl, *The Christian Polity of John Calvin*, pp. 40, 50; 『기독교 강요』(1559) 4.20.14; 『기독교 강요』(1536) 6, p. 281.
124 Robert Kingdon, "Social Control and Political Control in Calvin's Geneva" *AR* (1993), p. 523.
125 『기독교 강요』(1559) 4.3.4; CO 2:779-780; OS 5:45-46; 4.3.8; CO 2:782; OS 5:50. 맥키는 네 가지 직무의 복수적 목회를 경건과 자애의 전통에 따라 분류한다(*Diakonia in the Classical Reformed Tradition and Today*, pp. 28-31). 또한 네 가지 직무와 네 가지 조직 사이에 "협력적 목회"에 대한 리(Lee)의 요약을 보라. Lee, "Calvin's Ministry in Geneva", pp. 211-215.
126 『기독교 강요』(1559) 4.8.1; 4.4.3.
127 앞의 책, 4.3.2.
128 "Ecclesial Ordinances", 1541, in *the Registry of the Company of Pastors of Geneva*, ed. Philip Edgcumbe Hughes (Grand Rapids, MI: Eerdmans, 1966), p. 37; Kingdon, "Calvin and 'Presbytery", pp. 47-53.
129 T. M. Parker, *Christianity and the State in the Light of History* (London: A. & C. Black, 1955), p. 115.
130 Bruce Gordon, *Calvin* (New Haven and London: Yale University Press, 2009), p. 129. 『장 칼뱅』(IVP 근간).
131 Robert Kingdon, "Calvin and the Government of Geneva", in *Calvinus Ecclesiae Genevensis Custos*, ed. Wilhelm. H. Neuser (Frankfurt am Main: Verlag Peter Lang, 1984), pp. 61-63.

132 Barbara Pitkin, "Children and the Church in Calvin's Geneva", in *Calvin and the Church* (Calvin Studies Society Papers, 2001), pp. 146-153; Randall Zachman, *John Calvin as Teacher, Pastor and Theologian: The Shape and His Writings and Thought* (Grand Rapids: Baker Academic, 2006), pp. 131-146; Karin Maag, *University or Seminary: The Genevan Academy and Reformed Higher Education 1560-1620* (Aldershot, England: Scholar Press, 1995); Lee, "Calvin's Ministry in Geneva", pp. 207, 212-213.

133 『기독교 강요』(1559) 4.12.5; Lee, "Calvin's Ministry in Geneva", p. 203.: See William Van't Spijker, *Calvin: A Brief Guide to His Life and Thought*, trans. Lyle D. Bierma (Louisville, Kentucky: Westminster John Knox Press, 2009), p. 107.

134 Höpfl, *The Christian Polity of John Calvin*, pp. 60, 118-120.

135 Calvin, "Ecclesial Ordinances", pp. 41, 48.

136 Gordon, *Calvin*, p. 134.

137 『기독교 강요』(1536) 2.28, p. 85.

138 앞의 책, p. 85; Steven Ozment, *The Age of Reform 1250-1550* (New Haven and London: Yale University Press, 1980), p. 366. 『개혁의 시대』(칼빈서적).

139 Kingdon, "Social Control and Political Control", p. 523.

140 Lee, "Calvin's Ministry in Geneva", p. 214.

141 Fred Graham, "Church and Society: The Difficulty of Sheathing Words", in *Readings in Calvin's Theology*, ed. Donald K. McKim (Eugene, OR: Wipf and Stock Publishers. 1998), pp. 281-282.

142 앞의 글, pp. 284, 286; Graham, *The Constructive Revolutionary*, pp. 165-168.

143 "Church and Society", p. 284.

144 앞의 글, p. 288.

145 Wilhelm Pauck, *Calvin and Butzer*, pp. 89-90; *Letters of John Calvin*, ed. Jules Bonnet (New York: Burt Franklin, 1972), Vol. 4, p. 389 (Calvin to Bucer, Jan 12, 1538).

146 Höpfl, *The Christian Polity of John Calvin*, p. 119; Naphy, *Consolidation and Genevan Reformation*, pp. 88-89, 94, 182-184; "Castellio, Sebastian (1515-1563)", in *The Oxford Dictionary of the Christian Church*, ed. F. L. Cross and E. A. Livingstone (Oxford University Press, 1997), pp. 296-297; Monter, *Calvin's Geneva*, p. 83.

147 Höpfl, *The Christian Polity of John Calvin*, pp. 119-120.

148 Jung-Sook Lee, "Excommunication and Restoration in Calvin's Geneva, 1555-

1556", Ph.D. Diss. (Princeton Theological Seminary, 1997) pp. 37-40.
149 앞의 책, pp. 142-146.
150 Gordon, *Calvin*, p. 134.
151 William Monter, *Enforcing Morality in Early Modern Europe* (London: Variorum Reprints, 1987), p. 471.
152 Lee, "Excommunication and Restoration" 4장을 참조하라.
153 Monter, *Enforcing Morality in Early Modern Europe*, p. 477.
154 『기독교 강요』(1559) 4.3.9, p. 1061; *Comm. Romans.* 12:6-8; 이중적 집사 직무는 5장에서 다루는 종합구빈원과 프랑스기금에 나타난, 가난한 사람을 위한 일반 신자들의 사역에서 볼 수 있다. Olson, "Calvin and Social-Ethical Issues", p. 165; "John Calvin's only public office for women, the care of the poor: wet nurses, widows, and welfare among French refugees and in the reformed tradition", in *Mythes et réalités du XVIe siècle, Foi, idées, image: etudes en l'honneur d'Alain Dufour* (Alessandra: dell'Orso, 2008), pp. 51-69.
155 CO 10:23-25; 1541년 제네바 교회 법령집에 있는, 집사 직무의 확고한 실천적 역할에 대한 칼뱅의 권고는 1561년 개정된 법령에서는 더욱 정교하고 엄밀해졌다. David Hall, *Calvin in the Public Square* (Phillipsburg, NJ: P&R Publishing, 2009), pp. 108-110.
156 『기독교 강요』(1559) 4.3.9, p. 106.
157 앞의 책, 4.4.5. pp. 1072-1073.
158 Raymond Mentzer, "Theory in Practice: Calvin's Ecclesiology in the French Churches", in *Calvinus sacrarum literarum interpres*, p. 220.
159 Pattison, *Poverty in the Theology of John Calvin*, p. 340.
160 『기독교 강요』(1559) 4.5.16-18.
161 Calvin, "The Necessity of Reforming the Church", *Tracts and Letters*, VI, p. 211; *Calvin's Ecclesiastical Advice*, trans. Mary Beaty and Benjamin Farley (Edinburgh: T&T Clark, 1991), pp. 143-145.
162 『기독교 강요』(1559) 4.5.19; Pattison, *Poverty in the Theology of John Calvin*, pp. 297-302.
163 Calvin, *Treaties Against the Anabaptists and Against the Libertines*, ed. Benjamin Farley (Grand Rapids, MI: Baker Book House, 1982), p. 287.
164 *Comm. Acts.* 4:32, p. 190.
165 Bieler, *Calvin's Economic and Social Thought*, pp. 346-354; Pattison, *Poverty in the Theology of John Calvin*, p. 321.

166 Calvin, *Treaties Against the Anabaptists and Against the Libertines*, pp. 287, 290-291.

5장 인류와 공동선

1 대표적인 지지자 그룹은 다음과 같다. Abraham Kuyper, *De Gemeene Graite*, 1:6 (Cammenga's translation). p. 5. 『일반 은혜』(부흥과개혁사); Herman Bavinck, "Common Grace" *CTJ* 24.1 (2006), pp. 35-36; Herman Kuiper, *Calvin on Common Grace* (Grand Rapids, MI: Smitter Book Company, 1928), pp. 2, 5, 215, 223; Louis Berkhof, *Systematic Theology* (Grand Rapids: William B. Eerdmans, 1996), p. 434. 『벌코프 조직신학』(CH북스). 반대자 그룹은 다음과 같다. Ronald Cammenga, "Another Look at Calvin and Common Grace", *PRTJ*, 41.2 (2008), pp. 3-25; Hendrikus Berkhof, *Two Hundred Years of Theology: Report of a Personal Journal* (Grand Rapis: Eerdmans, 1989), p. 109; Peter Heslam, *Creating a Christian Worldview: Abraham Kuyper's Lectures on Calvinism* (Grand Rapids, MI: Eerdmans, 1998), pp. 116-260; James Bratt, ed., *Abraham Kuyper: A Centennial Reader* (Grand Rapids: Eerdmans, 1998), p. 165; Cammenga, "Another Look at Calvin and Common Grace"에서 재인용. 균형 감각을 갖춘 찬성자로는 리처드 마우가 있다. Richard Mouw, *He Shines in All That's Fair: Culture and Common Grace* (Grand Rapids, MI: Eerdmans, 2001), p. 18. 『문화와 일반 은총』(새물결플러스).

2 『기독교 강요』(1559) 2.2.15, p. 275.

3 앞의 책, 2.2.16, p. 275.

4 자연법의 지성적·의지적 기능에 대해서는 Moon, *Christ the Mediator of the Law*, pp. 92-95를 보라. 이성과 일반은총의 상관관계에 대해서는 Marc-Edouard Chenevière, *La Pensé Politique de Calvin* (Genève: Slatkine Reprints, 1970), pp. 56-60, 73를 보라.

5 『기독교 강요』(1559) 2.2.16, p. 275; OS 3:259; *Comm. Exodus*. 31:2-11.

6 *Comm. Romans*. 8:14, p. 295, "multiplicem spiritus actionem".

7 Willem Van't Spijker, "The Kingdom of Christ according to Bucer and Calvin", p. 122; Yang-Ho Lee, "The Structure of Calvin's Theology", *YJT*, 1 (1996), pp. 119-120; 『기독교 강요』(1559) 1.13.14; CO 2:102; 1.5.8; 1.6.2; 2.6.1; 3.9.2; CO 2:46-47, 54-55, 247-248, 524-525; '보편 섭리'(providential Generalis)와 '특별 섭리'(providential Specialis)에 대한 칼뱅의 분류는 Herman Selderhuis, *Calvin's Theology of the Psalms* (Grand Rapids, MI: Baker Academic, 2007), p. 97에서 논의하고 있다. 『중심에 계신 하나님』(대한기독교서회).

8   Charles Partee, "Calvin on Universal and Particular Providence", in *Reading in Calvin's Theology*, pp. 71-74; E. A. Dowey, "The Structure of Calvin's Thought as influenced by the Two-Fold Knowledge of God", in *Calvinus Ecclesiae Genevensis Custos*, p. 137.
9   Partee, *The Theology of John Calvin*, p. 118; Wallace, *Calvin, Geneva and the Reformation*, p. 104.
10 Calvin, *The Bondage and Liberation of the Will*, p. 167.
11 Extra-Calvinisticum의 제안에 대해 보라.『기독교 강요』(1559) 2.13.4, p. 481.
12 *Comm. Exodus.* 35:30, p. 296;『기독교 강요』(1559) 1.11.12, p. 112; 2.2.16, p. 275.
13 앞의 책, 2.2.14 and 17.
14 앞의 책, 2.2.13; 2.2.5 and 7; CO 2:190-191; 2.3.5; CO 2:213-215; 2.4.1; CO 2:224-225.
15 『기독교 강요』(1559) 2.2.14; *Comm. Genesis.* 4:20, p. 218.
16 *Comm. Genesis.* 4:20, p. 218.
17 *Comm. Psalms.* 1:1; 또한 73:3, 92:9을 보라.
18 『기독교 강요』(1559) 2.3.3, p. 292.
19 앞의 책, 2.2.14.
20 앞의 책, 2.2.16; *Comm. Exodus.* 35:30, p. 280; Wallace, *Calvin, Geneva and the Reformation*, p. 105.
21 『기독교 강요』(1559) 2.2.17.
22 CO 25:630, "ils servent au bien commun du people."
23 『기독교 강요』(1559) 2.2.17.
24 CO 46:104, "l'Esprit de Dieu", "Car Dieu n'avoit point fait cela pour le regard de sa personne, mais pour le salut et bien commun du people."
25 『기독교 강요』(1559) 2.2.15, pp. 273-274; Porter, "The Common Good in Thomas Aquinas", p. 111.
26 Ralph Hancock, *Calvin and the Foundation of Politics* (Ithaca, NY: Cornell University Press, 1989), pp. 1-8. *The Foundation of Modern Political Thought*, pp. 351-352; Paul Marshall, "Calvin, Politics, and Political Science", in *Calvin and Culture*, pp. 145-156; Dieumeme Noelliste, "Exploring the Usefulness of Calvin's Socio-Political Ethics for the Majority World", in *John Calvin and Evangelical Theology* (Louisville: Westminster John Knox Press, 2009), pp. 219-220, 235.
27 Abraham Kuyper, *Lectures on Calvinism*, p. 81.『칼빈주의 강연』(CH북스); Copleston, *A History of Philosophy Vol. II, Medieval Philosophy Augustine to Scotus*, p. 415;

Marc-Edouard Chenevière, *La Pensé de Calvin*, p. 117.

28 Meeter, *The Basic Idea of Calvinism*, pp. 78-79. 『칼빈주의 기본사상』(개혁주의신행협회); Copleston, *A History of Philosophy Vol. II*, pp. 413-414.
29 『기독교 강요』(1559) 4.20.2.
30 *Calvin's Commentary on Seneca's De Clementia*, book I chapter 3, p. 77.
31 앞의 책. p. 85; Aristotle, *Politics*, 3.6, 1278b19.
32 *Calvin's Commentary on Seneca's De Clementia*, pp. 87, 89.
33 CO 13:530.
34 *Calvin's Commentary on Seneca's De Clementia*, pp. 87-89, 97-105, 285-286.
35 Aristotle, *Politics*, 3.5.2, 1279a-b9.
36 4.20.1-2; Billings, "Calvin, Participation, and the Gift", p. 235; Josef Bohatec에서 재인용, *Calvin*, Paul Marshall, "Calvin, Politics, and Political Science", p. 149; S. Wolin, "Politics and Vision: Continuity and Innovation", in *WPT* (Boston: Little, Brown, 1960), pp. 179-180.
37 W. Fred Graham, "Recent Studies in Calvin's Political, Economic and Social Thought and Impact", in *In Honor of John Calvin, 1509-64* (Montreal: McGill University, 1987), p. 363; Leith, *John Calvin's doctrine of the Christian life*, p. 210.
38 Biéler, *Calvin's Economic and Social Thought*, p. 135.
39 CO 53:220, *Sermons on 1 Timothy*, 2:12-14, "a ceste fin, que nous servions au bien commun."
40 『기독교 강요』(1536) 6.32, pp. 281-282; Höpfl, *The Christian Polity of John Calvin*, pp. 45, 253; H. Wayne House, *Christian Ministries and the Law* (Grand Rapids: Baker Book House, 1992), pp. 34-37.
41 Monter, *Calvin's Geneva*, pp. 88-89; Leith, *John Calvin's doctrine of the Christian life*, p. 211.
42 *Comm. Romans*. 13:4, pp. 480-481.
43 CO 25:635, *Sermons on Deuteronomy*, 1:9-15 of 1555, "Dieu l'avoit oblige au bien commun."
44 CO 26:75, CO 34:656, *Sermons on the book of Job*, Ch. 31, "Dieu n'a-il pas establi les principautez et les royaumes pour le bien commun."
45 『기독교 강요』(1559) 4.20.4; 『기독교 강요』(1536) 6.54, p. 305.
46 CO 19:202, "la prosperite et repoz du Roy, et le bien commun du pais de France."
47 Graham, *The Constructive Revolutionary*, pp. 60-64; Wallace, *Calvin's Doctrine of the Christian Life*, pp. 149-169.

48 *Sermons on Ephesians*, 5:18-21, "car ils ne sont pas instituez pour leurs personnes, mais pour le bein commun", CO 51:732.
49 Marshall, "Calvin, Politics, and Political Science", p. 152; Wallace, *Calvin's Doctrine of the Christian Life*, p. 161; 『기독교 강요』(1559) 4.20.24; *Sermons on Ephesians*, 5:18-21, pp. 561-562.
50 Hancock, The Foundation of Politics, pp. 25-30; 『기독교 강요』(1536) 6.37; 『기독교 강요』(1559) 4.20.3; Sabine George H. and Thomas L. Thorson, *A History of Political Theory* (Hinsdale, Illinois: Dryden Press, 1973), p. 172.
51 Billings, "Calvin, Participation, and the Gift", pp. 233-234. Noelliste, "Exploring the Usefulness of Calvin's Socio-Political Ethics for the Majority World", p. 227.
52 G. Joseph Gatis, "The Political Theory of John Calvin", *BS* 153 (1996), pp. 449-453.
53 CO 5:626, "bien publicque."
54 Hesselink, *Calvin's Concept of the Law*, pp. 247, 249; 『기독교 강요』(1559) 4.20.3; OS 5:474; *Comm. Romans*. 13:3; CO 37:211, Niesel, *The Theology of Calvin*, p. 234에서 재인용.
55 Copleston, *A History of Philosophy Vol. II*, pp. 412-417; Wallace, *Calvin, Geneva and the Reformation*, p. 111; Aquinas, *Summa Theologica*, Ia, IIae, 90, 2; and Ia, 96, 4; Wallace, *Calvin, Geneva and the Reformation*, pp. 111-112.
56 팔머(Palmer)는, 그리스도의 통치는 오직 교회에만 확대된다는 크루세(Krusche)의 주장을 인용한다. Timothy Palmer, "John Calvin's View of the Kingdom of God", Ph.D. diss. (University of Aberdeen, 1988), p. 288를 보라.
57 Gatis, "The Political Theory of John Calvin", pp. 449, 452; Wendel, *Calvin*, p. 79; J. J. Steenkamp, "Calvin on the 'State' in the *Institutes*", in *John Calvin's Institutes: His Opus Magnum* (Potchefstroom: Potchefstroom University, 1986), p. 357.
58 Wallace, *Calvin, Geneva and the Reformation*, p. 125; Kelly, *Emergency of Liberty*, p. 15, David Hall, "Calvin on Human Government and the State", in *Theological Guide to Calvin's Institutes* (Phillipsburg, NJ: P&R Publishing, 2008), p. 434에서 재인용. 『칼빈의 기독교 강요 신학』(기독교문서선교회). 이에 관해 Graham, "Church and Society", pp. 276-289를 보라.
59 Wallace, *Calvin, Geneva and the Reformation*, p. 113. 칼뱅주의 확산에 대한 교회와 국가의 상호 관계의 영향력에 대해서는 T. M. Parker, *Christianity and the State in the Light of History* (London: A. & C. Black, 1955), p. 160를 보라; Leith, *John Calvin's doctrine of the Christian life*, p. 201.

60 William Naphy, *Calvinism in Europe, 1540-1610: A Collection of Documents*, eds. Alistair Duke, Gillian Lewis, and Andrew Pettegree (Manchester University Press, 1992), p. 15; Herman Selderhuis, *John Calvin, A Pilgrim's Life* (Nottingham, England: Inter-Varsity Press, 2009), p. 128. 『칼빈』(대성닷컴); Se-Hyoung Yi, "John Calvin's Ambiguity and His Democratic Republicanism", presented at the UW-Madison Political Philosophy Colloquium, March 2010, p. 128. "공적인 것"의 개념에 관해서는 Geuss, *Public Goods, Private Goods*, pp. 42-43를 보라.
61 『기독교 강요』(1536) 6.43, p. 291.
62 앞의 책, p. 292.
63 Paul Marshall, "Calvin, Politics, and Political Science", p. 151; *Comm. Psalms*. 82:1, pp. 328-329; CO 31:768.
64 『기독교 강요』(1559) 4.20.16; CO 4:1146; OS 5:489.
65 『기독교 강요』(1559) 4.20.20, CO 4:1149-1150; OS 5:492, "pour l'affection du bien public, aut publici boni."
66 David Hall, "John Calvin on Human Government and the State", p. 426의 인용은 칼뱅의 사무엘상 8장 설교에 대한 더글라스 켈리(Douglass Kelly)의 번역이다. *Calvin's Studies Colloquium*, ed. Charles Raynal and John Leigh (Davidson, NC: Davidson College Presbyterian Church, 1982), p. 66.
67 『기독교 강요』(1559) 4.20.18-19. "sanctum Dei donum"; 『기독교 강요』(1536) 6.51.
68 『기독교 강요』(1536) 6.46; 『기독교 강요』(1559) 4.20.13; CO 4:1142; OS 5:485.
69 『기독교 강요』(1536) 6.52, "au bien publique de tout le peuple, totius populi aeraria."
70 CO 7:80, "bien commun de son pais."
71 *Comm. Romans*. 13:3; 『기독교 강요』(1559) 4.20.23.
72 CO 10.2:134, "bien publicque."
73 CO 9:700; CO 22:96, "procurer le bien, la tranquillité et utilité publique."
74 CO 49:731, *Sermons on 1 Corinthians*, 11:4-10, "ils soyent neantmoins serviteurs du bien commun."
75 Noelliste, "Exploring the Usefulness of Calvin's Socio-Political Ethics for the Majority World", p. 226.
76 CO 42:39-40, *Calvin's Sermons on Daniel*, 14:2-30, "les ordonnances de Dieu", "les estats que Dieu avoit dediés à son honneur et au bien commun."
77 CO 34:137, *Sermons on the book of Job*, 19:26-29, "voila une chose qui pouvait estre à l'edification de l'Eglise, qui pouvoit servir à communauté des hommes, au bien public."

78 CO 53:305, *Sermons on 1 Timothy*, 3:14-15, "bien commun."
79 『기독교 강요』(1559) 4.20.22; CO 4:1151; OS 5:493. "pour le bien public, bono publico."
80 『기독교 강요』(1559) 4.20.24-25, 31; *Comm. Jeremiah.* 27:7; *Comm. Romans.* 13:1l; 『기독교 강요』(1559) 4.20.25-28, "publico bono", "bien publique, sont vrais miroirs et comme exemplaires de sa bonte"; CO 49:249; *Comm. Romans.* 13:3.
81 『기독교 강요』(1559) 4.20.31; *Comm. Romans.* 13:4, p. 479.
82 Selderhuis, *John Calvin*, pp. 246-247.
83 『기독교 강요』(1559) 4.20.25, p. 1512; CO 4:1154; OS 5:496; *Comm. Romans.* 13:1, 8; Selderhuis, *John Calvin*, pp. 246-247; 『기독교 강요』(1559) 4.20.29; Noelliste, "Exploring the Usefulness of Calvin's Socio-Political Ethics for the Majority World", p. 227.
84 CO 18:426, "en leur droit pour le bien commun."
85 『기독교 강요』(1559) 4.20.32.
86 Selderhuis, *John Calvin*, pp. 247-248; 『기독교 강요』(1559) 4.20.22.
87 *Comm. 1 Peter.* 2:14; CO 55:245; *Comm. Daniel.* 4:10.
88 Marshall, 'aristocracy, or aristocracy tempered by democracy' in "Calvin, Politics, and Political Science", p. 157; Höpfl, *The Christian Polity of John Calvin*, pp. 162, 164.
89 Stevenson, *Sovereign Grace*, pp. 94-95.
90 Höpfl, *The Christian Polity of John Calvin*, p. 159; Noelliste, "Exploring the Usefulness of Calvin's Socio-Political Ethics for the Majority World", p. 226; 『기독교 강요』(1559) 4.20.8; OS 5:478-479.
91 Höpfl, *The Christian Polity of John Calvin*, p. 153.
92 파티에 따르면, 맥닐은 칼뱅에게서 민주주의적 요소를 강조하지만 보하텍(Bohatec)은 칼뱅이 귀족주의를 선호한다고 본다. *The Theology of John Calvin*, pp. 291-292; Ake Berbe, "Reason in Luther, Calvin and Sidney", *SCJ* 23.1 (1992), pp. 120-121; 『기독교 강요』(1559) 2.2.17; 2.2.24; Noelliste, "Exploring the Usefulness of Calvin's Socio-Political Ethics for the Majority World", p. 225.
93 Stevenson, *Sovereign Grace*, p. 35; *Comm. Acts.* 5:29; CO 48:109; Quentin Skinner, *The Foundations of Modern Political Thought : The Age of Reformation* (Cambridge: Cambridge University Press, 1978), p. 220에서 재인용. 『근대 정치사상의 토대 2: 종교개혁의 시대』(한국문화사).
94 *Comm. Isaiah.* 61:1, pp. 303-304.
95 Höpfl, *The Christian Polity of John Calvin*, p. 171.

96 Yi, "John Calvin's Ambiguity and His Democratic Republicanism", p. 19.
97 *Annales Calviniani of 1561*; CO 21:743.
98 *Comm. Micah.* 5:3; CO 43:374.
99 Paul Chung, *Spirituality and Social Ethics in John Calvin : A pneumatical Perspective* (Lanham, New York, Oxford: University Press of America, 2000), p. 106.
100 창조 세계 중심에 자리하는 인간에 대한 칼뱅의 통찰은 W. Venter, "Calvin and Economics According to the *Institutes*", in *John Calvin's Institutes: His Opus Magnum* (Potchefstroom: Potchefstroom University, 1986), pp. 272-292를 보라.
101 Billings, "Calvin, Participation, and the Gift", p. 216; cf. Barth, *Church Dogmatics, I/II*, p. 419-420; Hesselink, *Calvin's Concept of the Law*, p. 136.
102 Billings, "Calvin, Participation, and the Gift", p. 216; Haas, *the Equity*, Ch. 1 and 2.
103 Leith, *John Calvin's doctrine of the Christian life*, pp. 185-187; *Comm. Genesis.* 1:26; Calvin, *Sermon XIII on 1 Corinthians.* 11:11-16, CO 49:740, Biéler, *Calvin's Economic and Social Thought*, p. 206에서 재인용.
104 Biéler, *Calvin's Economic and Social Thought*, pp. 17-18, 206.
105 *Comm. Genesis.* 3:19.
106 *Sermons on Ephesians*, 5:2-26; *Comm. Psalms.* 55:13; 『기독교 강요』(1559) 3.19.4.
107 David Hall and Matthew Burton, *Calvin and Commerce: The Transforming Power of Calvinism in Market Economies* (Phillipsburg, NJ: P&R Publishing, 2009), pp. 193-194.
108 Graham, *The Constructive Revolutionary*, p. 58; *Sermons on Deuteronomy*, 14:24-29.
109 *Comm. Psalms.* 37:27; CO 31:380. Leith, *John Calvin's doctrine of the Christian life*, p. 191에서 재인용.
110 Leith, *John Calvin's Doctrine of the Christian life*, p. 228.
111 *Comm. Joshua.* 4:7; CO 25:452. "in commune bonum totius generis Abrahae."
112 Weber, *The Protestant Ethic and the Spirit of Capitalism*, trans. Talcott Parsons (London and New York: Routledge, 1992), pp. 68-90. 『프로테스탄티즘의 윤리와 자본주의 정신』(길); *Comm. Genesis.* 2:15; CO 23:44; Wallace, *Calvin's Doctrine of the Christian Life*, p. 155.
113 *Comm. Genesis.* 3:17.
114 Graham, *The Constructive Revolutionary*, p. 80.
115 앞의 책, p. 80ff; *Comm. Psalms.* 15:51. Cf. *Comm. Ezekiel.* 18:8; *Comm. Exodus.*

22:5; *Comm. Deuteronomy.* 23:18-20.
116 Biéler, *Calvin's Economic and Social Thought*, pp. 345-356; *Comm. Genesis.* 2:3.
117 Biéler, *Calvin's Economic and Social Thought*, pp. 349, 354.
118 *Comm. Genesis.* 3:19, Biéler, *Calvin's Economic and Social Thought*, p. 354에서 재인용; *Comm. Psalms.* 128:2; *Sermons on 1 Timothy*, 6:12.
119 *Comm. Genesis.* 3:23, Biéler, *Calvin's Economic and Social Thought*, p. 355에서 재인용.
120 Graham, *The Constructive Revolutionary*, pp. 46-47.
121 *Comm. Luke.* 10:38; CO 45:381-382, "commune bonum"; Chung, *Spirituality and Social Ethics in John Calvin*, pp. 106-109.
122 *Sermons on Ephesians*, 4:26-28, CO 51:639, Graham, *The Constructive Revolutionary*, pp. 80-81에서 재인용.
123 CO 7:84. "à l'utilité commune du genre humanin."
124 Graham, *The Constructive Revolutionary*, p. 80; cf. *Comm. Matthew.* 25:34.
125 *Sermons on Ephesians*, 4:26-28, pp. 457-458; CO 51:640, "l'usage de son art et de son mestier revienne au profit commun de tous."
126 *Sermons on 1 Corinthians*, 7:20.
127 Weber, *The Protestant Ethic and the Spirit of Capitalism*, p. 107.
128 William J. Bouwsma, *John Calvin: A Sixteen Century Portrait* (New York, Oxford: Oxford University Press, 1998), p. 202. 『칼빈』(나단).
129 Weber, *The Protestant Ethic and the Spirit of Capitalism*, p. 108.
130 McKee, *John Calvin on the Diaconate and Liturgical Almsgiving*, p. 251.
131 Graham, *The Constructive Revolutionary*, p. 82.
132 Wolterstorff, *Until Justice and Peace Embrace*, pp. 20-21.
133 앞의 책, p. 16.
134 Graham, *The Constructive Revolutionary*, p. 83; *Comm. Luke.* 17:7; McKim, *Readings in Calvin's Theology*, p. 301; André Biéler, *The Social Humanism of Calvin*, trans. Paul T. Fuhrmann (Richmond, Virginia: John Knox Press, 1964), p. 47. 『칼빈의 사회적 휴머니즘』(대한기독교서회).
135 Graham, *The Constructive Revolutionary*, p. 84; *Sermons XCVI on Deuteronomy.* 15:16-23; CO 27:357.
136 Graham, *The Constructive Revolutionary*, p. 84; Biéler, *The Social Humanism of Calvin*, pp. 47-48.
137 Graham, *The Constructive Revolutionary*, p. 84.

138 앞의 책; Biéler, *The Social Humanism of Calvin*, p. 48.
139 Graham, *The Constructive Revolutionary*, p. 85.
140 Biéler, *The Social Humanism of Calvin*, pp. 49-51.
141 Biéler, *Calvin's Economic and Social Thought*, pp. 296-297; Gordon, *Calvin*, pp. 297-298.
142 *Comm. Matthew.* 25:20; CO 45:569; Graham, *The Constructive Revolutionary*, pp. 77-78에서 재인용.
143 Wallace, *Calvin, Geneva and the Reformation*, p. 86.
144 *Comm. Isaiah.* 23:2-3; 24:2.
145 Naphy, *Calvin and the Consolidation of the Genevan Reformation*, pp. 121-139; Friedrich Lutge, "Economic Change", G. R. Elton, ed. *The New Cambridge Modern History, Vol. II, The Reformation 1520-1559* (Cambridge: Cambridge University Press, 1980), pp. 36-39.
146 *Comm. Genesis.* 29:14.
147 CO 28:236, *Sermons on Deuteronomy*, 25:13-19, "bien public", "les poids et les measures."
148 LW 45, pp. 246-250, 270-272.
149 Weber, *The Protestant Ethic and the Spirit of Capitalism*, p. 64.
150 André Biéler, *Calvin's Economic and Social Thought*, pp. 346-354; *The Social Humanism of Calvin*, p. 51.
151 Dermange, "Calvin's view of Property", in *John Calvin Rediscovered*, p. 46.
152 *Comm. Isaiah.* 2:16.
153 Leith, *John Calvin's doctrine of the Christian life*, p. 191; CO 24:675; 28:235.
154 *Comm. Psalms.* 15:5.
155 Luther, *Three Treatises*, p. 107.
156 CO 28:156, *Sermons on Deuteronomy*, 24:1-6, "il n'y a nulle doute que Moyse n'ait ici voulu regarder au bien commun de tous."
157 CO 10,1:246, "l'utilité commune."
158 Biéler, *The Social Humanism of Calvin*, pp. 56-57.
159 Graham, *The Constructive Revolutionary*, p. 56; Biéler, *The Social Humanism of Calvin*, pp. 31, 36.
160 CO 12:210; Georgia Harkness, *John Calvin: The Man and His Ethics* (Nashville: Abingdon Press, 1931), pp. 205-206에서 재인용.
161 Noelliste, "Exploring the Usefulness of Calvin's Socio-Political Ethics for the

Majority World", p. 230.
162 Biéler, *The Social Humanism of Calvin*, p. 57.
163 앞의 책, pp. 41, 61.
164 Weber, *The Protestant Ethic and the Spirit of Capitalism*, pp. 56-80; Biéler, *The Social Humanism of Calvin*, p. 59. 베버를 따르는 주장으로는 다음을 참고하라. Ernst Troeltsch, *The Social Teaching of the Christian Churches*, 2 Vols, trans. Olive Wyon (Louisville, London: Westminster John Knox Press, 1992; German edition, *Die Soziallehre der christlichen Kirchen und Gruppen*, Tübingen, 1912); R. H. Tawney, *Religion and the Rise of Capitalism* (London, 1926). 『기독교와 자본주의의 발흥』(한길사); Werner Sombart, *The Quintessence of Capitalism* (New York, 1915); Frank. M. Hnik, "The Theological Consequences of the Theological Systems of John Calvin", in *The Philanthropic Motive in Christianity* (Oxford: Basil Blackwell, 1938); Anthony Giddens, *Capitalism and Modern Social Theory* (Cambridge: Cambridge Universtiy Press, 1971). 『자본주의와 현대사회이론』(한길사); Gordon Marshall, *Presbyteries and Profits: Calvinism and the development of Capitalism in Scotland, 1560-1707* (Oxford, 1980); *In search of the Spirit of Capitalism: Max Weber and the Protestant Ethical Thesis* (London: 1982).
165 Biéler, *The Social Humanism of Calvin*, pp. 60-61.
166 Alister McGrath, *A Life of John Calvin* (Oxford: Blackwell Publishing, 1990), pp. 225-230.
167 Stanford Reid, "John Calvin, Early Critic of Capitalism (1)", in R. C. Gamble, *Calvin's thought on Economic and Social Issues and the Relationship of Church and State* (New York & London: Garland Publishing, Inc., 1992), pp. 161-163.
168 Stanford Reid, "John Calvin: the father of capitalism?", *Themelios*, 8.2 January (1983), pp. 19-25.
169 François Dermange, "Calvin's View of Property", in *John Calvin Rediscovered*, p. 51.
170 Stanford Reid, "John Calvin: the father of capitalism?", pp. 19-25; Biéler, *Calvin's Economic and Social Thought*, pp. 423-443; Busch, "A General Overview of the Reception of Calvin's Social and Economic Thought", p. 69에서 재인용.
171 Busch, "A General Overview of the Reception of Calvin's Social and Economic Thought", p. 69; Troeltsch, *The Social Teaching of the Christian Churches*, pp. 617-625.
172 Bouwsma, *John Calvin*, p. 202.

173 Körtner, "Calvinism and Capitalism", pp. 170-171.
174 Ray Pennings, "Working for God's Glory", in Joel Beeke, *Living for God's Glory* (Orlando, Florida: Reformation Trust Publishing, 2008), pp. 350-357.
175 Biéler, *Calvin's Economic and Social Thought*, pp. 295-297.
176 Biéler, *The Social Humanism of Calvin*, pp. 39-40.
177 W. Fred Graham, *The Constructive Revolutionary John Calvin & His Socio-Economic Impact* (Michigan State University Press, 1987), pp. 74-75.
178 Wallace, *Calvin, Geneva and the Reformation*, pp. 94-96.
179 McKim, "John Calvin: A Theologian for an Age of Limits", p. 292.
180 Biéler, *The Social Humanism of Calvin*, p. 23.
181 Körtner, "Calvinism and Capitalism", p. 170.
182 Busch, "A General Overview of the Reception of Calvin's Social and Economic Thought", pp. 67, 72.
183 Gordon, *Calvin*, p. 200.
184 *Comm. 2 Corinthians*. 8:13.
185 앞의 책, 8:10.
186 앞의 책, 9:7.
187 Jeannine E. Olson, "Calvin and Social-Ethical Issues", in *The Cambridge Companion to John Calvin* (Cambridge: Cambridge University Press, 2004), pp. 153-154.
188 Lindberg, "The Liturgy after the Liturgy", p. 177.
189 LW 31, pp. 367-371.
190 LW 45, pp. 172-173.
191 Lindberg, "The Liturgy after the Liturgy", p. 184-187.
192 Harold Grimm, "Luther's Contributions", in *AR* 81 (1970), pp. 226-229.
193 LW 45, pp. 172-183; Lindberg, "The Liturgy after the Liturgy", p. 188.
194 Olson, "Calvin and social-ethical issues", p. 153.
195 Kingdon, "Calvinism and Social Welfare", *CTJ* 17 (1982), p. 215.
196 앞의 글; Kingdon, "Social Welfare in Calvin's Geneva", *AHR*, 76.1 (1971), p. 54.
197 Kingdon, "Calvinism and Social Welfare", p. 216.
198 Kingdon, "Social Welfare in Calvin's Geneva", p. 54.
199 『기독교 강요』(1559) 3.5.3; CO 4:163.
200 Kingdon, "Calvinism and Social Welfare", p. 217; Olson, "Calvin and social-ethical issues", p. 164.

201 Kingdon, "Calvinism and Social Welfare", p. 216.
202 Kingdon, "Social Welfare in Calvin's Geneva", p. 55.
203 Preface to *Comm. Psalms*; CO 31:30.
204 Graham, *The Constructive Revolutionary*, p. 104.
205 Kingdon, "Calvinism and Social Welfare", pp. 213-214; Kingdon, "Social Welfare in Calvin's Geneva", p. 52.
206 Kingdon, "Social Welfare in Calvin's Geneva", pp. 52-53, 55.
207 앞의 글, p. 55; Graham, *The Constructive Revolutionary*, p. 100.
208 Olson, "Calvin and social-ethical issues", p. 164; Kingdon, "Social Welfare in Calvin's Geneva", pp. 64-65.
209 Graham, *The Constructive Revolutionary*, pp. 99-100, 103; Olson, "Calvin and social-ethical issues", p. 164.
210 *Annales Calviniani of 1547*, "bien publicque."
211 Graham, *The Constructive Revolutionary*, pp. 103-104.
212 Olson, "Calvin and social-ethical issues", p. 164; *Ordonnances ecclésiastique* in Reid, *Theological Treaties* (Philadelphia: The Westminster Press, 1954), pp. 64-66.
213 Kingdon, "Calvinism and Social Welfare", pp. 216, 219.
214 Olson, "Calvin and social-ethical issues", p. 165.
215 Kingdon, "Social Welfare in Calvin's Geneva", p. 60.
216 앞의 글, pp. 55-57; Kingdon, "Calvinism and Social Welfare", p. 218.
217 Kingdon, "Social Welfare in Calvin's Geneva", p. 64.
218 앞의 글, p. 64; Kingdon, "Calvinism and Social Welfare", p. 223.
219 Kingdon, "Social Welfare in Calvin's Geneva", p. 64; Kingdon, "Calvinism and Social Welfare", p. 22; Jeannine Olson, *Calvin and Social Welfare: Deacons and the Bourse française* (London and Toronto: Associated University Press, 1989), p. 24.
220 Olson, *Calvin and Social Welfare*, pp. 24-25 and "Calvin and social-ethical issues", p. 165; Kingdon, "Calvinism and Social Welfare", pp. 223-225.
221 페레누(Perrenoud), 루이 빈츠(Louis Binz), 미셸 로제(Michel Roget)의 연구를 참고하라. Kingdon, "Calvinism and Social Welfare", p. 223; Graham, *The Constructive Revolutionary*, p. 105; Monter, *Calvin's Geneva*, pp. 21-22; Naphy, *Calvin and the Consolidation of the Genevan Reformation*, pp. 121-139.
222 Kingdon, "Calvinism and Social Welfare", p. 223; Naphy, *Calvin and the Consoli-*

dation of the Genevan Reformation, pp. 121-139; Olson, Calvin and Social Welfare, p. 34.

223 Olson, Calvin and Social Welfare, pp. 34-36.
224 Kingdon, "Social Welfare in Calvin's Geneva", p. 64; "Calvinism and Social Welfare", p. 225.
225 Eric Fuchs, "Calvin's Ethics", in *John Calvin's Impact on Church and Society, 1509-2009*, p. 153.
226 Olson, *Calvin and Social Welfare*, p. 72.
227 앞의 책, pp. 153-155.
228 Kingdon, "Calvinism and Social Welfare", p. 226; Olson, "Calvin and Social-Ethical Isses", p. 166.
229 Olson, *Calvin and Social Welfare*, pp. 157-160.
230 앞의 책, p. 177; Olson, "The Care of the Poor in Calvin's Geneva", 2008년 서울에서 열린 '칼뱅과 사회' 국제 콘퍼런스에 제출한 글, p. 13. 이후『칼빈과 사회』(고신대학교개혁주의학술원, 2009)라는 단행본에 실려 출판됨; David Hall, *Calvin the Public Square*, pp. 107-110.
231 Olson, *Calvin and Social Welfare*, pp. 103, 133-134; Olson, "Calvin and Social-Ethical Issues", pp. 166-167.
232 Hall, *Calvin in the Public Square*, pp. 110-111.
233 Olson, "The Bourse Française: Deacon and Social Welfare in Calvin's Geneva", *PTR* (1982) p. 21; Kingdon, "Calvinism and Social Welfare", pp. 226-227; Hall, *Calvin in the Public Square*, pp. 110-111.
234 Olson, "The Care of the Poor in Calvin's Geneva", p. 14; Hall, *Calvin in the Public Square*, pp. 110-111.
235 Olson, *Calvin and Social Welfare*, p. 176.
236 칼뱅은 "평등은 부자가 가난한 형제들의 필요한 부분을 즉각 자유롭게 덜어 줄 때만 있는 것"이라고 명백하게 진술한다. John Calvin, *Four Last Books of the Pentateuch*, Exodus. 16:17, in David Little, "Economic Justice and the Grounds for a Theory of Progressive Taxation in Calvin's Thought", in *Reformed Faith and Economics*, ed. Robert Stivers (Lanham, New York, London: University Press of America, 1989), p. 77.
237 Kingdon, "Calvinism and Social Welfare", p. 227.
238 Kingdon, 앞의 글, pp. 227-228; Olson, *Calvin and Social Welfare*, pp. 177-178.
239 Olson, 앞의 책, pp. 177-178; Kingdon, "Calvinism and Social Welfare", pp. 227-228.

240 McKee, "Calvin's Teaching on Social and Economic Issues", in *John Calvin Rediscovered*, pp. 18-21.
241 Kingdon, "Calvinism and Social Welfare", pp. 226, 228; Olson, "Calvin and Social-Ethical Issues", p. 166.
242 Kingdon, "Calvinism and Social Welfare", p. 228; "Social Welfare in Calvin's Geneva", p. 64.
243 Kingdon, "Calvinism and Social Welfare", p. 230.
244 *Sermons on 1 Timothy*, 3:6-7.

나가는 말: 하나님으로 말미암아, 사람과 더불어
1 짐 월리스, 『하나님 편에 서라』(IVP, 2014), p. 54.
2 팀 켈러, 『센터처치』(두란노, 2016), pp. 277-278; Andrew Delbanco, *The Real American Dream: A Meditation on Hope* (Cambridge, Mass: Harvard University, 1999), p. 103.
3 팀 켈러, 『센터처치』, pp. 272-278; 톰 라이트, 『시대가 묻고 성경이 답하다』(IVP, 2016), p. 250.
4 Abraham Kuyper, "Common Grace", p. 181. 리처드 마우, 『아브라함 카이퍼』(SFC, 2015), p. 113에서 재인용.
5 아우구스티누스, 「신앙편람」 3-4장, 『기독교고전총서』 제6권(두란노아카데미, 2011), pp. 496-501.
6 팀 켈러, 『센터처치』, pp. 95-98.
7 Davis, *The Gift in Sixteenth-Century France*, pp. 100-123.
8 Porter, "The Common Good in Thomas Aquinas", p. 111.
9 Calvin, *Against Anabaptists and Libertines*, pp. 285-291.
10 Konrad Raiser, "The 500th Anniversary of the Reformation and Today", pp. 25-33, Refo500 기념 국제 포럼, 인공지능 시대의 영성: 종교개혁 500주년과 현재, 2017. 3. 13, 국민일보 주관.
11 임성빈, "사회개혁을 위한 교회의 역할", pp. 59-62, 앞의 포럼

참고문헌

§ 칼뱅 1차 문헌

Calvin, John. *Corpus Reformatorum*. Philippi Melanthonis *Opera Quae Supersunt Omnia*. Ed. C. G. Betschneider and H. E. Bindseil. Braunschweig and Halle: Schwetschke, 1834-60.

_____. *Johannis Calvini Opera Quae Supersunt Omnia*. Ed. Wilhelm Baum, Edward Cunitz, and Edward Reutz, P. Lobstein. 59 Vols. Brunswick and Berlin: C. A. Schweiske, 1863-1900.

_____. *Ioannis Calvini Opera Selecta*. 5 Vols. Ed. Peter Barth and Wilhelm Niesel. Munich: Kaiser, 1928.

_____. *Institutes of the Christian Religion*. Ed. John T. McNeill. Trans. Ford Lewis Battles and others. Philadelphia: The Westminster Press, 1960.

_____. *Institutes of the Christian Religion*. Trans. Henry Beveridge. Peabody, MA: Hendrickson Publishers, 2008.

_____. *Institution De La Religion Chrestienne*. 4 Vols. Ed. Jean-Daniel Benoit. Paris: Librarie Philosophique J. Vrin, 1961.

_____. *Institution de la religion chrétienne*. Mise en français moderne par Marie de Védrines and Paul Wells. Aix-en-Provence, France: Kerygma and Excelsis, 2009.

_____. *Institution of the Christian Religion* (1536). Trans. Ford Lewis Battles. Atlanta: John Knox Press, 1975. 『기독교 강요』(1536년 초판, CH북스).

_____. *Institutes of the Christian Religion*, 1541 French edition. Trans. Elsie Anne McKee. Grand Rapids, MI: William B. Eerdmans Publishing Company, 2009. 『칼뱅 기독교 강요』(프랑스어 초판 1541, 크리스천르네상스).

_____. *Calvin's Commentaries*. 22 Vols. Various trans. Edinburgh: Calvin Trans Society (CTS), 1843-56. Reprint, Grand Rapids, MI: Baker Book House, 2005.

_____. *Calvin's New Testament Commentaries* (CNTC). 12 Vols. Ed. David W. Torrance and Thomas F. Torrance. Grand Rapids, MI: William B. Eerdmans Publishing Company, 1960.

_____. *Calvin: Commentaries*. Ed. Joseph Haroutunian. Philadelphia: The Westminster Press, 1979.

_____. *On Prayer: Conversation with God*. Louisville, London: Westminster John Knox Press, 2006.

_____. *Treaties Against the Anabaptists and Against the Libertines*. Trans. and ed. Benjamin Wirt Farley. Grand Rapids, MI: Baker Book House, 1982.

_____. *Sermons on the Beatitudes*. Translated by Robert White. Carlisle, CA: The Banner of Truth Trust, 2006.

_____. *Grace and its fruits: Selections from John Calvin on the Pastoral Epistles*. Prepared by Joseph Hill. Auburn, MA: Evangelical Press, 2000.

_____. *The Bondage and Liberation of the Will, A Defence of the Orthodox Doctrine of Human Choice against Pighius*. Ed. A. N. S. Lane, trans. G. I. Davies. Grand Rapids, MI: Baker Books, 1996.

_____. *Calvin's Commentary on Seneca's De Clementia*. Trans. Ford Lewis Battles and André Malan Hugo. Leiden, Netherlands: the Renaissance Society of America, 1969. 『칼뱅 작품 선집 1. 세네카의 관용론 주석』(총신대학교출판부).

_____. *John Calvin's Sermons on Galatians*. Trans. Kathy Childress. Edinburgh: The Banner of Truth Trust, 1997.

_____. *Sermons on the book of Micah*. Trans. Benjamin Farley. NJ: P&R Publishing, 2003.

_____. *Sermons on Genesis, Chapters 1-11*. Trans. Rob Roy McGregor. Edinburgh: The Banner of Truth Trust, 2009.

_____. *Sermons on 2 Samuel, Chapters 1-13*. Trans. Douglas Kelly. Edinburgh: The Banner of Truth Trust, 1992.

_____. *Sermons on Deuteronomy*. Trans. Arther Golding. London: Henry Middleton, 1583; Edinburgh: Banner of Truth Trust, 1993.

_____. *Sermons on Job*. Trans. From French. Arthur Golding, London: 1574; Reprint, Edinburgh: The Banner of Truth Trust, 1993.

_____. *Sermons from Job*. Trans. Leroy Nixon, Grand Rapids, MI: Baker Book House, 1979.

_____. *Sermons on Isaiah's Prophecy of the Death and Passion of Christ*. Trans. T. H. L. Parker. Cambridge: James Clarke & Co., 2002; first printed 1956.

_____. *Sermons on Timothy and Titus*. Edinburgh: The Banner of Truth Trust, 1579.

_____. *John Calvin's Sermons on Ephesians*. Edinburgh: The Banner of Truth Trust, 1998.

_____. *John Calvin's Sermons on Galatians*. Trans. Kathy Childress. Edinburgh: The Banner of Truth Trust, 1997.

_____. *Songs of The Nativity: selected sermons on Luke 1&2*. Trans. Robert White. Edinburgh: The Banner of Truth Trust, 2008.

_____. *Sermons on the ACTS of the Apostles, Chapters 1-7*. Trans. Rob Roy McGregor, Edinburgh: The Banner of Truth Trust, 2008.

_____. *Sermons on the Saving Work of Christ*. Trans. Leroy Nixon, Grand Rapids, MI: Baker Book House, 1980.

_____. *John Calvin's Sermons on the Ten Commandments*. Trans. B. W. Farley. Grand Rapids, MI: Baker Book House, 1980. 『칼빈의 십계명 설교』(성광문화사).

_____. *Calvin's Ecclesiastical Advice*. Trans. Mary Beaty and Benjamin W. Farley. Edinburgh: T&T Clark, 1991.

_____. *Selected Works of John Calvin*. Ed. and trans. Henry Beveridge. Grand Rapids: Baker Book House, 1983.

_____. *Tracts and Letters*, Vol. 1-7. Ed. and trans. Henry Beveridge. Edinburgh: The Banner of Truth Trust, 2009.

_____. *Theological Treaties*, Vol. 22. Trans. J. K. S. Leid. Philadelphia: The Westminster Press, 1954.

§ 칼뱅 외 저자 1차 문헌

Aquinas, Thomas. *Summa Theologica*. 5 Vols. Trans. Fathers of the English Dominican Province. Allen, TX: Christian Classics, 1948. 『신학대전』(바오로딸).

_____. *Summa contra Gentiles*. Trans. Anton C. Pegis and Vernon J. Bourke. Notre Dame, London: University of Notre Dame Press, 1976. 『대이교도대전』(분도출판사).

Aristotle. *Nicomachean Ethics*. Trans. and ed. Roger Crisp. Cambridge: Cambridge

University Press, 2000. 『니코마코스 윤리학』(길).

_____. *Politics*. Trans. Benjamin Jowett, *The Basic Works of Aristotle*. Ed. Richard McKon. New York: Random House, 1941. 『정치학』(길).

Augustine. *City of God*. Trans. Henry Bettenson. London: Penguin Books, 1972. 『신국론』(분도출판사).

_____. *Nicene and Post-Nicene Fathers* (NPNF). Vols. 1, 2, 5. Ed. Philip Schaff. Grand Rapids, MI: William B. Eerdmans Publishing Company, 1956.

_____. *Oeuvres De Saint Augustin*, Vol. 48. Trans. P. Agaësse and A. Solignac. Paris: Desclée De Brouwer, 1972.

Luther, Martin. *Luther's Works 1. Lectures on Genesis Chapters 1-5*. Ed. Jarolav Pelikan, trans. George V. Schick. Saint Louis: Concordia Publishing House, 1958.

_____. *Luther's Works 2. Lectures on Genesis Chapters 6-14*. Ed. Jarolav Pelikan, trans. George V. Schick. Saint Louis: Concordia Publishing House, 1960.

_____. *Luther's Works 27*. Ed. Jarolav Pelikan. Philadelphia: Fortress Press and Concordia Publishing House, 1962.

_____. *Luther's Works 31*. Ed. Harold J. Grimm. Philadelphia: Fortress Press and Concordia Publishing House, 1957.

_____. *Luther's Works 34*. Ed. Lewis W. Spitz. Philadelphia: Fortress Press and Concordia Publishing House, 1960.

_____. *Luther's Works 45*. Ed. Walther I. Brandt. Philadelphia: Fortress Press and Concordia Publishing House, 1962.

_____. "Treatise on Christian Liberty", *Works of Martin Luther* II, 1520.

_____. "Sermon on the Sacrament of the Body of Christ and on the Brotherhoods", *Works of Martin Luther* II, 1520.

_____. *Luther and Calvin on Secular Authority*. Edited and translated by Harro Höpel. Cambridge: Cambridge University Press, 1991.

Machiavelli, Niccolo. *The Prince*. G. Bull. ed., Harmondsworth: Penguin, 1974. 『군주론』(길).

Rousseau, Jean-Jacques. *The Basic Political Writings*. Hackett Publishing Company, Inc., 2012. 『사회계약론 외』(책세상).

Plato, *Republic*. London: Oxford University Press, 2008. 『국가』(서광사).

Smith, Adam. *The Wealth of Nations*. London: Modern Library, 2000. 『국부론』(비봉출판사).

아우구스티누스, 「신앙편람」 3-4장, 『기독교고전총서』 제6권. 서울: 두란노아카데미, 2011.

§ 2차 문헌

Backus, Irena. "Calvin's Concept of Natural and Roman Law", in *Calvin Theological Journal* 38 (2003): pp. 7-26.

Baker, D. "The Interpretation of 1 Corinthians 12:14", in *Evangelical Quarterly* 46 (1974): pp. 224-234.

Balke, Willem. *Calvin and the Anabaptist Radicals*. Eugene, OR: Wipf & Stock Publishers, 1999.

Barker, Ernest. *Political Thought of Plato and Aristotle*. London: Peter Smith, 1979.

Barth, Karl. *Church Dogmatics*. Ed. G. W. Bromiley and T. F. Torrance. Edinburgh: T&T Clark, 1957. 『교회교의학』(대한기독교서회).

_____. "No, Answer to Emil Brunner", in *Natural Theology*. Emil Brunner & Karl Barth. Eugene, OR: Wipf and Stock Publishers, 2002. 『자연신학』(한국장로교출판사).

Bass, Diana Butler. *A People's History of Christianity: The Other Side of the Story*. New York: HarperCollins, 2010.

Bavinck, Herman. "Calvin and Common Grace", in *Calvin and the Reformation*. London & Edinburgh: Fleming H. Revell Company, 1909.

_____. "Common Grace", in *Calvin Theological Journal* 24.1 (1989): pp. 35-65.

Beeke, Joel R. *Living for God's Glory: An Introduction to Calvinism*. Orlando, Florida: Reformation Trust Publishing, 2008.

Berbe, Ake. "Reason in Luther, Calvin and Sidney", in *The Sixteenth Century Journal*, Vol. 23, No. 1 (1992): pp. 115-127.

Berkhof, Louis. *Systematic Theology*. Grand Rapids, MI: William B. Eerdmans Publishing Company, 1996. 『벌코프 조직신학』(CH북스).

Biéler, André. *Calvin's Economic and Social Thought*. Ed. Edward Dommen, trans. James Greig. Geneva, Switzerland: WARC & WCC, 2005; original French title: *La pensée économique et sociale de Calvin*. Geneva: Georg, 1961.

_____. *The Social Humanism of Calvin*. Trans. Paul T. Fuhrmann, Richmond, Virginia: John Knox Press, 1964.

Billings, J. Todd. "John Milbank's Theology of the 'Gift' and Calvin's Theology of Grace: A Critical Comparison", in *Modern Theology Volume* 21 No.1 (January 2005): pp. 87-105.

_____. "Calvin, Participation and the Gift: The Activity of Believers in Union with Christ", Th.D. Diss., Harvard University Divinity School, 2005; Published by Oxford, New York: Oxford University Press, 2007.

Blocher, Henri. "The Atonement in John Calvin's Theology", in *The Glory of the Atonement*. Ed. Charles E. Hill and Frank A. James III. Illinois: Intervarsity Press, 2004.

Bloesch, Donald G. *Essentials of Evangelical Theology I*. Peabody, MA: Hendrickson Publishers, 1978. 『복음주의 신학의 정수 1』(한국장로교출판사).

Bohatec, Josef. *Calvin Lehre von Staat und Kirche*. Breslau: Marcus, 1937.

Bouwsma, William. J. *John Calvin: A Sixteen-Century Portrait*. New York, Oxford: Oxford University Press, 1988. 『칼빈』(나단).

Bruggemann, Walter. *Journey to the Common Good*. Louisville, Kentucky: Westminster John Knox Press, 2010.

Brunner, Emil. *Dogmatics II: The Christian Doctrine of Creation and Redemption*. Cambridge: James Clark & Co, 1952.

_____. "Nature and Grace", in *Natural Theology*. Emil Brunner & Karl Barth. Eugene, OR: Wipf and Stock Publishers, 2002.

Busch, Eberhard. "A General Overview of the Reception of Calvin's Social and Economic Thought", in *John Calvin Rediscovered: The Impact of His Social and Economic Thought*. Louisville, London: Westminster John Knox Press, 2007.

Butin, Philip Walker. *Reformed Ecclesiology, Trinitarian Grace According to Calvin*. Princeton Theological Seminary: Studies in Reformed Theology and History, Vol. 2, No.1, 1994.

_____. *Revelation, Redemption, and Response, Calvin's Trinitarian Understanding of the Divine-Human Relationship*. Oxford: Oxford University Press, 1995.

Cadier, Jean. *The Man God Mastered: A Brief Biography of John Calvin*. London: Inter-Varsity Fellowship, 1960. 『칼빈, 하나님이 길들인 사람』(대한기독교서회).

Calhoun, David. "Prayer: The Chief Exercise of Faith", in *Theological Guide to Calvin's Institutes*. Ed. David Hall. Phillipsburg, NJ: P&R Publishing, 2008.

Cammenga, Ronald. "Another Look at Calvin and Common Grace", in *Protestant Reformed Theological Journal* 41.2 (2008): pp. 3-25.

Canlis, Julie. "What does it mean to be human? John Calvin's surprising answer", in *Theology in Scotland* Volume XVI No. 2, Autumn (2009): pp. 93-106.

_____. *Calvin's Ladder: A Spiritual Theology of Ascent and Ascension*. Grand

Rapids, Michigan/Cambridge, UK: William B. Eerdmans Publishing Company, 2010.

Cassidy, Eoin G. ed., *The Common Good in an Unequal World: Reflections on the Compendium of the Social Doctrine of the Church*. Dublin: Veritas, 2004.

The Chambers Dictionary, Chambers Harrap Publishers, 2003.

Charry, Ellen. *By the Renewing of Your Minds: The Pastoral Function of Christian Doctrine*. New York, Oxford: Oxford University Press, 1997.

_____. *God and the Art of Happiness*. Grand Rapids, Michigan/Cambridge, UK: William B. Eerdmans Publishing Company, 2010.

Chenevière, Marc-Edouard. *La Pensé Politique de Calvin*. Genève: Slatkine Reprints, 1970.

Cheng, Yang-en. "Calvin on the Work of the Holy Spirit and Spiritual Gifts", in *Calvin in Asian Churches*. Ed. Sou-Young Lee, Seoul, Korea: PCTS Press, 2008.

Chung, Paul. *Spirituality and Social Ethics in John Calvin: A Pneumatological Perspective*. Lanham, New York, Oxford: University Press of America, 2000.

Copleston, Frederick. *A History of Philosophy Vol. II, Medieval Philosophy Augustine to Scotus*. London: Burns Oates & Washbourne LTD, 1959. 『중세철학사』(서광사).

Couenhoven, Jesse. "Grace as Pardon and Power: Pictures of the Christian life in Luther, Calvin, and Barth", in *Journal Religious Ethics* 28.1 (2000): pp. 63-88.

Courvoisier, Jacques. *Les Catechismes de L'Eglise de Geneve 1541/1542, Bulletin de la Société de l'Histoire du Protestantisme français*, 85 (1935): pp. 105-121.

Daly, Herman E. and Cobb Jr., John B., *For the Common Good: Redirecting the Economy toward Community, the Environment, and a Sustainable Future*. Boston: Beacon Press, 1989.

Dantas, Elias. "Calvin, the Theologian of the Holy Spirit", in *John Calvin And Evangelical Theology: Legacy and Prospect*. Ed. Sung Wook Chung. Louisville, KY: Westminster John Knox Press, 2009. 『칼빈과 복음주의 신학』(부흥과개혁사).

_____. "Calvin, the Theologian of the Holy Spirit", in *John Calvin and Evangelical Theology*. Louisville: Westminster John Knox Press, 2009.

Davis, Natalie Zemon. *The Gift in Sixteenth-Century France*. Madison: University of Wisconsin Press, 2000.

Davis, Thomas J. *The Clearest Promises of God, the Development of Calvin's Eucharistic Teaching*. New York: AMS Press, 1995.

DeCrane, Susanne M. *Aquinas, Feminism, and the Common Good*. Washington, D. C.:

Georgetown University Press, 2004.

De Greef, Wulfert. *The Writings of John Calvin*. Trans. Lyle D. Bierma. Louisville, London: Westminster John Knox Press, 2008.

De Klerk, Peter. *Calvin and the Holy Spirit*. Papers and responses presented at the Sixth Colloquium on Calvin & Calvin Studies sponsored by the Calvin Studies Society. Grand Rapids, MI: Calvin Studies Society, 1989.

Delbanco, Andrew. *The Real American Dream: A Meditation on Hope*. Cambridge, Mass: Harvard University, 1999.

Dermange, François. "Calvin's View of Property", in *John Calvin Rediscovered: The Impact of His Social and Economic Thought*. Louisville, London: Westminster John Knox Press, 2007.

Dodson, Jacob D. "Gifted in Love and Called To Be One: Toward a Trinitarian and Ecumenical Theology of the Charisms", Diss. Regent University, 2010.

Dommen, Edouard. "The Protestant Ethic Ought to Speak Better English", in *Finance & The Common Good/Bien Commun*—Spring 2005.

_____. "Calvin and the Environment: Calvin's Views Examined through the Prism of Present-Day Concerns, and Especially of Sustainable Development", in *John Calvin Rediscovered: The Impact of His Social and Economic Thought*. Louisville, London: Westminster John Knox Press, 2007.

Dorrien, Gary I. *Reconstructing the Common Good: Theology and the Social Order*. Eugene, OR: Wipf and Stock Publishers, 1990.

Douglass, Jane D. "The Image of God in Humanity: A Comparison of Calvin's Teaching in 1536 and 1559", in *In Honour of John Calvin, 1509-64: Papers from the 1986 International Calvin Symposium*. Ed. E. J. Furcha. Montreal: McGill University, 1987.

Doumergue, Emile. *Jean Calvin, les Hommes et les Choses de Son Temps*. 7 Vols. Lausanne, 1899-1917; Neuilly, 1926-1927.

Dowey, Edward A. "The Third Use of the Law in Calvin's Theology", in *Social Progress* 49.3 (1958): pp. 20-27.

_____. "The Structure of Calvin's Thought as Influenced by the Two-Fold Knowledge of God", in *Calvinus Ecclesiae Genevensis Custos*. Ed. Wilhelm H. Neuser, Frankfurt am Main: Verlag Peter Lang, 1984.

_____. *The Knowledge of God in Calvin's Theology*. Grand Rapids, MI: William B. Eerdmans Publishing Company, 1994.

Duchrow, Ulrich. "Calvin's Understanding of Society and Economy", in *Theologies and Cultures*, Vol. VI. No 2, December 2009: 58-97.

Dunning, W. A. *A History of Political Theories: Ancient and Medieval*. New York: The Macmillan, 1975.

Edgar, William. "Chapter 14 Ethics: The Christian Life and Good Works according to Calvin", in *Theological Guide to Calvin's Institutes*. Ed. David W. Hall and Peter A. Lillback, NJ: P&R Publishing, 2008.

Edmondson, Stephen. *Calvin's Christology*. Cambridge: Cambridge University Press, 2004.

Elbert, Paul. "Calvin and the Spiritual Gifts", in *Journal of the Evangelical Theological Society* 22/3 (1979): pp. 235-256.

Elwood, Christopher. *The Body Broken: The Calvinist Doctrine of the Eucharist and the Symbolization of Power in Sixteenth-Century France*. New York, Oxford: Oxford University Press, 1999.

Engel, Mary Potter. *John Calvin's Perspectival Anthropology*. Atlanta, GA: Scholars Press, 1988.

Evans, Joseph H. and Ward, Leo R. *The Social and Political Philosophy of Jacques Maritain*, University of Notre Dame Press, 1976.

Faber, Jelle. "The Saving Work of the Holy Spirit in Calvin", in *Calvin and the Holy Spirit*. Ed. Peter De Klert. Grand Rapids: Calvin Studies Society, 1989.

Fergusson, David. *Church, State and Civil Society*. Cambridge: Cambridge University Press, 2004.

Forrester, Duncan. "Social justice and welfare", in *The Cambridge Companion to Christian Ethics*. Ed. Robin Gill. Cambridge: Cambridge University Press, 2001.

Foxgrover, David. ed. *Calvin and the Church*. Grand Rapids, MI: Published for the Calvin Studies Society by CRC Product Services, 2002.

Fuchs, Eric. "Calvin's Ethics", in *John Calvin's Impact on Church and Society, 1509-2009*. Ed. Martin Ernst Hirzel and Martin Sallmann. Grand Rapids, MI: William B. Eerdmans Publishing Company, 2009.

Gaffin, Richard. *Calvin and the Sabbath*. Bristol: Mentor, 1998.

Gamble, Richard C. *An Elaboration of the Theology of Calvin*. New York, London: Garland Publishing, Inc., 1992.

_____. *Calvin's Thought on Economic and Social Issues and the Relationship of Church and State*. New York & London: Garland Publishing, Inc., 1992.

_____. *Calvin's Work in Geneva*. New York & London: Garland Publishing, Inc., 1992.

Ganoczy, Alexandre. *Calvin, Theologien de l'eglise et du Ministere*, 1964.

Garcia, Mark A. *Life in Christ: Union with Christ and Twofold Grace in Calvin's Theology*. Milton Keynes: Paternoster, 2008.

Gatis, G. Joseph. "The Political Theory of John Calvin", in *Bibliotheca Sacra* 153 (1996): pp. 449-453.

George, Sabine and Thorson, Thomas. *A History of Political Theory*. Hinsdale, Illinois: Dryden Press, 1973.

George, Timothy. ed. *John Calvin & the Church, A Prism of Reform*. Louisville, Kentucky; Westminster/John Knox Press, 1990.

Gerrish, B. A. "The Mirror of God's Goodness", in *Readings in Calvin's Theology*. Grand Rapids. MI: Baker Book House Co., 1984.

_____. *Grace and Gratitude: The Eucharistic Theology of John Calvin*, Eugene, OR: Wipf and Stock Publishers, 1993.

Geuss, Raymond. *Public Goods, Private Goods*. Princeton and Oxford: Princeton University Press, 2001.

Giddens, Anthony. *Capitalism and Modern Social Theory: An Analysis of the writings of Marx, Durkheim and Max Weber*. Cambridge: Cambridge University Press, 1971.

Godbout, Jacque. *The World of the Gift*. Trans. Donald Winkler, Montreal and Kingston: McGill-Queen's University Press, 1998.

Gordon, Bruce. *Calvin*. New Haven and London: Yale University Press, 2009. 『장 칼뱅』 (IVP 근간).

Gorringe, T. J. *The Common Good and the Global Emergency: God and the Built Environment*. Cambridge: Cambridge University Press, 2011.

Graham, W. Fred. *The Constructive Revolutionary: John Calvin and His Socio-Economic Impact*. Michigan State University Press, 1987; Originally published Atlanta, Georgia: John Knox Press, 1971. 『건설적인 혁명가 칼빈』(생명의말씀사).

_____. "Church and Society", in *Readings in Calvin's Theology*. Grand Rapids. MI: Baker Book House Co., 1984.

_____. "Recent Studies in Calvin's Political, Economic and Social Thought and Impact", in *In Honor of John Calvin, 1509-64*. Montreal: McGill University, 1987.

Grimm, Harold. "Luther's Contributions to Sixteenth-Century Organization of the Poor Relief", in *Archiv für Reformationsgeschichte* 61 (1970): pp. 222-234.

Gutenson, Charles E. *Christians and the Common Good: How Faith Intersects with Public Life*. Grand Rapids, MI: Brazos Press, 2001.

Guthrie, W. K. C. *A History of Greek Philosophy, Vol. 4: Plato the Man and His Dialogues-Earlier Period*. Cambridge: Cambridge University Press, 1975.

Haas, Guenther H. *The Concept of Equity in Calvin's Ethics*. Ontario: Wilfrid Laurier University Press, 1997.

_____. "Calvin's Ethics", in *The Cambridge Companion to John Calvin*. Ed. Donald K. McKim. Cambridge: Cambridge University Press, 2004.

Hall, David. "Calvin on Human Government and the State" in *Theological Guide to Calvin's Institutes*. Phillipsburg, NJ: P&R Publishing, 2008.

_____. *Calvin in the Public Square*. Phillipsburg, NJ: P&R Publishing, 2009.

Hall, David and Burton, Matthew. *Calvin and Commerce: The Transforming Power of Calvinism in Market Economies*. Phillipsburg, NJ: P&R Publishing, 2009.

Hancock, Ralph C. *Calvin and the Foundation of Modern Politics*. Ithaca, NY: Cornell University Press, 1989.

Harkness, Georgia. *John Calvin: The Man and His Ethics*. Nashville: Abingdon Press, 1931.

Helm, Paul. *Calvin and the Calvinists*. Edinburgh: The Banner of Truth Trust, 1982.

Heron, Alasdair. *The Holy Spirit*. Philadelphia: The Westminster Press, 1983.

Heslam, Peter. *Creating a Christian Worldview: Abraham Kuyper's Lectures on Calvinism*. Grand Rapids, MI: William B. Eerdmans Publishing Company, 1998.

Hesselink, I. John. "Christ, the Law, and the Christian", in *Readings in Calvin's Theology*. Grand Rapids, MI: Baker Book House Co., 1984.

_____. *On Being Reformed: Distinctive Characteristics and Common Misunderstandings*. New York: Reformed Church Press, 1988. 『개혁주의 전통』(본문과 현실사이]).

_____. *Calvin's Concept of the Law*. Allison Park: Pickwick Publication, 1992.

_____. "The Charismatic Movement and the Reformed Tradition", in *Major Themes in the Reformed Tradition*. Ed. Donald McKim. Grand Rapids, MI: William B. Eerdmans Publishing Company, 1992.

_____. "John Calvin on the Law and Christian Freedom", in *Ex Auditu* 11 (1995): pp. 77-89.

_____. *Calvin's First Catechism: A Commentary*, Louisville. Kentucky: Westminster John Knox Press, 1997.

_____. "Calvin, Theologian of Sweetness", in *Calvin Theological Journal* 37 (2002): pp. 318-332.

Hnik, Frank. M. "The Theological Consequences of the Theological Systems of John Calvin" in *The Philanthropic Motive in Christianity*, Oxford: Basil Blackwell, 1938.

Holder, Ward. *John Calvin and the Grounding of Interpretation: Calvin's First Commentaries (Studies in the History of Christian Thought)*. Leiden: Brill Academic Publishers, 2005.

Hollenbach, S. J., David. *The Common Good and Christian Ethics*. Cambridge: Cambridge University Press, 2002.

Holwerda, David E. *Exploring the Heritage of John Calvin*. Grand Rapids, MI: Baker Book House, 1976.

Holm, Bo. "Luther's Theology of the Gift", in *The Gift of Grace: The Future of Lutheran Theology*. Ed. Neiels Henrik Gregersen, Minneapolis: Fortress Press, 2005.

Höpel, Harro. *The Christian Polity of John Calvin*. Cambridge: Cambridge University Press, 1982.

House, H. Wayne. *Christian Ministries and the Law*. Grand Rapids, MI: Baker Book House, 1992.

Hughes, Philip Edgcumbe. *The Registry of the Company of Pastors of Geneva*. Grand Rapids, MI: William B. Eerdmans Publishing Company, 1966.

Ilting, K. H. "The Structure of Hegel's Philosophy of Right", in *Pelczynski*, 1971.

Innes, William C. *Social Concern in Calvin's Geneva*. Allison Park, Pennsylvania: Pickwick Publications, 1983.

Jansen, John Frederick. *Calvin's Doctrine of the Work of Christ*. London: James Clarke & Co., LTD, 1956.

Johnson, Merwyn S. "Calvin's Handling of the Third Use of the Law and Its Problems", in *Calviniana, Ideas and Influence of Jean Calvin*. Ed. Robert V. Schnucker. Ann Arbor: Edwards Brothers, 1988.

Johnson, Stacy. *John Calvin, Reformer for the 21st Century*. Louisville, Kentucky: Westminster John Knox Press, 2009.

Keddie, Gordon J. "Calvin on Civil Government", in *Scottish Bulletin of Evangelical Theology* 3 (1985): pp. 23-35.

Kelly, Douglass. *Calvin Studies Colloquium*. Ed. Charles Raynal and John Leith. Davidson, NC: Davidson College Presbyterian Church, 1982.

Kendall, R. T. *Calvin and English Calvinism to 1649*. Milton Keynes: Paternoster, 1997.

Kennedy, Kevin D. *Union with Christ and the Extent of the Atonement in Calvin*. New York: Peter Land Publishing, 2002.

Keys, Mary M. *Aquinas, Aristotle, and the Promise of the Common Good*. Cambridge: Cambridge University Press, 2006.

Kingdon, Robert. "Social Welfare in Calvin's Geneva", in *The American Historical Review* 76.1 (1971): pp. 50-69.

_____. "Calvinism and Social Welfare", in *Calvin Theological Journal* 17 (1982): pp. 212-230.

_____. "Calvin's Ideas about the Diaconate: Social or Theological in Origin?", in *Piety, Politics, and Power: Reformation Studies in Honour of George Wolfgang Forell*. Ed. Carter Lindberg. Kirksville: Sixteenth Century Journal Publishers, 1984.

_____. *Church and Society in Reformation Europe*. London: Variorum Reprints, 1985.

_____. "Calvin and Presbytery: The Geneva Company of Pastors", in *Pacific Theological Review* 18.2 (1985): pp. 43-55.

_____. "Social Control and Political Control in Calvin's Geneva" in *Archiv für Reformationsgeschichte* (1993): pp. 521-532.

_____. *Adultery and Divorce in Calvin's Geneva*. Cambridge: Harvard University Press, 1995.

_____. "Efforts to Control Hate in Calvin's Geneva", in *Calvin Studies* IX. Davidson, NC: Davidson College Presbyterian Church, 1998.

_____. ed. *Registers of the Consistory of Geneva in the Time of Calvin Volume 1: 1542-44*. Trans. M. Wallace McDonald. Grand Rapids, Michigan/Cambridge, UK: William B. Eerdmans Publishing Company, 2000.

Kirkpatric, Frank G. *The Ethics of Community*. Oxford: Blackwell Publishers, 2001.

Klempa, William. "Calvin on Natural Law". in *John Calvin & the Church: A Prism of Reform*. Louisville, Kentucky: Westminster/John Knox Press, 1990.

Körtner, Ulrich H. J. "Calvinism and Capitalism", in *John Calvin's Impact on Church and Society, 1509-2009*. Ed. Martin Ernst Hirzel and Martin Sallman. Grand Rapids, MI: William B. Eerdmans Publishing Company, 2009.

Kuiper, Herman. *Calvin on Common Grace*. Grand Rapids, MI: Smitter Book Company, 1928.

Kuyper, Abraham. *De Gemeene Graite*, 3 Vols. Leiden: Donner, 1902-1904.

_____. *Lectures on Calvinism*. Grand Rapids, MI: William B. Eerdmans Publishing Company, 1931. 『칼빈주의 강연』(CH북스).

Langstaff, Beth Yvonne. "Temporary Gifts: John Calvin's Doctrine of the Cessation of Miracles", Diss. Princeton Theological Seminary, 1999.

Lee, Jung-Sook. "Excommunication and Restoration in Calvin's Geneva, 1555-1556", PhD. Diss. Princeton Theological Seminary, 1997.

_____. "Calvin's ministry in Geneva; Theology and Practice", in *John Calvin and Evangelical Theology*. Ed. S. W. Jung. Louisville, Kentucky: Westminster John Knox Press, 2009.

_____. "How Collegial Can They Be? Church Offices in the Korean Presbyterian Churches", *Theology Today* 66.2 (2009): pp. 170-183.

Lee, Yang-Ho. "The Structure of Calvin's Theology", in *Yonsei Journal of Theology* 1 (1996): pp. 107-126.

Leith, John H. *John Calvin's Doctrine of the Christian Life. Louisville*. Kentucky: John Knox Press, 1989. 『칼빈의 삶의 신학』(한국장로교출판사).

Lillback, Peter. *The Binding of God: Calvin's Role in the Development of Covenant Theology*. Grand Rapids, MI: Baker Academic, 2001. 『칼빈의 언약사상』(기독교문서선교회).

Lindberg, Carter. "The Liturgy after the Liturgy: Welfare in the Early Reformation", in *Through the Eye of A Needle: Judeo-Christian Roots of Social Welfare*. Ed. Emily Hanawalt and Carter Lindberg. Kirksville, MO: The Thomas Jefferson University Press, 1994.

Lindberg, Carter. *Beyond Charity: Reformation Initiatives for the Poor*. Minneapolis: Fortress Press, 1993.

Lutge, Friedrich. "Economic Change", in G. R. Elton, ed. *The New Cambridge Modern History, Vol. II, The Reformation 1520-1559*. Cambridge: Cambridge University Press, 1980.

Maag, Karin. *University or Seminary: The Genevan Academy and Reformed Higher Education 1560-1620*. Aldershot, England: Scholar Press, 1995.

Marshall, Gordon. *Presbyteries and Profits: Calvinism and the development of Capitalism in Scotland, 1560-1707*. Oxford: Oxford University Press, 1980.

_____. *In search of the Spirit of Capitalism: Max Weber and the Protestant Ethical Thesis*. London: Hutchinson, 1982.

Marshall, Paul. "Calvin, Politics, and Political Science", in ed. David W. Hall and Marvin Padgett, *Calvin and Culture: Exploring a Worldview*. Phillipsburg, NJ: P&R Publishing, 2010.

Mathison, Keith A. *Given For You: Reclaiming Calvin's Doctrine of the Lord's Supper*. Phillipsburg, NJ: P&R Publishing, 2002. 『성찬의 신비』(고신대학교개혁주의학술원).

McCann, Dennis P. and Miller, Patrick D. ed. *In Search of the Common Good*. New York, London: T&T Clark International, 2005.

McGrath, Alister E. *A Life of John Calvin: A Study in the Shaping of Western Culture*. Oxford: Blackwell Publishing, 1990.

_____. "Calvin and the Christian Calling", in *First Things* 94 (1999): pp. 31-35.

_____. *Iustitia Dei: A History of the Christian Doctrine of Justification*. Cambridge: Cambridge University Press, 2005.

McKee, Elsie Anne. *John Calvin on the Diaconate and Liturgical Almsgiving*. Geneva: Librairie Droz, 1984.

_____. *Elders and Plural Ministry: The Role of Exegetical History in Illuminating John Calvin's Theology*. Geneva: Droz, 1988.

_____. "Calvin's Exegesis of Roman 12:8—Social, Accidental, or Theological?", in *Calvin Theological Journal* Vol. 23, No. 1 (1988): pp. 6-18.

_____. *Diakonia in the Classical Reformed Tradition and Today*. Grand Rapids, MI: William B. Eerdmans Publishing Company, 1989.

_____. "Reception of Calvin's Social and Economic Thought", in *John Calvin Rediscovered: The Impact of His Social and Economic Thought*. Ed. Edward Dommen and James D. Bratt. Louisville, London: Westminster John Knox Press, 2007.

McKim, Donald K. "John Calvin: A Theologian for an Age of Limits", in *Readings in Calvin's Theology*. Grand Rapids, MI: Baker Book House Co., 1984.

_____. ed. *Readings in Calvin's Theology*. Grand Rapids, MI: Baker Book House, 1984. 『칼빈에 관한 신학 논문』(기독교문화사).

_____. ed. *The Cambridge Companion to John Calvin*. Cambridge: Cambridge University Press, 2004. 『칼빈 이해의 길잡이』(부흥과개혁사).

_____. ed. *Calvin and the Bible*. Cambridge: Cambridge University Press, 2006.

McNeill, John. "Natural Law in the Teaching of the Reformers", in *Journal of Religion* 26 (1946): pp. 168-182.

_____. *John Calvin and God and Political Duty*. New York: The Liberal Arts Press, 1956.

_____. "John Calvin on Civil Government", in *Calvinism and the Political Order*. Ed. George L. Hunt. Philadelphia: The Westminster Press, 1965.

Meeter, Henry. *The Basic Ideas of Calvinism*. Grand Rapids, MI: Baker Books, 1990; first edition 1939. 『칼빈주의 기본사상』(개혁주의신행협회).

Melanchthon, Philip. *Loci praecipui theologici von 1559*. Ed. Hans Engelland. Guetersloh: Berteslmann, 1952.

Mentzer, Raymond. "Theory in Practice: Calvin's Ecclesiology in the French Churches", in *Calvinus sacrarum literarum interpres*. Ed. Herman Selderhuis, Auflage. Germany: Vandenhoeck & Ruprecht, 2008.

Milbank, John. "Alternative Protestantism", in *Creation, Covenant and Participation: Radical Orthodoxy and the Reformed Tradition*. Ed. James K. A. Smith and James H. Olthius. Grand Rapids, MI: Baker Academic, 2005.

Miller, Graham. *Calvin's Wisdom: An Anthology Arranged Alphabetically*. Edinburgh: The Banner of Truth Trust, 1992.

Miller, Patrick D. "That It May Go Well with You: The Commandments and the Common Good", in *In Search of the Common Good*. New York, London: T&T Clark, 2005.

Minnema, Theodore. "Calvin's Interpretation of Human Suffering", in *Exploring the Heritage of John Calvin*. Ed. David E. Holwerda, Grand Rapids: Baker Book House, 1976.

Mofid, Kamran and Braybrooke, Marcus. *Promoting the Common Good: Bringing Economics and Theology Together Again*. London: Shepheard-Walwyn Publishers LTD, 2005.

Monter, William. *Calvin's Geneva*. New York: John Wiley & Sons, 1967.

_____. *Enforcing Morality in Early Modern Europe*. London: Variorum Reprints, 1987.

Moon, Byung-Ho. *Christ the Mediator of the Law: Calvin's Christological Understanding of the Law as the Rule of Living and Life-Giving*. Milton Keynes: Paternoster Press, 2006.

Moore, Susan Hardman. "Calvinism and the Arts", in *Theology in Scotland* Volume

XVI No. 2, Autumn (2009): pp. 75-92.

Mount Jr., Eric. *Covenant, Community, and the Common Good: An Interpretation of Christian Ethics*. Cleveland, Ohio: The Pilgrim Press, 1999.

Mouw, Richard. *He Shines in All That's Fair: Culture and Common Grace*. Grand Rapids, MI: William B. Eerdmans Publishing Company, 2001. 『문화와 일반 은총』(새물결플러스).

Muller, Richard. *After Calvin: Studies in the Development of a Theological Tradition*. Oxford: Oxford University Press, 2003. 『칼빈 이후 개혁신학』(부흥과개혁사).

Naphy, William. G. *Calvinism in Europe, 1540-1610: A Collection of Documents*. Eds. Alistair Duke, Gillian Lewis, and Andrew Pettegree. Manchester University Press, 1992.

_____. *Calvin and the Consolidation of the Genevan Reformation*. Louisville, London; Westminster John Knox Press, 1994.

The New Encyclopaedia Britannica Volume 1. Ed. Philip W. Goetz. Chicago, The University of Chicago: Encyclopaedia Britannica, Inc., 1991.

Niesel, Wilhelm. *The Theology of Calvin*. Trans. Harold Knight. Cambridge: James Clarke & Co., 2002; First published, 1956. 『칼빈의 신학사상』(기독교문화사).

Noelliste, Dieumeme. "Exploring the Usefulness of Calvin's Socio-Political Ethics for the Majority World", in *John Calvin and Evangelical Theology*. Louisville: Westminster John Knox Press, 2009.

Oberman, Heiko. "The 'Extra' Dimension in the Theology of Calvin", in *Journal of Ecclesiastical History* 21.1 (1970): pp. 43-64.

_____. *Dawn of the Reformation: Essay in the Medieval and Early Reformed Thought*. Edinburgh: T&T Clark LTD, 1986.

_____. "The Pursuit of Happiness: Calvin Between Humanism and Reformation", in *St Hist Eccl* 19.2 (1993): pp. 1-34.

Olson, Jeannine E. "The Bourse Française: Deacon and Social Welfare in Calvin's Geneva", in *Pacific Theological Review* (1982): pp. 18-24.

_____. *Calvin and Social Welfare: Deacons and the Bourse française*. London and Toronto: Associated University Press, 1989.

_____. "Calvin and Social-Ethical Issues", in *The Cambridge Companion to John Calvin*. Cambridge: Cambridge University Press, 2004.

_____. "John Calvin's only public office for women, the care of the poor: wet nurses, widows, and welfare among French refugees and in the reformed tradition", in *Mythes et réalités du XVIe siècle, Foi, idées, image: etudes en l'honneur d'Alain Dufour.* Alessandra: dell'Orso, 2008.

_____. "The Care of the Poor in Calvin's Geneva", 2008년 서울에서 열린 '칼뱅과 사회' 국제 콘퍼런스에 제출한 글이며, 이후 『칼빈과 사회』(부산: 고신대학교개혁주의학술원, 2009)라는 단행본에 실려 출판되었다.

Osterhaven, Eugene. "Eating and Drinking Christ: The Lord's Supper as an Act of Worship in the Theology and Practice of Calvin", in *Reformed Review* 37 (1983-1984): pp. 83-93.

The Oxford Dictionary of the Christian Church. Ed. F. L. Cross and E. A. Livingstone. Oxford University Press, 1997.

Oxford English Dictionary, Second Edition, Revised. Oxford University Press, 2005.

Oxford Latin Dictionary. Ed. P. G. W. Glare. Oxford: Oxford University Press, 2009.

Ozment, Steven. *The Age of Reform 1250-1550.* New Haven and London: Yale University Press, 1980.

Palmer, Timothy. "John Calvin's View of the Kingdom of God", Ph.D. diss. University of Aberdeen, 1988.

Parker, T. H. L. *Calvin's Doctrine of the Knowledge of God.* Edinburgh: Oliver & Boyd, 1969.

_____. *John Calvin: A Biography.* Louisville, London: Westminster John Knox Press, 2006; first printed in 1975.

_____. *Commentaries on Romans 1532-42.* Edinburgh: T&T Clark, 1986.

Parker, T. M. *Christianity and the State in the Light of History.* London: A&C Black, 1955.

Parks, H. "Charisma: What's in a Word?", in *Renewal* 52 (1974).

Parson, Burk. ed. *John Calvin: A Heart for Devotion, Doctrine & Doxology.* Orlando, Florida: Reformation Trust Publishing, 2008.

Partee, Charles. "Calvin on Universal and Particular Providence", in *Readings in Calvin's Theology.* Grand Rapids, MI: Baker Book House Co., 1984.

_____. "Calvin's Central Dogma Again", *The Sixteenth Century Journal* 18.2 (1987): pp. 191-200.

_____. *The Theology of John Calvin.* Louisville, London: Westminster John Knox Press, 2008.

Pattison, Bonnie L. *Poverty in the Theology of John Calvin.* Eugene, OR: Pickwick Publications, 2006.

Pauck, Wilhelm. "Calvin and Butzer", in *Calvin and Calvinism: Calvin's Early Writings and Ministry*. Ed. Richard Gamble. New York: Garland, 1992.

Perspectives—An online publication of the Office of the General Assembly, PCUSA, "on Calvin and Economic Justice", May, 2005.

Petry, Ray. "Calvin's Conception of the Communio Santorum", in *Church History* 5.3 (1936): pp. 227-238.

Piketty, Thomas. *Capital in the Twenty-First Century*. Belknap Press, 2014. 『21세기 자본』(글항아리).

Pitkin, Barbara. "Children and the Church in Calvin's Geneva", in *Calvin and the Church*. Calvin Studies Society Papers, 2001.

Porter, Jean. "The Common Good in Thomas Aquinas", in *In Search of the Common Good*. New York, London: T&T Clark International, 2005.

Quistorp, Heinrich. *Calvin's Doctrine of the Last Things*. Trans. Harold Knight. Eugene, OR: Wipf & Stock, 1955. 『칼빈의 종말론』(성광문화사).

Rainbow, Jonathan H. "Double Grace: John Calvin's view of the relationship of Justification and Sanctification", in *Ex Audit* 5 (1989): pp. 99-105.

Raiser, Konrad. "The 500th Anniversary of the Reformation and Today", Refo500 기념 국제 포럼, 인공지능 시대의 영성: 종교개혁 500주년과 현재. 2017. 3. 13, 국민일보 주관.

Reid, Stanford. "John Calvin: the Father of Capitalism?", in *Themelios* 8.2 (1983): pp. 9-25.

―――――. "John Calvin, Early Critic of Capitalism 1", in *The Reformed Theological Review* 43 (1984): pp. 74-81.

Richard, Lucien Joseph. *The Spirituality of John Calvin*. Atlanta, Georgia: John Knox Press, 1974. 『칼빈의 영성』(기독교문화사).

Rifkin, Jeremy. *The Zero Marginal Cost Society*. Palgrave Macmillan Trade, 2014. 『한계비용 제로사회』(민음사).

Schaff, Philip. *History of the Christian Church. Volume 8. The Swiss Reformation: The Protestant Reformation in German, Italian, and French Switzerland up to the Close of the Sixteenth Century 1519-1605*. Peabody, MA: Hendrickson Publishers, Inc., 2006. 『교회사전집 8』(CH북스).

Scholl, Hans. "The Church and the Poor in the Reformed Tradition", in *The Ecumenical Review* 32 (1980): pp. 236-256.

Schreiner, Susan E. "Calvin as an interpreter of Job", in *Calvin and the Bible*. Cambridge: Cambridge University Press, 2006.

_____. *The Theater of His Glory: Nature & the Natural Order in the Thought of John Calvin*. Grand Rapids, MI: Baker Academic, 1991.

Selderhuis, Herman. "Church on Stage: Calvin's Dynamic Ecclesiology", in *Calvin and the Church: Papers Presented at the 31th Colloquium of the Calvin Studies Society*, May 24-26. Ed. David Foxgrover. Grand Rapids: CRC Product Services, 2002.

_____. *Calvin's Theology of the Psalms*. Grand Rapids, MI: Baker Academic, 2007. 『중심에 계신 하나님』(대한기독교서회).

_____. *John Calvin, A Pilgrim's Life*. Nottingham, England: Inter-Varsity Press, 2009. 『칼빈』(대성닷컴).

Shepherd, Victor A. *The Nature and Functions of Faith in the Theology of John Calvin*. Vancouver, British Columbia: Regent College Publishing, 1983.

Sider, Ronald J. *Rich Christians in an Age of Hunger: Moving from Affluence to Generosity*. Nashville: Thomas Nelson, 2005. 『가난한 시대를 사는 부유한 그리스도인』(IVP).

Skinner, Quentin. *The Foundations of Modern Political Thought: The Age of Reformation*. Cambridge: Cambridge University Press, 1978. 『근대 정치사상의 토대 2: 종교개혁의 시대』(한국문화사).

Sombart, Werner. *The Quintessence of Capitalism*. New York, 1915.

Stauffer, Richard. *Dieu, la création et la Providence dans la prédication de Calvin*. Bern, Frankfurt am Main Las Vegas: Peter Land, 1978.

Steenkamp, J. J. "Calvin on the 'State' in the Institutes", in *John Calvin's Institutes: His Opus Magnum*. Potchefstroom: Potchefstroom University, 1986.

Stevenson, William R. *Sovereign Grace: The Place and Significance of Christian Freedom in John Calvin's Political Thought*. New York, Oxford: Oxford University Press, USA, 1999.

Stivers, Robert. *Reformed Faith and Economics*. Lanham, MD: University Press of America, 1989.

Stückelberger, Christoph. "Calvin, Calvinism, and Capitalism" in *John Calvin Rediscovered: The Impact of His Social and Economic Thought*. Ed. Edward Dommen and James D. Bratt. Louisville, London: Westminster John Knox Press, 2007.

Sweetman, Leonard. "The Gifts of the Spirit", in *Exploring the Heritage of John Calvin*. Grand Rapids: Baker Book House, 1976.

_____. "What is The Meaning of These Gifts?", in *Calvin and the Holy Spirit*.

Ed. Peter De Klerk. Grand Rapids: Calvin Studies Society, 1989.

Tamburello, Dennis E. *Union with Christ, John Calvin and the Mysticism of St. Bernard*. Louisville, Kentucky: Westminster John Knox Press, 1994.

Tanner, Kathryn. *Jesus, Humanity, and the Trinity*. Minneapolis: Fortress Press, 2001.

_____. *Economy of Grace*. Minneapolis: Fortress Press, 2005.

Terrell, Timothy D. "Calvin's Contributions to Economic Theory and Policy", in *Calvin and Culture*. Ed. David W. Hall and Marvin Padgett. Phillipsburg, NJ: P&R Publishing, 2010.

Thompson, John. "Woman as the Image of God according to John Calvin", in *Harvard Theological Review*, 81:2 (1988).

Tocqueville, Alexis de. *Democracy in America*. New York: HarperCollins, 1988. 『미국의 민주주의』(한길사).

Torrance, Thomas F. *Calvin's Doctrine of Man*. Eugene, OR: Wipf and Stock Publishers, 2001.

Towney, R. H. *Religion and the Rise of Capitalism*. London, 1926. 『기독교와 자본주의의 발흥』(한길사).

Troeltsch, Ernst. *The Social Teaching of the Christian Churches*, 2 Vols. Trans. Olive Wyon. Louisville, London: Westminster John Knox Press, 1992 (German edition, *Die soziallehrer der Chritlichen Kirchen und Gruppen*, Tübingen, 1912).

Turchetti, Mario. "The Contribution of Calvin and Calvinism to the Birth of Modern Democracy", in *John Calvin's Impact on Church and Society: 1509-2009*. Ed. Martin Ernst Hirzel and Martin Sallmann. Grand Rapids, MI: William B. Eerdmans Publishing Company, 2009.

Vandrunen, David. "The Two Kingdoms: A Reassessment of the Transformationist Calvin", in *Calvin Theological Journal* 40 (2005): pp. 248-266.

Van't Spijker, William. "The Kingdom of Christ according to Bucer and Calvin", in *Calvin and the State*. Ed. Peter De Klerk. Grand Rapids: Calvin Studies Society, 1993.

_____. *Calvin: A Brief Guide to His Life and Thought*. Trans. Lyle D. Bierma. Louisville, Kentucky: Westminster John Knox Press, 2009. 『칼빈의 생애와 신학』(부흥과개혁사)

Venter, W. "Calvin and Economics According to the Institutes", in *John Calvin's Institutes: His Opus Magnum*. Potchefstroom: Potchefstroom University, 1986.

Volf, Miroslav. *A Public Faith: How Followers of Christ Should Serve the Common Good*. Brazos Press, 2011. 『광장에 선 기독교』(IVP).

Wallace, Ronald S. *Calvin's Doctrine of the Christian Life*. Edinburgh and London: Oliver and Boyd, 1959. 『칼빈의 기독교 생활 원리』(기독교문서선교회).

_____. *Calvin's Doctrine of the Word and Sacrament*. Eugene, OR: Wipf and Stock Publishers, 1997.

_____. *Calvin, Geneva and the Reformation*. Eugene, OR: Wipf & Stock Publishers, 1998. 『칼빈의 사회 개혁 사상』(기독교문서선교회).

Warfield, Benjamin B. "John Calvin the Theologian", in *Calvin and Augustine*. Ed. Samuel G. Craig. Philadelphia: The Presbyterian and Reformed Publishing Co., 1956.

_____. "Introductory Note", in *The Works of the Holy Spirit*, by Abraham Kuyper. Trans. Henri De Vries. New York: Funk & Wagnalls Company, 1900. 『성령의 사역』(성지출판사).

Wallis, Jim. *On God's Side*. Grand Rapids: Brazos Press, 2013. 『하나님 편에 서라』(IVP).

Webb, Stephen H. *The Gifting God: A Trinitarian Ethics of Excess*. New York: Oxford University Press, 1996.

Weber, Max. *The Protestant Ethic and the Spirit of Capitalism*. Trans. Talcott Parsons, London and New York: Routledge, 1992. 『프로테스탄티즘과 자본주의 정신』(길).

Weber, Otto Heinrich, *Die Treue Gottes in der Geschichte der Kirche*. Gesammelte Aufsätze: Neukirschener Verlag, 1968.

Wendel, François. *Calvin: Origins and Development of His Religious Thought*. Trans. Philips Mairet, Grand Rapids, MI: Baker Books, 1997. 『칼빈: 그의 신학사상의 근원과 발전』(CH북스).

Williams, Oliver. "To Enhance the Common Good", in *The Common Good and U. S. Capitalism*. Ed. Oliver F. Williams and John W. Houck. Lanham, Maryland: University Press of America, 1987.

Willis, David. *Calvin's Catholic Christology*. Leiden: Brill, 1966.

Witte Jr. John, and Kingdon, Robert M. *Sex, Marriage, and Family in John Calvin's Geneva*, Vol. 1. Grand Rapids, MI: William B. Eerdmans Publishing Company, 2005.

Wolin, S. "Politics and Vision: Continuity and Innovation", in *Western Political Thought*. Boston: Little, Brown, 1960.

Wolterstorff, Nicholas. *Until Justice and Peace Embrace*. Grand Rapids, MI: William B. Eerdmans Publishing Company, 1981. 『정의와 평화가 입맞출 때까지』(IVP).

_____. "The Wounds of God: Calvin's Theology of Social Injustice", in *Reformed Journal* 16 (1987): pp. 14-22.

Wyatt, Peter. *Jesus Christ and Creation in the Theology of John Calvin*. Allison Park, Pennsylvania: Pickwick Publications, 1996.

Yi, Se-Hyoung. "John Calvin's Ambiguity and His Democratic Republicanism", presented at the UW-Madison Political Philosophy Colloquium, March 2010.

Young, Davis A. *John Calvin and the Natural World*. Lanham: University Press of America, Inc., 2007.

Zachman, Randall C. "The Universe and the Living Image of God: Calvin's Doctrine of Creation Reconsidered", *Concordia Theological Quarterly* 61.4 (1997): pp. 299-312.

_____. *John Calvin as Teacher, Pastor, and Theologian: The Shape of His Writings and Thought*. Grand Rapids, MI: Baker Academic, 2006.

_____. *Image and Word in the Theology of John Calvin, Notre Dame*. Indiana: University of Notre Dame Press, 2007.

Zwingli, Ulrich "Of the Education of Youth", in *Zwingli and Bullinger: Selected Translations*. Trans. Geoffrey W. Bromiley. Philadelphia: The Westminster Press, 1953.

김비환. 『포스트모던 시대의 정치와 문화』. 서울: 박영사, 2005.
라이트, 톰. 『시대가 묻고 성경이 답하다』. 서울: IVP, 2016.
마우, 리처드. 『아브라함 카이퍼』. 서울: SFC, 2015.
밀리오리, 다니엘. 『기독교 조직신학 개론』. 서울: 새물결플러스, 2016.
박경수. "칼뱅의 경제사상에 대한 고찰", 「한국기독교신학논총」 68-1, 2010.
스미스, 아담. 『도덕감정론』, 서울: 비봉출판사, 2009.
월리스, 짐. 『하나님 편에 서라』, 서울: IVP, 2014.
이종은. 『사회정의란 무엇인가』. 서울: 책세상, 2015.
임성빈. "21세기 초반 한국 교회의 과제에 대한 소고-공공신학적 관점에서", 「장신논단」 47-2, 2015.
임성빈. "사회개혁을 위한 교회의 역할", Refo500 기념 국제 포럼, 인공지능 시대의 영성: 종교개혁 500주년과 현재, 2017. 3. 13, 국민일보 주관.
조용훈. "칼뱅의 정치사상과 그 사회 윤리적 함의에 대한 한 연구", 「장신논단」 38-3, 2010.
켈러, 팀. 『센터처치』. 서울: 두란노, 2016.
하라리, 유발. 『사피엔스』. 파주: 김영사, 2015.

찾아보기

가난 27, 71, 73-74, 87, 89, 97, 103, 110-111, 115, 128, 135, 168, 174, 181, 184-185, 188, 199-201, 224, 240, 243, 254, 259-268, 284, 295, 303, 315, 328
감각 44
　공평 145
　균형 256, 316
　금욕적 102
　사회적 삶 215
　소통 176
　신성 51, 58, 80, 126
　실체적 168
　연대성 49-50, 100, 298
　의무 285
　이차적 본성 291
　인권 63
　형식, 구성 48
감미로움 113, 115, 121-122, 136, 140-142, 148, 159, 243, 273, 275
감사 37, 43-44, 52, 70-71, 87, 102, 111-113, 117, 121, 124, 125-126, 141, 145, 183, 185-188, 241, 257, 264, 267, 273, 275
개인주의 14-15, 22, 28, 239, 241-242, 246, 255-257, 260, 278

거룩함 37, 46. 50, 56, 66, 74, 77, 84, 94, 97, 99, 115, 123, 125, 128, 133, 135, 148-150, 156, 158, 169, 179, 217, 229, 232, 244, 256, 264
거울 38, 43, 47, 69-70, 72, 117, 127-128, 164, 289
건덕 92, 172, 174-175, 177, 180, 192, 198, 235
건설 142, 189, 190, 213, 232
겸손 41, 44, 62, 98, 100, 102, 105, 109, 126, 128-129, 133, 142, 146, 151, 172, 198
경륜 93, 102, 114, 116, 135, 155, 174-175
경쟁 20, 173, 175, 214, 247, 254, 257, 266
경제 14, 16-18, 20-22, 25-32, 91, 94, 102, 104, 107, 111, 114, 152, 201, 220, 227, 238-258, 265, 267, 271, 272, 274-280
계몽주의 14-15, 22, 31
공공성 22, 30, 272-280
공동선
　경제적 238-258
　고전적 18-19
　교회 24, 30-32, 38-41, 54, 65, 74, 76, 85-86, 103, 109, 111, 119, 131-132, 151, 163-165, 169, 171, 174-175, 177,

181, 184, 188, 190, 196, 198, 200-201,
206, 208, 213, 227, 261, 269, 278, 303
근대적 19-29
박애적 258-270
사회경제적 20-21
사회적 30, 38, 63, 207-208, 213, 225, 237,
246, 274-275, 292
신학적 22-25
영적 22, 30, 38, 48, 59, 71, 108-109, 112,
187, 197, 199, 207, 208, 219, 221, 223,
233, 237, 246, 268, 270, 274-275, 292
위치 20-21
인류 30-31, 37, 46, 52-56, 63, 65, 71, 76,
79-81, 106, 131-132, 149, 159, 203-
213, 225, 237, 274-275, 278, 303
정의 16-18
정치적 214-238
프로테스탄트 26-33
공동 재산 30, 108-109, 177, 201, 261, 268,
277
공로 95, 108-109, 129, 134-135, 179, 186,
188, 248, 252, 259-261, 269, 272, 275, 277
공유 14, 16, 19, 21, 23, 49, 61, 63-64, 75, 78,
90, 100, 107, 117, 126, 142, 153, 159, 163,
165-167, 179, 180, 183, 185-186, 199, 216,
242, 245, 251, 255, 263, 273, 278, 288
공의 '정의'를 보라.
공익
사회적 147, 208, 213-214
영적 25, 147, 174, 191, 213, 265, 269, 280
공익 헌금 188, 199, 259-260, 263, 297
공적 재산 200-201, 234, 264, 288
공평 23, 78, 89, 97-98, 143, 145, 153, 155-
157, 160, 209, 227-228, 239-240, 248-
250, 294

공화(주의) 19, 215-218, 225, 235, 237
관대 102, 113, 115, 120, 125, 195, 197, 199,
242-243, 258-259, 268, 305
관용 97, 98, 104, 198, 216-219, 237
교만 52, 62, 84, 100-102, 128, 133, 139, 146,
194, 217, 152
교정 138-139, 142, 158, 193-197, 214, 233,
291
교회 104, 137, 149, 167, 174-177, 190, 203,
219
교환 14, 20-21, 49, 56, 76-77, 92, 95, 102,
121, 134, 142, 184-186, 218, 229, 238-
239, 245, 248-254, 268, 272, 274
구원자(구속주) 하나님 54, 69, 71, 77, 79,
144, 206, 208, 211
그리스도
가난 89
공동선(공공성) 46, 89, 208, 274-276
공통 본성 90-91
관대 197
교환 274
구원 159
기도 178
모범 87-88, 107, 109, 116-117, 185, 188
몸 86, 99, 108, 163, 166-168, 172, 175,
177, 184, 190
복음 23
사랑 260
사회 73, 166, 225-226
삼중 직무 92
선물 30-31, 76, 87, 95, 101, 170, 175, 259
선하심(좋은 것) 95, 170, 272-273
섬김 221
세례 183
세우심 189

(공동) 양식 184, 185
연합 80, 84, 86, 90-91, 112, 116, 121, 150, 164-170, 178, 184, 192, 200, 203, 206, 273-279
왕국 225
외부 220
율법 122, 127, 129, 134-142, 144-148
은혜 72, 84, 129, 170, 207, 243, 277-278
이웃 77
인간 연대 49, 104, 195, 248-249, 175
인간학 79, 104, 109, 116, 121, 136, 164-166, 179
인격과 사역 61, 88-89, 108, 170, 188
일 243-244
자기부정 87-93
죽음과 부활 88-89, 110, 151, 166
참여 88, 122
칭의 84, 133, 259
형상 45-46, 54, 56, 61, 65, 72-74, 79, 86, 94, 97, 102, 108, 117, 156, 200, 240
기꺼운 '자발적'을 보라.
기독교 인간학 49, 57, 61, 65, 71-72, 75, 78, 94, 96, 153-154, 157, 172, 174

남용 20, 52, 110, 104, 110, 115, 176, 187, 221, 227, 229, 232, 252-253, 272

달콤함 '감미로움'을 보라.
도시 18-19, 23-24, 33, 60-63, 77-78, 194, 226, 245, 247, 250, 256, 261, 263, 266, 273-274, 277

로욜라의 이냐시오(Ignatius de Loyola) 25
루터, 마르틴(Martin Luther) 26, 60, 68, 107, 129, 134-135, 220, 251, 253, 259-260, 274

마르크스, 칼(Karl Marx) 20-21
맥그래스, 알리스터(Alister McGrath) 33, 256

바르트, 칼(Karl Barth) 43, 48. 51, 68-69. 164, 239
바빙크, 헤르만(Herman Bavinck) 51
바울 46, 56, 70, 83, 97, 99, 104, 128, 139-141, 152, 166, 168, 171-175, 189, 190-191, 205, 212, 220, 229, 258, 274, 288
베르나르(Bernard of Clairvaux) 95, 134-135
베버, 막스(Max Weber) 28, 239, 241-242, 246, 251, 255-257, 278, 325
복음 23, 38, 46, 48, 67, 92, 127, 134-135, 141, 144, 146, 149, 175-176, 198, 208, 233, 268-269, 272-276
복지
  공동 63, 69, 112, 192, 201, 222, 234-235, 247, 288
  사회 79, 146, 220, 227, 259-269, 285
  영적 146, 183, 191, 193, 199, 226
부르심 '소명'을 보라.
브루너, 에밀(Emil Brunner) 43, 48, 51, 68-69
비엘레, 앙드레(André Biéler) 28, 91, 133, 179, 219, 238-239, 246, 255-256
빌링스, 토드(Todd Billings) 121, 239

삼위일체적 참여 32, 35, 87, 116, 136, 181, 276-279
새로운 삶 91, 103, 151
선물
  신적 51, 110, 125, 159, 209-210, 213-215, 235, 249, 251
  은혜와 22, 32, 38-39, 66, 86, 94-95, 103-

104, 123, 125, 128, 136, 148, 170-171, 175, 184, 186-188, 204, 208, 211, 248-252, 259-260, 268-269, 274-279
하나님의 31, 86, 101, 103, 110, 112-117, 120, 133, 135, 169, 176, 186, 209, 212, 222, 240, 248, 252-253, 259, 273, 278
성령 31-32, 46, 48, 56-57, 62, 65-67, 69, 73, 79, 86-88, 92-93, 96, 101, 106, 108-109, 113, 119, 122, 133-138, 142, 145, 147-148, 150-152, 164, 166, 168-178, 181, 184, 187, 189, 192, 205-206, 210, 229, 236, 259, 273, 276, 291-294, 298, 303, 306, 308-309
성화 48, 81, 83-88, 108, 116-117, 119, 129-130, 133, 135-139, 146, 150-151, 155, 159, 166-167, 169-170, 179, 183, 197-199, 204-205, 217, 227, 240, 247, 249, 268, 276-277, 297
세네카(Seneca) 26, 50, 216-219, 223
소명 50, 96, 115-116, 158, 211, 227-228, 232, 234, 240-242, 244, 247, 249, 251, 255, 257
소비주의 14-15
소외 15, 27, 52, 62, 90, 203, 243, 272
소통 58-59, 67, 74, 77, 80, 84, 124, 126-127, 138, 158, 165, 167-168, 173, 176, 182, 185, 188, 200, 222-223, 237, 239-240, 242, 247-248, 251-255, 288
순종 23, 44, 62, 68-69, 94, 96, 100, 103-104, 109-110, 121, 124-126, 132, 136-142, 147, 151, 155, 171, 199, 223, 226, 230, 232, 234
스미스, 애덤(Adam Smith) 20-21
시민 18-19, 25, 26, 59, 78, 86, 113, 130-132, 147, 149, 152-153, 163, 175, 192-193, 195-197, 203, 213-216, 219-239, 241, 244-245, 260-263, 266, 268, 273, 275, 277, 280, 285
신칼뱅주의 204, 207

씨앗
  공동선 31
  율법 59, 143
  정치 질서 131, 209
  종교의 51, 58-59

아리스토텔레스(Aristoteles) 18-19, 24-25, 215-218, 277
아우구스티누스(Augustinus) 21, 24, 60-63, 95, 129, 168, 184, 214-215, 273-274
연대 13, 39, 43, 49-51, 67-68, 90-93, 100-104, 126, 146, 155-160, 168-169, 172, 179, 188, 195, 200, 216, 218, 223, 238-240, 248-250, 257, 274, 279
영광 25, 42, 44, 46-47, 52, 58, 66-67, 70, 72, 93-94, 96, 106, 113, 123, 149, 163, 165, 181, 187, 194, 200, 206, 221, 223, 230, 231, 234, 237, 250, 271, 276
영성 20, 23, 38, 40, 45-46, 54, 60, 72, 80, 96, 102-108, 112, 117, 123, 143, 238, 246, 274, 276
영예 41, 100, 112, 167, 193, 198, 212, 220, 236-237, 294
영원 24, 45, 50, 54, 60-62, 66-68, 72, 76, 86, 106-107, 111-115, 125, 133, 145, 151, 191, 194, 224, 268, 274
예배 74, 144-145, 149, 152, 188, 191-192, 198, 200, 259-260, 295, 312
오용 '남용'을 보라.
위선 58, 102, 134, 177, 187
월레스, 로널드(Ronald Wallace) 73, 166, 207, 257
월리스, 짐(Jim Wallis) 15-16, 271
월터스토프, 니콜라스(Nicholas Wolterstorff) 73, 102, 104, 247

유기적 40, 103, 166-169, 171, 182, 203, 217-218, 280
의로움 56, 66-67, 85, 92, 97-98, 111, 123, 125, 129, 132-133, 135, 144
이야기 26, 39, 50, 68, 80, 89-90, 187, 275
이웃
    개념 98-100
    사랑 51, 64, 77, 93, 96, 98-99, 149, 153, 156, 239, 246
    의 유익 86, 96, 98, 100, 113, 119, 142, 151-152, 154
이중 은총 84, 121, 179, 183
일반은총(은혜) 17-18, 21, 51, 54, 57, 65, 72, 80, 149, 163, 203-213, 225, 272-273, 275, 279-280, 305

자기부정 40-42, 67, 73, 81, 83-112, 115-117. 119, 130, 133. 139, 142, 150-152, 160, 174, 240, 273, 276, 298, 303
자기사랑 61-62, 84, 93, 96-97, 100, 128
자발적인 21, 122, 124, 126, 132, 135-140, 141, 146, 155, 160, 168, 171, 176, 183, 185, 197, 200, 203, 222-223, 226, 230, 235, 242, 257-259, 264, 268, 277-278
자본주의 15-16, 20-22, 27-28, 246, 250-251, 255-257, 275, 278-280
자선 39, 64, 66, 70-71, 74, 77, 97, 122, 152, 155, 157-158, 169, 185, 188, 199-201, 240, 249, 254, 258-269, 295, 312
자연법 24-25, 130-131, 143-147, 155-156, 160, 205, 209, 224, 259, 273, 276, 278, 304, 316
자유 18-19, 21-23, 28, 50, 62, 68, 81, 83, 98, 117, 121, 132-133, 138, 143, 146, 159, 185, 193, 201, 222, 227, 230, 235, 240, 243,

245-248, 258-259, 265, 271, 275, 279, 285, 291, 294, 328
정의 16, 18, 20, 21, 23, 26-28, 46, 61, 63, 78, 89, 97, 114, 128, 143, 155-156, 160, 163, 215, 227, 228, 243, 247, 254, 258, 279, 304
제네바 활동
    목사회 191-192
    아카데미 193
    종합구빈원 259-265
    컨시스토리 193-199
    프랑스기금 265-270
존엄 13, 17, 50, 54, 68, 70, 72, 77, 98, 279
중용 115, 197
즐거운 '자발적'을 보라.

창조 세계 53, 55, 70, 72, 123-125, 131, 322
    공동선 206
    공동의 삶 49, 225
    궁극 목적 62
    노동 241, 248
    본래 질서 25, 37, 214, 225, 238-240, 241, 248, 252, 278
    사역 206
창조주 하나님 42, 49, 68-69, 71, 77, 79, 126, 206-208
청지기 86, 103-107, 116-117, 155, 158, 185
츠빙글리, 울리히(Ulrich Zwingli) 85
칭의 84, 107, 129, 133-134, 146, 150-151, 179, 183, 268

칼뱅주의 86, 104, 241, 245-248, 251, 255-258, 319
켈러, 팀(Tim Keller) 274
크리소스토무스(Chrysostomus) 23

토마스 아퀴나스(Thomas Aquinas) 19, 21,
  23-25, 29-30, 137, 207-208, 213, 216,
  224-225, 277
특별은총(은혜) 31, 51, 54, 56, 65, 84, 204,
  206-208, 211. 225. 275-276, 279, 292

평등(불평등) 16, 21-23, 79, 97, 152, 157, 167,
  222, 250, 275, 328
플라톤(Platon) 18, 50, 216, 218

하나님 형상
  공동체적 37, 50-51
  관계적 37-38, 41, 43-48, 52-54, 57

실체적 37, 41, 43, 46-47, 51-54, 56-58
행복 14, 19, 51, 60, 63, 67, 72, 75, 78, 80, 90-
  92, 100-102, 106-107, 109, 111-112, 124,
  153, 164, 178, 183, 194, 196, 209, 215, 216,
  235, 244, 257, 271, 285
헤세링크, 존(John Hesselink) 121, 140, 145,
  170, 224, 239
형평 '공평'을 보라.
홉플, 해로(Harro Höpfl) 190, 196-197, 219,
  236
회개 86, 88, 195, 196, 197-198
희생 23, 74, 87, 94, 97, 105, 112, 122, 185-
  187, 195, 200, 240, 244, 261, 294

칼뱅과 공동선

초판 발행_ 2017년 11월 22일

지은이_ 송용원
펴낸이_ 신현기

펴낸곳_ 한국기독학생회출판부
등록번호_ 제313-2001-198호(1978.6.1)
주소_ 04031 서울 마포구 동교로 156-10
대표 전화_ (02)337-2257 팩스_ (02)337-2258
영업 전화_ (02)338-2282 팩스_ 080-915-1515
홈페이지_ http://www.ivp.co.kr 이메일_ ivp@ivp.co.kr
ISBN 978-89-328-1499-5

ⓒ 송용원 2017

책값은 뒤표지에 있습니다.
무단 전재와 복제를 금합니다.